SERVIÇO SOCIAL DO COMÉRCIO
Administração Regional no Estado de São Paulo

Presidente do Conselho Regional
Abram Szajman
Diretor Regional
Danilo Santos de Miranda

Conselho Editorial
Ivan Giannini
Joel Naimayer Padula
Luiz Deoclécio Massaro Galina
Sérgio José Battistelli

Edições Sesc São Paulo
Gerente Iã Paulo Ribeiro
Gerente adjunta Isabel M. M. Alexandre
Coordenação editorial Clívia Ramiro, Cristianne Lameirinha, Francis Manzoni
Produção editorial Bruno Salerno Rodrigues, Maria Elaine Andreoti
Coordenação gráfica Katia Verissimo
Produção gráfica Fabio Pinotti
Coordenação de comunicação Bruna Zarnoviec Daniel

Apoio

POR TODOS OS CAMINHOS

PONTOS DE CULTURA NA AMÉRICA LATINA

CÉLIO TURINO

© Célio Turino, 2020
© Edições Sesc São Paulo, 2020
Todos os direitos reservados

Preparação Rosane Albert
Revisão Bibiana Leme, Valéria Braga Sanalios
Projeto gráfico, capa e diagramação TUUT
Fotografias Mário Miranda Filho

Dados Internacionais de Catalogação
na Publicação (CIP)

T846p
Turino, Célio
    Por todos os caminhos: pontos de cultura
na América Latina / Célio Turino. –
São Paulo: Edições Sesc São Paulo, 2020. –
    380 p. il.: fotografias.

    Bibliografia
    978-65-86111-06-4

    1. Cultura. 2. Pontos de cultura.
3. América Latina. I. Título.

CDD 301.2

Edições Sesc São Paulo
Rua Serra da Bocaina, 570 – 11º andar
03174-000 – São Paulo SP Brasil
Tel. 55 11 2607-9400
edicoes@sescsp.org.br
sescsp.org.br/edicoes
🅕 🅨 🅞 🅓 /edicoessescsp

6 ENCRUZILHADA CIVILIZATÓRIA: VENTOS DE ESPERANÇA
8 INTRODUÇÃO

OS CONCEITOS E A TEORIA

14 Um ponto de virada
18 Sistemas e vida
24 Tensão entre sistemas históricos e natureza
36 Metamorfose
40 A unidade como força para enfrentar o poder absoluto
46 Cultura e arte
55 O lugar das redes na busca pelo ancestral e pelo comunitário
72 Cultura viva comunitária
79 Geometria e equação para a cultura do encontro

HISTÓRIAS DA CASA COMUM

87 Cultura a unir os povos, uma introdução
99 Viagem a El Tajín [México]
112 Escolas do encontro [Argentina]
136 Medellín: fragmentos biográficos de uma cidade [Colômbia]
157 A Caja Lúdica [Guatemala]
171 Deficiências intelectuais: uma ação inclusiva [Brasil]
187 Caracol [Belize]
195 Lima: as dimensões de um ponto [Peru]
217 Cuzcatlán: terra de preciosidades [El Salvador]
239 Wiphala: bandeira e emblema da nação andina [Peru, Bolívia e Argentina]
268 Arco-íris [Américas]
283 Histórias paralelas [Argentina]
309 Não te rendas! [Argentina, Uruguai e Chile]
322 De braços abertos [Brasil]
356 Epílogo

370 BIBLIOGRAFIA
375 AGRADECIMENTOS
378 QUEM É O AUTOR
379 QUEM É O FOTÓGRAFO

ENCRUZILHADA CIVILIZATÓRIA: VENTOS DE ESPERANÇA

DANILO SANTOS DE MIRANDA · DIRETOR DO SESC SÃO PAULO

Uma das maiores riquezas da humanidade é a diversidade de saberes e experiências acumuladas por gentes e povos, traduzida na multiplicidade de modos de ser, viver e agir no mundo. Há agora, como houve antes, uma encruzilhada civilizatória diante da qual nós, como indivíduos, cidadãos e sociedade, teremos que confrontar e escolher de forma responsável e solidária o que queremos compartilhar e quais legados deixaremos às futuras gerações. Iniciativas como os *17 Objetivos de Desenvolvimento Sustentável*, com metas globais estabelecidas pela Assembleia Geral das Nações Unidas (ONU), ou mesmo as publicações do papa Francisco, como a encíclica *Laudatio si*, que fala da "casa comum", sugerem uma direção consensual e harmoniosa.

São ventos de esperança e de possibilidades de renovação, sobretudo oportunidade para abraçar uma mudança de modelos mentais e comportamentais, de atitudes e interações com as outras pessoas e os demais seres vivos, bem como com os recursos naturais. Pesquisadores e especialistas, em várias épocas, já chamaram atenção para o esgotamento do modelo de civilização que imperou até o momento, majoritariamente antropocêntrico, individualista, mercantilista e predatório dos bens coletivos. Por isso, ao lado do sistema hegemônico, importantes alternativas foram sendo postas em prática e investigadas em diferentes países e contextos.

As áreas periféricas das cidades contemporâneas, que quase sempre foram identificadas como lugares de vulnerabilidade e precariedade, estão na vanguarda desses experimentos. A partir da desconstrução do entendimento estereotipado e equivocado desses territórios como "não lugares" – carentes de recursos ou serviços, de ofertas de trabalho ou lazer, de educação e artes, enfim, sem oportunidades para o desenvolvimento humano –, o que se percebe são outras formas de se relacionar no e com o mundo, muitas vezes com mais afeto, empatia e cooperação.

Nesse cenário, a arte, a cultura e, consequentemente, os arranjos criativos e a própria educação para a sensibilidade assumem um papel preponderante na perspectiva de uma ampliação da cidadania e da democracia cultural. Valores com os quais o Sesc se identifica e vem desenvolvendo ao longo de sua existência, adequando o caráter socioeducativo de suas ações às demandas históricas, em consonância com sua missão: melhorar a qualidade de vida das pessoas.

A presente edição do livro *Por todos os caminhos: pontos de cultura na América Latina*, de Célio Turino, visa contribuir para a difusão desses processos de maneira sistematizada, ao apresentar um robusto itinerário de reflexões e propostas teórico-conceituais, complementado por registros de ações colaborativas desenvolvidas na América Latina. Além de diagnosticar contextos e especificidades, sugere uma ideia de redes colaborativas, ancoradas em uma força motriz: a valorização da escuta ativa e do diálogo com os agentes presentes em cada um desses territórios. Reafirma a potência das comunidades, vivas e integradas, e dos saberes ancestrais como instrumentos de enraizamento de um modo de ser, vinculados aos sentimentos de pertença e de dignidade humanas.

Gilberto Gil, em seu discurso de posse no Ministério da Cultura[1], em 2003, recorreu à metáfora do "do-in antropológico" para enfatizar a necessidade de revigorar e estimular esses pontos essenciais – como é o caso desses polos comunitários de encontro, fomento, produção e disseminação de cultura – para dinamizar e equilibrar o "corpo social" como um todo. É essa esperança civilizatória que nos mobiliza: uma sociedade democrática, inclusiva e solidária, acolhedora e respeitosa às diferenças, consciente de suas manifestações criativas e conexões com a ancestralidade para que seus membros possam estabelecer entre si relações mais justas, saudáveis e colaborativas. Que este seja um ponto de partida e de virada!

---

[1] Brasil. Ministro da Cultura (2003-2008: Gilberto Gil). Discurso por ocasião da posse como Ministro da Cultura. Brasília, 1º jan. 2003. 4 f. Disponível em: <http://rubi.casaruibarbosa.gov.br/handle/20.500.11997/6330>. Acesso em: 20 mar. 2020.

INTRODUÇÃO

Biblioteca em Medellín, na Colômbia.

IMAGINE

You may say I'm a dreamer
But I'm not the only one
I hope someday you'll join us
And the world will live as one.
— John Lennon

Imagine.

E se, além da formação militar para jovens recrutas, o mundo também oferecesse formação civil, cidadã?

Imagine jovens de todo o mundo, durante um ano, se exercitando em aprendizagem-serviço nas áreas de cultura, artes, comunicação, educação popular, meio ambiente, energias renováveis, lazer, economia (popular, solidária, circular) e cidadania. Para atuar em suas próprias comunidades, esses jovens receberiam o mesmo soldo que recrutas militares; no lugar de quartéis haveria formação em organizações comunitárias espalhadas pelo mundo, em média com cinquenta jovens por ponto de encontro. Imagine se esse programa envolvesse 10 milhões de jovens por ano, em todos os países; e, para que esses milhões de jovens percebessem que não estão sós, houvesse um intenso programa de intercâmbio e troca de experiências. E no ano seguinte mais 10 milhões, e assim sucessivamente... Em vinte anos seriam 200 milhões de pessoas envolvidas e comprometidas com uma nova lógica de cooperação e criatividade, compondo em torno de 200 mil organizações comunitárias.

Imagine todas as pessoas vivendo a vida em paz, felizes por saber quem são, por conhecer a sua potência e por vivenciá-la em uma rede de afetos. Imagine essas pessoas se exercitando por meio da arte, da convivência com a natureza e o próximo, e do compromisso cidadão e comunitário.

Isso muda o mundo. É possível. E para já!

Imagine todas as pessoas partilhando o mundo em objetivos generosos e comuns, via pontos de encontro e agentes jovens da comunidade, vivenciando entornos criativos e gerando novas pedagogias, cruzando educação formal com educação comunitária e sabedoria ancestral. Uma ação planetária, sustentada em teoria consistente e prática testada e executada em milhares de comunidades, algumas com vivências e saberes seculares. Práticas tradicionais ou contemporâneas, alicerçadas em ideias construídas desde a base, pela solidariedade, pelo encantamento da arte e pelo reencantamento do mundo, pela inventividade da alma popular, em processos de partilha do comum e do sensível.

É um sonho. Um sonho viável.

Em 2014 o conjunto dos países do globo gastou a cifra recorde de US$ 1,8 trilhão (exatamente!) em despesas militares; se apenas 1,5% desse valor – apenas isso – fosse destinado a um fundo mundial para a cultura do encontro e da paz, seria possível garantir o financiamento anual de 10 milhões de bolsas para agentes jovens da comunidade e a manutenção de 200 mil pontos de encontro a serem potencializados pelo mundo.

Imagine se, em vez de campos para refugiados de guerra ou catástrofes climáticas – onde multidões de desesperados, por vezes centenas de milhares de pessoas, aglomeradas e comprimidas sob o domínio de cercas e soldados, vivem em guetos sem recurso algum, dependentes exclusivamente de doações externas –, houvesse espaços denominados *assentamentos da casa comum*. Pontos de encontro para refugiados, em assentamentos provisórios, administrados sob os princípios da autonomia, da diversidade, do protagonismo e do empoderamento social; com base na permacultura, na cultura da permanência, buscando recursos a partir do próprio ambiente em que as pessoas vivem, com geração distribuída de energia renovável, saneamento ecológico, produção de alimentos saudáveis, economia solidária, trabalho compartilhado e comércio justo. Tudo sob os princípios do bem viver e com regras de convivência baseadas em ética e filosofia *ubuntu*, em ambientes de acolhimento, cultura, respeito e alegria. Mesmo que provisórios, enquanto durassem os motivos para o refúgio, os pontos de encontro para refugiados poderiam se transformar em territórios livres, de paz; ambientes de resiliência e experimentação para novos valores e práticas sociais, em que a cultura comunitária e os agentes jovens da comunidade seriam os potencializadores da transformação.

Imagine se vales, rios e cidades, destruídos pela ganância da exploração sem limites, pudessem contar, para sua regeneração, com a criatividade e potência de agentes jovens da comunidade. Empreendedores comunitários surgiriam em pontos de encontro, aliando saberes tradicionais à inovação e à criatividade, potencializando comunidades como agentes de sua própria recuperação. É possível, simples, justo, funcional e sustentável!

Afora situações extremas, esse sonho, ou imaginação do real, deveria acontecer em todos os lugares, de favelas a universidades, de escolas a museus, de afastadas vilas a grandes metrópoles. Todas as soluções surgiriam de baixo para cima, de dentro para fora, semeadas e cultivadas nas próprias comunidades e na relação em rede, a partir de pontos de potência encontrados em ambientes comunitários, tornados nossas casas comuns, e compartilhados dentro de nossa grande Casa Comum, que é a Terra.

Imagine o que ações como essas despertariam em termos de capacidades criativas, de mudanças para melhor, em favor da beleza, do acolhimento e da irmandade. Uma Casa Comum sem a necessidade de ganância ou fome, uma irmandade de homens e mulheres, sem distinção de raça, religião ou culturas.

E o melhor de tudo, essa imaginação é viável e já acontece pelos cantos mais esquecidos do planeta, sobretudo na América Latina. É o que pretendo mostrar com este livro. Deixe que a leitura o leve a olhar e escutar com atenção. Permita-se sentir com o coração, refletir com a cabeça e executar com as mãos – e coloque essas três linguagens em uma só harmonia: o *sentirpensaragir*.
Imaginou?[1]

---

[1] A longa viagem de Célio Turino pela América Latina e a leitura de seus principais autores mergulhou-o no linguajar hispânico. Neste livro você vai poder usufruir de palavras do português antigo, de pouco uso atualmente, mas que são correntes na língua espanhola. [N.E.]

Cortina de retalhos de Inés Sanguinetti, da fundação Crear Vale la Pena, em Buenos Aires.

OS CONCEITOS E A TEORIA

UM PONTO DE VIRADA

Todas as dificuldades, avanços e regressões por que o mundo vem passando expressam um ponto de virada na história da humanidade. Determinar se é para o bem ou para o mal depende de quais valores exercitarmos mais. É muito difícil reconhecer as mudanças que acontecem à nossa volta, principalmente no exato momento em que as vivenciamos. Isso acontece porque somos parte do processo, resultado e vetor das mudanças em curso, produtor e produto de uma só vez; na maior parte dos casos e para a imensa maioria das pessoas, de forma inconsciente. Como vivemos com base nas condicionantes e referências do passado e todo pensamento é repensado, ou processado mentalmente depois do fato, mesmo quando este é projetado ou imaginado para o futuro, há uma grande dificuldade em realizar experiências de pertencimento ao próprio tempo. Desse modo, ninguém consegue ser plenamente contemporâneo de sua época, e sempre haverá uma "hora histórica" para que o pensamento se aclare. Por isso é necessário observar abaixo da superfície das relações sociais visíveis, onde brotam novas formas de sociabilidade e de relacionamento, cabendo jogar mais luz aos eventos presentes, sobretudo aqueles que estão à nossa volta e não percebemos.

Do mesmo modo que os macrossistemas político e econômico nos impõem situações de iniquidade, violência e alienação, também podemos encontrar microssistemas comunitários. Observando de forma sensível e próxima, poderemos perceber pessoas firmemente preocupadas com o seu semelhante, exercitando novas práticas com a comunidade da vida, com outras formas de sociabilidade e economia, como as trocas por equivalência em tempo, a dádiva, a oferenda, a circularidade. Na defesa das águas, por exemplo, há gente que anonimamente planta árvores às margens de leitos de rios e córregos, regenera nascentes; pessoas que talvez nunca chegaremos a conhecer e que, em vez de gastar tempo com sua ganância, vivem para fazer brotar e preservar a vida. Tampouco se importam com o fato de não conhecer os beneficiados; apenas seguem fazendo o que sentem ser o seu dever. Ou então vejamos os coletivos de economia solidária, produzindo bens e serviços a partir de trabalhos compartilhados, comércio justo e consumo responsável, numa economia circular que gera moedas próprias e faz uso de bancos de tempo. Gente trabalhando em hortas comunitárias e jardins, cuidando do próximo. Gente fazendo arte e educando para o bem comum, promovendo jogos cooperativos, esportes comunitários. São incontáveis as pessoas, grupos e coletivos que decidem não ser coisa. O problema é que, em quantidade incrivelmente maior, há aqueles que se deixam coisificar, aqueles que não percebem a força de sua própria potência e se permitem conduzir pelas regras e imposições de um sistema que se reproduz subtraindo vida. O desafio é ter força e clareza para conseguir olhar, escutar e sentir o lado menos visível dessas novas relações de potência e afeto que vão brotando por aí.

Enquanto a lógica do mercado é acumular e a lógica do Estado é controlar e impor, por baixo das relações sociais aparentes germina uma sociedade que distribui e dispõe, que comparte e retribui. Aparentemente, essa seria uma forma nova de compreender a existência da vida. Mas, ao contrário, esse modo de estar no planeta sobrevive há milênios, com base na ética e no modo de ser da sabedoria ancestral. Diferentemente da mentalidade de tirar e tirar, pensa-se na permanência, em manter, oferecer para outros e cuidar, mesmo para aqueles que estão por vir. É uma consciência cósmica, outro modo de busca da identidade, para além do indivíduo ou da família, do pequeno grupo, da tribo, da classe, da cor da pele, da raça inventada ou da nação. É a busca por uma identidade da vida, para além até da vida humana. Uma identificação da vida em forma plena, compreendida em comunhão e convivência. Do indivíduo consigo mesmo, do indivíduo com a coletividade humana e dos humanos com os demais seres, sejam animais, sejam vegetais ou minerais, incluindo os "invisíveis", aqueles seres que não vemos nem compreendemos – mas que sentimos –, e que igualmente habitam o cosmo. Essa forma de se perceber no mundo é ao mesmo tempo nova e ancestral. Ancestral por seguir sendo praticada há milênios, pelos povos tradicionais de todos os continentes. Nova por refletir a necessidade de busca de continuidade do presente com o passado, procurando recuperar sentido, profundidade e estabilidade no processo de pertencimento ao próprio tempo. Ancestralidade e invenção como formas de se projetar ao futuro.

Para os povos originários da América (e dos demais continentes), cada intervenção humana só pode acontecer após se pedir permissão aos que vieram antes de nós e aos que estão por vir. Isso porque cada ação tem reflexo no sistema da vida; não somente para filhos, netos ou bisnetos, mas para a comunhão da vida e em modos de vida que mal podemos imaginar, e que existem para além de nossa compreensão. Na sabedoria ancestral, somos "parte" e não podemos viver "à parte" do todo, e todos os seres têm o seu *ajayo* (alma, desígnio, em idioma aimará).

Todavia, no sistema capitalista, a forma de pensar e agir é outra. A lógica é da acumulação contínua, infinita. Entretanto, se o planeta é finito, com dimensões conhecíveis, bastante mapeadas e até esquadrinhadas, no solo e no subsolo, e nos mares e nos ares, como seguir nessa lógica da acumulação sem limites? Como evitar o colapso? A solução em vigor tem sido acumular e concentrar muito, muitíssimo, nas mãos de poucos; e pouco, pouquíssimo, nas mãos de muitos. Esta é a solução inevitável de um sistema ilógico e irracional: roubar vida e futuro dos mais fracos. Tendo como valores um egoísmo atávico e uma competição sem limites, o sistema capitalista baseia-se ideologicamente na acumulação desenfreada e na competição sem limites. Esse sistema rouba a vida e o futuro de seus próprios filhos, subtraindo-lhes o direito ao ar puro, à água limpa, à boa comida e à alegria. É algo que está além da decisão do indivíduo e que faz parte das regras próprias do sistema.

Se nos dispusermos a observar, mirar e escutar em profundidade, e não em observação superficial, olhando sem ver e ouvindo sem escutar; se nos jogarmos em processos de observação densa, de mirada profunda e escuta sensível, mais ausculta que escuta, sentindo a vibração do "outro", poderemos atravessar o espelho e ouvir com o coração e a razão ao mesmo tempo. Se nos dispusermos a nos abrir, com todas as forças de nossos sentidos e racionalidade, para efetivos processos de empatia e alteridade, vamos perceber que, por "baixo", estão surgindo novas relações econômicas, sociais e culturais no planeta. Muitas delas na América Latina escondida, que não aparece na mídia.

Por que na América Latina?

Porque é nesta imensa região, que atravessa o planeta de sul a norte, como uma coluna vertebral, em que, do rio Grande à Patagônia, as pessoas conseguem se entender em idiomas irmãos, o espanhol e o português (quiçá o portunhol, uma futura língua franca), compartilhamos ancestralidade, memórias e modos de ser. Igualmente compartilhamos os mesmos dilemas em relação ao futuro. Histórias belas, muita beleza. Histórias horrendas, muito horror. Histórias comuns. Histórias extraordinárias. Por diversos motivos este solo acolheu todas as humanidades. E aqui estamos. Gente que chegou caminhando, atravessando pontes de gelo, navegando; gente a explorar novas terras, aventureiros, conquistadores ambiciosos; gente escravizada, trazida em holocausto;

gente cheia de esperança, imigrantes fugindo dos infortúnios e da fome. Gente que se misturou. Os povos originários e seus conhecimentos sobre a terra; os colonizadores e o mal e o bem que também trouxeram; os africanos e os seus orixás, seu ritmo e sua visão de mundo; os imigrantes de todos os continentes, de todos os cantos da Terra, europeus, árabes, orientais; os migrantes que se deslocam dentro do próprio país ou entre países. Cada qual com seu saber, suas experiências e contribuições. O encontro entre mundos. O mundo em que identidade e diversidade se combinam. A mescla, a mestiçagem, o híbrido. O duro e o mole. A feiura e a beleza. Assim nós nos fizemos e assim nós somos.

Exatamente por unir todas essas humanidades, a América Latina revela uma profusão de cores, ritmo e esperança. Para além da prata de Potosí e do ouro das "Minas Geraes", a América também ofertou a comida que salvou os europeus pobres da fome. A batata e suas centenas de variedades, doces, salgadas, desidratadas; o *maíz* e suas espigas coloridas, milhos grandes e pequenos, brancos, amarelos, roxos e azuis; a mandioca, a tapioca; o cacau, o chocolate; o tomate, os temperos, as pimentas, os aromas; as frutas, o *aguacate* fazendo o guacamole, o maracujá, a goiaba, a jabuticaba; as ervas, as medicinas, os remédios. Nas Américas, até as aves falam. As águas, que são muitas, as fontes de energia, os minerais, as florestas, os desertos, os picos nevados. O sol. A luz. Para além das mazelas, injustiças, violências e iniquidades, que foram e são muitas, na América Latina também encontramos microterritórios livres, simbólicos, em que vai brotando uma potente cultura do encontro, onde se faz *cultura viva*.

SISTEMAS E VIDA

Como somos produto e vetor de nossas próprias transformações, enquanto buscamos bem-estar e alívio a se sobreporem às dificuldades da vida, sem perceber vamos permitindo que os sistemas e seu conjunto de regras nos conduzam, nos comandem. Isso nos faz perder autonomia e soberania em relação à vida, até que, ao invés de o mundo dos sistemas históricos servir à vida, é a vida que serve a esses sistemas.

Uma vez que os sistemas históricos foram criados pela sociedade humana, por qual razão esses sistemas deixaram de servir à vida, às pessoas e à sociedade, e passaram a servir a si próprios?

Para enfrentar esse desafio há que buscar compreender os mecanismos pelos quais os sistemas se alimentam, se reproduzem e se preservam, e qual é sua lógica. Dessa compreensão será possível conhecer quem é condutor e quem se deixa conduzir. Cabe a pergunta: se foi a humanidade quem criou os sistemas históricos (mercado, Estado, igrejas), por que nos deixamos conduzir e não conduzimos? Quando e em que medida perdemos – se é que algum dia tivemos – o livre-arbítrio e a capacidade de decidir? Por que é tão difícil conquistar e reconquistar processos de autonomia e soberania? Para onde iremos? Qual é o futuro que pretendemos? Seguiremos servindo acriticamente à lógica dos sistemas históricos, ou um dia conseguiremos colocá-los a serviço da sociedade?

O que é um sistema? É a forma de organizar um todo, ou um conjunto de elementos que se interconectam. Toda vida se organiza em sistemas, de modo que fluxo e estrutura se combinam e se ajustam a partir de instabilidades e

Pintura em tecido que representa o modo de vida do povo totonaca, de El Tajín, no México.

bifurcações, formando infinitos conjuntos. Nosso corpo é um sistema que se conecta a outros, internos (sistemas circulatório, respiratório, ósseo, muscular etc.) e externos (ambiente, família, comunidade, nação, países). Assim como nosso corpo contém e está contido em sistemas, o sistema solar está conectado à estrela Sol[1], e a Sol, aos planetas que a orbitam. E também à Via Láctea, formando um novo sistema que pode estar contido em mais outros. São processos contínuos, em que o universo pode ser multiverso, fazendo os universos, ou sistemas, se sobreporem. O planeta Terra também é um sistema que contém infindáveis sistemas, assim como está contido em sistemas infinitos. A vida se move e se organiza em sistemas.

Um sistema resulta da combinação entre caos, ordem e equilíbrio. Caos como resultado de explosões que rompem sistemas anteriores, gerando novos sistemas e novas ordens; até que ocorram mais explosões, e mais episódios de caos a serem assentados sob nova ordem. O *Big Bang*, por exemplo, ou uma revolução que realize rupturas com antigos regimes. É da combinação entre caos e ordem que surge o equilíbrio, fazendo que a harmonia seja encontrada na mescla de forças aplicadas ao sistema, estabelecendo uma paridade de força e

---

[1] O povo taurepangue, em Roraima, extremo norte do Brasil, se refere ao Sol não como astro-rei, mas como estrela-guia: *Vei*, a Sol. Afinal, se uma estrela é um substantivo feminino, assim deve ser a concordância. Porém, em sociedades patriarcais, esse é mais um exemplo de expropriação do sagrado feminino.

potência, sonâncias e dissonâncias. A compreensão dessa teoria surge a partir do descobrimento dos fractais, em que formas geométricas irregulares encontram regras na fragmentação, como em flocos de neve ou no gelo. E na ciência ecológica:

> *Biólogos com inclinações matemáticas, no século XX, criaram uma disciplina, a ecologia, que deixou de lado o barulho e a cor da vida real e tratou as populações como sistemas dinâmicos. Os ecologistas usaram as ferramentas elementares da física matemática para descrever os fluxos e refluxos da vida. Espécies únicas multiplicando-se num lugar em que o alimento é limitado, várias espécies competindo pela existência, epidemias se espalhando por meio de populações hospedeiras. [...] Os ecologistas tiveram um papel especial a desempenhar no aparecimento da teoria do caos como uma nova ciência, na década de 1970. Usavam modelos matemáticos, mas sempre souberam que eram pálidas aproximações do fervilhante mundo real. Se equações regulares podiam produzir comportamento irregular, para um ecologista isso despertava certas associações*[2].

Exemplo de ordem no universo: a possibilidade de realizarmos cálculos precisos, permitindo que uma sonda ou um pequeno robô sejam colocados na órbita de outro planeta, ou mesmo em seu solo. Com o envio de um robô a Marte, por exemplo, o pouso acontece com erro de cálculo de apenas algumas centenas de metros em relação à localização inicialmente prevista. Reinassem desordem e caos, não seria possível calcular a órbita de um planeta, muito menos enviar uma nave espacial para que ela chegasse a um lugar preestabelecido. Mas, lembrando, essa ordem só aconteceu a partir de uma desordem anterior, que permitiu a geração de equilíbrio e harmonia de forças.

Todo sistema pressupõe, portanto, estabilidade. O que mantém a estabilidade de um sistema? A homeostase, que é o meio de manter os similares em equilíbrio, de modo que, mesmo em processos de mudança, as partes encontram equilíbrio como condição necessária para a sobrevivência. Assim, o grande objetivo de um sistema é a autopreservação, que se mantém a partir do equilíbrio de forças. Há duas formas para alcançar a estabilidade: a) quando uma força é tão mais poderosa que as demais a ponto de neutralizá-las; b) quando existe paridade entre as forças.

[2] James Gleick, *Caos: a criação de uma nova ciência*, Rio de Janeiro: Campus, 1989, p. 56.

O que é a vida? Um milagre que vai se realizando a partir de leis próprias, envolvendo uma sequência de fenômenos, como a passagem por etapas distintas e sequenciais de desenvolvimento, em processos de crescimento, a reorganização cumulativa de matéria e energia, a eliminação de excessos e a reprodução. A vida tem por dinâmica um movimento intrínseco, em que a reprodução e a capacidade de sentir e agir interferem na própria evolução, em contínuos processos de adaptação e transformação. A satisfação das necessidades básicas, os desejos, os sentimentos e as sensações são os meios primários de regulação da vida humana.

Ocorre que necessidades, desejos, sentimentos e sensações são resultado de experiências e realidades diversas, gerando inúmeros reguladores, em incontáveis variações e gradações. Dificilmente um desses reguladores sobressai em relação aos demais, como acontece com os sistemas, isso porque a estabilidade e a ordem no fluxo da vida se dão de outra forma, mais aleatória e caótica. Enquanto os sistemas contam com um regulador preponderante, a assegurar seu equilíbrio interno, a vida conta com inúmeras variáveis que, combinadas entre si, tornam-se infinitas, fazendo seu equilíbrio praticamente imprevisível. Essa variação de reguladores torna a vida muito mais suscetível a instabilidades e bifurcações; o que é ótimo, do contrário a vida humana seria muito chata, monótona e previsível.

Enquanto do lado da vida há diversos reguladores que, por sua vez, geram um conjunto de combinações, do lado dos sistemas há um regulador de força, bem preciso, que funciona como atrator em relação aos demais, impondo sua lógica, suas leis e regras. Exemplo: um artista criativo, que produzia uma arte inovadora, tão logo absorvido pelo mercado, tende a mediocrizar sua arte para atender ao gosto médio e assim vender mais, conforme regras de formatação e pasteurização definidas pela indústria cultural; há situações excepcionais, em que o artista, de tão genial, consegue se contrapor a essas imposições, exatamente pela força de sua arte, mas são mais exceções do que a regra. Outro exemplo: um líder comunitário, espontâneo e colaborativo, amigo dos vizinhos, tão logo convidado a assumir um cargo no Estado, vai mudando de atitude; isso porque o dever de lealdade se desloca do vínculo comunitário para se subordinar às regras de fidelidade à instituição e ao novo grupo de convivência, fazendo com que ele se esqueça dos compromissos com aqueles que o colocaram naquele lugar; igualmente com exceções a confirmarem a regra. O desafio encontra-se em descobrir como se estabelece a mediação entre o mundo da vida e o mundo dos sistemas históricos, ou sistemas humanos, como mercado, igrejas, sistemas de ensino e Estado.

Ao analisar a cultura como estrutura, o pensador Zygmunt Bauman recorre à segunda lei da termodinâmica para compreender sistemas isolados e seus processos de retenção e perda de energia a partir de processos entrópicos.

Ele constata que sempre há uma perda de energia em sistemas isolados; na combinação entre calor e frio, por exemplo. Para que sistemas isolados se mantenham em processo de trabalho e transformação, há que se buscar energia no ambiente que os circunda.

"O único remédio contra a maximização inescapável da entropia (descrita com propriedade pela termodinâmica como 'morte térmica') parece ser abrir as fronteiras do sistema ao intercâmbio com o que antes era seu ambiente externo, agora dela desconectado."[3] Enquanto a entropia seria a tendência para o desgaste e a desintegração, a negentropia, ou entropia negativa, seria a forma de reorganizar os sistemas abastecendo-os de energia e informações externas. Nessa rede de relações mútuas seriam criadas "pequeninas 'ilhas de ordem' num mar de desordem crescente. O mesmo pode-se dizer de 'organismos' de um tipo diferente – os sistemas socioculturais humanos"[4].

Essa reflexão é essencial para compreender a imprescindível necessidade da cultura do encontro. Sem esse processo de troca, que acontece de "dentro para fora", e também de "fora para dentro", a tendência dos sistemas humanos é perder energia e sentido. Ao tornarem-se fechados e impermeáveis a essa troca, os sistemas se corrompem, e a única alternativa para seguirem existindo passa a ser "sugar vida". Um produto industrial, por mais elaborado que seja, antes de ser transformado, é natureza. De um minúsculo grão de areia pode-se obter um microprocessador. Um aparato estatal, por mais sofisticado que seja, antes de se estruturar, é esforço da vida humana e das coletividades. Tudo na natureza é troca, encontro. Um corpo é colocado em movimento na direta relação de força entre dois corpos, que é o atrito; a água é resultado do encontro entre hidrogênio e oxigênio. O que dá sentido à vida é o encontro.

Para nos ajudar a descobrir respostas a questões como estas, a *cultura do encontro* e a *cultura viva* se fazem muito necessárias. E as respostas estão ao nosso alcance. Para tanto, é preciso saber de onde viemos e para onde pretendemos ir. O melhor caminho para encontrá-las é recorrer às sabedorias ancestrais, aos povos que, em seu processo evolutivo, não se desconectaram dos sistemas da vida.

Navegando pelo Pacífico num barco ancestral polinésio, o antropólogo Wade Davis se impressiona com a capacidade de navegação daqueles argonautas, que se orientam por cálculo estimado, sem a utilização de bússola, mapa ou qualquer outro instrumento moderno. Eles navegam sem escrita e sabem, com absoluta precisão, apesar de só avistarem o oceano em seu horizonte, por

[3] Zygmunt Bauman, *Ensaios sobre o conceito de cultura*, Rio de Janeiro: Zahar, 2012, p. 155.
[4] *Ibidem*.

onde passaram e onde estão. É uma navegação por memória, guardada por uma única pessoa, o mestre navegador. Cabe a ele observar e registrar, de cabeça, todas as variáveis da navegação, ventos, correntes, velocidade, direção, distância, voo de aves, vestígios de folhas ou galhos no oceano, cor do céu, do mar, movimento de cardumes. O mestre da navegação no barco em que Wade Davis navegou era o havaiano Nainoa. Este, por sua vez, aprendeu com o mestre Mau, que lhe ensinou: "Se aprendes a ler o oceano, se podes ver a ilha em sua cabeça, jamais te encontrarás perdido". Impressionado com a capacidade de direção em alto-mar, o antropólogo pergunta ao mestre navegador qual o segredo para conseguir identificar a localização da nau, mesmo estando há dias do último ponto conhecido. O mestre Nainoa responde: "Não basta alçar os olhos e mirar as estrelas para saber onde estamos, necessitas saber de onde vem, memorizando todo o trecho navegado"[5].

---

[5] Wade Davis, *Los guardianes de la sabiduría ancestral*, Medellín: Sílaba Editores, 2015, p. 58.

TENSÃO ENTRE SISTEMAS HISTÓRICOS E NATUREZA

Pensemos nos sistemas históricos ou conceituais: mercado, Estado, religião e educação. A ordem dos sistemas se estabelece na permanência, na estabilidade, na repetição. Esses sistemas, criados pela humanidade, deveriam servir à humanidade. À medida que vão se institucionalizando, também vão adquirindo razão própria de funcionamento. Assim como os sistemas naturais, assumem por lógica a autoestabilização, gerando regras próprias a partir da dinâmica intrínseca dos conjuntos. Como em todo conjunto, os sistemas históricos erigem reguladores bastante precisos. Para o mercado, o dinheiro; para o Estado, o poder; para a religião, as igrejas; para a educação, o ensino. São reguladores muito bem definidos, precisos e, por isso mesmo, muito poderosos na sua condição de atração, neutralizando a força das demais variáveis. Como esses sistemas tendem a se transformar em sistemas fechados, entrópicos, a corrupção de seus objetivos originais é inevitável.

No início das civilizações as relações de troca eram diretas, por equivalência. Com o tempo, as relações de mercado foram se tornando complexas, exigindo novas formas de mediação: o sal, o grão de cacau, metais preciosos, moedas, dinheiro em papel e, atualmente, meios virtuais. Não há um inventor do dinheiro, nem há como precisar o momento exato em que isso aconteceu. Essa mediação simplesmente foi acontecendo, se impondo a partir da própria dinâmica do mercado. Assim também ocorreu com a lei da oferta e da procura, que, originalmente, não foi teorizada ou escrita em lugar algum, mas é conhecida há milênios, e sua lei é seguida e obedecida por quase todos. É da lógica do sistema mercado a criação do dinheiro como regulador e a sujeição à lei da oferta e da procura. Na busca por sustentação e regularidade, o sistema econômico baseado nas (invisíveis) leis do mercado encontrou seu ponto de equilíbrio, fazendo surgir um regulador estável, uma "lei" que definiu regras para que as pessoas fossem se adequando. Até que do valor de uso foi emergindo o valor de troca, por equilíbrio e imposição de força, em que tudo – e todos – se transformam em mercadoria. A lógica da mercadoria é tão forte que ganha personalidade própria, dissociada até mesmo de seu uso, pois compreende bens tangíveis e intangíveis, como um fetiche, ou o bezerro de ouro da travessia do Sinai. Essa transmutação dos bens de uso alcança o valor do trabalho, que perde sua dignidade intrínseca e passa a ser medido e mediado pelas relações de força. O mesmo acontece com o "valor" das pessoas. Nesse processo, até mesmo os desejos e afetos mais íntimos adquirem valor de troca, sendo comercializados no balcão do mercado, a exemplo das empresas de redes sociais, cujo ativo mercantil está exatamente na venda de relações sociais, afetos e desejos.

Com o Estado ocorre o mesmo processo. Nos primórdios das civilizações o Estado era personificado através de um rei, um faraó, normalmente escolhido por ser o guerreiro mais forte, ou alguém com atributos divinos; depois, por hereditariedade. O Estado atual é mais complexo e se estabiliza a partir de um enorme aparato de leis e poderes, passando a ser um ente, para além de edifícios ou da personificação, definido por abstrações institucionais. Para se estabilizar, o Estado conta com mecanismos de coerção e controle, como os processos de vigilância e punição, arrecadação tributária, definição de leis, aplicação de políticas. O fato é que esses meios abstratos de mediação, seja pela coerção, seja pelo consentimento, são reconhecidos (mesmo que não compreendidos), respeitados e obedecidos por todos; ou quase todos. O mecanismo é o mesmo do regulador dinheiro no sistema mercado: as pessoas transferem poder para um ente que consideram mais capaz ou mais forte. Esse ente sintetizador, ou concentrador, em nome das pessoas, exerce poder sobre essas mesmas pessoas, a favor delas, a despeito delas ou contra elas. Que regulador é esse? O poder.

Idem para as religiões, estruturadas a partir de igrejas. Para além da espiritualidade e dos valores morais, em que a fé e a devoção ao sagrado definem um conjunto de crenças, quando as religiões se institucionalizam em sistemas hierárquicos e de poder, a força da Igreja se sobrepõe à própria fé. A mediação entre sistema de crença e fé passa a ser executada pela Igreja. É por esse mediador que religiões organizam e direcionam a mobilização da fé, agrupando os fiéis em torno de uma única doutrina e de seus preceitos dogmáticos. Mais que a fé, a Igreja é o catalisador dos fiéis, podendo deprimir a potência deles (na maior parte dos casos) ou liberar essa potência, dando sentido à libertação. No caso das religiões e igrejas há ainda a especificidade da reinterpretação analítica da fé, com a reafirmação de fundamentalismos e integrismos, bem como na dualidade entre transcendência e imanência. O reino de Deus como uma esperança transcendente, ou como um "vir a ser" neste mundo, imanente, portanto. Dessas dualidades resultam as opções pela permanência dos poderes constituídos e das formas de dominação ou pela sua superação, em que os pobres, explorados e oprimidos deixariam de ser objeto de caridade (situação passiva) para se transformarem em sujeitos ativos de sua libertação. Como método de ação na opção transformadora e não integrista, o *ver-julgar-agir* que impulsionou a teologia da libertação e as comunidades eclesiais de base da Igreja católica, sobretudo nos anos 1960-70, foi (é) uma contribuição marcadamente latino-americana para a teologia. Atualmente, sem a necessidade de denominar o conceito, mas como prática, o papa Francisco retoma esses propósitos libertadores como uma opção de vida e espiritualidade.

O sistema educacional, de certa forma, também reproduz a mesma dualidade. A inserção ao sistema educativo se dá pela lógica da adesão espontânea, em que as pessoas diretamente envolvidas, ou responsáveis por outras que não têm condições de opinar por si, no caso das crianças, voluntariamente aceitam se submeter a formas sistemáticas e uniformes de transmissão de conhecimento e modos de ser, pensar e agir. Como regulação há os métodos de ensino, que, apesar da aparente pluralidade, têm por objetivo nivelar (ou formatar) pessoas e sociedades em processos de socialização e reprodução. Entre os sistemas históricos e seus reguladores, o sistema da educação é o que melhor possibilita o surgimento de brechas a romper com o equilíbrio de força dos demais sistemas. Conforme Paulo Freire: "Educação não transforma o mundo. Educação muda pessoas. Pessoas transformam o mundo". Mas, ainda assim, há brechas muito tênues, pois o predominante é colocar a educação a serviço da reprodução da visão de mundo dos demais sistemas.

Do outro lado existe a vida, mais especificamente a vida humana. Claro que os sistemas históricos também fazem parte da vida, mas, por sua lógica e força, eles se colocam à parte, acima da vida, ganhando vida própria, por assim dizer. Enquanto os sistemas históricos tendem à regularidade, em que as mudanças estão inseridas na lógica própria da autopreservação, a vida pressupõe um movimento irregular, em que cada pequeno, minúsculo, invisível ponto interfere em sua dinâmica e rumo. Nesse processo irregular, e aparentemente aleatório, que é a dinâmica da natureza e da vida, surgem formas de auto-organização e sentido, de modo que os comportamentos casuais também são governados por leis. Independentemente de onde ocorra o fenômeno, ou do ponto de partida, a tensão entre vida e sistemas históricos modifica rumos, movimentos e processos, estabelecendo novas trajetórias e convergências para novos pontos.

Como compreender essa dinâmica e como fazer essa mediação é a questão. Para que o mundo da vida consiga recuperar força, reduzindo o peso do mundo dos sistemas, ou estabelecendo, ao menos, um equilíbrio mais harmônico, há que encontrar pontos de potência na lógica própria da vida, em particular na vida humana. Nem há um mundo absurdo, não causal, em que nada pode ser previsto ou descrito, nem há um mundo absolutizado, regido por leis, que, por serem totalmente desvendadas, não deixam lugar para a novidade. Ambas as concepções nos levariam à alienação ou ao totalitarismo, por isso há que saber trilhar por um caminho estreito entre esses dois mundos. Na harmonização entre ordem e caos é preciso descobrir o sentido das coisas, das mais insignificantes às, aparentemente, mais complexas. De um simples pedregulho à vida humana, sempre há sentido na vida, até naqueles seres que consideramos inanimados. Assim como há o sentido das águas, da terra, das plantas, dos animais, dos minerais; o sentido dos humanos, do indivíduo e das coletividades. Sentidos que não compreendemos, mas que interagem entre si. Cada unidade de um sistema comunica-se com outra. Não há unidades isoladas por completo, muito menos sistemas isolados. A principal comunicação a ser reestabelecida é exatamente na religação, harmonia e convivência entre humanos e natureza; e entre razão e sensibilidades. Ilya Prigogine aponta que:

> *A ciência é um diálogo com a natureza. As peripécias desse diálogo foram imprevisíveis. Quem teria imaginado, no início deste século [XX], a existência das partículas instáveis, de um universo em expansão, de fenômenos associados à auto-organização e às estruturas dissipativas? Mas como é possível tal diálogo? Um mundo simétrico em relação ao tempo seria um mundo incognoscível. Toda medição, prévia à criação dos conhecimentos, pressupõe a possibilidade de ser afetada pelo mundo, quer sejamos nós os afetados, quer sejam nossos instrumentos. Mas o conhecimento não pressupõe apenas um vínculo entre o que conhece e o que é conhecido, ele exige que esse vínculo crie uma diferença entre passado e futuro. A realidade do devir é a condição* sine qua non *de nosso diálogo com a natureza*[1].

A atividade humana não é estranha à natureza, muito menos impotente diante dos sistemas, com seus atratores poderosos. Ao contrário, a atividade criativa e inovadora é a grande força a dar sentido à potência da natureza. A criatividade humana pode fazer frente aos sistemas que tentam se passar por entes superiores. "O Mercado", "o Estado", "a Igreja", como se tivessem personalidade e vontade própria e não fossem mecanismos também manipulados por humanos. Para Habermas:

---

[1] Ilya Prigogine, *O fim das certezas: tempo e caos, as leis da natureza*, São Paulo: Editora Unesp, 1996, p. 157.

> *O agir comunicativo pode ser compreendido como um processo circular, no qual o ator é as duas coisas ao mesmo tempo: ele é o "iniciador", que domina as situações por meio de ações imputáveis; ao mesmo tempo, ele é também "produto" das tradições nas quais se encontra, dos grupos solidários aos quais pertence e dos processos de socialização nos quais se cria*[2].

O mundo da vida é também um reservatório cultural onde a linguagem é constituída; com isso, ele é o armazenador das concepções e interpretações de mundo das gerações passadas, o que remete diretamente ao mundo da cultura. É nesse sistema que os processos de interação social e socialização dos indivíduos são articulados, havendo três estruturas simbólicas: personalidade, cultura, sociedade. Essas estruturas são estabelecidas a partir de três funções básicas: a dimensão do tempo histórico (formação da identidade pessoal), a atualização das tradições e expansão do saber válido (cultura), a dimensão social (integração social e solidariedade, ou falta de); é dessa combinação que surge o agir comunicativo, segundo Habermas. Há um quarto elemento, não plenamente refletido pelo autor: a dimensão de território, o compartir espaço tangível; sobre isso retomarei adiante. O desafio para que o agir comunicativo agregue forças no embate entre os mundos é reunir três recursos: "força do eu", "sentido" e "solidariedade social". O problema é que, nas sociedades contemporâneas, sobretudo na etapa do neoliberalismo, que caminha para o "pós-humano", para a necropolítica e para a tecnovida, os recursos da "força do eu", dos sentidos e da solidariedade social estão cada vez mais escassos.

A escassez social dos recursos da solidariedade, dos sentidos e da "força do eu" é resultado de uma diferenciação estrutural, interna ao mundo da vida, entre os sistemas de instituições sociais e as visões do mundo. Uma diferenciação entre forma e conteúdo; também entre pensamento abstrato e pensamento concreto, e destes em relação ao pensamento mágico. Essa coesão entre forma (estética) e conteúdo (ética), e entre diferentes formas de pensamento, persiste exatamente nos ambientes do comunitário e dos povos tradicionais, isso porque, para haver comunidade há que compartir tempo (memória) e espaço (território), em que a expressão do pensamento acontece na modalidade da performance, integrando todos os recursos dos sentidos. Em contraposição à excessiva racionalização (ou seria alienação?) das sociedades contemporâneas, quando as pessoas se deixam cada vez mais colonizar pelo mundo dos sistemas, nas sociedades comunitárias e ancestrais, arte e técnica, razão e

[2] Jürgen Habermas, *Consciência moral e agir comunicativo*, Rio de Janeiro: Tempo Brasileiro, 1989, p. 166.

magia, são unas. Com este livro me propus a descortinar esse pano de fundo comum, buscando demonstrar como, por trás da cortina visível, brotam mundos escondidos (mas igualmente contemporâneos), que as sociedades de consumo, e mesmo a academia, mal percebem; ou, se percebem, não absorvem toda a riqueza de sentidos e significados que essas sabedorias podem transmitir. Ocorre que é exatamente por meio desses mundos escondidos que brotam e sobrevivem redes de afeto e potência.

Ao não perceber nem validar essas sabedorias ancestrais e comunitárias, as sociedades contemporâneas vão amoldando o mundo da vida aos imperativos dos sistemas. Com isso tornam-se indefesas aos ataques na forma de transmissão dos valores do mercado e do Estado, bem como de outros sistemas históricos. A reorganização do mundo da vida passa pela valorização e aliança com o comunitário e o ancestral. De um lado: monetarização e burocratização da vida, resultando em individualismo, egoísmo e ganância, competitividade, utilitarismo, hedonismo, falta de referências culturais sensíveis, vulgarização da vida, manipulação das lealdades, tecnificação etc. De outro lado: relações desmercantilizadas, despatriarcalizadas (em certa medida, ou menos patriarcais), um pensamento *decolonial*[3], com interpretação de mundo baseada na experiência, com o apuro de todos os sentidos e sabedorias, inclusive as sabedorias dos seres não humanos, resultando em outras formas de sociabilidade. O encontro com o comunitário e o ancestral tem sentido de resistência à coisificação, carregando um forte caráter desalienante e emancipador. O contraponto aos reguladores dinheiro e poder seria a solidariedade. Mas, se a solidariedade só pode ser plenamente encontrada e revelada em toda sua potência quando há redes de afeto, confiança e esperança, como chegar a ela? Sociedades perdem coesão exatamente a partir da quebra das relações de confiança e afeto, gerando desesperança e anomia – é isso que ocorre quando os ditames dos sistemas se impõem sobre a vida. Para restaurar essas relações não há outro caminho que não seja o encantamento, ou melhor, o reencantamento do mundo.

Pausa para respiro (inclusive neste texto), pois palavras e poesias podem mudar o mundo. Walt Whitman:

Aproveite o dia.
Não deixes que termine sem teres crescido um pouco.
Sem teres sido feliz, sem teres alimentado seus sonhos.

---

[3] O termo "decolonial" distingue-se de "descolonial" porque se refere ao projeto de transcender a persistente colonialidade (estrutura mundial de poder ancorada em padrões do período colonial), enquanto a segunda palavra diz respeito à superação histórica do colonialismo, que no Brasil já aconteceu com a Independência. [N.E.]

Não te deixes vencer pelo desalento.
Não permita que alguém te negue o direito de expressar-te,
  que é quase um dever.
Não abandone tua ânsia de fazer de tua vida algo extraordinário.

Quais seriam os sentidos e capacidades que estariam aptos a inverter esse processo avassalador, em que o mundo dos sistemas se sobrepõe aos mundos das vidas vividas?

Do ponto de vista da física e da matemática, havendo um regulador que sobressaia aos demais, ele poderá reunir partes que, aparentemente, não tinham ligação entre si, passando a ter efeito agregador. Tal atrator da vida poderá ser tão ou mais forte que os atratores dos sistemas, uma vez que esses são estruturados a partir de agregações menos diversas. A força de um atrator da vida, que se destaque sobre os demais, será potencializada pela agregação dos demais reguladores da vida humana, em suas infinitas variações, como as notas musicais que, sendo apenas sete, permitem a composição de sinfonias sublimes. Ao neutralizar a dimensão de um ou mais atratores, a linha contínua de pontos também se transforma. O mesmo ocorre na dissipação de energia dos reguladores dos sistemas, que vai perdendo força na sua própria rotação. Algum dia o Sol vai acabar, como acabam as estrelas; e as civilizações que algum dia se pretenderam eternas.

Se nas ciências exatas conseguimos identificar atratores que sobressaem em relação aos demais, o mesmo acontece nas ciências humanas. Na Europa mediterrânea, e entre diversos povos indígenas, escolheu-se a *vendeta*, a vingança, como meio de regulação das relações sociais. Assim, por séculos e séculos, as sociedades se regularam (e talvez ainda se regulem) por leis próprias, não escritas, para além das regras de mercado ou do Estado, e até incorporadas nos dogmas religiosos ("olho por olho, dente por dente") e sistemas de ensino. Essas "regras de vingança" fazem o desejo por mais ação vingativa se sobrepor aos demais desejos. É esse desejo, e medo, que torna a vingança respeitada, reconhecida, temida e compreendida por determinados grupos sociais, como um regulador social aceito e normatizado. Ismail Kadaré, escritor albanês, escreveu um belo livro a respeito, *Abril despedaçado*, depois ambientado no nordeste brasileiro e transformado em igualmente belo filme pelo brasileiro Walter Salles. O livro tem por eixo o *Kanun*, um conjunto de leis tradicionais albanesas, antes orais, que regia (rege?) a vida dos montanheses na Albânia. Na história, as repetições, os rituais de vingança e os códigos de honra organizam a vida social e a relação entre famílias, inclusive a aceitação de que o ciclo de vingança precisa seguir seu curso.

Com o exemplo da vingança, percebemos que é possível identificar reguladores da vida que ganham maior destaque na vida social e, em havendo a potencialização de um ou mais atratores, consegue-se mudar fluxos e rumos, transformando realidades. Se podemos identificar e escolher, podemos cultivar e alterar. É, portanto, uma escolha cultural. A identificação de quais reguladores, ou virtudes, poderão se sobressair em relação aos demais, sendo aceitos e praticados por um universo maior de pessoas, é um dos grandes desafios da humanidade, e esse desafio é enfrentado por meio das religiões e da política (ao menos se tenta). "Amai-vos uns aos outros" foi – e é – uma tentativa de destacar um regulador no mundo da vida que não fosse destrutivo como a vingança, o ódio ou o medo. Ao longo da história, milhões ou bilhões de pessoas disseram (dizem?) que compreenderam o chamado; mas parece que essas mesmas pessoas ouviram e repetiram muito, mas exercitam pouco.

A ideologia neoliberal tem no egoísmo, na acumulação, na ganância e na competição sem limites os atratores-motriz. Mas as sociedades poderiam escolher outros atratores: a reciprocidade, a solidariedade e a dádiva, a abundância coletiva; e isso resultaria em outras formas de economia, mais circular e equânime, não predadora. Quando um vizinho oferta um bolo e aquele que recebe retribui cuidando do jardim dele, sem que isso tenha sido resultado de uma troca explícita, está havendo uma escolha de modo de vida e também uma regulação social igualmente invisível. São valores que passam a se destacar sobre outros reguladores nas relações humanas. Essa diferença de ênfase, ou escolha, além de resultar em outro modelo de relação entre vizinhos, aponta para novos modelos econômicos e relações de poder. Também a forma de acolhida e trabalho entre povos, o *motirõ* e a *minka*, o mutirão dos povos originários deste subcontinente que veio a ser chamado de América Latina, seja em idioma tupi ou quéchua. Povos podem escolher regras de convivência e paz, ou de dissenso e guerra, e isso se reflete em relações de trabalho e poder. Essas regras não são eternas, podem ser mudadas, a depender do padrão de consciência alcançado.

É possível eleger, entre os reguladores (ou atratores) da vida, um ou alguns que se destaque, ou se destaquem, dos demais. Matematicamente, o ideal seria a escolha consciente de um único atrator a se destacar (a solidariedade?); como a vida humana é diversa, que ao menos eles fossem complementares entre si, para fazer frente aos atratores já bem definidos pelo mundo dos sistemas. Procedendo assim seria possível estabelecer uma relação de melhor equilíbrio entre valores da Vida e os valores que ganharam vida própria a partir da lógica dos sistemas históricos. Mas, se essa possibilidade existe, por qual motivo a raça humana ainda não conseguiu – ou não se dispôs seriamente a enfrentar essa questão – estabilizar um regulador que seja forte o suficiente para fazer frente aos reguladores dos sistemas?

Nós somos o que fazemos de nós. Talvez essa seja a principal característica a diferenciar os humanos dos demais seres: somos produto e vetor de nossa própria evolução. Somos fazedores de cultura e, como tal, podemos nos autocultivar. Se é possível escolher um regulador para a vida social, também é possível escolher como cultivá-lo. Isso não significa que, ao fazer essa escolha, os demais reguladores deixarão de existir, ao contrário, a vida poderá seguir imprevisível e atraente com todas as variações de sentimentos e valores; e os historiadores, poetas, artistas e filósofos poderão seguir com suas histórias, pensamentos e criações maravilhosas, e sempre inconclusas. O mundo vive uma encruzilhada civilizatória, que afeta a própria vida, por isso a escolha é tão necessária. E a decisão só cabe a nós.

Foram a cooperação, a confiança e a solidariedade que nos tornaram humanos, não o egoísmo, a ganância, a competitividade. Fosse o egoísmo, a primeira mulher (ou o primeiro homem) a dominar o conhecimento de como produzir fogo não teria compartilhado esse conhecimento com os demais. Se não tivesse havido essa cooperação, talvez essa mesma pessoa tivesse morrido de frio, se, abatida por doença, estivesse impossibilitada de fazer o fogo para se aquecer. Alguém fez fogo para que ela se aquecesse e sobrevivesse. Reinasse a desconfiança entre as pessoas, homens e mulheres teriam sofrido de cólica e até morrido ao se negarem a mastigar uma folha oferecida por alguém que descobrira a propriedade medicinal de uma planta. A alma humana é feita para não estar sozinha, para compartir, para ser solidária. Evoluímos como espécie e civilização porque confiamos uns nos outros, porque as pessoas deram-se as mãos, cooperaram. Do contrário, de tão frágeis ante os outros animais, não sobraria humano para contar esta história. A contradição é que, em algum momento, mais precisamente na gênese da estruturação dos sistemas mercado e Estado e na sobreposição do poder patriarcal sobre o matriarcal, outros valores, mais indicados para processos de acumulação, foram sendo destacados, exatamente porque a lógica dos sistemas assim demandava. A partir de então, experiências comuns foram perdendo força, exatamente por não se enquadrarem na lógica dos sistemas que estavam sendo criados.

Ao quebrar a linha da história, esses processos sociais originários foram abandonados e esquecidos. Em *O processo civilizador*, Norbert Elias descreve essas configurações de longo prazo com implicação direta na formação das mentalidades:

> *Uma geração os transmite a outra sem estar consciente do processo como um todo, e os conceitos sobrevivem enquanto essa cristalização de experiências passadas e situações retiver um valor existencial, uma função na existência concreta da sociedade – isto é, enquanto gerações sucessivas puderem identificar suas próprias experiências no significado das palavras. Os termos morrem aos poucos, quando as funções e experiências na vida concreta da sociedade deixam de se vincular a ele. Em outras ocasiões, eles apenas adormecem, ou o fazem em certos*

> *aspectos, e adquirem um novo valor social com uma nova situação. São relembrados então porque alguma coisa no estado presente da sociedade encontra expressão na cristalização do passado corporificada nas palavras*[4].

Na segunda parte deste livro procuro demonstrar, a partir do método narrativo da micro-história, experiências que reproduzem modos de vida ancestrais ou comunitários. Minha tese é que são exatamente experiências como essas que reúnem as melhores condições – afetivas, cognitivas e de potência – para apontar caminhos na recuperação dos valores perdidos. As sociedades de massa, de tão formatadas, perderam a capacidade de "identificar suas próprias experiências no significado das palavras", conforme aponta Elias. Sobretudo a partir da modernidade, e agora de forma exacerbada na fase do hipercapitalismo, os povos foram absorvendo valores externos à regulação de sua própria vida, transformando-os em valores absolutos que a regulam. Por terem permanecido alijados desse processo (mas não totalmente imunes a ele), os povos ancestrais e comunitários ainda preservam meios e sabedorias para essa reconexão. Todavia, os povos comunitários e ancestrais não conseguirão fazer os valores e modos de vida presentes em suas práticas cotidianas se espraiarem pela sociedade caso não consigam agregar apoio e compreensão de, ao menos, parte significativa da juventude e dos trabalhadores das cidades e do campo, bem como daquelas pessoas que se negam a ser coisa. Há que haver encontro e reencontro, em redes de confiança, coragem e afeto. E isso só será possível se as pessoas deixarem de se abster do sonho.

A vida é deserto e oásis, por isso precisamos ir além das miragens e reencontrar a expressão de nossa gênese para retomarmos esses valores essenciais, elegendo-os como determinantes na regulação da vida. O desafio é não permitir que a vida passe sem termos vivido. Não se trata de uma busca metafísica pela "essência" da humanidade, mas de uma construção pragmática em torno de um projeto histórico de humanidade. Voltando a Bauman: "A promoção do cálculo econômico ao *status* de valor supremo, na verdade, único, é, ao lado de outras variedades de fundamentalismo contemporâneo, uma das fontes mais importantes da ameaça niilista"[5]. O grande dilema está em nossa incapacidade em fazer aflorar e articular valores que nos tornam mais humanos, menos comandáveis pelo mercado, pelo Estado e pelas igrejas, até que, em entropia reversa, esses novos valores possam influenciar e alterar os valores

---

[4] Norbert Elias, *O processo civilizador*, Rio de Janeiro: Jorge Zahar Editor, 1990, v. I, p. 26.

[5] Zygmunt Bauman, *Ensaios sobre o conceito de cultura*, Rio de Janeiro: Zahar, 2012.

hoje determinantes para a reprodução autônoma do mercado, do Estado e das igrejas. Continuando em Bauman:

> *Parece que a agora espantosa popularidade dos "valores econômicos" – como eficácia, eficiência, competitividade – se baseia em considerável medida em sua indiferença à qualidade dos valores que eles propõem como "denominador comum". Esses valores econômicos, em tese, oferecem um guia infalível para a escolha, simplesmente dissimulando, depreciando ou apagando tudo aquilo que tornou a escolha necessária*[6].

Quando a vida é capturada pela lógica dos sistemas, são os reguladores dos sistemas que passam a determinar o fluxo e o sentido da vida. Capturada pelo mercado, a vida se transforma em objeto inanimado, em coisa, em meio de compra e venda, passando a ser regulada pelo dinheiro. Pode ser um frango assado exibido na vitrine do forno de um estabelecimento qualquer ou um meio de produção e consumo de outras coisas, incluindo os seres humanos, que se desumanizam, transformando-se em coisas para produzir, coisas para consumir. O processo de captura da vida pela lógica do mercado, através do dinheiro, condiciona até mesmo as vontades e necessidades humanas, gerando novos valores, por fora da lógica da vida. É a mercadoria como fetiche, ganhando personalidade própria, como um ente, que manda, determina, impõe sua vontade. Esse descompasso entre vidas e um mercado sem face, sem corpo (a chamada "mão invisível do mercado"), que ganha vontade própria, força e regras, faz a lógica da vida ficar subordinada e determinada pela lógica do mercado, gerando mal-estar e alienação.

Ocorre o mesmo quando a vida é capturada pelo Estado, quando ela passa a ser regulada pelo poder. O poder é relacional e resulta de um jogo entre dependência e dominância entre pessoas ou grupos e classes sociais. Uns dependem dos outros, mas, para que exista uma ordem, é necessário que a autoridade de uns se estabeleça sobre os demais. O poder de Estado advém de uma relação de força, de imposição (daí os impostos) e coerção, mesmo quando há consentimento, a capacidade de decidir, deliberar, agir e mandar depende do conjunto de posições estratégicas que um grupo – ou pessoa, ou classe social – detém em relação aos demais (poder simbólico, poder militar, poder social, poder legal, poder econômico). A ocupação desse conjunto de posições estratégicas é que vai determinar a relação de dependência e poder entre pessoas e grupos. Isso acontece desde quando um rei, ou senhor feudal, tinha pleno domínio sobre a vida dos súditos ou servos e dura até os tempos atuais. É através do poder

---

[6] *Ibidem*, p. 78.

de legislar, fazer justiça e executar políticas públicas que se define quem será beneficiado, quem terá mais ou menos direitos e deveres, quem será escolhido para receber um tratamento de saúde, boa comida, água limpa, bom ar, boa morada, boa educação, cultura, lazer; e quem não terá acesso a esses direitos.

Ao se submeter à lógica do mercado ou do Estado, a vida vai perdendo soberania e arbítrio sobre seu destino, com isso vai incorporando o *habitus* originado nesses sistemas, como se tais comportamentos fossem intrínsecos e naturais à própria vida. Mas não são. Pierre Bourdieu define o *habitus* como um princípio

> *operador que leva a cabo a interação entre dois sistemas de relações, as estruturas objetivas e as práticas [...], [é como um] sistema de disposições duráveis e transferíveis que, integrando todas as experiências passadas, funciona a cada momento como uma matriz de percepções, apreciações e ações e torna possível a realização de tarefas infinitamente diferenciadas, graças às transferências analógicas de esquemas que permitem resolver os problemas da mesma forma e graças às correções incessantes dos resultados obtidos, dialeticamente produzidas por estes resultados*[7].

Os modos de ser, de falar, de sentir, de pensar e de agir passam a ser os modos dos sistemas, e não propriamente os modos da vida. É essa simbiose que faz os sistemas determinarem a vida. Nunca antes o mundo esteve diante de uma bifurcação tão irreversível. Poderemos seguir no caminho do pós-humano e da pós-vida como é conhecida no planeta, ou poderemos retomar o caminho da emancipação, da solidariedade e da inserção da coletividade humana na comunidade da vida. Qual será o caminho que escolheremos? Essa é a questão.

---

[7] Sérgio Miceli, "A força do sentido", introdução a: Pierre Bourdieu, *A economia das trocas simbólicas*, São Paulo: Perspectiva, 2001, p. XLI.

METAMORFOSE

Transições e superações entre sistemas e regimes não acontecem por ato de vontade; resultam de processos lentos, de metamorfose, em que o novo vai sendo gestado na barriga do velho. Na maioria das vezes, sem que esse velho perceba. De repente, quando o velho regime se dá conta, da pupa surge uma colorida borboleta, antes lagarta. Essa transformação é fruto de uma fronteira misteriosa, entre o fluxo suave e a turbulência. Seria uma "quase intransitividade".

> *Um sistema quase intransitivo evidencia uma espécie de comportamento médio durante muito tempo, flutuando dentro de certos limites. E então, sem qualquer razão, passa a um comportamento diferente, ainda oscilante, mas produzindo média diferente*[1].

Bruscas mudanças climáticas e eras glaciais seriam indicadores dessas mudanças qualitativas, de quase intransitividade, em que do quantitativo acontece o salto qualitativo. Revoluções e revoltas sociais repentinas, *idem*.

A superação do feudalismo pelo capitalismo foi resultado de um longo processo de mudanças, intercaladas com momentos de estabilidade, em que nada parecia mudar. Todavia, observando mais detidamente o processo histórico de

---

[1] James Gleick, *Caos: a criação de uma nova ciência*, Rio de Janeiro: Campus, 1989, p. 168.

transição do feudalismo para o capitalismo, encontramos situações de profunda e rápida transformação, em que permanência e revolução se intercalavam com momentos de violência e beleza, imutabilidade e invenção. Diferentemente de revoluções sem lastro, que logo retrocedem, tornando-se caricatura daquilo que visavam transformar, o novo só prevalece e se sustenta quando resultado de um profundo processo de gestação e cultivo; por isso, metamorfose.

Após a derrocada da Antiguidade, o mundo europeu se recolheu em feudos, com todas as dimensões da vida passando por uma lógica de vassalagem e servidão. Tudo estava preso à terra de nascimento e se circunscrevia à vida no feudo; as regras de trabalho, a entrega da maior parte da colheita, a corveia como tributo coletivo, a habilidade dos artesãos, as primícias para o gozo do senhor, os campos de caça, o recrutamento para a guerra, a moral. Era da lógica do sistema as pessoas não terem soberania sobre si, devendo servir ao senhor da terra, e este dever vassalagem aos senhores mais poderosos, que, por sua vez, se submetiam ao rei. Tudo era propriedade de um só senhor: a terra, as águas, os bosques, os campos, as pessoas e os animais. Como espaços relativamente menos controlados, havia os mosteiros, o entorno de castelos com seus casebres, as cidades em ruínas, as florestas. Com o tempo, os que se aventuraram para além dos feudos e cortes, em rotas de comércio, foram conquistando seu espaço; eram também parte do sistema, mas começavam a criar regras próprias. Pela função de integrarem territórios em redes de intercâmbio, ganharam autonomia relativa, fixando-se em burgos e atraindo artesãos e novos comerciantes. Assim, de dentro do sistema feudal, foram brotando formas de trabalho, de moral, de ética e filosofia que fizeram nascer uma nova forma de sociedade. Foram séculos em que um sistema conviveu com outro, até que um se sobrepôs ao outro. E o Antigo Regime caiu por obra das revoluções burguesas.

A história se move dessa forma. Nos tempos passados, com processos e configurações mais demoradas; nos tempos atuais, em função dos novos meios de comunicação, circulação de ideias e conformação de comportamentos, a história pode se mover mais depressa. Mas... para qual caminho? Depende de como nos movermos e de quão profundas, justas e sustentáveis forem as novas formas de sociedade que semearmos. Também depende de as formas organizativas corresponderem às novas ideias, fazendo forma e conteúdo, ou ética e estética, caminharem em unidade e coerência. Não se trata de mudanças ocasionadas por indivíduos isolados, como se alguém, ou algum grupo, houvesse planejado, criado, o porvir, mas de um sentido não compreendido nos processos históricos, exatamente porque são infinitos os entrelaçamentos e as variáveis na relação entre o indivíduo e as coletividades e destas com o mundo dos sistemas. São mudanças não racionalmente planejadas, *tampouco reduzidas ao aparecimento ou desaparecimento aleatórios de modelos desordenados. Como teria sido isso possível? Como pode acontecer que surjam no mundo humano formações sociais que nenhum ser isolado planejou e que, ainda assim, são tudo, menos formações de nuvens, sem estabilidade ou estrutura? O estudo precedente, em especial as partes dedicadas à dinâmica social, tentou dar uma resposta a essas perguntas. E ela é muito simples: planos e ações, impulsos emocionais e racionais de pessoas isoladas, constantemente se entrelaçam de modo amistoso ou hostil. Esse tecido básico, resultante de muitos planos e ações isolados, pode dar origem a mudanças e modelos que nenhuma pessoa isolada planejou ou criou. Dessa interdependência de pessoas surge uma ordem sui generis, uma ordem mais irresistível e mais forte do que a vontade e a razão das pessoas isoladas que a compõem. É essa ordem de impulsos e anelos humanos entrelaçados, essa ordem social, que determina o curso da mudança histórica, e que subjaz ao processo civilizador*[2].

Atualmente, o que está em disputa é o próprio modelo de humanidade. Qual será o modelo civilizatório que vamos adotar e como queremos nos fazer enquanto espécie, enquanto humanidade. Nossa espécie é o *Homo sapiens*, somos produto da revolução do Neolítico, da pedra polida, do controle e da geração do fogo, do conhecimento sobre as sementes, permitindo a agricultura, a domesticação dos animais e a pecuária. Foram esses conhecimentos que possibilitaram a autonomia alimentar da espécie humana, que, deixando de depender do acaso da caça e da coleta, pôde agregar-se, fixando-se em aldeias, depois cidades. Com as cidades e maior concentração de pessoas e modos de vida, trocas mais intensas foram surgindo, intensificando avanços tecnológicos, científicos, culturais e artísticos. E por aí foi a aventura humana, dividindo-se em classes, acumulando poder e dinheiro, separando-se. A atual espécie humana, o *Homo sapiens sapiens*, tal qual somos, é resultado de um autocultivo de aproximadamente 10 mil anos, não como progressão linear, mas como processo, com avanços e recuos.

As gerações atuais podem estar entre as últimas da nossa espécie biológica, cedendo lugar a uma nova espécie, biônica no físico e também no pensamento, na forma de interpretação do mundo e na condução dos afetos e desejos. Já vivemos no limiar da perda da soberania alimentar, via agricultura industrial, com intensivo uso de química e transgenia, sementes patenteadas e com genes modificados para que não possam se autorreproduzir, interrompendo o próprio ciclo da vida. Também estamos perdendo o domínio narrativo, em que

[2] Norbert Elias, *O processo civilizador*, Rio de Janeiro: Zahar, 1990, v. II, p. 194.

algoritmos (mecanismos de busca na internet) se assenhoram dos caminhos de observação, pesquisa e investigação, com seletividade na memória e verdades que se embaralham, a pós-verdade. Tudo isso fará com que os corpos, e até os afetos e desejos mais singelos, passem a ser induzidos por algoritmos formatados em cérebros que não controlamos, via inteligência artificial, acelerando o processo de perda de soberania do humano sobre si. Será a consolidação da transformação do ser humano em "ser-coisa", o ser objeto.

A UNIDADE COMO FORÇA PARA ENFRENTAR O PODER ABSOLUTO

Quando os sistemas mercado, Estado, Igreja, e também a educação, se entrelaçam em um só sistema, se impõe o poder absoluto, comandando, em um só sentido, os meios econômicos, as relações de poder e a formação das mentes. Como cimento para esse poder absoluto está a mídia, controlada por poucas corporações e dominando todos os meios de expressão sem contraponto, em quase monopólio. A mídia monopolista não pode ser compreendida como um sistema próprio – porque depende dos demais sistemas –, mas como meio de alinhavar os outros sistemas, formatando a sociedade a partir da lógica destes. Igualmente, os processos de mídia distribuída, via redes sociais, não podem ser interpretados como alternativa à mídia monopolista e vertical, porque são controlados por lógicas próprias de poder e mercantilização dos afetos, porém mediados por algoritmos. Quando ocorrem esse pleno alinhavo e essa convergência, se impõe a ditadura perfeita, em processos de totalitarismo. É o que está ocorrendo no mundo de 2020.

A necessidade da separação entre poderes advém da rejeição aos totalitarismos, despotismos e tiranias, cabendo regular as relações entre Estado e mercado, Estado e religião e Estado e educação. Contém também o estabelecimento de um sistema de pesos e contrapesos para o sistema Estado, com separação e equilíbrio entre os poderes Executivo, Legislativo e Judiciário. Quando um sistema impõe sua lógica sobre os demais, imiscuindo-se nas atribuições do outro, ou quando um sistema se deixa subordinar a outro, vai se estabelecendo um ambiente pantanoso e corrompido, propício à promiscuidade na relação do Estado com os demais sistemas (mercado, Igreja, educação). É esse ambiente corrompido que permite que os outros sistemas penetrem no sistema Estado, gerando um ambiente de corrupção permanente. Também há situações em que um poder de Estado (militar, Executivo, Judiciário...) se sobrepõe aos demais, formando ditaduras *stricto sensu*, igualmente em ambientes de profunda corrupção.

À medida que os sistemas históricos se estruturaram e ganharam força, as sociedades foram construindo mecanismos de contrapeso. Por isso a separação de poderes intraestado e entre os sistemas dominantes. Na relação entre Estado e mercado: planejamento, regulação e execução de determinadas atividades econômicas, variando conforme a ênfase do regime econômico. Na relação entre Estado e igrejas: Estado laico. Na relação entre Estado e educação: bases curriculares comuns e autonomia pedagógica.

Com a globalização e o neoliberalismo, desde o final do século XX, o mundo vive um quadro de profunda instabilidade, em uma tendência de concentração e estabelecimento do poder absoluto, como nunca antes houve na história. A começar pela obscena concentração de renda, em que apenas oito (exatamente, oito) pessoas possuem riqueza equivalente à da metade mais pobre da população mundial; ou o fato de o 1% mais rico concentrar os mesmos recursos dos demais 99% dos habitantes do planeta. Essa concentração de riqueza desfaz as regulações construídas pelo processo civilizatório, sobretudo nos últimos dois séculos, produzindo a dissolução das fronteiras entre sistemas, em um perigoso processo de concentração de poder. Os Estados vão perdendo poder, mas não para suas populações, e sim para poderes extranacionais, incontroláveis em suas ganâncias. Com Estados enfraquecidos, o mercado impõe as regras. Também vai sucumbindo a fronteira entre Estado laico e Estado religioso. O mesmo ocorre na relação com o sistema educativo, em que ambientes escolares vão perdendo autonomia pedagógica. Por transitar e ser sustentada por esses mundos, cabe à mídia oligopolizada e sua nova contraparte, os (poucos, em quantidade ainda menor que na mídia oligopolizada) controladores das redes sociais, o papel de alinhavar esse processo de dissolução de fronteiras entre sistemas distintos.

O contraponto a esse processo avassalador, de implantação do poder absoluto, só poderá ser encontrado no mundo da vida. Mas o mundo da vida só prevalecerá se apresentar um regulador suficientemente forte e unificado para conseguir se contrapor ao poder absoluto, imposto pelo mundo dos sistemas. O mapa do caminho está na cultura do encontro e na cultura viva, sobretudo aquela que se estrutura a partir de bases comunitárias e ancestrais, em que os valores preponderantes são os da própria vida. A força desses valores da vida precisa ser abastecida no solo fértil do comum. E esse solo se encontra nos ambientes comunitários e ancestrais.

A vida perde força quando ela perde o sentido de unidade. Em encontro do papa Francisco com jovens do ensino médio de diversos países, via videoconferência, do qual participaram estudantes brasileiros e que tive a oportunidade de organizar, Francisco tratou do sentido da unidade e de como a vida vai se deixando perder ao se abandonar essa unidade:

> *Tudo tem um sentido, mas isso há que se descobrir. Na educação, selecionamos mal, elitizamos e vamos criando grupos fechados. Aí capitaneia o egoísmo, fazendo que a mão vá se fechando e o coração vá se cerrando cada vez mais, e a mente se fecha. Com isso, somos incapazes de pensar nos outros, incapazes de sentir com os outros, incapazes de trabalhar com os outros, essa é a tentação do mundo de hoje. E vocês, vejo, pelas experiências que me contaram, se animaram a superar isso. As três linguagens, não nos esqueçamos. A linguagem da mente, a linguagem do coração e a linguagem das mãos. Vocês arriscam para que possam pensar o que sentem e o que fazem. Possam sentir o que pensam e o que fazem, possam fazer o que sentem e o que pensam.*
>
> *Unidade dentro de cada um, porque essa cultura do descarte também nos esquarteja a todos. Quer dizer, nos trata como se fôssemos um trapo. Nos desfaz, nos desmancha. Portanto, o primeiro passo para lograr essa unidade é crer no que se sente, no que se pensa, no que se faz, se comunicar sem isolar essa unidade. Há um perigo muito grande na educação dos jovens, o perigo da elitização. Cada vez os pressupostos da educação em alguns locais vão aceitando que se crie uma elite, a que pode pagar a educação, deixando de fora meninos e meninas que não têm acesso à educação. Educação não é saber coisas, e sim ser capaz de usar as três linguagens, a das mãos, a do coração e a da cabeça. Educar é incluir. Há outro perigo, nesse mundo da globalização, e a globalização é boa, mas existe o perigo de conceber a globalização como se fosse uma bola de bilhar. Tudo igual. Em uma esfera, cada ponto é equidistante do centro, tudo é igual, e então se anulam as características pessoais de um rapaz ou uma moça. Ou você se torna igual ao sistema ou não existe. O mesmo para os povos. Ou todos os povos são iguais ou não existem. A mudança da verdadeira globalização é um poliedro, onde buscamos a unidade, mas cada um tem sua própria peculiaridade, que é a riqueza da pessoa, e comparti-la com os demais é que nos dá um sentido*[1].

---

[1] Papa Francisco – conversa com estudantes de nove países por videoconferência a partir do programa Scholas Cidadania, em 9 de junho de 2017.

Na fala do papa Francisco, a unidade é percebida em diversos sentidos. O primeiro é o indivíduo ter coerência consigo mesmo, unindo sentir, pensar e fazer, em uma mesma direção. Quando o sistema consegue quebrar essa unidade, ou coerência, a vida torna-se mais frágil e passa a ser absorvida por uma lógica que não é dela. A cultura do descarte e do egoísmo, conforme o papa aponta, é o que desmancha, desfaz a vida perante os sistemas. O segundo aspecto é a aceitação e naturalização da exclusão, justificando a elitização, gerando separações e distância entre indivíduos e sociedades. O terceiro, a contradição entre uniformização e padronização, conforme imposto pela globalização a partir da lógica dos sistemas, e uma outra forma de globalização, humana, diversa, poliédrica e multiforme. Para que a vida consiga fazer frente aos sistemas há que redescobrir o sentido dessas três unidades, ou três harmonias. Do indivíduo com ele mesmo, do indivíduo com a sociedade, das sociedades entre si (percebendo as sociedades não somente como a comunhão entre sociedades humanas, mas destas com os demais seres). Essa fala atual, presente na voz do papa, também está na percepção e nos modos de vida dos povos ancestrais, como na cultura quéchua, o *sumak kawsay* (o bem viver), que se refere exatamente a essas três harmonias como fundamento para o bem viver.

A chave para uma mudança emancipadora estaria na recuperação do sentido de unidade, coerência e harmonização entre as diferenças. Desde que não sejam diferenças que visem estraçalhar o outro, aniquilar, tornar um "trapo", como nas palavras de Francisco, porque nesse caso não seriam diferenças necessárias à convivência, mas sim para a eliminação da convivência. A profundidade de uma proposta de transformação (ou revolução) em metamorfose só será possível se fruto de processos mais horizontais e equilibrados nas relações entre indivíduos e grupos sociais. Seria uma nova geometria da vida, em que a unidade é alcançada sem uniformização nem padronização. Em outras palavras, o encontro da identidade na diversidade, em processos espiralados.

Esse novo entendimento só é efetivamente possível quando se compreende que, para diferentes povos, há significados diferentes para o poder. Enquanto para a cultura ocidental a prática do poder está no domínio, para os povos ancestrais ela está no servir. Isso resulta no deslocamento do poder não mais para o Estado, e sim para a comunidade, bem como na busca do consenso a partir de assembleias comunitárias ou conselhos de visão entre coletividade, sábios e anciãos. Um poder espiralado, em constante movimento e troca de atores. Daí resulta o lema zapatista: "Por um mundo em que caibam outros mundos!". Nesse outro entendimento de poder há o reconhecimento às pessoas que prestam serviços à comunidade na busca do bem comum; mas, como a base decisória se dá por processos de consenso progressivo, todos sabem que todos podem chegar a ser autoridade para executar o que foi decidido por todos, a depender de cada habilidade, que devem se complementar, e não se impor.

Para uma revolução em metamorfose "a luta é como um círculo. Pode começar em qualquer ponto, porém nunca termina"[2]. Uma revolução que é vento, caminho e movimento. Em *A revolução brasileira*, Caio Prado Junior sente a necessidade de conceituar o termo "revolução", que carrega uma ambiguidade; ele frisa que há mais de uma ambiguidade, mas foca a principal, a distinção entre "insurreição" e transformação qualitativa de regime político-social. Atendo-se ao sentido "real e profundo" do termo "revolução":

> *significa o processo histórico assinalado por reformas e modificações econômicas, sociais e políticas sucessivas, que, concentradas em período histórico relativamente curto, vão dar em transformações estruturais da sociedade, e em especial das relações econômicas e do equilíbrio recíproco das diferentes classes e categorias sociais*[3].

Processos revolucionários em metamorfose têm esse mesmo sentido; são apenas um pouco mais lentos, por serem mais orgânicos e espiralados. Para cada novo movimento em círculo, é necessário consolidar o anterior, como em um caracol. O objetivo é o mesmo – a superação de um sistema que "humilha dignidades, insulta honestidades e assassina esperanças"[4] –, mas são outras formas de pensar e realizar a ideia de revolução, em que não basta conquistar o mundo, pois é necessário fazê-lo de novo. Nem por isso essa ideia de revolução é menos profunda e radical; muito ao contrário, ela expressa esperança que é rebeldia, rejeitando o conformismo e a derrota:

> *Em vez de humanidade nos oferecem índices das bolsas de valores, em vez de dignidade nos oferecem globalização da miséria, em vez de esperança nos oferecem o vácuo, em vez de vida nos oferecem a internacional do terror.*
>
> *Contra a internacional do terror representada pelo neoliberalismo, devemos levantar a internacional da esperança. A unidade, acima de fronteiras, línguas, cores, culturas, sexos, estratégias e pensamentos, de todos os que preferem a humanidade viva.*

---

[2] Subcomandante Marcos, Exército Zapatista de Libertação Nacional (EZLN), carta à sociedade nacional e internacional, México, 18 maio 1996.
[3] Caio Prado Junior, *A revolução brasileira*, São Paulo: Brasiliense, 1977, p. 11.
[4] Primeira Declaração de La Realidad, Selva Lacandona, Chiapas, México, jan. 1996, em Michael Löwy (org.), *O marxismo na América Latina: uma antologia de 1909 aos dias atuais*, São Paulo: Fundação Perseu Abramo, 1999.

A internacional da esperança. Não a burocracia da esperança, não a imagem inversa e, portanto, semelhante àquilo que nos aniquila. Não o poder com novo signo ou novas roupas. Um alento sim, um alento da dignidade. Uma flor sim, a flor da esperança. Um canto sim, o canto da vida[5].

CULTURA E ARTE

Cultura: o cultivo da vida, o cultivo das pessoas, grupos e sociedades, a busca por sentidos e significados. A partir da etimologia da palavra "cultura" (do verbo latino *"colere"*, "cultivar"), a melhor aproximação comparativa deve ser entre cultura e agricultura. Cultura é justamente colocar as mãos e os pés na terra, preparar a terra, semear, acompanhar o crescimento das plantas, proteger a plantação, realizar a colheita (preferencialmente com trabalho coletivo e cantando enquanto se trabalha), fazer festa, celebrar. E, após a colheita, separar as melhores sementes, para depois fazer tudo de novo, sucessivamente – mais festa e celebrações, agradecendo e pedindo permissão à Mãe Terra, que nos dá alimento.

Para que a cultura brote, é necessário haver a combinação entre tempo e espaço, memória e território. É a partir do território que nos localizamos no mundo, formando referências, compartilhando sensações. Com a memória vamos retendo essas sensações, referências e localizações. O tempo nos vincula ao espaço, da mesma forma que o espaço nos faz compartir o tempo. Essa relação entre tempo e espaço, entre memória e território, assegura estabilidade e profundidade nas relações humanas. Como *Homo culturalis*, somos síntese do compartilhamento entre memória e território, é desse compartilhamento que podemos contemplar o passado – e as tradições – e planejar o futuro. Nós somos o que fazemos de nós, mas também somos feitos do ambiente que nos faz ser o que somos.

Cultura como cultivo permanente, em processo dinâmico, que envolve o reconhecimento e interação com o entorno, valorizando conhecimentos, saberes e tradições. Cultura como formação, aprendizado e domínio de formas de expressão e técnicas. Cultura como informação e difusão, ampliando repertórios e o domínio de análise simbólica. Cultura como criação e produção, instigando a inventividade e a habilidade (arte) de articulação das pessoas com seu meio e entre si. Cultura como desafio, realizado com arte, magia, coragem e afeto; como expressão simbólica, como potência e encantamento. Cultura como expressão de tudo o que é importante para uma comunidade: sua ancestralidade e seus símbolos, relações e afetos, seus desejos e aspirações. Uma cultura, ao se realizar na arte, é cidadã, respeita e valoriza as pessoas e suas formas de viver; ou melhor, de bem viver, pois a cidadania se realizará melhor quando em ambientes de acolhimento, cuidado e respeito. Quando uma comunidade percebe e realiza a cultura dessa forma, ela inverte o próprio sentido de economia, que deixa de ser um modo de administração de recursos a partir da extração dos bens materiais e dos modos de produção para se transformar em uma administração de recursos a partir dos sonhos e da beleza, colocando a vida no centro vital, e não as coisas, uma economia baseada na lógica da abundância e não da escassez.

Arte, do latim *"ars"*, "habilidade", "técnica"; a elaboração controlada, consciente e racional de projetos, sonhos e ideais que tenham sentido prático, mítico ou teórico, tangível e intangível ao mesmo tempo. A arte sempre esteve ligada aos modos de vida, às práticas, à maneira com que as pessoas sustentam a existência e à interpretação que fazem de seu meio, seus desejos e angústias. Produzindo uma relação direta com os ambientes, arte e vida se fundem e se confundem. É assim com os povos tradicionais. Para eles, o conceito de arte, tal qual conhecemos no Ocidente, nem existe, isso porque arte é a própria vida, está exposta nos corpos, nos significados, bem como nos demais seres, mesmo quando, para atingirem determinado "estado de arte", não tenham necessitado passar por um processo de "elaboração controlada, consciente e racional". Também é assim nas comunidades que se reconhecem no exercício do "ser" comunitário, em processos de mediação e na capacidade de estabelecer consensos, em defesa do bem comum. A arte como um ponto de encontro entre mundos, de pessoas com seu meio, suas casas, suas ruas, seu trabalho; das pessoas entre elas, das comunidades entre si, da aproximação entre centro e periferia e o consequente desfazer dessa separação. A arte promove a aproximação entre mundos, da vanguarda artística à vida cotidiana. Mas, se aproxima, também pode separar, segregar e distinguir. Ao realizar a aproximação entre mundos, do tangível para o intangível, de sensações distantes para próximas, da não experiência para a experiência, a arte sedimenta a dimensão do coletivo, criando uma linguagem que pode expressar poeticamente o contexto, a vida, os desejos e as angústias dos indivíduos, comunidades e sociedades. Quando isso acontece é porque a arte alcançou uma ação comunicativa. Ela sensibiliza e distribui conhecimentos e sensações de toda ordem, provocando experiências visuais, auditivas, táteis, sensoriais e reflexivas. Ao interagir com o profundo, o inusitado e o belo, a arte promove mudanças estruturais (na forma de ser, pensar e agir) nos indivíduos, nas comunidades e nas sociedades. E assim enfrenta a realidade e a supera.

A arte fora do contexto da vida, como produto, é um fenômeno relativamente recente na história, conforme aponta Raymond Williams, podendo ser datado entre os séculos XVI e XVII:

> *Esse conjunto complexo de distinções históricas entre os diversos tipos de habilidade humana e os propósitos básicos variáveis no uso dessas habilidades está obviamente relacionado tanto com as mudanças na divisão prática do trabalho quanto com as mudanças fundamentais nas definições práticas dos propósitos do exercício da habilidade. É possível relacioná-lo principalmente com as mudanças inerentes à produção capitalista de mercadorias, com sua especialização e redução de valores de troca*[1].

Ao deslocar-se da vida, a arte também foi se separando das demais habilidades humanas, indo para um lado enquanto a técnica ia para o outro; assim como a magia, o conhecimento instintivo, animal, que foi separado da ciência. Quanto mais afastamos a arte da vida cotidiana, mais os humanos se separam de suas próprias habilidades. Com isso, a arte-mercadoria, ou arte-coisa, vira coisa morta. E só. Um ordinário meio de compra e venda e de distinção entre as pessoas. Resgatar a dignidade e a vitalidade da arte, como parte intrínseca da vida, como forma de expressão da vida, em suas dimensões mágica e racional ao mesmo tempo, é estratégico para que as pessoas e as sociedades superem esse processo de se reduzir a um "ser-coisa".

John Dewey aponta que "toda cultura tem sua individualidade coletiva", resultando que a arte é uma variedade da experiência, e não uma entidade em si. Nesse sentido, em 1920, há um século, ele já deixava explícita a sua preocupação:

> *Não há questão mais importante perante o mundo que [...] a conciliação das atitudes da ciência prática com a apreciação contemplativa. Sem a primeira, o homem torna-se joguete e vítima das forças naturais. Sem a segunda, a humanidade poderia tornar-se uma raça de*

---

[1] Raymond Williams, *Palavras-chave*, São Paulo: Boitempo, 2007, p. 61.

monstros econômicos [...] *entediados com o lazer, ou tão somente capazes de usá-lo na exibição ostentadora e na dissipação extravagante*[2].

A arte carrega uma propriedade única, que é o maravilhamento, o encantamento, como se fosse uma criatura viva. Pelo assombro do maravilhamento as pessoas se encantam e experimentam sensações e reflexões que, talvez, nunca teriam a oportunidade de vivenciar em sua experiência individual. Deste exercício de deslocamento da percepção o indivíduo vai tomando contato com formas, lugares e sensações diferentes daquelas que conhecia em seus "lugares de conforto", em um exercício que consolida camadas de percepção e reflexão. Conforme Dewey, "para ser verdadeiramente artística, uma obra também tem de ser estética – ou seja, moldada para uma percepção receptiva prazerosa"[3]. O assombro surge desta capacidade da arte em unir o sentir, o pensar e o agir, em que a emoção se funde com a reflexão.

É a partir da arte que nós conseguimos exercitar a transcendência, transpondo-nos para realidades não vivenciadas. Seria como um jogo de espelhos, em que mergulhamos na identidade do "outro" exatamente para vermos nossa própria identidade. Há uma série de sensações, de sentimentos, reflexões ou formas de ver o mundo, em intensidades que dificilmente uma pessoa vai experimentar em vida de uma maneira completa e plena (sensações de ódio, de vingança, amor em situações mais extremadas, êxtase). Saber lidar com as sensações, desejos, necessidades e sentimentos é chave para uma vida saudável, e essa experimentação de determinadas situações, em suas versões mais profundas, é possível a partir da arte. Ouvir uma música e ter uma sensação de tristeza ou alegria, por exemplo, mesmo quando a música é cantada em idioma que não conhecemos; independentemente de dominarmos o idioma, somos tocados pela música, tomados por sensações específicas, até nos percebermos cantando em palavras inventadas, ao sabor do ritmo, isso porque a mensagem que a música nos passa é mais clara e potente que um discurso racional. *Idem* no caso de uma arte visual, cênica ou literária.

A capacidade de transcendência da arte é que a torna única dentre todas as habilidades humanas. Sobretudo nos tempos atuais, em que a humanidade está tomada por ódios e fundamentalismos, por uma vulgaridade hedonista, pelo imediatismo, individualismo e superficialidades, a arte se faz mais necessária que nunca. Mário de Andrade, modernista brasileiro, em sua obra *Macunaíma*, referia-se à arte como "estrela de brilho inútil". Ao modo modernista, era uma

[2] John Dewey, *Arte como experiência*, São Paulo: Martins Fontes, 2010, p. 10. Grifo nosso.
[3] *Ibidem*, p. 128.

ironia sobre a "inutilidade da arte", conforme a sociedade do século XX começava a fazer crer. A arte não somente é útil como é necessária e única. É também a principal habilidade a nos afirmar humanos. Isso porque a arte funde as linguagens "do coração, da mente e das mãos" em uma só unidade.

Analisando a psicologia da arte, Vigotski aponta a *"differentia specifica"* da arte na combinação entre emoção, reflexão e ação:

> *Em toda criação humana há emoções. Ao analisarmos, por exemplo, a psicologia da criação matemática, encontramos, sem falta, uma específica "emoção matemática". Contudo, nem o matemático, nem o filósofo, nem o naturalista concordam com que sua tarefa se resuma à criação de emoções específicas, ligadas à sua especificidade. Não denominamos atividades emocionais nem a ciência nem a filosofia [...]. As emoções desempenham imenso papel na criação artística – por imagem. Aqui elas são suscitadas pelo próprio conteúdo e podem ser de qualquer espécie: emoções de dor, tristeza, compaixão, indignação, condolência, comoção, horror etc. etc.*[4]

Quem nunca chorou ao ser tocado por uma obra de arte? Ou foi tomado por sensações de profundo êxtase, alegria? O que seria de nosso entendimento sobre o "amor de Romeu e Julieta" se não houvesse um Shakespeare a contar a história e, através da arte, desvelar o conceito?

> *Até hoje, ninguém definiu aquilo de que o corpo é capaz... mas dizem que seria impossível deduzir apenas das leis da natureza, uma vez considerada exclusivamente corpórea, as causas das edificações arquitetônicas, da pintura e coisas afins que só a arte humana produz, e que o corpo humano não conseguiria construir nenhum templo se não estivesse determinado e dirigido pela alma*[5].

O jogo entre cultura e arte combina identidade com alteridade. As identidades são a base para a formação da personalidade de indivíduos e sociedades. Sem saber quem somos não há como estabelecer relações comunicativas com os outros. Conforme Lacan, psicanalista francês do início do século XX, todos os humanos passam por um momento único na construção da personalidade: quando a criança ainda bem pequena vê sua imagem refletida no espelho e reconhece que aquela é a sua própria imagem. A partir desse momento, sabendo quem é,

---

[4] L. S. Vigotski, *Psicologia da arte*, São Paulo: Martins Fontes, 1999, p. 37.
[5] Ibidem, p. 37.

o indivíduo consegue dar o passo seguinte, para encontrar com o "outro" e daí evoluir em sua personalidade. Se transpusermos essa teoria para as sociedades, perceberemos que esse "direito ao espelho" não acontece da mesma forma. Há a colonialidade, a imposição de sentidos externos a definirem a personalidade dos povos. E essa colonialidade vem com o apagamento da memória e dos traços de criação peculiar dos povos, hierarquizando, desconsiderando e anulando culturas, ou então "folclorizando" e estereotipando a cultura do povo, como se fosse uma cultura congelada, condenada ao derretimento e à desaparição. É pela arte que os povos se reconhecem, definindo quem são. Quando essa arte é apagada, desaparece o espelho. Eliminando o espelho, os povos vão "sumindo".

O passo seguinte à afirmação da identidade seria ultrapassar a autoidentificação até conseguir se reconhecer no "outro", por mais diverso e diferente que esse "outro" possa ser. Esse passo é o da empatia, ou da alteridade. Não é fácil se reconhecer no "outro". Se até o autorreconhecimento é um exercício difícil, em que passamos a vida tentando saber quem somos e não chegamos a uma conclusão, imagine saber quem somos a partir do "outro"; ainda mais quando esse "outro" nos parece tão diferente e perigoso. É a arte que pode nos convidar para esse jogo profundo, ininterrupto, de autorreconhecimento no "outro", isso porque a arte, quando não vulgarizada, não pasteurizada, não coisificada, nos transcende, nos transpõe. Esse "jogo de espelhos" precisa ser um exercício cotidiano, um "se ver e ser visto". Ao sermos vistos em processos assim, também nos vemos no "outro", que, por outro lado, nos verá a partir dele. Nessa combinação, nesse exercício sistemático de troca de afetos e reflexões, vamos combinando o "fora para dentro" e o "dentro para fora". Não basta ter um olhar benevolente, tolerante e até de cumplicidade e apoio em relação ao "outro"; há que ter uma comunicação efetiva, equilibrada, harmonizada. Sem hierarquias, em que ambas as partes se disponham a dar e receber, a afetar e serem afetadas. Pelo olhar do "outro" descobrimos quem somos nós, assim como, a partir do nosso olhar, o "outro" descobre quem é.

Para que esse "jogo de espelhos" seja equilibrado, é necessário que a autoimagem seja projetada pelos próprios agentes. O povo originário pelo povo originário, o kuikuro pelo kuikuro, o ashaninka pelo ashaninka, o ikpeng pelo ikpeng, os jovens das favelas e periferias pelos jovens das favelas e periferias, a mulher pela mulher, e assim por diante. Somente a partir do exercício da polifonia, dos diversos olhares, realizados pela própria mirada e na primeira pessoa, será possível estabelecer processos comunicativos mais horizontais, menos hierarquizados. E o mundo poderá se autorrepresentar na geometria do poliedro. No jogo entre identidade e alteridade é que conseguiremos, de fato, exercitar nossa humanidade de forma autônoma, protagonista. Escutar o "outro", ver e sentir o "outro", em processos de escuta sensível, de observação, reflexão e empatia. Esse deve ser o caminho para a prática da plena solidariedade, não como uma solidariedade aparente e esporádica, mas como um potente regulador da vida a nos dar força para enfrentar a força das coisas. Por enquanto, o espírito que tem vencido não é o espírito solidário, e sim o espírito da competição, da ganância, do individualismo, da desconfiança, do egoísmo. Mas não precisa ser sempre assim. Cabe cultivarmos melhor o espírito que desejamos que prevaleça, alimentando-o melhor, com mais cuidado.

Como cultura pressupõe cultivo e autocultivo, ela tem uma relação direta com a construção das maneiras de ser da humanidade. Podemos reforçar comportamentos competitivos e egoístas ou nos cultivar a partir da ideia da colaboração e da compaixão. Podemos fazer o bem ou o mal. O cultivo e o autocultivo das pessoas indicam para onde se deseja ir; são também um fato cultural, uma atitude, uma tomada de posição ética e política. Cabe à humanidade, à sociedade, às classes sociais, às comunidades e ao indivíduo a decisão quanto ao caminho a ser trilhado. Em Santo Agostinho, esse é o sentido de livre-arbítrio, como um "dom divino", que permite o livre pensar e o livre agir às criaturas racionais. Esse exercício da liberdade interior, como dom divino, através do devido uso da razão, nos levaria à busca do bem comum. Mas, em sendo um dom divino, por que o mal seria tão prevalente? A causa do mal seria resultado da privação do livre-arbítrio, ou do impedimento do exercício do dom, que é exatamente o que ocorre quando os sistemas nos saqueiam, nos expropriam dessa "graça divina", roubando soberania, autonomia e liberdade das pessoas e das sociedades, que passam a ser comandadas por lógicas que não compreendem nem controlam, mas às quais obedecem.

Essa questão nos remete a um outro conceito, *conatus*, formulado por Espinosa. A partir da ideia de *conatus*, uma força bipolar, passiva e ativa, está presente em toda a dinâmica da natureza humana, e mesmo nos demais seres. À medida que somos afetados por forças estranhas, podemos perder ou ganhar potência. O *conatus* seria o esforço, a tendência humana por "perseverar no seu ser", dizendo respeito à "autopreservação", que pode ser ativa ou passiva, buscando manter a integridade do ser. Seria um desejo não trabalhado, não racionalizado, uma vontade, ou apetite, buscando sobrevida e bem-estar. O *conatus* começa pela vontade e pelos sentimentos e vai se transformando em desejo, ganhando consciência, razão e reflexão, sobre o próprio apetite original, inclusive.

O desejo seria a própria natureza humana que nasce da razão enquanto agimos, não como algo dissociado da natureza, mas como nossa própria essência. Essência essa que é cultivada *pela* e *na* cultura. A cada novo agir cultural, o pensamento e os modos de ser vão sendo modificados, alcançando novos patamares de afecções e afetos. Agir pela razão seria, portanto, agir conforme a natureza intrínseca de cada um. O dom é também uma forma de potência, uma capacidade de agir e de se mover no mundo e a força para transformá-lo, modificando realidades externas e a sua própria. Assim, desejo e razão se cruzam, tornando-se o meio pelo qual a potência se realiza. O embate entre cultura e sistemas seria a expressão dessa tendência por "persistir na existência", em que o humano se nega a ser coisa. Ou, na interpretação de Deleuze: preservar-se, conservar, manter (em um sentido mecânico); aumentar, esforçar-se (em um sentido dinâmico); opor-se ao que se opõe e negar-se ao que se nega (em sentido dialético).

A potência humana é naturalmente limitada, sendo ultrapassada pelo poder dos sistemas, que reúnem muito mais força e energia, em uma lógica estabilizadora e estabilizada por reguladores mais precisos. Como seres descentrados, nós, humanos, estamos constantemente submetidos a afecções e variações de sentidos e realidades, de tal maneira que, na relação de força com o poder dos sistemas, não temos condições de nos imunizar. Mas, se não conseguimos evitar essas forças, nos cabe um esforço para compreendê-las, até para driblarmos desejos inalcançáveis e que nos levam a um profundo mal-estar, ou sensação de infelicidade. Agindo dessa maneira as pessoas poderiam substituir esses desejos que nos levam ao mal-estar, ou sensação de infelicidade (por assim dizer, desejos "maus"), por outros desejos, mais próximos de nossa essência e que, em nossa liberdade, nos tornam mais felizes e plenos. Cabe ressaltar que apenas os sábios se empenham nessa busca, que só pode ser realizada após um longo autoexercício. O papel da cultura, nesse caso, é amplificar o campo de exercício, de modo que o autoexercício (autocultivo) seja mais acessível, colocando-o ao alcance, ao menos, de quem se disponha. Ainda assim, é um percurso longo e difícil, até doloroso, e, por enquanto, poucos se envolvem de corpo e alma nesse caminho. Mas não tão poucos, conforme será demonstrado na segunda parte deste livro.

Da mesma forma que a economia pode optar por caminhos diferentes e escolher entre o egoísmo e a ambição desmedida, ou entre a cooperação e a partilha, também cabe à sociedade a decisão sobre como será o processo de seu próprio autocultivo. Nada é totalmente determinado e tudo é passível de escolhas e decisões prévias, conforme Santo Agostinho. Dessa forma, ao mesmo tempo em que o exercício da cultura pode permitir que as pessoas se libertem, ele também pode aprisionar, pois a cultura não é libertadora "em si". Se observarmos a história humana, verificaremos que a maioria das guerras e conflitos entre povos é resultado de conflitos gerados por disputas de poder e pela intolerância, por formas de comportamento cultural em sentido amplo, seja por diferentes maneiras de interpretação de mundo, seja pelo desejo de impor e uniformizar determinados "modos de ser". A cultura que aprisiona é aquela que se prende a verdades cerradas, fechadas, daí os fundamentalismos de todo tipo. No século XXI, um dos grandes problemas da humanidade está exatamente nos fundamentalismos (não há um único fundamentalismo), que podem ser de ordem religiosa, de mercado, de modos de ser. As verdades acabadas, a incapacidade de se projetar no "outro", de buscar compreender o "outro", tudo isso leva à recusa em exercitar a compaixão, a partilha e o respeito. Uma característica do tempo atual é a de vivermos nessa fase contraditória, em que conhecimentos diversos são ofertados em uma profusão nunca experimentada nem sequer imaginada, e, ao mesmo tempo, as pessoas e grupos se prendem cada vez mais aos fundamentalismos e às verdades superficiais.

A cultura, quando crítica e com sentido libertador, é o meio pelo qual o ser humano poderia compreender a natureza das afecções que o cercam. Essa compreensão e consciência são vitais, caso nossa opção seja pela liberdade, pois somente a partir dessa consciência é que, segundo Espinosa, seremos capazes de alcançar as totalidades mais poderosas e eternas, conhecendo melhor a nós mesmos. O desafio da cultura é possibilitar que cada pessoa descubra o poder que ela tem sobre si mesma, podendo compreender a si e aos estímulos externos aos quais é submetida diariamente. Em seu tratado sobre a ética, Espinosa esclarece que:

> *A potência humana é, entretanto, bastante limitada, sendo infinitamente superada pela potência das coisas exteriores. Por isso não temos o poder absoluto de adaptar as coisas exteriores ao nosso uso. Contudo, suportaremos com equanimidade os acontecimentos contrários ao que postula atender à nossa utilidade, se tivermos consciência de que fizemos nosso trabalho; de que nossa potência não foi suficiente para poder evitá-los; e de que somos uma parte da natureza inteira, cuja ordem seguimos. Se compreendermos isso clara e distintamente, aquela parte de nós mesmos que é definida pela inteligência, isto é, nossa melhor parte, se satisfará plenamente com isso e se esforçará por perseverar nessa satisfação. Pois, à medida que compreendermos, não poderemos desejar senão aquilo que é necessário, nem nos satisfazer, absolutamente, senão com o verdadeiro. Por isso, à medida que compreendermos isso corretamente, o esforço da melhor parte de nós mesmos estará em acordo com a ordem da natureza inteira*[6].

Libertemo-nos pela razão, mas por uma razão que reencontra o sentido da Unidade, que pensa a partir do que sente e age a partir do que sente e do que pensa. Esse conduto de uma razão una (coração, cabeça e mãos) se dá pelo caminhar na cultura, em que emoção, desejos e reflexão interagem, o que significa também um reencontro com a inteligência instintiva, mágica e não racional. É nesse caminho que realizaremos a natureza de cada indivíduo, até que, por fazer o que é bom para a natureza humana e, consequentemente, para cada indivíduo, nós nos reencontraremos com a própria Natureza, da qual nunca deveríamos ter nos afastado. Essa seria a ética de uma cultura que transforma e liberta.

[6] Baruch de Espinosa [Spinoza], *Ética*, Belo Horizonte: Autêntica, 2009, p. 210.

O LUGAR DAS REDES NA BUSCA PELO ANCESTRAL E PELO COMUNITÁRIO

Mulher no memorial em homenagem aos jesuítas assassinados durante a guerra civil salvadorenha, na Universidade Católica Centro-Americana de El Salvador.

Redes há em profusão. O desafio é conectar as redes contemporâneas ao ancestral e ao comunitário, recriando sentidos a partir de redes de afetos, desejos e vontades, estabelecendo macrorredes, integrando coletivos de culturas comunitárias a coletivos de inovação tecnológica, artística e de confrontação com o sistema dominante, bem como conectar essas macrorredes da diversidade com ambientes de reflexão, investigação e pesquisa acadêmica e científica. Da conexão podem surgir potentes processos de transformação social, pois, ao mesmo tempo em que são macro, são também microrredes, realizadas nas comunidades, com a identificação e o fortalecimento de coletivos com base territorial, seja no campo ambiental, seja na organização cidadã, na cultura e nas artes – pontos de cultura, esportes e lazer, comunicação popular, entre outros.

A combinação entre micro e macro permite uma progressão exponencial dos contatos e afeições entre redes e pontos diversos, cada qual com uma característica, abrindo novos caminhos e alinhavando funções, harmonizando cultura com economia, educação, ambiente e assim por diante. É no território que todos esses campos se imbricam. Está aí, também, uma maneira de abrir novas formas de relacionamento entre Estado e sociedade, bem como dentro da sociedade, tornando a relação mais equilibrada; sistemas e métodos de gestão (em especial do Estado) devem servir à vida, e não o oposto.

Quando redes e pontos com base territorial local se conectam com outros, em ambientes que intensifiquem a troca horizontal – não em fusão, mas em intersecção –, há uma aceleração de processos de desenvolvimento humano. Dessas intersecções se formam linhas; das linhas, movimento; do movimento, ideias; das ideias, transformações. Quanto mais conexões houver, originadas nos mais diversos sentidos, mais intenso será o processo, pois as conexões intrarredes funcionam como as sinapses em um cérebro coletivo. Encontrando o "lugar das redes" é possível fomentar plataformas de inteligência coletiva, realizadas pela potência de cada um e de todos, em processos de reflexão, encantamento e auto-organização. Foi o que se experimentou com o programa Cultura Viva, sobretudo no Brasil em 2004-10, a partir dos pontos de cultura.

A base para esse processo de reinvenção coletiva do futuro, por paradoxal que possa parecer, encontra-se nas culturas comunitárias e ancestrais. Isso porque o comunitário e o ancestral se realizam no território e se reproduzem no compartilhamento da memória comum. Não há futuro sem boa raiz, assim como não há raiz sem território, muito menos sociedade sem memória. O ancestral e o comunitário formam nossas raízes. São raízes vivas, mesmo quando esquecidos e abandonados. Assim como nas plantas, sem raiz forte não há crescimento que se sustente, é das raízes que emana a seiva a alimentar o corpo.

Nos territórios ancestrais e comunitários a vida não está separada da economia, da organização e da reprodução social, muito menos da arte. Cultura e vida são ética, estética, educação e economia ao mesmo tempo. A unidade da vida só é encontrada quando essas quatro dimensões seguem em um mesmo sentido. Em Espinosa, a compreensão do mundo passa pela ética, que consiste em criar condições que aumentem nossa potência e capacidade de agir e pensar. É a ética que nos proporciona o afeto da alegria e nos libera das determinações alheias, afirmando a nossa própria natureza (*conatus*). Encontrar e praticar a ética (o ambiente da razão, do caráter) só é possível quando ela está intrinsecamente associada à estética (a percepção, a sensibilidade, a sensação). Quando forma e conteúdo se separam, ou quando emoções se separam da razão, os humanos tornam-se seres partidos, perdendo a noção da beleza e caindo no mundo do triste, do feio, do vulgar e, por que não, do bestial. Para Platão e Aristóteles, o belo, o bom e o verdadeiro tinham que formar uma unidade. Ao quebrar a unidade, a tristeza, o ódio e o ressentimento – e não a alegria e a justiça – nos comandam, como forças exteriores a nós.

No comunitário e no ancestral, a obtenção e administração dos recursos materiais e humanos está diretamente vinculada aos processos de vida, ao sistema de valores (ética) e à expressão desses valores (estética). Do grego "*oikos*" ("casa") e "*nomos*" ("costume", "lei") vem a "economia", com as "regras de administração da casa", que deveria ser comum. Nos tempos atuais, quando o papa Francisco fala sobre a necessidade de unidade entre as linguagens da mente, do coração e das mãos, ele também está se referindo à unidade indispensável que deve existir entre ética, estética e economia. Nos processos educativos ancestrais e comunitários, ética, estética e economia são transmitidas e ensinadas em conjunto, por atitudes, em processos de inteireza educativa. Sob o capitalismo, em contraponto, exacerbado em sua dimensão de globalização uniformizadora e neoliberal, as sensações de segurança, proteção e respaldo, necessárias a uma vida equilibrada, são completamente destroçadas, levando as pessoas e as sociedades ao desamparo e, em seguida, ao desespero. Em *O mal-estar na civilização*, Sigmund Freud faz a seguinte afirmação:

> *o ser humano não é uma criatura branda, ávida de amor, que no máximo pode se defender quando atacado, mas [...] deve incluir, entre seus dotes instintuais, também um forte quinhão de agressividade. Em consequência disso, para ele o próximo não constitui apenas um possível colaborador e objeto sexual, mas também uma tentação para satisfazer a tendência à agressão, para explorar seu trabalho sem recompensá-lo, para dele se utilizar sexualmente contra a sua vontade, para usurpar*

seu patrimônio, para humilhá-lo, para infligir-lhe dor, para torturá-lo e matá-lo. Homo homini lupus *[O homem é o lobo do homem]*[1].

Nos tempos presentes essa afirmação se revela às escâncaras, e o neoliberalismo poderia ser definido como uma sociopatia globalizada. Um mundo em que a razão é não ter limites, tornando a exploração de tudo e de todos a meta principal. Uma sociedade doente vivendo em anomia. Sociedades doentes são aquelas em que ética, estética, economia e educação caminham em direções diferentes. Uma das doenças sociais é o alto índice de homicídios. O Brasil pode ser classificado como sociedade homicida (foram 63.500 assassinatos em 2017, uma taxa de 30 homicídios por 100 mil habitantes). Em países com essa característica, como também são a Colômbia, a Venezuela e o Triângulo Norte da América Central (Honduras, El Salvador e Guatemala), a culpa sempre é remetida ao "outro", e as pessoas se desresponsabilizam pelo bem-estar do coletivo. Em meio à iniquidade, a vida é banalizada e as raízes ancestrais e comunitárias vão sendo esgarçadas. O reverso dessas características entre povos e nações, ou o reverso da moeda, também em doença social, seria o Japão (25 mil suicídios em 2015, configurando 18,5 suicídios por 100 mil habitantes). Em países suicidas atribui-se ao indivíduo a responsabilidade pelos próprios fracassos e erros, gerando um forte sentimento de que a culpa é sempre da pessoa, e a honra vale mais que a vida. A sociopatia do neoliberalismo seria a junção dessas duas doenças: desresponsabilização pelo bem-estar coletivo, por um lado, e autoculpabilidade, por outro, deixando as pessoas ainda mais desamparadas e sujeitas à manipulação.

Num mundo globalizado e uniformizado, com forte presença dos princípios do neoliberalismo, que exacerbam os valores da ambição, ganância, egoísmo, a desregulamentação dos processos de mediação entre vida e sistemas históricos surge como uma necessidade intrínseca do próprio sistema. Vale a lei do mais forte, da acumulação infinita, passando por cima de tudo e todos, padronizando relações sociais, descartando pessoas e modos de vida, dirigindo e direcionando afetos, sensações, sentimentos e desejos, com o objetivo de coisificar e mercantilizar a vida. Atribui-se às pessoas, e não ao processo social, a culpa pelos êxitos e fracassos de cada um. É essa combinação de doenças sociais que prepara terreno para o que Noam Chomsky define como "volta à granja", desviando a atenção do público dos problemas que realmente importam à vida das pessoas.

Como reflexo, assistimos à vulgarização e à mediocrização da cultura e das artes; eis a cultura do descartável, do imediato, do vulgar. Os sistemas

---

[1] Sigmund Freud, *O mal-estar na civilização*, novas conferências introdutórias e outros textos (1930-1936), São Paulo: Companhia das Letras, 2010, pp. 76-7.

hegemônicos de educação e comunicações, aliados ao fundamentalismo religioso, agem para elevar esses valores tristes à enésima potência. Escolas se vangloriam de formar para o mercado, um mercado cujos valores maiores são a desigualdade, o egoísmo e a acumulação infinita, que guiam procedimentos de desprezo e descarte; sistemas de comunicação servem à manipulação de afetos, fomentando ódio e notícias enganosas e mantendo as pessoas em estado de falsa consciência; igrejas manipulam a fé, pregam a teologia do individualismo, da prosperidade egoísta e da ostentação. Medra um ambiente político de idiotia, superficialidade, ódio e interesses mesquinhos. Tudo isso resulta em uma vida social idiotizada, que ridiculariza singularidades e modos de viver em "outros mundos", induzindo a uma existência banal, que faz a própria vida perder sua dignidade. Esse gradual e contínuo processo de infantilização da vida social, a partir da manipulação de emoções e afetos, leva as pessoas a comportamentos próximos da debilidade, destroçando o "sentido crítico dos indivíduos", mantendo-os na ignorância e mediocridade, em que a "moda é o ato de ser estúpido, vulgar e inculto", conforme aponta Chomsky, ao descrever as dez estratégias de manipulação de massa[2].

    O transtorno psíquico do neoliberalismo resulta da absoluta incoerência e separação entre mãos, coração e mente, cada qual apontando para um lado. Um mundo regido por valores que fazem que indivíduos e sociedades não ajam pelo que sentem, muito menos pelo que refletem racionalmente ou na esfera do sensível. Um mundo governado pelo egocentrismo exacerbado, fruto do individualismo cultivado como valor absoluto, em que consumo é ideologia, e ganância, hedonismo e imediatismo são os meios para realizar a ideologia. É a partir desses valores que o neoliberalismo se impõe aos demais sistemas humanos. Do mesmo modo que um sociopata, o neoliberal desconsidera leis, normas sociais e direitos de outras pessoas, de comunidades, países, do planeta e seus diversos seres; não tem sentimento de responsabilidade para com os outros e glorifica essa falta de sentimento, bem como glorifica a estupidez e expressa um comportamento feroz, seja na expropriação de meios de vida, seja na prática explícita da violência como meio para atingir seus objetivos.

    Nas sociedades dominadas pelo neoliberalismo, o medo é o afeto político central. De um lado, esse medo pode levar à demanda desesperada pela personificação da autoridade, em personagens idealizados, o que resulta na constituição de horripilantes processos de imposição do poder absoluto. De outro, segundo o filósofo Vladimir Safatle, o medo pode desencadear processos de

---

[2] Noam Chomsky, "Manipulação das massas pela mídia", em: *Cabalá e o sentido da vida: o blog pessoal de Michael Laitman*. Disponível em: <http://laitman.com.br/2015/01/manipulacao-das-massas-pela-midia/>. Acesso em: 1º nov. 2019.

despossessão em meio ao desamparo. Citando Judith Butler, Safatle aponta que as pessoas e sociedades, ao serem despossuídas por outras, passam por um processo de interrupção da narrativa autoconsciente que elas tinham sobre si mesmas, mudando a própria noção de sua existência, como agentes autônomos e providos de controle. Diz Judith Butler:

> *Somos despossuídos de nós mesmos em virtude de alguma forma de contato com o outro, em virtude de sermos movidos e mesmo surpreendidos pelo encontro com a alteridade. Tal experiência não é simplesmente episódica, mas pode e revela uma base da relacionalidade – não apenas nos movemos, mas somos movidos por aquilo que está fora de nós, por outros, mas também por algo "fora" que reside em nós*[3].

Partindo desse pensamento, Safatle conclui:

> *Ligar-se a outros não é apenas confirmar-se em suas predicações supostas, mas é estar em contínua despossessão por ter algo fundamental de mim em um outro que não controlo, que não saberei como responderá ou se responderá. Por isso, a relacionalidade própria à condição humana não pode ser compreendida como garantia de cooperação. Que a despossessão possa aparecer também como expressão máxima de uma vulnerabilidade produzida pela insegurança social e civil a ser politicamente combatida com todas as nossas forças, já que produção de um não ser social. Isso não elimina a necessidade de uma política capaz de quebrar a substancialização do "individualismo possessivo", através da afirmação da produtividade de situações de insegurança ontológica. As formas de despossessão ligadas à insegurança social e civil são modos de sujeição. Já aquelas vinculadas à insegurança ontológica são modos de liberação*[4].

O contraponto mais vigoroso à sociopatia neoliberal está, justamente, nos grupos comunitários e ancestrais, pois que vivem sob a ética da responsabilidade. A ética da responsabilidade – e da reciprocidade – resultaria em sociedades saudáveis. Ela está presente nas bordas do mundo capitalista, reinventando processos de vida nas sociedades contemporâneas e religando-os com a ancestralidade

---

[3] Judith Butler, *Precarius Life: the Power of Mourning and Violence*. Londres: Verso, 2004, p. 3, *apud* Vladimir Safatle, *O circuito dos afetos*, São Paulo: Cosac Naif, 2013, p. 75.

[4] Vladimir Safatle, *O circuito dos afetos*, op. cit., p. 75-6.

e o comunitário. Até porque esses processos seguem sobrevivendo e resistindo à margem do sistema capitalista.

A busca por sociedades saudáveis depende, em primeiro lugar, da compreensão de como a civilização humana chegou ao estágio atual, com adequado diagnóstico de causa e efeito, que pressupõe profundidade analítica e, sobretudo, inteireza ética, estética, econômica e educativa. Uma das ferramentas que pode nos propiciar essa inteireza é a *cultura do encontro*[5], a partir de processos empáticos, realizados no exercício da alteridade. Quando a cultura do encontro se "encontra" com a *cultura viva comunitária*[6], a raiz ancestral flui, fazendo florescer uma árvore frondosa.

Das culturas comunitárias e ancestrais brota a seiva a alimentar e energizar a cultura do encontro. Isso porque as relações comunitárias se sedimentam no comum, na repartição de território e memória, na comunhão da vida, entre os humanos, e destes com os demais seres. Não se trata de romantizar ou idealizar o comunitário e o ancestral, ao contrário. O comunitário e o ancestral interagem, em diferentes medidas, com os outros sistemas e são afetados por esses, como também podem afetar e alterar o funcionamento e a lógica deles. Tradições podem remeter a imobilidade e anacronismo, reproduzindo um passado imobilizado, reacionário até, quando agarradas a relações fixas de poder e a ideologias hegemônicas. Partindo de uma perspectiva decolonial, no entanto, as tradições podem detonar processos de potência e resistência.

É um equívoco considerar as tradições apenas como repetição do passado, fincadas, no caso das ex-colônias, em relações coloniais de poder. Ao reencenar o passado em linguagens performáticas, utilizando o conjunto dos sentidos e a razão, mas não só, as tradições também se reinventam. Elas próprias foram inventadas um dia. Se as tradições podem conformar, também podem transformar, do mesmo modo que valores e costumes se modificam. Conforme Eric Hobsbawm:

[5] Cultura do encontro: conceito desenvolvido por Jorge Bergoglio, papa Francisco, que pressupõe o encontro das três linguagens do ser: coração, mente e mãos. Expressa na ideia do *sentirpensaragir* e realizada a partir da integração e diversidade entre indivíduos e coletividades, rompendo com a fragmentação e buscando a "Unidade". É o estímulo ao encontro entre os diferentes, buscando a unidade na diversidade, por uma globalização poliédrica, e não esférica, uniformizante.

[6] Cultura viva comunitária: movimento continental latino-americano, formado a partir da experiência brasileira com o programa Cultura Viva. Pressupõe o fortalecimento e a potencialização de culturas em interação entre processos de invenção e tradição, com grupos de base comunitária e coletivos de vanguardas artísticas ou de tecnologias digitais. Expressa no tripé autonomia-protagonismo-empoderamento sociocultural, acelerando processos de desenvolvimento em rede, a partir de pontos de cultura.

A "tradição" neste sentido deve ser nitidamente diferenciada do "costume", vigente nas sociedades ditas "tradicionais". O objetivo e a característica das "tradições", inclusive das inventadas, é a invariabilidade. O passado real ou forjado a que elas se referem impõe práticas fixas (normalmente formalizadas), tais como a repetição. O "costume", nas sociedades tradicionais, tem a dupla função de motor e volante. Não impede as inovações e pode mudar até certo ponto, embora evidentemente seja tolhido pela exigência de que deve parecer compatível ou idêntico ao precedente. Sua função é dar a qualquer mudança desejada (ou resistência à inovação) a sanção do precedente, continuidade histórica e direitos naturais, conforme expresso na história[7].

O comunitário e o ancestral remetem diretamente à tradição – do latim *"traditio"*, "entregar", ou *"tradere"*, "passar adiante". Nesse sentido, a tradição é o vaso comunicante entre permanência e mudança, em que passado-presente precisam ser percebidos em uma perspectiva dinâmica. Pela tradição ancestral tudo está relacionado, conectado, numa totalidade. Somos "poeira do universo", a física já demonstrou; ou "sopro de Deus", conforme diversas religiões e mitos ancestrais. Compreendendo essa dimensão, presente no tradicional comunitário ou nas culturas tradicionais, será possível reencontrar o fio de Ariadne[8], a nos levar para fora do labirinto de um mundo desencontrado, partido em meio à despossessão.

Pela tradição é possível recuperar conceitos, éticas, filosofias, modos de vida e de interpretação do mundo de povos e modos de vida não hegemônicos. Seria um seguir pegadas, da frente para trás, mas apontando ao futuro; um exercício de historicidade que significaria

> *o conhecimento sobre o passado como um meio de romper com ele – ou, ao menos, manter apenas o que pode ser justificado de uma maneira proba. A historicidade, na verdade, nos orienta primeiramente para o futuro. O futuro é visto como essencialmente aberto, embora como*

---

[7] Eric Hobsbawm e Terence Ranger (org.), *A invenção das tradições*, Rio de Janeiro: Paz e Terra, 1984, p. 10.

[8] Do mito de Teseu e o Minotauro, na ilha de Creta, em fase pré-helênica, há pelo menos três milênios. Sem que Ariadne adentrasse no labirinto desfazendo suas vestes, de modo a garantir um fio contínuo que, na volta, pudesse indicar o caminho de saída, Teseu, mesmo vencendo o Minotauro, jamais teria conseguido sair de lá. O fio de Ariadne é o fio da tradição, do caminho seguro da volta.

contrafatualmente condicional sobre linhas de ação assumidas com possibilidades futuras em mente[9].

Esses modos de ser, pensar e agir estão guardados no fundo escondido de nossas almas. Por vezes nem sabemos exatamente de onde vieram, como no caso de brincadeiras infantis, mas seguem bem guardados em nosso baú da memória, ou DNA ancestral. Os modernistas brasileiros já haviam percebido isso, tanto nas dimensões éticas quanto nas estéticas, expressas em seus processos criativos/inventivos. É neste ponto que a cultura comunitária oferece a sua mais significativa contribuição: o elemento lúdico, o jogo e a brincadeira, que estão integrados a todos os processos da vida e da própria reprodução social, da transmissão de conhecimentos e sentidos. Johan Huizinga, autor de *Homo ludens*, identifica que

> *nosso ponto de partida deve ser a concepção de um sentido lúdico de natureza quase infantil, exprimindo-se em muitas e variadas formas de jogo, algumas delas sérias e outras de caráter mais ligeiro, mas todas elas profundamente enraizadas no ritual e dotadas de uma capacidade criadora de cultura, devido ao fato de permitirem que se desenvolvessem, em toda a sua plenitude, as necessidades humanas inatas de ritmo, harmonia, mudança, alternância, contraste, clímax etc. Esse sentido lúdico está inseparavelmente ligado a um espírito que aspira à honra, à dignidade e à beleza. Tanto a magia como o mistério, os sonhos de heroísmo, os primeiros passos da música, da escultura e da lógica, todos esses elementos da cultura procuram expressão em nobres formas lúdicas*[10].

Conectando o lúdico à própria vida, os ambientes comunitário e ancestral exercitam sensações e se autodesafiam, correm riscos, suportam a tensão e a incerteza. E convertem esse processo em um jogo permanente, fazendo que a vida cotidiana, séria, por assim dizer, "jogue" em ambientes de tensão e alegria, tornando-se um eficaz meio de coesão e reprodução social. O historiador e crítico literário Nicolau Sevcenko estudou o furor inventivo sob o qual vivia a cidade de São Paulo na década de 1920, absorta pelo impacto das novas tecnologias em seu momento de metropolização. Ele faz a seguinte análise da obra de Mário de Andrade, um dos grandes pensadores e poetas do modernismo:

[9] Anthony Giddens, *As consequências da modernidade*, São Paulo: Editora Unesp, 1991, p. 56.
[10] Johan Huizinga, *Homo ludens: o jogo como elemento da cultura*, São Paulo: Perspectiva, 2001, p. 85.

Mário de Andrade já tinha àquela altura o seu Paulicéia desvairada *pronto para publicação naquele mesmo ano. Seus poemas primavam pela ironia, ora fina, ora beirando o sarcasmo, com a qual fustigava algumas das mais torpes fontes do mal-estar da cidade. Travestido de arlequim, o poeta musicava o seu verso, agitava o ritmo e, num clima de animação eufórica, sem tirar a máscara, evocava as vítimas e indigitava os malfazentes. O tom de canto e dança varia, com alguns versos sublimes, imagens soltas, notas plangentes, cortes bruscos, recorrências, crispações, risos e cutiladas, o poeta referendava para melhor desancar, a própria mobilização aceleradora e artificial da sociedade paulista*[11].

O mal-estar na civilização contemporânea é fruto de jogos no cotidiano, como expressa a obra de Mário de Andrade, que buscava compreender e responder a esse mal-estar com sua poesia performática. Pensador do Brasil, *travestia-se de arlequim*, produzindo uma obra literária em movimento, apontando para o futuro a partir de críticas do presente. Mas ele ia além, e cavoucava até o fundo da raiz performática da cultura popular. Somos indivíduos partidos, em avançado processo de coisificação, o que resulta em sociedades partidas e coisificadas, e em avançado processo de uniformização, de apagamento do singular, das peculiaridades, fazendo que a dignidade própria dos indivíduos, das formas de vida e das sociedades vá desaparecendo. O modernismo buscava reestabelecer um sentido de unidade a partir do popular, do profundo e ancestral, mas sempre mirando a vanguarda, os processos inventivos e criativos. Quando percebemos que não estamos sós, quando compartimos sensações, emoções e sentidos, quando reconhecemos solidariedade, principalmente de pessoas desconhecidas, nos revigoramos e nos ressignificamos. Esses revigoramentos e ressignificações se alimentam do comunitário escondido no fundo de nossa alma e dos valores ancestrais, tal qual "sementes de trigo que, durante milhares de anos, ficaram fechadas hermeticamente nas câmaras das pirâmides e que conservam até hoje suas forças germinativas"[12].

O resgate e a ressignificação dos valores ancestrais passa por compreender a dimensão da *performance* como elemento essencial para a construção do pensamento e do universo narrativo. *Performance* remete à prática da enunciação, em que a linguagem se apresenta não apenas em sua forma racionalizada, sistematizada na escrita, mas como ferramenta viva, por isso instável. A linguagem performática mistura, em uma só narrativa, um conjunto de expressões,

[11] Nicolau Sevcenko, *Orfeu extático na metrópole: São Paulo, sociedade e cultura nos frementes anos 20*, São Paulo: Companhia das Letras, 1992, p. 271.
[12] Walter Benjamin, "O narrador", em: *Magia e técnica, arte e política: ensaios sobre literatura e história da cultura*, São Paulo: Brasiliense, 1985, p. 204.

como música, dança, memoração, causos, lembranças, aforismos. Essa multiplicidade de meios de expressão e gêneros textuais, ao contrário do que uma visão colonizadora do conhecimento tenta impor, enriquece a narrativa, exatamente por dispor de várias formas de inteligência e por interagir com o público. Ela jamais é estática. É essa dinâmica capacidade de troca, entre narrador e ouvinte, invertendo papéis na própria narração, que dá potência transformadora ao ser comunitário e às culturas tradicionais. Ela insere na narrativa processos de disputa e crítica, de transgressão e ruptura.

Na América Latina, sobretudo na andina, essa ressignificação acontece pelo resgate do *sumak kawsay*, do povo quéchua; ou *suma qamaña*, dos aimarás; ou *teko porã*, dos guaranis, o povo das terras baixas. São práticas milenares e que possibilitaram uma profunda conexão entre as sociedades humanas e os demais seres que habitam o planeta. Do *sumak kawsay* nasce o conceito do *bem viver*. Mais que um conceito, um modo de vida que nos abre a oportunidade para imaginar novos mundos. O *teko porã* dos guaranis significa "um modo bom de viver em comunidade". *Teko*, casa, ou, mais precisamente, vida em comunidade; *porã*, o belo, o bonito, o bom.

Esse conceito está presente também no modo de ser dos povos indígenas da floresta Amazônica. Nesses jardins florestais, ou melhor, nessas civilizações florestais, verdadeiras *florestazações*, se comparte a ideia de que o mundo é povoado de seres, todos dotados de consciência, cada qual percebendo a si mesmo e às outras espécies a partir de sua perspectiva. É o que o antropólogo brasileiro Eduardo Viveiros de Castro conceituou como *perspectivismo xinguano* – o modo dos indígenas amazônicos de perceber e conceber a realidade. Esse entendimento de que todos os seres são dotados de sentido percorre as Américas, da Terra do Fogo ao Alasca, dos mapuches aos inuítes. E ultrapassa continentes, está presente nas vivências de Dersu Uzala na Sibéria, dos povos polinésios, dos bosquímanos na África, dos celtas na Europa. Tudo na vida tem sentido, de um grão de areia às formas mais complexas. É o que os povos ancestrais têm a nos ensinar.

A contemporânea proposta do bem viver, aplicada na Constituição de países como Bolívia e Equador, com o reconhecimento dos direitos da *Pachamama*, não encara a Mãe Terra, ou a Natureza, como um cesto de recursos a serem explorados, mas como uma comunidade da vida, em que todos os seres precisam ser reconhecidos como sujeitos de direitos. A base para esse reconhecimento está na ideia de que os seres são dotados de dignidade própria, devendo ser respeitados e sacralizados, isso porque a vida é sagrada. É o oposto do antropocentrismo.

Nas sociedades capitalistas, de tão colonizadas, de tão formatadas em processos de educação que negam outras formas de inteligência e percepção, sobretudo na dimensão do sensível, não se admite essa hipótese, assim como não se admite que povos ancestrais pudessem produzir filosofia, ética e modos de vida refinados, por não serem dotados da escrita conforme conhecemos. Nega-se a esses povos o reconhecimento à filosofia, sob a justificativa de que suas sabedorias não são sistematizadas nem racionais, porque transmitidas pela oralidade e fundadas em métodos outros de inteligência e observação, que não os da ciência *stricto sensu*.

A reinvenção do futuro a partir do resgate de filosofias ancestrais, como no caso do bem viver, está acontecendo não somente a partir do pensamento ameríndio e comunitário. Há outras expressões da filosofia e da ética ancestrais, que também se reinventam, em intensa pulsação: a permacultura, a cultura da permanência, baseada no modo de vida dos aborígenes da Austrália; a ética e a filosofia *ubuntu*, aplicada por Nelson Mandela e Desmond Tutu no processo de superação do *apartheid* na África do Sul. Esses modos de pensar, de ser e agir revelam toda uma vitalidade que permitiu (e permite) a constituição e permanência de civilizações em convívio com a natureza por milhares de anos.

Atualmente, o grande desafio da civilização humana é romper com o antropocentrismo. Trata-se de um imperativo ético-filosófico, que diz respeito à própria existência, uma vez que, se o Antropoceno não for modificado a tempo, a humanidade é que será levada à autodestruição. O planeta poderá seguir independente de nós, mas com um ecossistema bastante alterado e aviltado, exatamente por reflexo da intervenção humana, desmensurada em sua ambição e prepotência. Mesmo em caso de sobrevivência da espécie humana, talvez convivendo com a espécie pós-humana, o resultado poderá ser aterrador, em ambientes de barbárie, desolação e desigualdade nunca dantes imaginados. Ou começamos a praticar outros modos de vida, mais biocêntricos e plurais, ou sucumbiremos, em meio a uma ética da exploração e do descarte, de tudo e de todos. Superar o Antropoceno e o modo de produção capitalista e produtivista – e também socialista, quando reproduz os mesmos vícios intrínsecos ao capitalismo, a partir da lógica produtivista, em que a exploração não tem limites – é condição indispensável para a recuperação da dignidade própria da vida.

Bem Viver não é uma alternativa de desenvolvimento, e sim uma alternativa *ao* desenvolvimento, tal qual o mundo ocidental conceituou a ideia de desenvolvimento. Seria muito mais um *re-envolver*, um *conviver*, do que um *des-envolver*, de separar, segregar. Enquanto o *des-envolver* separa os humanos de sua condição de natureza, o bem viver junta, une, religa, harmoniza. Uma harmonia que se estabelece em três dimensões: do indivíduo com ele mesmo, do indivíduo com a coletividade humana e da coletividade humana com os demais seres. Uma ética e uma filosofia que se afirmam no equilíbrio, na harmonia e na convivência entre os seres. Cultura viva, como bem viver, envolve uma profunda conexão e interdependência com a natureza, na vida em pequena escala, sustentável e equilibrada, tendo por fundamento fortalecer as relações de produção autônomas e autossuficientes. Também se expressa na articulação política da vida, em práticas construídas em espaços comuns de socialização, coletivos culturais e artísticos, jogos, brincadeiras e manifestações em parques, jardins, teatros, museus, bibliotecas, hortas urbanas ou palácios. Independe o local ou a estrutura; a vida é intangível e se espraia em abundância, acontecendo em tudo e todos.

Um modo "performático" de vida social e política, integrando racionalidade e emoção, como uma experiência vivida, ou simplesmente "vivência", como o antropólogo Victor Turner conceitua. Essa experiência, a partir da narrativa performática, é constituída por cinco momentos:

a. percepção, resultando em sensação de dor ou prazer, de êxtase e maravilhamento;
b. evocação a referências passadas, via imagens de linguagem;
c. emoções revividas, associadas a referências passadas;
d. o sentido narrativo da conexão entre passado e presente;
e. a experiência como resultado da expressão performática intensa.

É a *performance* como processo, que só se realiza plenamente nas culturas tradicionais e comunitárias. Um ato narrativo que "realiza" a experiência. Uma forma intensa de transmutar a percepção do eu a partir da observação do outro.

Como apontado por John Dewey, "toda cultura tem sua individualidade coletiva"[13]. O bem viver é, ao mesmo tempo, um modo de vida, alicerçado em práticas ancestrais, como uma filosofia e uma ética de futuro aplicadas na contemporaneidade. Uma ideologia da práxis ancestral, oferecida como ética de vanguarda àqueles que querem tentar, se aventurar, se arriscar. É também uma epistemologia do Sul, composta em forma narrativa a evocar a experiência de povos insubmissos. Walter Benjamin chama atenção para processos de apagamento da memória, de esquecimento, vividos nas experiências contemporâneas. Ele retoma a tessitura narrativa, encontrada na Grécia Antiga, referindo-se ao tapete de Penélope, que à noite, à espera de Ulisses, desfaz o que teceu durante o dia. Em "O narrador", Benjamin demonstra que a tradição oral decorre da poesia épica:

> *Somos pobres em histórias surpreendentes. A razão é que os fatos já nos chegam acompanhados de explicações. Em outras palavras: quase nada do que acontece está a serviço da narrativa, e quase tudo está a serviço da informação. Metade da arte narrativa está em evitar explicações. [...] O extraordinário e o miraculoso são narrados com a maior*

[13] John Dewey, *Arte como experiência*, São Paulo: Martins Fontes, 2010.

exatidão, mas o contexto psicológico da ação não é imposto ao leitor. Ele é livre para interpretar a história como quiser, e com isso o episódio narrado atinge uma amplitude que não existe na informação[14].

O encantamento contemporâneo com o ancestral e o comunitário reside exatamente nesse toque mágico, que fazendo o expectador/leitor/participante perceber a realidade de forma diferente, "livre para interpretar a história como quiser" e, a partir daí, convidado a entrar na história como sujeito. Ainda em Benjamin: "Contar histórias sempre foi a arte de contá-las de novo, e ela se perde quando as histórias não são mais conservadas. Ela se perde porque ninguém mais fia ou tece enquanto ouve a história[15]".

Cultura viva não consiste em voltar ao passado, aprisionando-se em uma ancestralidade imutável, reproduzida em estética contemporânea. Assim como não se deve confundir bem viver com o *viver melhor* capitalista, sustentado na exploração máxima dos recursos disponíveis, até que as fontes básicas da vida sejam exauridas. Desse encontro entre cultura viva e bem viver busca-se uma vida mais justa, que se contraponha à iniquidade própria do capitalismo, em que apenas poucos podem viver bem em detrimento da grande maioria, e as narrativas são dominadas por menos pessoas ainda. É um encontro criativo, solidário, sustentável. Vivo porque dinâmico, o oposto de uma cultura mercantil, coisificada, tornada cultura morta, da mesma forma que uma mesa de madeira é árvore morta. O bem viver e a cultura viva também pressupõem o direito de amar e ser amado, com o florescimento saudável de todos os seres e o prolongamento indefinido das culturas, sua recriação e intersecção; o tempo livre para a contemplação, a ampliação das liberdades, capacidades e potencialidades de todos e de cada um. É a cultura da alegria, da amorosidade e da potência. É a economia da partilha, da reciprocidade e do cuidado. É a política da vida.

O bem viver tem sido praticado há milênios pelos povos originários deste vasto continente que veio a ser chamado de América. Há poucas décadas, começou a ser estudado, sistematizado e conceituado por teóricos e acadêmicos, sobretudo nas universidades andinas de Quito, no Equador, La Paz, na Bolívia, e em Assunção, no Paraguai. Entre as principais referências, o economista equatoriano Alberto Acosta, que também foi presidente da Assembleia Constituinte do Equador, realizada na cidade de Montecristi em 2007, quando o país foi o primeiro do mundo a incorporar os direitos da natureza na Constituição (posteriormente a Bolívia também o fez). Essa é uma ideia totalmente diferente da lógica da preservação ambiental existente em outros países ocidentais, em que

---

14 Walter Benjamin, "O narrador", *op. cit.*, p. 203.
15 *Ibidem*, p. 205.

a defesa do meio ambiente segue a lógica de servir aos humanos, e não o princípio da dignidade própria da natureza, que precisa ser reconhecida como sujeito de direitos. Para o bem viver, há o direito das águas de seguir seu curso; reconhece-se que as águas são dotadas de inteligência, devendo ser respeitadas em sua pureza e preservadas da imundície e da putrefação – não para servirem aos humanos, mas pelos direitos próprios dos seres que habitam os cursos-d'água. O mesmo acontece com os bosques e as florestas, reconhecidos como fontes de vida, sistemas em que outros sistemas coabitam; assim como as montanhas têm o direito de seguir sendo montanhas, as pedras, pedras, os animais, animais, e as plantas, plantas. Essas mudanças de paradigma, expressas em reflexões e ações, elevam o bem viver a outro patamar de reconhecimento e legitimidade cultural, social e científica. Isso não significa uma volta ao passado, aplicando acriticamente um modo de vida ancestral; ao contrário, o resgate da ideia de bem viver é um passo ao futuro. A relação seria a mesma de quando tratamos da ideia de democracia, que não significa um retorno à democracia ateniense, aristocrática, escravista e patriarcal, mas à sua radicalização em processos contemporâneos. Conforme Acosta,

> *O bem viver, como alternativa ao desenvolvimento, é uma proposta civilizatória que reconfigura um horizonte de superação do capitalismo. Isso não significa – como disse Mónica Chuji, indígena e ex-deputada constituinte de Montecristi – "um retorno ao passado, à Idade da Pedra ou à época das cavernas", tampouco uma negação à tecnologia ou ao saber moderno, "como argumentam os promotores do capitalismo". José María Tortosa vai além, ao sintetizar que "o bem viver é uma oportunidade para construir outra sociedade, sustentada em uma convivência cidadã em diversidade e harmonia com a Natureza, a partir do conhecimento dos diversos povos culturais existentes no país e no mundo". E isso significa, conclui o sociólogo português Boaventura de Sousa Santos, que o bem viver é "um conceito de comunidade onde ninguém pode ganhar se seu vizinho não ganha. A concepção capitalista é exatamente oposta: para que eu ganhe, o resto do mundo tem que perder"*[16].

Ao se aproximar do bem viver ameríndio, a cultura viva comunitária também se aproxima da ética e da filosofia ancestrais africanas. *Ubuntu*: "Eu sou porque nós somos", ou "força em movimento"; do banto: "*ubu*", "força", "*untu*", "movimento". Para o *ubuntu*, viver em comunidade é romper com o individualismo,

---

[16] Alberto Acosta, *O bem viver*, São Paulo: Autonomia Literária; Elefante, 2015, p. 76.

resgatando a sensação de pertencimento à unidade na diversidade. O resgate dessa filosofia tradicional coloca a emancipação e a cidadania em novos patamares, fazendo que a interdependência e a colaboração, intra e intercomunidades, se realizem em processos de diálogo, consenso, inclusão, compreensão, compaixão, partilha, cuidado e solidariedade. A humanidade de todos e de cada um está indissoluvelmente ligada à humanidade dos outros; eis a síntese do *ubuntu*. No ambiente comunitário do *ubuntu* os encontros precisam ser festivos, acolhedores, generosos. Performáticos. Assim as comunidades se fazem fortes, potentes, resilientes. Não há como praticar a filosofia *ubuntu* sem estar aberto e disponível aos outros, é com essa atitude que a pessoa não se sentirá intimidada, ganhando coragem e autoconfiança para se colocar no mundo. Para a ética *ubuntu* não é possível que uma pessoa esteja bem se o entorno dela não estiver bem. Segundo Desmond Tutu,

> *a minha humanidade está presa e está indissoluvelmente ligada à sua. [...] Eu sou humano porque pertenço. [...] [Ubuntu] fala sobre a totalidade, sobre a compaixão. Uma pessoa com* ubuntu *é acolhedora, hospitaleira, generosa, disposta a compartilhar. A qualidade dá às pessoas resiliência, permitindo-lhes sobreviver e emergir humanas, apesar de todos os esforços para desumanizá-las. Uma pessoa com* ubuntu *está aberta e disponível aos outros, assegurada pelos outros; não se sente intimidada com o fato de os outros serem capazes e bons, pois ele ou ela tem uma autoconfiança que vem de saber que ele ou ela pertence a um todo maior*[17].

Uma filosofia ancestral que se espalhou por toda a África, tratando dos mesmos valores de compaixão, partilha e totalidade expressos em muitas outras filosofias e religiões, e que tem muito a nos ensinar. A aproximação entre a cultura do encontro e a cultura viva comunitária, e destas com as filosofias do bem viver e *ubuntu*, promove a descolonização de mentes e corpos, fazendo que o refletir e o sentir assumam um sentido único. É outra perspectiva filosófica, que valoriza em plenitude a ética e a filosofia de povos antes desprezados em suas formas de conhecimento. Uma filosofia que se transforma em práxis, seja nos momentos de reflexão e contemplação, seja na prática cotidiana, por isso racional e emocional.

Quando expressões do comunitário e do ancestral são praticadas, os encontros ganham energia, assumem formas circulares, espiraladas. Em meio

---

[17] Desmond Tutu, *No Future without Forgiveness*, Nova York: Doubleday, 1999. Tradução do autor.

às rodas, *peñas* e cirandas, com muita festa, em que todos se olham sem hierarquias, a cultura viva se mistura, trazendo jovens da cultura digital ao encontro com grupos de cultura tradicional e instigando a arte experimental e de vanguarda a se reinventar com as culturas de rua. Um caldeirão a unir povos indígenas e camponeses, de favelas e quebradas, acadêmicos e estudantes de grandes universidades, teatros de vizinhos, teatros nacionais e de experimentação, grandes museus e museus de vizinhança, bibliotecas comunitárias e grandes bibliotecas. Tudo cabe na cultura viva, desde que o objetivo seja a cultura do encontro, quebrando hierarquias culturais e construindo novas legitimidades. Tudo cabe na cultura viva porque, quando a cultura é viva, ela se reinventa todo dia e não tem medo do contato com o diferente.

Pelas redes da cultura viva e da cultura do encontro, surge a oportunidade de quebrar hierarquias culturais de dominação, semeando novas legitimidades, agora ombreadas entre o ancestral, o comunitário, o cosmopolita, o urbano, o popular, o erudito, o escrito, o oral, o acadêmico, as instituições, as ruas, as pessoas, as identidades, as sociedades, a permanência e a ruptura. O objetivo? Um novo modelo civilizatório. Nada menos que isso. Um mundo com economia circular e solidária, compartilhada, sustentável, em processos de comércio justo, consumo responsável e trabalho colaborativo, com novos padrões de democracia e partilha de poder, de criatividade e invenção, de reciprocidade, de compaixão, de dádiva. É outro mundo possível – e ele é possível para já. Um mundo em que caibam outros mundos, como dizem os zapatistas.

É possível conviver. É possível ter menos para que todos tenham o suficiente e possam viver bem, em ambientes de equidade, fazendo prevalecer a reciprocidade, o respeito, a responsabilidade, a convivência, o dispor no lugar do impor. Cultura do encontro é cultura de paz e convivência; é cultura que se fortalece nas diferenças, traz o diferente para perto, escuta com sensibilidade, com o coração ao lado da razão. Cultura viva comunitária é aprender com o ser comunitário, com as sabedorias ancestrais, estando ao lado delas, junto com elas, que nos ofertam a seiva para o salto civilizatório de que o mundo tanto necessita. O mais incrível é que tudo isso já está acontecendo, no exato momento desta leitura, sobretudo nos rincões mais olvidados de nossa América Latina. O desafio está em perceber, respeitar e reconhecer esses outros modos de *sentirpensaragir*. E aprender com eles, buscando fazer junto, em processos de troca equilibrada, que nascem na terra e da terra outrora conhecida como Novo Mundo. A seiva para esse Novo Mundo já está fluindo de nossas raízes, atravessando o caule de uma frondosa árvore que há de florescer.

CULTURA VIVA COMUNITÁRIA

A ideia de *ponto de cultura* parte de um conceito matemático: "Dá-me um ponto de apoio e uma alavanca, e moverei o mundo", disse Arquimedes. É um conceito abstrato que desencadeia um conjunto de relações sociais e criativas bastante palpáveis, potencializando desejos e inventividade. E incentivando processos de desenvolvimento, sempre a partir da relação e de contatos com o outro, na forma de afetos, encantamento e magia, reflexão e organização. O que seria um ponto como conceito matemático? A unidade, a base de uma rede, sem dimensões nem forma predeterminadas. O ponto independe da forma, mas se realiza no espaço, sendo localizável e identificável no território. Como cultura, também é uma abstração. Ponto de cultura foi o nome que melhor sintetizou o conceito, uma abstração concreta, que é o fazer cultural no território, dando unidade na relação entre espaço (território) e tempo (memória).

"*Punctos*", no latim, refere-se a um lugar determinado em que ocorre a intersecção de condições para realizações específicas. Basta um pequeno sinal para que a cultura aconteça, mas, como ela também é infinita, é necessário identificar um ponto de partida que represente esse sinal sem limites e que, ao mesmo tempo, seja constituído por infinitas partes. O ponto, na teoria da cultura viva, seria a base para uma geometria da vida; do grego, *"geo"* ("terra") e *"métron"* ("medida", "medição"), de modo a identificar posição e forma. Assim, ponto de cultura é a expressão da microrrede, realizada nos territórios, sejam físicos, sejam simbólicos.

Um ponto de cultura condensa a cultura viva na medida em que suas ações se desenvolvem com autonomia e protagonismo. Não é um simples ponto de conexão, como um ponto de recepção e irradiação de cultura; inicialmente essa era a base do conceito, mas, com a observação dos fenômenos desencadeados, pude perceber que o ponto ia se constituindo enquanto um espaço livre para a interpretação e realização da cultura, uma zona simbólica libertada, por assim dizer[1]. Também um ponto de ebulição, em que ocorrem mudanças quantitativas e qualitativas, a depender das condições de pressão e temperatura. Desse modo, todo ponto é diferente do outro, pois, em cada qual, as dimensões e as realidades são distintas. As pessoas, as histórias, os recursos econômicos, o ambiente, o entorno, os desejos, tudo é diferente; mas, ao mesmo tempo, igual, o que os torna "iguais na diferença".

Se, na forma, cada ponto de cultura é diferente entre si, na essência todos são muito parecidos. Há que ter alguém (ou alguéns) com muita potência, com muito desejo, com muito compromisso. Não importa se esse alguém é local ou não, o que importa é o compromisso, a disposição e a perseverança (há que perseverar). Do mesmo modo cabe encontrar pessoas dispostas a dar e receber, abertas ao encontro. Quando alguém chega pensando que sabe tudo e que vai ensinar aos outros, já chega errando. Todavia, quando alguém recebe pensando que não há nada a receber, a ebulição também não acontece; *idem* quando alguém recebe pensando que não tem nada a oferecer. Um ponto de cultura é um espaço para afirmação de identidades, pois sem saber quem somos não há diálogo possível, muito menos troca, e o ciclo que deveria ser desencadeado pela rede não acontece. Contudo, apenas a afirmação do identitário não é suficiente, pois, sem o exercício da empatia e da alteridade, o identitário, ou identitarismo, se fecha nele mesmo, impedindo uma ação comunicativa. Quando ocorre o fechamento em si mesmo, o identitário tem resultado inverso ao pretendido. Absorvido pelo mundo dos sistemas, passa a ser comandado por suas regras, restando uma afirmação identitária limitada à aparência e reduzida ao individualismo, em que até o empoderamento sociocultural perde sentido, porque deixa de ser coletivo, passando a atender a interesses restritos. Ponto de cultura precisa ser entendido como um ponto de inconformismo permanente, que não se acomoda, movendo-se pela esperança, porque motivado pela coragem e pela consciência de si. Cultura é uma linha tênue que separa (e une)

---

[1] Especificamente aqueles pontos de cultura que, de fato, reuniam as condições para o empoderamento sociocultural, como autonomia e protagonismo, em ambientes comunitários e de ancestralidade em comunicação com a invenção criativa, sempre com disposição para a afirmação de identidades, sem deixar de lado o exercício da empatia e da alteridade, em contato com o diferente e diverso.

permanência e criação e essa tensão precisa ser permanente, do contrário não se cria, não se inventa. Juntando esses componentes, resolve-se a equação.

Ainda sobre as condições para identificar um ponto de cultura, colocando-o em movimento. Do abstrato ao concreto. Um ponto de cultura pode acontecer em um coreto de uma praça, à sombra de uma árvore, em uma garagem, um espaço adaptado, uma casa ou edifícios abandonados, que se recuperam no uso da cultura; também em centros culturais bem equipados, teatros, museus, bibliotecas comunitárias ou bibliotecas-parque, em espaços multimídia com ou sem muitos recursos tecnológicos. O mesmo em relação a recursos. Primeiro, sempre, os recursos internos, existentes na própria comunidade, as vontades, a criatividade. Mas o Estado também deve ser colocado a serviço de seu povo, e cultura é um direito básico, por isso os governos precisam assegurar orçamento para o fazer cultural autônomo; que esses recursos não venham em formatos prontos, elaborados por quem mal conhece a realidade das comunidades, a realidade vivida. Além disso é fundamental que sejam instigados processos de intercâmbio e novas miradas; sem intercâmbio, sem troca, a cultura não se realiza, não progride, só regride. Trocas por todos os lados, com todos e de todos os modos, de todas as formas, com todas as gentes; foi assim que nós nos realizamos como humanidade, será assim que recuperaremos nossa humanidade.

Falar em trocas remete à comunicação, e comunicação é um fato cultural. Assim como a cultura só se realiza quando comunicada, seja uma simples palavra, seja expressão ou desejo desenhado em uma caverna, para que gerações futuras soubessem que alguém viveu por ali, como uma mensagem ao tempo, a comunicação só se realiza quando transmite uma cultura. Comunicação é mensagem e mensagem é cultura. Nesse caminhar junto entre cultura e comunicação encontra-se a chave-mestra para a transformação da cultura do encontro em intensos processos de instigação, curiosidade e criação; sem esse caminhar junto, ou a comunicação se torna reles e vulgar ou a cultura se torna morta e burocrática, exatamente porque ao andarem separadas não conseguirão estabelecer um processo cultural e comunicativo ao mesmo tempo. A cultura se coloca em movimento unindo os seguintes elementos: pessoas, espaços, recursos materiais e financeiros, conhecimentos, criatividade, curiosidade, intercâmbios e comunicação. Como são recursos de natureza distinta, alguns concretos, outros abstratos, um ou outro recurso pode faltar, ou pode ser acrescentado, sem que a ordem dos fatores altere substancialmente o resultado. Qual resultado se espera desse movimento? O ciclo completo do processo criativo: memória e patrimônio, preservação e invenção, formação, produção, criação e difusão. Transformação.

Cultura é partilha, é participar de algo, é tornar comum. O êxito de um ponto de cultura está na simplicidade, de modo que possa ser espalhado por todos os lugares, junto a todas as pessoas, em todos os corações e mentes. Se o planeta é a estrutura de nossa Casa Comum, a cultura é o fluxo, o sopro que mantém viva a Casa Comum; o ponto de cultura representaria as partículas desse sopro. E essas partículas são divisíveis, como o átomo. Como partículas essenciais, a autonomia e o protagonismo das comunidades. Só assim um ponto de cultura poderá realizar plenamente a sua potência, tornando-se vivo e não comandável. Enquanto o poder é um instrumento de comando e ordem, regulando o fluxo da potência, a potência é liberadora de energias e da capacidade de agir, tendo um papel subversivo na relação com o poder. O poder retrai e subtrai; a potência libera, estando mais afeita, nos tempos atuais, à reinvenção da política a partir de processos mais horizontais e coletivos. Enquanto a potência é multidirecional, o poder é unidirecional.

Autonomia é a capacidade de autogoverno pelos próprios meios, incluindo a capacidade de conhecer e interpretar as regras e normas. É a própria realização da liberdade e da vontade humanas, efetivando o dom divino do livre-arbítrio. É a capacidade de conceber, imaginar e criar, de realizar. Seguramente, há limitadores a essas capacidades, por isso o entendimento de autonomia como partícula essencial, mais como princípio que como recurso. Uma ação voltada para a autonomia comunitária vai em sentido inverso ao que se conhece, até aqui, em termos de políticas públicas. Governos, Estados e mercados avançam sobre as pessoas e povos exatamente por lhes quitarem a autonomia. Associar imediatamente cultura a autonomia seria inadequado, isso porque cultura nem sempre é sinônimo de libertação, havendo a cultura que aprisiona, que oprime, que subjuga e coloniza. A dominação sobre a América Latina é prova viva dessa heteronomia cultural (o oposto da autonomia), em que indivíduos ou coletividades se sujeitam à vontade de terceiros, perdendo a condição de arbítrio ou de expressão livre da vontade, o mesmo acontecendo mundo afora, até o tempo presente. Uma cultura que liberta persiste na busca por autonomia e carrega os componentes da descolonização, da despatriarcalização, da desmercantilização e da desantropocentralização. Sem essas desconstruções não há autonomia possível, nem liberdade. Alcançar a autonomia (no sentido cultural, de desembaçar camadas de percepção) não é algo fácil, daí a necessidade de cultivar os meios para que as pessoas e comunidades exercitem suas próprias escolhas, evitando que a colonialidade se imponha.

O protagonismo é a outra partícula essencial a potenciar um ponto de cultura. Do grego *"protos"* ("principal", "primeiro") e *"agonistes"* ("ator", "competidor"). Desconstrução não significa destruição, e sim desmontagem, decomposição; para reconstruir, é necessário desconstruir, conforme a fenomenologia aponta. Observar os fenômenos com objetividade, depois decompô-los para compreender, e recompor novamente em um método a buscar lacunas para compreender a própria existência do fenômeno. Isso implica que indivíduos e coletividades se disponham a assumir o palco, falarem com a própria voz, tomando a narrativa da história "para si". No início pode até ser uma narrativa aparentemente desconexa, desencontrada, mas há que estimular a fala na primeira pessoa, do contrário jamais se estabelecerá um processo emancipador. Também não significa que todos tenham que subir ao palco ao mesmo tempo, pois, em uma situação dessas, as vozes se transformariam em ruído, barulho, e o palco cairia. Protagonismo pressupõe um exercício entre estar no palco e na plateia, falar e escutar. Isso é cultura do encontro, é diálogo, é capacidade de observação e interpretação do mundo. Como exemplo de meio a fomentar o protagonismo: estúdios multimídia (no Brasil era a única obrigatoriedade para os pontos de cultura), equipamentos audiovisuais e de edição que permitam às coletividades falarem com a própria voz, contarem as próprias histórias, registrarem as próprias imagens, não pelo "olhar de fora", mas pelo próprio olhar. Com o avanço tecnológico esse estúdio pode estar na palma da mão, num *smartphone*. A questão não é tecnológica; trata-se de conseguir reestabelecer linhas narrativas que permitam a projeção de roteiros futuros, em processos de sensibilização e reflexão, independentemente do equipamento técnico disponível.

Do jogo, ou da combinação, entre autonomia e protagonismo, as comunidades começam a se apoderar dos seus meios narrativos. Autonomia e protagonismo, combinados, são condições indispensáveis para a quebra de hierarquias sociais e a construção de novas legitimidades; ainda mais nas sociedades pós-industriais, em que os serviços simbólicos substituem os bens materiais como a base da acumulação de valor. É na disputa pelo domínio do território narrativo que vai se concentrando a nova etapa da luta de classes, daí sua importância estratégica. Da combinação entre autonomia e protagonismo um ponto de cultura alcança a sua potência.

Mas há a necessidade de uma terceira partícula a possibilitar o salto quântico: a articulação em rede. O que é uma rede? Um entrelaçamento de linhas, que são formadas por pontos, dando padrão e estrutura ao processo de entrelaçamento entre os pontos. Ao ligar pontos novos, sentidos são criados, uma vez que esses pontos se afetam mutuamente e se modificam. O desafio está em achar o fio da meada. Tem sido comum as pessoas considerarem que o fenômeno rede é algo recente, mais identificado com a sociedade da informação, as redes sociais. Mas não é. Redes estão indissoluvelmente vinculadas à aventura humana, desde quando os primeiros hominídeos decidiram ir além da savana africana. A humanidade só existe porque se fez em rede, a própria mente humana é resultado de processos de conexões em rede. Vigotski, ao estudar o desenvolvimento mental das crianças bem pequenas, isso na Rússia pós-Revolução de 1917, procurou compreender os processos dinâmicos de desenvolvimento da mente e sua maturação. É quando ele descobre e conceitua a "zona de desenvolvimento proximal", em que a evolução mental das crianças dá saltos quando elas são colocadas em contato umas com as outras. Quem observa de perto a evolução de crianças pequenas percebe claramente esse fenômeno. Uma criança com dois anos de idade, por exemplo, que só viveu sob cuidados da família, sem intensos contatos com outras crianças, de repente, quando colocada junto a outras crianças, em uma sala de pré-escola, em menos de um mês desembesta a falar e a se comunicar. Esse seria o desenvolvimento proximal, o desenvolvimento a partir dos próximos, em zonas de intersecção, não verticais. Para Vigotski:

> *a zona de desenvolvimento proximal define aquelas funções que ainda não amadureceram, mas que estão em processo de maturação, funções que amadurecerão, mas que estão presentemente em estado embrionário. Essas funções poderiam ser chamadas de "brotos" ou "flores" do desenvolvimento, em vez de "frutos" do desenvolvimento. O nível de desenvolvimento real caracteriza o desenvolvimento mental retrospectivamente, enquanto a zona de desenvolvimento proximal caracteriza o desenvolvimento mental prospectivamente*[2].

Aplicando essa teoria aos pontos de cultura foi possível desencadear processos intensos de desenvolvimento entre os pontos, e de forma horizontal, uma vez que pontos diferentes contribuíam com outros, e não mais o estado, que passou a ser um facilitador na aceleração desses processos. É a articulação em rede que permite que pontos, antes isolados, ganhem força a fazer frente aos reguladores do mundo dos sistemas, por encontrarem coletivamente um denominador comum. A vida, ela própria, dá saltos quando se encontra com outras vidas.

O ponto de cultura é uma *microrrede*, atuando no território (físico ou virtual), junto às comunidades e nas diferentes formas de expressão, linguagens artísticas ou grupos identitários. A busca e o fortalecimento da peculiaridade, da singularidade. Com a intervenção no território, e no campo da memória comunitária, o ponto de cultura vai se empoderando de processos de construção narrativa, com autonomia e protagonismo, bem como desencadeando processos formativos e de criação. Como *macrorrede*, a cultura viva, interligando pontos, ampliando sua sustentabilidade e dando sentido às ações comunitárias, antes circunscritas às comunidades. Com isso outras comunidades são afetadas, formando novos conjuntos de comunidades da vida.

Surgiram as *mesorredes*, intensificando os pontos de cultura como espaços de recepção e irradiação de formação, criação e difusão cultural, um conjunto de ações, por vezes não imaginadas, nem experimentadas no âmbito da comunidade. As interações estéticas, a aproximar artistas profissionais de

---

[2] L. S. Vigotski, *A formação social da mente*, São Paulo: Martins Fontes, 2003, p. 113.

comunidades, de modo a produzirem novas criações artísticas; griôs e mestres da cultura tradicional, para processos de transmissão de cultura pela oralidade; pontinhos de cultura, para a cultura lúdica e infantil; cultura e saúde; economia viva, para novas formas de economia, circular e com vínculo comunitário e popular; pontos de memória; pontos de leitura; agentes jovens da cultura viva[3]. O objetivo era (e é) que um ponto de cultura aprenda com outro, de forma horizontal, compondo redes próprias, por aproximação. Com quanto mais redes o ponto de cultura se articula, mais empoderado ele estará, tanto nos âmbitos social, econômico e político como nos aspectos criativos e artísticos.

Esse "conter e estar contido", em que se entrelaçam micro, meso e macrorredes, aproxima a teoria do ponto de cultura do conceito de ponto quântico. Há que compreender os processos desencadeados a partir de um ponto de cultura como partículas extremamente pequenas (as ações cotidianas do comum, acontecidas em um ponto), que têm sua energia liberada, ou melhor, quantizada, em potência discreta, emitindo luz a partir de ondas, em diferentes dimensões. É essa energia liberada que permite desencadear interações entre diferentes corpos, pontos. São essas contínuas e pequenas liberações de energia, a partir de afetos cotidianos, que permitem que um ponto de cultura consiga superar suas limitações. Na segunda parte deste livro pretendo demonstrar empiricamente como acontece esse processo.

---

[3] Essas ações estão mais bem detalhadas e analisadas em outro livro do autor, *Ponto de cultura: o Brasil de baixo para cima*, São Paulo: Anita Garibaldi, 2009. Também em edições em espanhol, *Puntos de cultura: cultura viva en movimiento*, Caseros: RGC, 2013, e em inglês, *The Point of Culture: Brazil turned Upside Down*, Londres: Calouste Gulbenkian Foundation, 2013.

GEOMETRIA E EQUAÇÃO PARA A CULTURA DO ENCONTRO

Vasos de barro do povo totonaca, na cidade mexicana de El Tajín.

A partir do conceito de zona de desenvolvimento proximal e ponto quântico, percebi que era necessário estabelecer uma geometria para o processo de contato e encontro entre pontos, em forma de círculos[1]. Essa geometria também pode ser aplicada à cultura do encontro, de modo a potencializar processos comunicativos e de transformação de realidades, sempre em uma perspectiva de desenvolvimento horizontal, entre pares. Desse processo de desenvolvimento e interação entre pontos[2] é possível extrair uma série de equações a expressarem medidas conceituais aparentemente abstratas.

Equações simples, mas fundamentais para a compreensão da teoria da cultura viva e da cultura do encontro:

- cultura + natureza = cultura viva
- trabalho + encantamento = transformação
- território + memória = cultura viva comunitária
- identidade + alteridade = solidariedade
- tradição + invenção = criação
- (des)envolver + (re)envolver = (con)viver
- potência + afeto = cultura do encontro

Dessas equações encontra-se a síntese da potência desencadeada a partir de um ponto de cultura:

$$PC = (A+P)^R$$

Ponto de cultura (PC) é igual a autonomia (A) mais protagonismo (P) elevados à potência das redes (R). Quanto mais redes, mais potência haverá.

---

[1] Há duas outras influências geométricas que utilizo. Uma é o chamado "homem vitruviano", mais precisamente a equação de proporção humana apresentada pelo próprio Vitrúvio, arquiteto romano do século I a.C., que só foi resolvida quinze séculos depois (um bom exemplo de que não existe problema matemático que o tempo não possa "resolver") na síntese artístico-matemática. Ao identificar o humano como medida das coisas, o desenho *Homem vitruviano*, de Leonardo da Vinci, desencadeou um profundo processo de revolução mental, o Renascimento. Na época do programa de política pública Cultura Viva, no Brasil, a logomarca era um homem vitruviano estilizado, por expressar esse sentido de liberação da potência humana em todas as suas dimensões. Outra equação matemática que muito me instiga é a sequência de Leonardo de Pisa, também conhecido como Fibonacci, que viveu entre os séculos XII e XIII, na Península Itálica. Aprofundo a razão áurea, ou a sequência de Fibonacci, no capítulo "Caracol", em que relaciono os movimentos espiralados de autoconhecimento e alteridade e o exercício do perdão.

[2] A geometria a que me refiro não é plana nem tridimensional, mas orgânica.

O mesmo conjunto de equações pode ser aplicado à cultura do encontro, exatamente porque é do encontro entre dois pontos de cultura que algo totalmente novo é gerado. Com a cultura viva o que se busca é a aceleração desses processos visando a cultura do encontro, a partir de uma inteligência coletiva entre pontos conectados em diversidade. Tendo sempre por objetivo o cultivo de um regulador no mundo da vida que seja forte o suficiente para fazer frente aos reguladores do mundo dos sistemas. Como resultado, a busca por outra globalização, menos uniforme e mais multiforme, menos esférica e mais poliédrica, que só será possível se desencadeada por um processo emancipador, em que a potência humana seja a fonte de energia para a transformação.

Mas isso não é o fim, é só o começo.

AUTONOMIA + PROTAGONISMO

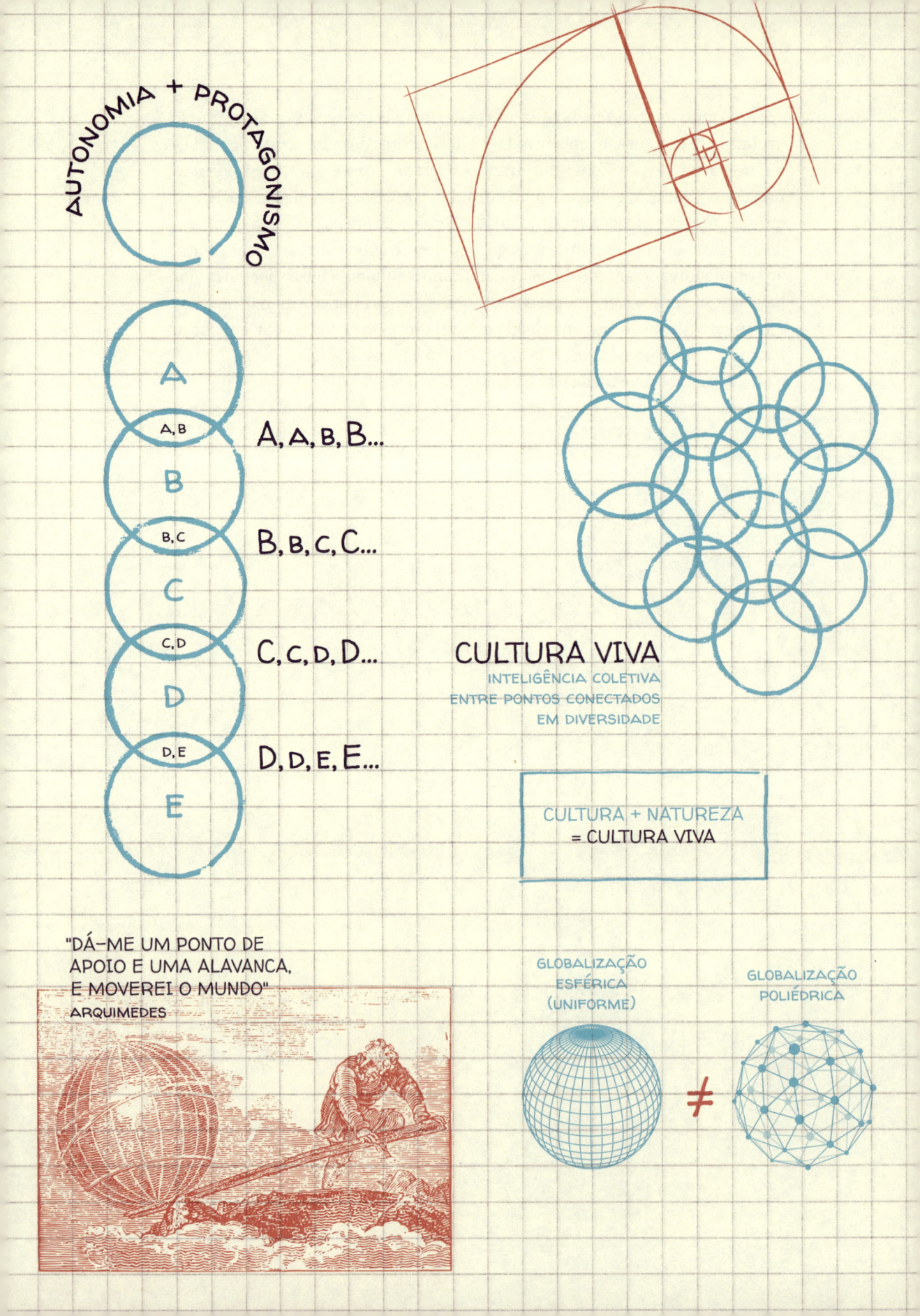

A, A, B, B...

B, B, C, C...

C, C, D, D...

D, D, E, E...

CULTURA VIVA
INTELIGÊNCIA COLETIVA
ENTRE PONTOS CONECTADOS
EM DIVERSIDADE

CULTURA + NATUREZA
= CULTURA VIVA

"DÁ-ME UM PONTO DE
APOIO E UMA ALAVANCA,
E MOVEREI O MUNDO"
ARQUIMEDES

GLOBALIZAÇÃO
ESFÉRICA
(UNIFORME)

≠

GLOBALIZAÇÃO
POLIÉDRICA

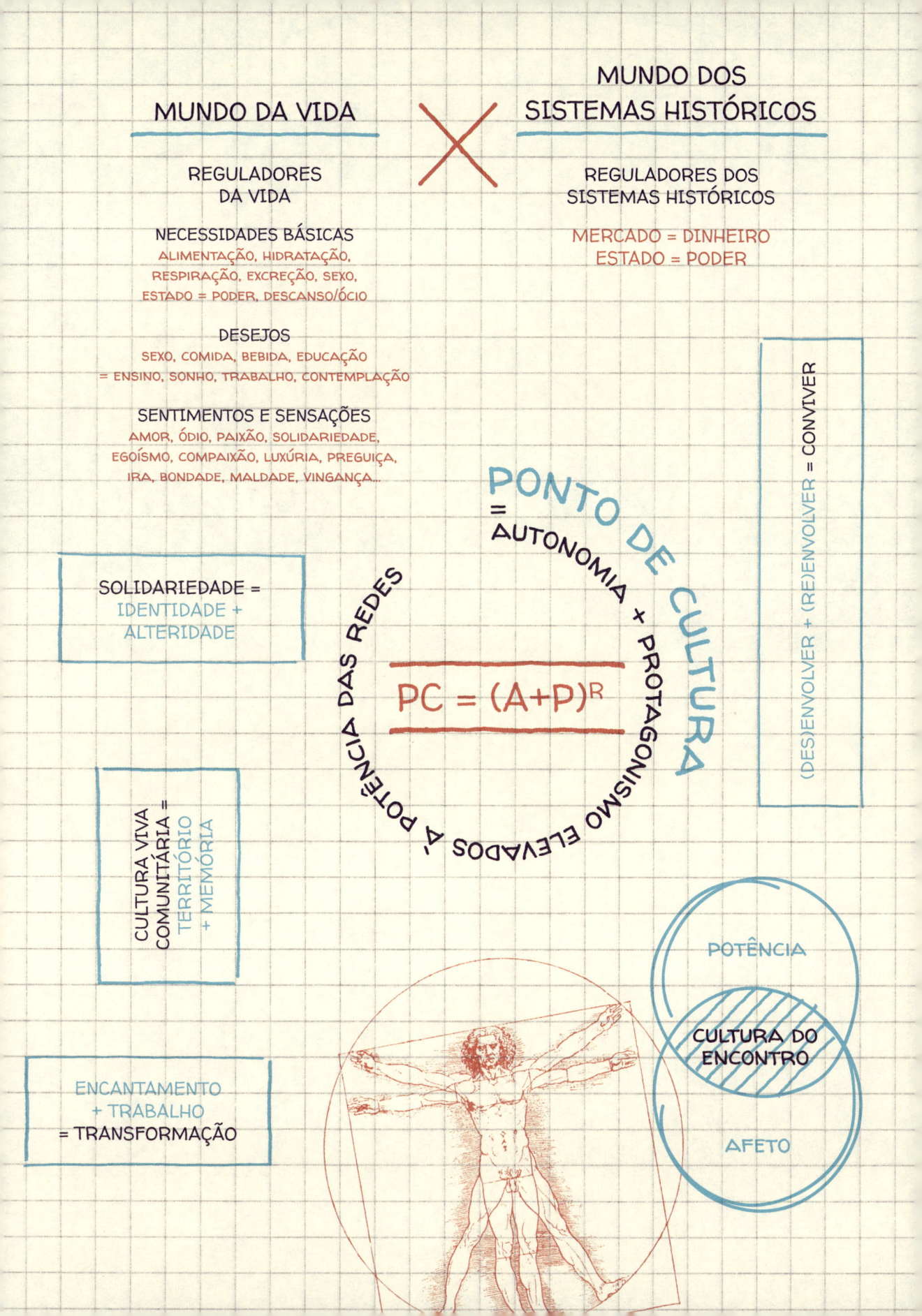

MUNDO DA VIDA ✕ MUNDO DOS SISTEMAS HISTÓRICOS

REGULADORES DA VIDA

NECESSIDADES BÁSICAS
ALIMENTAÇÃO, HIDRATAÇÃO, RESPIRAÇÃO, EXCREÇÃO, SEXO, ESTADO = PODER, DESCANSO/ÓCIO

DESEJOS
SEXO, COMIDA, BEBIDA, EDUCAÇÃO = ENSINO, SONHO, TRABALHO, CONTEMPLAÇÃO

SENTIMENTOS E SENSAÇÕES
AMOR, ÓDIO, PAIXÃO, SOLIDARIEDADE, EGOÍSMO, COMPAIXÃO, LUXÚRIA, PREGUIÇA, IRA, BONDADE, MALDADE, VINGANÇA...

REGULADORES DOS SISTEMAS HISTÓRICOS

MERCADO = DINHEIRO
ESTADO = PODER

SOLIDARIEDADE = IDENTIDADE + ALTERIDADE

CULTURA VIVA COMUNITÁRIA = TERRITÓRIO + MEMÓRIA

ENCANTAMENTO + TRABALHO = TRANSFORMAÇÃO

PONTO DE CULTURA = AUTONOMIA + PROTAGONISMO ELEVADOS À POTÊNCIA DAS REDES

$$PC = (A+P)^R$$

(DES)ENVOLVER + (RE)ENVOLVER = CONVIVER

POTÊNCIA — CULTURA DO ENCONTRO — AFETO

▲ Menino cafuzo em frente à casa de pau a pique, em terra retomada pelos tupinambá em Olivença (BA).

HISTÓRIAS DA CASA COMUM

Nenhuma filosofia, nenhuma análise, nenhum aforismo, por mais profundos que sejam, podem se comparar em intensidade e riqueza de sentido a uma história contada adequadamente.
Hannah Arendt

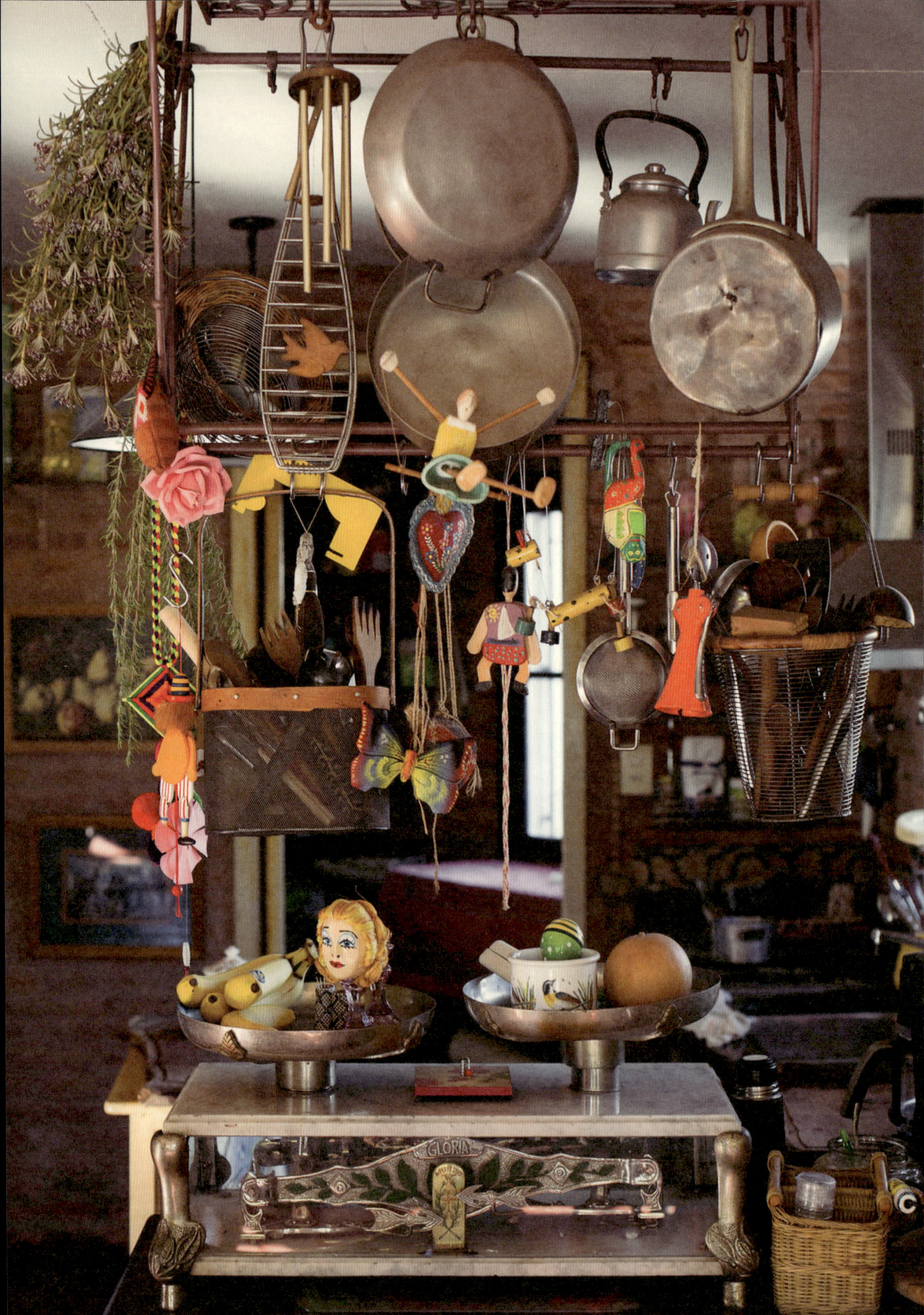
GLORIA

Cultura a unir os povos, uma introdução

Unquillo, província de Córdoba, 21 de novembro de 2014. Uma marcha. Centenas de pessoas da Argentina e convidados de outros países: palhaços, malabaristas, artistas de teatro, músicos, dançarinos, agentes culturais, midialivristas (ativistas pela mídia livre). Encontro da cultura viva em mais um país. Pontos de cultura da Argentina, espalhados da Puna à Patagônia, do Chaco ao Pampa. A bandeira: Lei Cultura Viva Comunitária, assegurando orçamento mínimo nacional de 0,1% para grupos culturais comunitários. Uma campanha continental, que se espalha por toda a América Latina.

Era o I Congresso Nacional da Cultura Viva Comunitária da Argentina. Muito foi realizado para chegar a esse momento: os teatros de vizinhos, os grupos de cultura viva comunitária, o movimento Pueblo Hace Cultura. Aconteceu uma marcha rumo à Casa Rosada, em 2010, com quinhentas pessoas; houve articulações com senadores e deputados, unindo esforços por uma lei nacional para a cultura viva comunitária, ainda não votada no Parlamento, infelizmente. Mesmo sem marco legal, a política pública da cultura viva comunitária prosperou e o governo da nação argentina subsidia a rede de *puntos de cultura* pelo país, assim como os círculos de cultura, que atuam como capacitadores, articuladores e difusores na rede de pontos. Outras províncias e cidades também foram assumindo essa política pública e, mesmo com mudanças na orientação política do governo central, os pontos de cultura seguem – independentemente da forte polarização partidária no país, o conceito da cultura viva gerou união de propósitos e, assim, tornou-se política de Estado. Em 2016 já eram

Bricabraque na casa de Inés Sanguinetti, em Buenos Aires.

670 pontos de cultura, reunidos num terceiro encontro nacional, desta vez na cidade de Buenos Aires.

Cidade da Guatemala, agosto de 2011. Uma marcha, uma *comparsa* festiva, com centenas de pessoas tomando as ruas da capital da Guatemala, também em defesa da cultura viva. Artistas em gigantescas pernas de pau, exibindo uma habilidade ancestral da cultura maia, grupos de crianças, jovens, fanfarras, artistas de teatro, circo e dança, ativistas de direitos humanos. O diálogo com o governo do país só teve início em 2017, mas revela avanços, como a criação de um órgão para a cultura viva comunitária, no Ministério da Cultura. Na Guatemala há toda uma engenharia social, construída de baixo para cima, por organizações da sociedade civil, em redes de colaboração, fazendo da cultura a agulha a cerzir um tecido social esgarçado por iniquidades e violências de todo tipo.

Iquitos, selva Amazônica peruana, dezembro de 2012. Favela de Belém, 30 mil pessoas vivendo em palafitas, em absoluta miséria, às margens do rio Amazonas; nenhum saneamento básico, altos índices de violência, poucas perspectivas para famílias sem trabalho – quase todas – e praticamente nenhuma presença do Estado. Mas há um *punto de cultura*, La Restinga. Nesse ponto, sofisticados artistas, nascidos em Iquitos ou que lá decidiram viver, fazem intercâmbio com artistas do mundo, trabalhando com recursos audiovisuais, animação sociocultural, arte urbana. Seu foco é o desenvolvimento integral da infância, adolescência e juventude, promovendo participação cidadã e sustentabilidade local. Inventam sempre! À época, construíam balsas para o cultivo de hortaliças sobre o rio Amazonas no período da cheia, que dura meses, quando as águas tomam conta de tudo e as pessoas mal conseguem sair de casa. Com as balsas-canteiros de hortaliças, os habitantes passaram a ter acesso a alimentos saudáveis em momentos difíceis. Solidariedade, arte, cultura e invenção, é isso o que fazem. Iquitos, novembro de 2014. Na mesma época em que acontecia o I Congresso Nacional dos Pontos de Cultura da Argentina, o povo da Amazônia peruana (departamentos de Loreto, San Martín, Amazonas e Ucayali) realizava seu primeiro encontro regional; nesse momento já alcançavam 16 *puntos de cultura* e mais dez em processo de reconhecimento.

E segue a rede de autonomia e protagonismo sociocultural, em que a identidade se realiza na diversidade da vasta América Latina. Cultura viva comunitária.

Medellín, Bogotá, Cáli, Pasto, Villa de Leyva, Valle del Cauca... Muitas datas, muitas vezes, muitos retornos, encontros e reencontros na Colômbia. Um povo em processo de paz, reinventado-se pela arte e pela cultura. O narcotráfico, os paramilitares, a guerrilha; mais de cinquenta anos de conflito armado. Um país desigual, violento, impaciente e agressivo – como a América Latina. Mas, para além desses estereótipos, mazelas e iniquidades, encontramos um povo gentil, inovador, acolhedor, empreendedor e festeiro – como são os latino-americanos.

As raízes dessas gentilezas podem ser percebidas ao visitar o Museo del Oro, em Bogotá: uma ourivesaria delicada, retratando cenas do cotidiano de um povo milenar; entre centenas, milhares de peças de ouro, nenhuma delas com cena de guerra ou violência; a arte delicada e sofisticada dos ourives pré-colombianos, expressando flores, macacos e pássaros, o oposto da arte grega ou romana, o oposto da arte dos conquistadores da terra de El Dorado, em que as guerras e a violência eram a tônica. Ainda assim, diante de tantas iniquidades e desencontros, o povo colombiano se maltratou e continua se maltratando. Mas vão superar tudo isso. Já estão superando.

Medellín, cidade antes conhecida como a capital do narcotráfico e sede do cartel de Pablo Escobar, conseguiu se recriar a partir da convivência e da cultura cidadã. Articulando movimentos cívicos, coletivos artísticos, empresários comprometidos com a comunidade, intelectuais e organizações comunitárias, o município se transformou. Desde 2014 é considerada pela Organização das Nações Unidas para a Educação, a Ciência e a Cultura (Unesco) uma das cidades mais inovadoras do mundo. Um dado importante: assim que o movimento municipal Compromisso Cidadão venceu as eleições, em 2004, a primeira decisão foi elevar o orçamento municipal da cultura, de 0,7% para 5%. Com isso puderam desencadear um criativo processo de reaproximação entre Estado e sociedade, gerando invenções em série, desde banheiros públicos limpos e decorados com mosaicos artísticos até grandes bibliotecas-parque, instaladas nos morros e comunidades da cidade, possibilitando que crianças, jovens, adultos e idosos pudessem passar os dias entre livros, brinquedos, computadores e muita convivência. Também investiram em museus, muitos museus, entre sofisticados, tradicionais, pequenos e grandes; fortaleceram o belo Museu de Antioquia e sua praça com esculturas de Botero, que é natural da cidade, *paisano*, como a gente do departamento de Antioquia[1] refere-se a si mesma. Na praça do centro financeiro e comercial dessa cidade com 3 milhões de habitantes, as pessoas são convidadas a tirar os sapatos, arregaçar as calças e caminhar em pequenos cursos de água com pedregulhos e seixos, pisando na areia branca e depois simplesmente sentando na grama. Nada de mais, e assim sorriem. Com as energias recarregadas, voltam aos afazeres para um dia em paz, e essa foi exatamente a intenção de quando se planejaram a praça e o corredor cultural a céu aberto. Há também um grande museu de ciências, centros culturais em favelas, museus comunitários, museu da memória, contando a história dos *desplazados*[2], os vitimados, a gente comum, a gente resiliente. Nas

---

[1] Departamento é uma instância administrativa colombiana equivalente a estado.
[2] A Colômbia tem milhões de deslocados (*desplazados*) internos, pessoas que vivem fora de sua região de origem por terem sido expulsas de suas terras, seja por fazendeiros, seja por narcotraficantes, ou como efeito da guerrilha.

comunas, caminhos com mosaicos em cerâmica, grafites, entre muros, subindo e descendo morros. E unindo a cidade. Ao final do século XX, o Estado estava presente em apenas 40% do território de Medellín; os demais territórios da cidade eram controlados por narcotraficantes, grupos guerrilheiros ou paramilitares, e ninguém entrava nem saía sem o consentimento deles. A cidade da eterna primavera, como os locais gostam de nomear sua Medellín, que, por estar em um vale entre montanhas, apresenta temperatura estável e agradável durante todo o ano, começa a sentir a primavera como direito de todos, mesmo havendo ainda muito por fazer.

Qual é a relação das inovações de Medellín com a cultura viva comunitária e os pontos de cultura? Esse povo gentil e inovador sabe que só se avança quando há troca real e equilibrada entre os mundos, quando um aprende com o outro. Tão logo conheceram a teoria, os conceitos e a aplicação da política pública da cultura viva, foram assumindo essa política para si. Foi em Medellín que a primeira lei municipal da cultura viva comunitária foi aprovada na América Latina, em 2011. Anteciparam-se ao Brasil, registre-se. Entenderam que lhes faltava uma política pública a equilibrar as relações entre Estado e sociedade, fortalecendo o protagonismo e a inventividade dos cidadãos. Sabem que é necessário que o Estado faça *para* a sociedade ao manter bons equipamentos públicos e serviços de qualidade, mas também sabem que é necessário que o Estado faça *com* a sociedade. Desde então, foram inúmeras iniciativas de cooperação entre governo municipal e coletivos comunitários; e tudo começou a partir de um *punto de cultura* que já era ponto muito antes de conhecerem essa política pública. Um *punto* em uma Casa Amarilla, com sala de teatro, simples, mas bem instalada, refeitório para artistas e colaboradores, sala para ensaios, cursos, multimídia; um *punto* na Comuna 3, nos morros de Medellín, em uma favela, tal qual as muitas favelas espalhadas pela América Latina. Um *punto de nuestra gente*. Nossa gente, como nós, como *nosotros*, estejamos no Brasil ou em qualquer lugar do mundo. *Nuestra gente por la Casa Común.*

Pura Vida! Costa Rica, terra do coração civil. País com o povo mais corajoso do mundo, pois há que ter coragem para decidir viver sem Forças Armadas, bastando-lhes uma polícia nacional para a segurança dos cidadãos – e isso aconteceu há mais de sessenta anos. Com o dinheiro economizado, investiram em educação, ambiente natural e cultura. Até os anos 1970, o orçamento nacional para a cultura era de 5% do total; depois, com o neoliberalismo, a cultura perdeu participação, mas mesmo assim esse investimento deixou marcas.

Maio de 2014: VI Congresso Ibero-Americano de Cultura, organizado pela Secretaria-Geral Ibero-Americana (Segib), englobando América Latina, Portugal e Espanha. Tema: cultura viva comunitária. Um Congresso de Estados, com ministros de diversos países, debatendo e formulando políticas públicas junto com grupos de cultura comunitária de toda a América Latina. Estado e Sociedade em um só congresso, com um só tema. Como principal resolução, a criação do Fundo IberCultura Viva, para financiamento de grupos comunitários de cultura e intercâmbio. O fundo começou com aportes pequenos (entre US$ 20 mil e US$ 300 mil por país, a depender do tamanho da economia), mas reflete uma inflexão no processo de construção de acordos internacionais e na aplicação de políticas públicas, pois esse fundo foi semeado pelo movimento comunitário da América Latina. Entre debates, reuniões e apresentações artísticas, também houve uma *comparsa*, marcha artística pela cidade de San José. E a beleza e a diversidade das Américas tomando as ruas da cidade; entre os que marchavam em festa, o ministro da Cultura da Costa Rica, um músico, entre o popular, o *jazz* e o erudito, acompanhando os grupos populares com seu *bandoneón*.

Assalto poético a La Paz, maio de 2013: I Congresso Latino-Americano de Cultura Viva Comunitária. Mil e duzentas pessoas de toda a América Latina, 17 países presentes, do México à terra mapuche. Trezentos argentinos foram em caravana, em ônibus e caminhões-teatro, levando três dias para chegar. Chegaram cantando: "*El pueblo hace cultura!*". La Paz, a capital no topo do mundo, a maior concentração urbana de população indígena no planeta, tomada pela diversidade, pelas artes, misturando povos em marcha, coloridos, combativos, plurinacionais. Um congresso internacional realizado com muito pouco recurso financeiro centralizado, não mais que US$ 40 mil em dinheiro, afora apoios em estrutura. O segredo? A coragem, a confiança, a colaboração e a determinação de quem faz e vive a cultura viva comunitária há tanto tempo, em redes de afeto e cooperação popular.

A ideia do congresso, como um chamado a coletivos culturais de toda a América Latina, começou apenas um ano antes, em percurso pela Bolívia, de La Paz a Sucre, Cochabamba, lago Titicaca, El Alto, Santa Cruz de la Sierra. No coração da América do Sul, atravessando o Caminho de Peabiru, estrada guarani que ligava o Atlântico às terras incas, em Samaipata, no limite entre as terras altas e as terras baixas, por onde também havia passado Che Guevara. No percurso, em meio à travessia dos Andes, um *teatrero* aimará, Iván Nogales, me convida a escutar a sinfonia das imensas geleiras da montanha. Ele pede que eu encoste o ouvido na geleira; era possível escutar a sinfonia das águas, sentir seu movimento e enxergar suas cores por trás da parede transparente, revelando tons de azul e lilás. As águas eram destiladas gota a gota, em uma contínua sinfonia, até se transformarem nos grandes rios da Amazônia, do Pantanal e da bacia do Prata. A inteligência das águas nos chamava. Daí foi decidida a Caravana Cultura Viva pela Paz, de Copacabana (no lago Titicaca) a Copacabana (no Rio de Janeiro), para participar da Cúpula dos Povos, durante a Conferência das Nações Unidas sobre Desenvolvimento Sustentável (Rio+20), ainda em 2012. E a realização do congresso latino-americano em 2013, celebrando a unidade continental pela cultura viva comunitária. Escutando a voz das montanhas e seguindo o caminho das águas.

Brasil. Entre pensar a política pública, com teoria e conceitos, a sua aplicação e a escrita deste livro, passaram-se 15 anos. Os pontos de cultura e a cultura viva – uma ideia que já é, que já acontece nas comunidades, antes mesmo da própria idealização, que independe de Estados, de governos ou leis para existir. Mas, com a sistematização da política pública a partir da observação de fenômenos preexistentes, houve a transformação do que já é em teoria, e da teoria em prática. Um conceito simples: potenciar o que já existe e articular os pontos em rede, preservando sua autonomia e seu protagonismo.

Tudo começou com a proposta de criação de uma biblioteca comunitária entre um grupo de mães em um bairro popular, o Parque Itajaí, na periferia de Campinas (SP), a 18 quilômetros do centro da cidade, e a Secretaria Municipal de Cultura. Isso foi em 1990. Relato esse processo no livro *Ponto de cultura: o Brasil de baixo para cima*[3]. Entre a formulação da política pública nacional, com a primeira chamada pública para pontos de cultura, em julho de 2004, e 2010, foi possível sair do ponto zero (em seis meses, em 31 de dezembro de 2004, já havia setenta pontos de cultura) para mais de 3.500 pontos de cultura, espalhados por 1.100 municípios do Brasil, atendendo mais de 9 milhões de pessoas em atividades esporádicas e 900 mil em atividades regulares (participação em grupos artísticos, oficinas, coletivos de audiovisual, cineclubes – quase trezentas pessoas por ponto, em média), com 40 mil pessoas em trabalho comunitário, metade remuneradas, metade voluntárias[4]. Tudo isso a um custo anual para o governo – por ponto de cultura – de R$ 60 mil (à época, US$ 24 mil), equivalente a R$ 5 mil por mês (US$ 2 mil).

Para além da transferência de recursos e da técnica de gestão, a cultura viva pressupõe uma política pública com encantamento e magia. Algo não tão simples, porque a estrutura dos Estados e governos é feita para torná-los impermeáveis ao mundo mágico da vida com todas as suas nuances. Essa foi a grande qualidade e contradição do programa. Ao mesmo tempo que era uma política pública pensada a partir da observação do mundo da vida, visando sua aplicação no mundo vivido pelas pessoas, havia (há) a necessidade de relação com o mundo dos sistemas, particularmente do sistema Estado, com suas normas, controles, planilhas e formas quadradas. Como a vida não é quadrada nem redonda – é orgânica, poliforme, pulsante –, essa conciliação foi a parte mais difícil. Enquanto houve decisão política, compreensão e empenho, a cultura

---

[3] São Paulo: Anita Garibaldi, 2009. Nessa obra também faço a apresentação da teoria, descrevo experiências e relato como, no Brasil de 2004, houve condições simbólicas e políticas que possibilitaram essa experimentação em escala nacional.

[4] Dados do Instituto de Pesquisa Econômica Aplicada (Ipea) do Ministério do Planejamento.

viva, como política pública recebendo apoio governamental, floresceu no Brasil. Porém, a partir de 2011, com o pensamento do governo sucumbindo às normas quadradas, à tecnocracia e às incompreensões, vieram o fenecimento e o desmonte, que só não foram completos porque atrás de cada ponto há vida, há gente, há sonhos, criatividade e potência. O paradoxo é que, enquanto o Estado brasileiro atrofiava, e até perseguia essa política pública, os demais países da América Latina começaram a abraçá-la.

A teoria e os conceitos para a cultura viva e os pontos de cultura foram originalmente desenvolvidos e aplicados no Brasil. Em razão do conceito abstrato e concreto ao mesmo tempo, foram ganhando aceitação externa, até com o uso da mesma nomenclatura, o que é algo raro em políticas públicas aplicadas em diferentes países. Um conceito matemático aplicado em política cultural: "Dá-me um ponto de apoio e uma alavanca, e eu moverei o mundo", do matemático grego Arquimedes; daí o termo, ponto de cultura. É essa chave que dá forma e conteúdo à política pública, para além de política de Estado, inclusive, plasmando-se como um movimento social continental. A ideia matemática de que a partir de um *ponto* é possível encontrar a unidade na diversidade, aplicada com clareza e simplicidade, pôde ser usada em diferentes contextos culturais. O ponto de cultura afirma identidades e vai além, aproximando identidades diferentes e estimulando-as na prática da alteridade e da empatia. É nesse encontro entre identidade e alteridade que acontece o caráter transformador da cultura viva comunitária.

El Salvador, 25 a 28 de outubro de 2015: II Congresso Latino-Americano de Cultura Viva Comunitária. *Torogoz*, um pássaro pequeno a iluminar esperanças, uma ave que não se adapta ao cativeiro e que, depois de alçar voo, não se detém jamais. A ave símbolo de El Salvador, país com pouco mais de 20 mil quilômetros quadrados e densamente povoado (mais de trezentos habitantes por quilômetro quadrado), que teve sua economia totalmente desestruturada pela guerra civil e pelo neoliberalismo. Esse país *chiquito* e valente também é esperança. Foi assim quando se sublevou contra a opressão oligárquica e contra o imperialismo estadunidense; também o foi quando encontrou o caminho da paz, ao final do século XX; também o é quando assume o conceito do bem viver como base para seu futuro. Terra de tantos sacrifícios, terra de Farabundo Martí, de San Romero de las Américas, o cardeal assassinado, terra de Martín-Baró, padre jesuíta, psicanalista social, assassinado na guerra civil, que, em suas reflexões sobre a psicologia social da guerra e os processos de socialização, pensados desde a *Centroamérica*, propugna algo muito parecido com o que veio a ser a cultura viva: *"Hay que potenciar las virtudes del pueblo!"*[5]. No segundo congresso, a cultura viva buscou colocar em prática essas virtudes.

Quito, Equador, novembro de 2017: III Congresso Latino-Americano de Cultura Viva Comunitária. Entre vulcões e montanhas, entre a Amazônia e o Pacífico, no centro do mundo, cortado pela linha do equador, terra do *sumak kawsay* ("bem viver", em quéchua), gente de todas as Américas. Novo encontro, a tornar a cultura ainda mais viva e comunitária. Oitocentas pessoas de toda a América Latina, mais algumas oriundas da Europa e dos Estados Unidos. A cultura viva comunitária se consolida como movimento.

Argentina, maio de 2019: IV Congresso Latino-Americano de Cultura Viva Comunitária. Um congresso diferente, itinerante, em caravana. A começar em Mendoza, aos pés dos Andes, atravessando o país, passando por Córdoba e Santa Fé, até chegar ao deságue dos rios Paraná e Uruguai, no estuário que é rio e que é mar, o rio da Prata. Gota a gota, ponto a ponto, as águas doces se encontram com as águas do oceano. Cultura viva em movimento.

Há que recordar também o Chile e sua enorme extensão e diversidade, do deserto do Atacama às geleiras do sul. O Uruguai e seu povo, que escolheu um presidente gentil, de vida modesta e altruísta. O Equador da *Pachamama*, em que a Constituição de Montecristi, de 2008, baseada na sabedoria ancestral, do *sumak kawsay*, almeja que se saiba escutar, compartir, viver em complementaridade, alimentar-se, festejar, comunicar-se e trabalhar, aprendendo a crescer e caminhar em um trabalho que precisa estar envolvido em felicidade e festa. O Paraguai, da autonomia ao estrangulamento, das missões jesuíticas ao *teko porã* dos guaranis. A Venezuela, com os jovens do *software* livre, e os tantos desencontros e encontros. O Panamá, que também abraça a cultura viva e já implanta seus primeiros *puntos*. A Nicarágua, de um povo que *"ni se vende, ni se rende"*, e que resiste, inclusive às frustrações. Honduras, em que os grupos de cultura comunitária ainda enfrentam tantas dificuldades. Belize com seu Caracol e as pluriculturas. O México, insurgente, rebelde, um país tão grande e diverso, violento, audaz, cooperativo. E com cores fortes, uma sociedade alicerçada em tradições ancestrais e vida comunitária, o passado revolucionário e o porvir. Ainda tão envolto em dificuldades e horrores, tão longe e tão perto do céu e do inferno, da clareza e da obscuridade. México, um país que desponta como esperança. Há que seguir pelo Caribe, por seus países insulares – Porto Rico, República Dominicana, Haiti, Cuba. Pelos Estados Unidos e pelo Canadá, até o Alasca. E depois atravessar os continentes da América e da Ásia, retomando a rota inversa, até voltar à savana africana, onde tudo começou.

[5] É preciso potencializar as virtudes do povo.

Esse é o movimento da cultura viva, circular, sem dono, comum, de reinvenção em espiral. Onde houver tradição e invenção, onde houver memória e território, onde houver tempo e espaço a compartir afetos e criatividade, haverá a cultura viva comunitária.

PARA ESCUTAR AS NARRATIVAS DA CASA COMUM

Nesta segunda parte do livro apresento histórias de práticas ancestrais e comunitárias que estão à nossa volta, mas seguem obscurecidas, escondidas. Desaprendemos a olhar, a escutar, a sentir e a imaginar esses outros mundos. Fomos colonizados a pensar que eles não existem, ou que sobrevivem apenas no pitoresco, como uma cultura em conserva, presa a um passado que pode ser apagado, sobrevivendo como resíduo. É chegado o momento de desvelar esses mundos e enxergar o invisível.

São narrativas de personagens vivos, atuantes em seus territórios. Por isso, preferi apresentá-las como relatos de viagem, estabelecendo a relação entre suas pequenas (e extraordinárias) histórias de vida e o contexto em que acontecem, seja histórico, seja geográfico ou mítico. São histórias que vi, vivi e senti. Histórias que fui coletando por onde passava.

Minha intenção não foi escrever sobre países, mas sobre comunidades e pessoas. Com narrativa mais detida, descrevo situações acontecidas em 11 países e, a partir delas, vou revelando contextos, processos, ideias, conceitos e propostas. Em determinados capítulos me detenho no método, inclusive com a preocupação em revelar como e com quanto dinheiro se realizam os trabalhos. Em outros capítulos meu foco não está na descrição do trabalho cultural específico, mas em descobrir valores éticos e sentimentos desencadeados, por vezes concentrando-me na história de uma única pessoa. Fui em busca de histórias que, em viagens anteriores, haviam chamado minha atenção pelo que apresentavam de excepcional e também pelo que continham de comum. É o meu olhar sobre essas realidades, naquilo que considerei essencial. Como se eu estivesse buscando o *ajayo*, a alma, o sentido de cada história, na condição de artista, a observar paisagens e situações para pintar um quadro – neste caso, com palavras –, ou de alfaiate, a costurar uma roupa *más grande*, latino-americana.

Em Belize, o duro exercício para se alcançar o perdão, associando-o à forma do caracol, à sequência de Fibonacci e à cultura maia. Do México extraí duas histórias: a educação para a autonomia e o desenvolvimento do dom, com o povo totonaca; o espírito inquieto dos que saem em caravana, buscando o encontro entre mundos. Com uruguaios e chilenos, o que de mais precioso encontrei foi a capacidade de não se render, expressa em atitudes de homens como Salvador

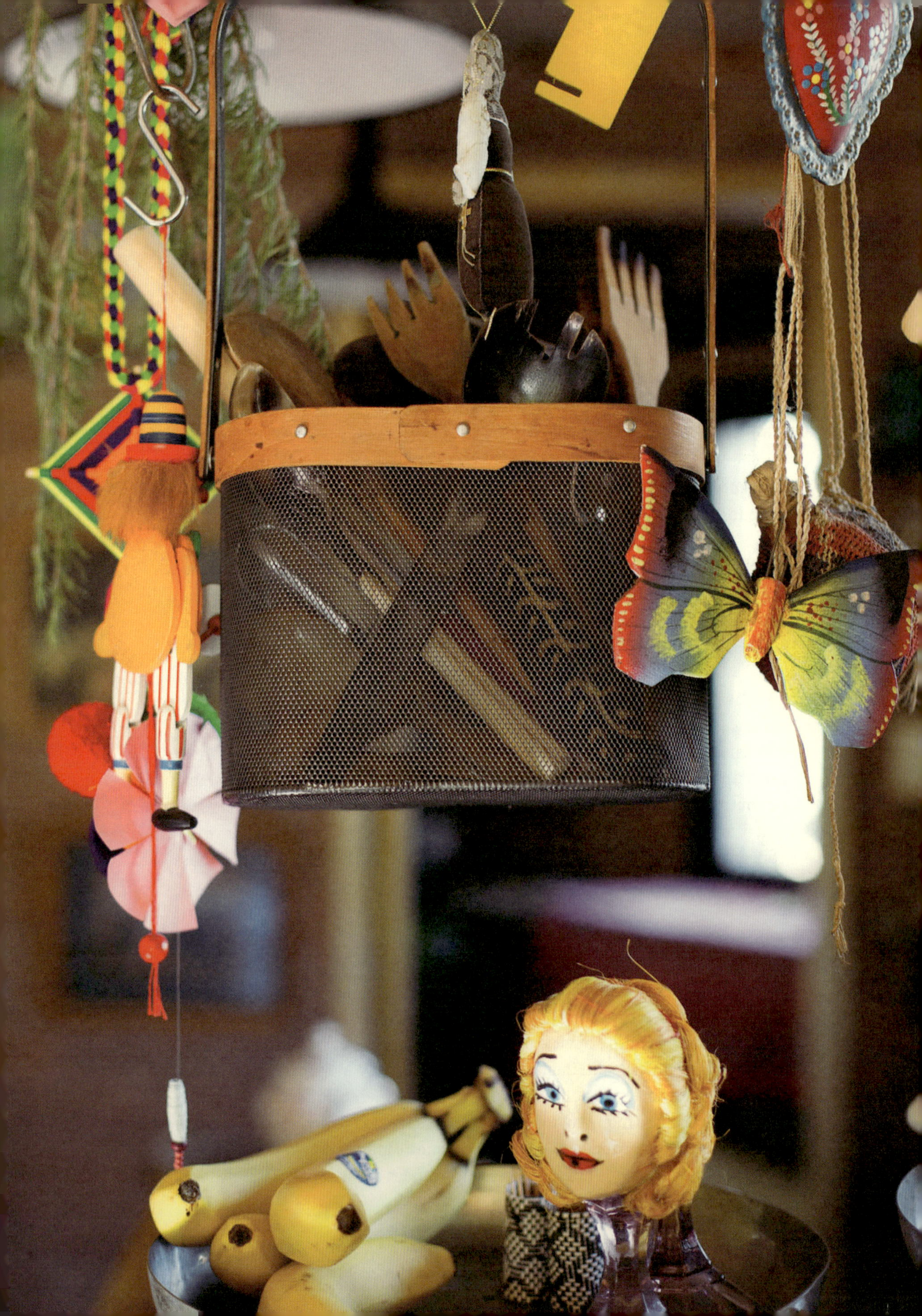

Allende e Pepe Mujica, e em povos como os mapuches. Da Argentina, uma profusão de histórias paralelas, que juntam realidades aparentemente díspares, por origem social, etária, cultural ou política; a capacidade de recriar, de se reinventar, assumindo ser o seu oposto. Não à toa, esse país do fim do mundo nos oferta o mais auspicioso líder espiritual, cultural e político da atualidade: o papa Francisco e sua proposta para a cultura do encontro. Da *Centroamérica* colhi histórias de força e beleza em situações de extrema dificuldade e violência, que começam a ser superadas pelo elemento lúdico e pelas artes. Do Brasil, trago o mundo das pessoas com deficiências intelectuais e o processo de cristalização das fantasias e da imaginação, além de cavoucar histórias do fundo de nossa alma brasileira, na periferia das grandes cidades, com os povos indígenas, e de nossa ligação com a África, apresentando como os brasileiros transitam entre tradição e invenção, num mundo de contrastes e contradições. Em Medellín, na Colômbia, o objetivo foi fazer uma arqueologia comunitária, de como o povo da cidade se reinventou pela arte e pela cultura. Com o mundo andino minha intenção foi rastrear o ser comunitário, a invenção do bem viver e das novas economias, a reciprocidade, a dádiva, a confiança, a descolonização.

A intenção deste livro é apresentar uma epistemologia do Sul, do escondido, do silenciado, a partir de observações densas, sensíveis e reais. O invisível está à nossa volta, mas fomos colonizados – educados – para não perceber. Quanto mais nos quedamos mergulhados em nossos mundos superficiais, menos capacidade temos de perceber o mundo à nossa volta; o real se torna sonho e vai desaparecendo como a bruma. Enquanto isso nos deixamos penetrar – colonizar – pelo sonho de fora, pelo uniforme, pelo unidirecional, aumentando nosso sentimento de perda de sentido e razão. Isso acontece tanto em ambientes plenamente integrados ao sistema capitalista e consumista como em ambientes híbridos, o "estar dentro" e o "estar fora", percebidos no ambiente comunitário e em grupos ancestrais. Não há grupos isolados. Todos, em diferentes graus, afetam e são afetados pelo sistema.

Importante reparar na presença positiva de pessoas originalmente de fora do ambiente das comunidades retratadas e que, ao se envolverem e se comprometerem com aquelas comunidades, foram fundamentais para o desencadeamento da aceleração de processos transformadores. São interações éticas e estéticas que promovem a mudança. O elemento externo nem sempre deve ser visto como negativo; sua ocorrência não é obra do acaso, muito menos deve ser confundido com colonização. A presença externa, quando em simbiose com as comunidades, em relações de empatia, é transformadora, fazendo que a identidade se realize na troca, exercitando-se na interação com o diferente, potencializando-se na alteridade. É entusiasmo gerando vida, revelando uma profunda capacidade de amor ao próximo, com humildade, coragem, invenção, fé e disciplina. Na Guatemala, um casal que veio da Colômbia; entre os indígenas do Brasil, um publicitário argentino que casou com uma indígena; entre os argentinos, um uruguaio... E assim em cada história. O comum nessas experiências está na interação profunda entre pessoas, independentemente da origem de cada uma delas. São histórias de quem tem a coragem de atirar-se ao rio sabendo que, com esse gesto, modificará o rio, e também a si mesmo.

Por vezes são histórias de extrema violência e desagregação, que procurei traduzir de forma realista, amparado em documentos e relatos. Isso porque, para curar cicatrizes, é necessário conhecer sua origem. Ao vasculhar as veias abertas da América Latina encontrei feridas em cicatrização, processos sensíveis, delicados e potentes, desde a terapia com o cultivo de borboletário, para meninas violentadas, até grandes marchas, encontros artísticos e manifestos. Há também muitos casos de amor que surgem nesses núcleos; histórias de casais, de entrega de vida. Nos relatos que procurei contar, apresento aqueles que, de tão fortes e cheios de sentido, conseguem evitar a coisificação, indo além das imposições do sistema, abrindo fendas, apontando caminhos e escancarando frestas.

A partir de agora, por favor, mudem a forma de leitura e acompanhem os capítulos como se estivessem escutando narrativas no alpendre de uma casa comum. É o meu desejo.

VIAGEM A EL TAJÍN MÉXICO

*Se queremos plantar uma árvore de boa fruta,
o primeiro que temos a fazer é oferendar e pedir
permissão aos guardiões da cidade sagrada de El Tajín.*
Juan Simbrón Méndez
Puxko (líder espiritual) do povo totonaca

Uma cidade de pedra, escondida e adormecida por séculos. "Os indígenas têm ocultado dos espanhóis, por séculos inteiros, este monumento, objeto de antiga veneração; a casualidade o fez ser descoberto por caçadores, há uns trinta anos." Essas palavras foram escritas em 1804, pelo naturalista Alexander von Humboldt, e referiam-se a uma cidade ancestral, recém-descoberta no Vice-Reino da Nova Espanha, atual território do México.

O que espantou o estudioso alemão foram a precisão e o equilíbrio encontrados em uma das pirâmides, com 378 nichos, cuja relação com o calendário fora percebida pelo sábio jesuíta Pedro José Márquez:

> *O abade Márquez supõe que esse número de 378 nichos faz alusão ao calendário dos mexicanos antigos [...]. Compondo-se o ano de 18 meses, de 20 dias cada um, resultavam 360 dias, aos quais acrescentavam (conforme o uso no Egito antigo) 5 dias complementares [...]. A intercalação*

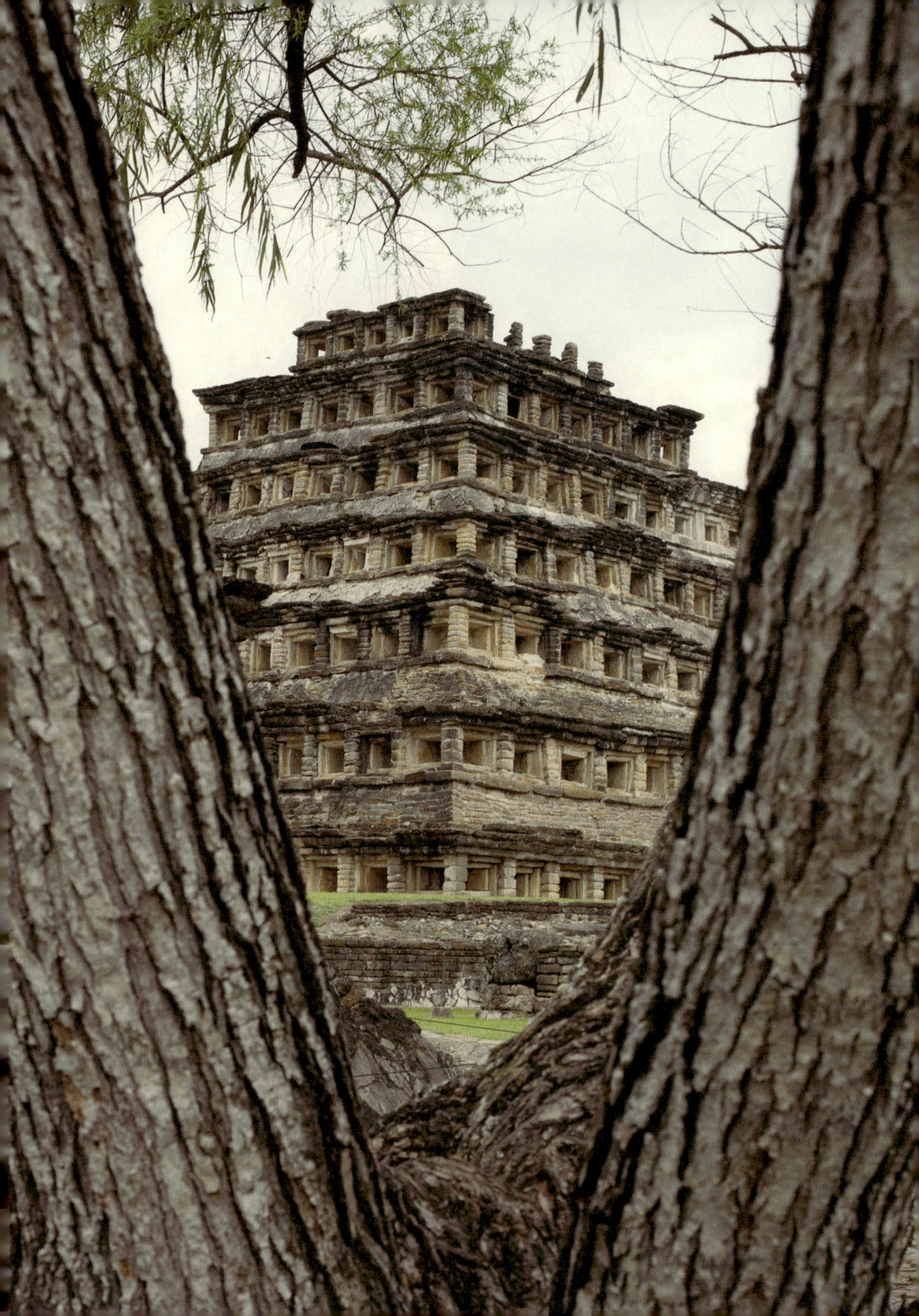

> *se faz a cada 52 anos, agregando 13 dias ao ciclo, o que dá 360 + 5 + 13 = 378, signos simples ou compostos dos dias do calendário civil*[1].

Eram palavras de um cientista, que reconhecia estar diante de uma descoberta única. De fato, como os templos de El Tajín, não há similares. Um templo com nichos em forma de favo de mel, conforme descreveu o arqueólogo Eric Wolf: "Um favo de mel a representar simbolicamente as cavernas que abrigam o 'coração da terra'". Também um modo de combinar o vazio para conformar um todo, ou um conjunto. Uma pirâmide com sete patamares, organizada não somente do ponto de vista geométrico mas seguindo princípios astronômicos, em uma rítmica sucessão de nichos a demonstrar o movimento óptico e plástico, fazendo a dimensão entre claro e escuro se alterar conforme a luz do sol ou da lua adentra os nichos.

Passados mais de duzentos anos da descoberta de El Tajín, ainda há muitas pirâmides cobertas por terra e árvores, os montículos, contados às centenas, em um entorno de mil hectares, em meio à zona de selva, com clima úmido e temperatura média de 35 graus. Em 1230 d.C. a cidade foi abandonada, antes da chegada dos espanhóis e do Império Asteca. Estima-se que àquela época El Tajín era habitada por aproximadamente 25 mil pessoas. Sabe-se hoje que a cada nicho se atribuía um significado específico, expresso por inscrições, além de uma combinação de cores e oferendas, como se fosse um livro escrito na forma de uma arquitetura monumental, com pirâmides de dezenas de metros de altura e largura. Uma cidade muito peculiar, cujo ponto em comum com as demais culturas da Mesoamérica era o jogo de pelota, em que dança, rito e sacrifício integravam a mesma cerimônia. Para os povos mesoamericanos, o jogo está na raiz dos ritos sagrados, pois os deuses são, em essência, criadores, jogadores. A conexão com o sagrado, a partir do jogo, era tão emblemática que, ao vencedor do jogo de pelota, estava reservada a maior honraria: ser sacrificado, como um mensageiro a ser enviado aos deuses.

El Tajín está localizada no atual estado de Vera Cruz, na costa atlântica do México, e seu nome significa "cidade sagrada do furacão". Foi fundada por um povo descrito como "gente que vem de onde nasce o sol", ou gente que vem do leste, da costa marítima, em idioma náuatle: totonaco. Diego Rivera assim descreveu a arte daquele povo: "A arte totonaca tem a rara qualidade de juntar o realismo mais vivaz com o estilo mais puro". Definidos como o povo mais artístico da América pré-colombiana, os totonacas seguem em sua existência, plantada em boa raiz e sob a permissão da cidade sagrada de El Tajín. Sobre

◄ Em El Tajín, vista de pirâmide calendário com nichos em forma de favos de mel, que abrigam o "coração da terra".

[1] Leonardo Zaleta, *Tajín, mistério y beleza*, Poza Rica, México: edição do autor, 2011, p. 8.

a arte dos totonacas, Octavio Paz disse: "A arte totonaca recusa o monumental porque sabe que a verdadeira grandeza é o equilíbrio". É essa grandeza no equilíbrio que faz com que, na cidade de El Tajín, as pedras estejam vivas e dancem, como em um livro vivo.

Na virada do milênio, os descendentes dos antigos habitantes de El Tajín decidiram realizar o Festival Cumbre Tajín, promovendo sua etnogênese para se reencontrarem com sua cultura ancestral. Uma mostra artística do povo totonaca, mas também um encontro com o conjunto das expressões culturais dos povos originários da costa atlântica do México. Agora em evento organizado pelos atuais totonacas, como expressão do seu protagonismo e autonomia. Poucos anos depois, em 2006, inauguram a Escola Xtaxkgakget Makgkaxtlawana; em idioma totonaca, O Esplendor dos Artistas. Uma escola administrada por autogestão, baseada no modo de vida do *kachikín* (povoado tradicional totonaca), compreendendo escolas especializadas nas artes do povo totonaca: cozinha tradicional; mundo do algodão e dos têxteis; pintura; agricultura tradicional, ecológica e orgânica; música; a arte da cura e das medicinas; teatro; danças tradicionais e escola para *voladores* (que praticam uma dança aérea ancestral); a arte da madeira; a arte do barro e a olaria; a arte da palavra generosa, ou *florida*, como se referem à poesia. Também incorporam duas novas artes, contemporâneas e necessárias para o renascer de um povo: na Pulakgatayan, Casa do Turismo Comunitário, o turismo respeitoso e sustentável, para compartir valores e cultura; e na Pumakgpuntumintakatsín, Casa de Meios de Comunicação e Difusão, a formação multimídia, com vídeo indígena, cineclube e rádio. No centro de tudo, Kantiyán, a Casa dos Avós. Em 2012, o Centro de Artes Indígenas, localizado ao lado da cidade ancestral de El Tajín, foi declarado Boa Prática de Salvaguarda do Patrimônio Imaterial pela Unesco, sob a bênção do deus dos ciclones, dos furacões, das tormentas, do vento e da chuva.

Perpassando a cidade milenar e a contemporânea escola O Esplendor dos Artistas, um cheiro de enxofre e alcatrão. Poços de petróleo, em profusão, extraindo o sangue negro da terra sagrada. Um cheiro forte a indicar um mundo enfermo. Duplamente enfermo, pois Vera Cruz, em meio à "riqueza" da extração de petróleo, é um dos estados mais violentos do México, e o mais perigoso para a atividade de jornalistas.

Apesar de a Constituição Nacional definir o México como país multicultural, a cultura totonaca, e dos demais povos originários, sofre muita resistência. Por séculos lhes foi negado o direito de realizar oferendas ao "Dono do Monte", bem como celebrações vinculadas aos ciclos do tempo, como o equinócio e o solstício. Como povo muito religioso, os totonacas se converteram ao catolicismo com fervor, mas sempre de maneira sincrética, no que eram reprimidos na forma com que celebravam as festas católicas; só nas últimas décadas têm sido mais bem compreendidos pela Igreja. Mesmo adentrando no século

XXI, agora com argumentos burocráticos e monetários, eles enfrentam paradoxos, como a necessidade de pagar uma taxa (50 mil pesos por noite, US$ 2.800) ao governo, caso queiram realizar suas cerimônias dentro da cidade que seus ancestrais construíram.

A criação da escola totonaca foi a resposta que eles encontraram para sanar o entorno, e é aberta a quem queira frequentá-la, mesmo que seja por apenas um dia, independentemente de a pessoa ser totonaca ou indígena. O festival Cumbre Tajín, realizado uma vez por ano e que recebe 50 mil pessoas por dia, com gente de todo o país e mesmo do exterior, também tem o sentido de ser um convite para o encontro entre povos e culturas. Com essas duas iniciativas, a escola e o festival, eles vivem um período de fortalecimento de sua identidade étnica, tendo por base sua própria filosofia e modos de ser expressos a partir do processo educacional, em que, nas palavras de Juan Simbrón, ex-presidente do Conselho Supremo Totonaca: "Semear a árvore de boa fruta, não importa em qual parte e em qual tempo da 'Madre Tierra'. São dias bons para fazer história, não com tambores nem artefatos de guerra, e sim com a bandeira da paz".

Para os totonacas, toda atividade humana é arte, e toda arte está diretamente relacionada ao sentido de vida, tendo uma relação direta com o *staku*, o

Altar sincrético na Casa dos Avós (Kantiyán), na escola totonaca O Esplendor dos Artistas.

dom. O dom é uma dádiva, um "presente espiritual", que todos os seres recebem ao nascer. As parteiras totonacas, inclusive, têm a capacidade de ler a placenta das mães e, pelo cordão umbilical, sabem qual será o dom daquela nova vida, cabendo à família o cuidado para que a luz não se apague. O dom é a estrela de cada pessoa, uma luz de vida, e por isso é cheio de sentido. Para eles, quando a pessoa não consegue encontrar o seu dom, ou é impedida de realizá-lo, surge a enfermidade, e ela estará condenada a um mundo de sombras. Apesar de a parteira e os pais saberem qual será o dom de quem nasceu, estão impedidos de dizê-lo, e é a própria pessoa, no processo de crescimento, que precisa descobrir a qual dom está destinada. Isso porque o dom, além de dádiva, é uma conquista, exigindo esforço, respeito e reciprocidade. Quando o jovem descobre seu dom, são realizadas cerimônias e oferendas em agradecimento, pois somente a partir dessa descoberta a comunidade terá a garantia de que aquela pessoa será feliz.

Se fizermos um paralelo com as sociedades contemporâneas e com o próprio entorno dos totonacas, perceberemos que a civilização passa por um mal-estar, não está feliz e encontra-se enferma, provavelmente porque a maior parte das pessoas foi afastada de seu dom, impedida de descobri-lo ou realizá-lo. Gerardo Cruz Espinosa, mestre totonaca da Casa dos Avós, assim define o processo:

> *Encontrar o sentido da vida é encontrar o caminho, o dom, possibilitando que a pessoa viva em harmonia, em felicidade e plenitude. E, se alguém não está contente, mesmo que do outro lado do mundo, haverá problemas, por isso precisamos garantir a felicidade para todos.*

Cercados por petróleo extraído sem permissão das deidades, os totonacas compreendem que toda a violência que os rodeia é reflexo dessa desarmonia. E é essa desconexão que está gerando doenças físicas e mentais.

Quando um jovem totonaca não consegue encontrar o seu dom, eles realizam a *talhkgamit*, que é a cerimônia de cura, quando o cordão umbilical é colocado em uma árvore depois de passar por braseiros (mais uma sabedoria totonaca, só agora descoberta pela medicina moderna, que é a necessidade de guardar o cordão umbilical). Os totonacas não jogam fora o cordão umbilical, pois, se assim procedessem, seria como se a pessoa não tivesse nascido, estando condenada a viver em desarmonia, pois sua raiz se perdeu. Para eles, a cultura é como uma grande árvore, que se alimenta de sonhos e da ação, e essa árvore vai crescendo a partir da memória mítica e do ordenamento de valores. É isso que os torna vivos, como guardiões da vida e da memória, os avôs e as avós, que também são os guardiões do cordão umbilical.

Kantiyán, a Casa dos Avós, é por onde todas as crianças e jovens têm que começar; adultos também, caso ainda não tenham conhecido a escola. A escola é toda livre, cabendo aos alunos a escolha da casa de arte à qual pretendem dar mais atenção ou se fixar. Há apenas uma em que a presença é obrigatória, sem a qual não podem frequentar as demais casas: Kantiyán, a mais sagrada de todas as casas, pois raiz. Com avôs e avós, aprendem a escutar a ancestralidade e a valorizar o que têm. São os avós que orientam as crianças a começar pela prática em viveiros de sementes, pois, como diz Simbrón García, "as árvores só dão bons frutos quando bem semeadas. Somos como as árvores: nascemos semente e as ramas são nossos netos. Para cultivar o dom, precisamos partir da raiz até as ramas". Uma escola em que o conceito-base é o semear, o cultivo. Começam pelo tronco comum, em que as avós e os avôs são livros vivos, que eles chamam de "biblioteca vivente" – isso porque a cultura tem um princípio mas não um final, e estará sempre viva e em mudança, desde que mantenha boa raiz.

A cultura totonaca se mantém como um tronco firme, o que lhe assegura força e energia por contar com dois elementos fundamentais à sua sobrevivência: ter se mantido sempre próxima à cidade sagrada e praticar a agricultura comunal. Como nunca se afastou de sua ancestralidade e da energia emanada por El Tajín, a árvore floresceu em raiz forte. Também seguiu com a propriedade comunal da terra, o que lhe garante sustento e equidade. Até há poucas décadas, toda família era autossuficiente na produção de alimentos e de tudo que necessitava, das vestimentas à construção da casa, pouco dependendo da economia mercantil e do dinheiro, sendo a propriedade comunal, compartida entre trezentas, quatrocentas pessoas por *pueblo* (vila). Desde a Revolução Mexicana, no início do século XX, a propriedade comunal é assegurada na Constituição, sendo que, até hoje, 6% das propriedades no estado de Vera Cruz são comunais. Mas essa base de autonomia social tem sido fortemente afetada, conforme constata Gerardo Espinosa:

> *As pessoas já não se alimentam com a comida que produzem, e sem comida natural há enfermidades. Crianças da cidade que vêm aqui vivem outra experiência, encontrando sabor na vida e descobrindo a importância de oferendar e agradecer, porque tudo na vida tem que ter um dono, um Ser que a defenda. Nossa função é mostrar isso e indicar lugares onde compartir. Só que o mundo está tomado por egoísmo, e isso tem afetado os totonacas. Muitos já deixam as aldeias, querem coisas da cidade, celular, carro, já não querem produzir a própria roupa, a própria comida.*

A escola que criaram foi uma forma de responder à pressão do mundo que os rodeia, voltada para o próprio povo e também para abrir diálogo com os demais povos. Na cosmologia totonaca, Deus precisa de ajudantes, são as deidades, e O Esplendor dos Artistas também deve servir para promover esse encontro com os ajudantes de Deus, como diz Simbrón García: "Para subir em uma montanha, é preciso pedir permissão, assim como para pegar o fruto de uma árvore. Quando as pessoas não pedem permissão, surge o desequilíbrio, descontentando o 'dono' da água, do ar, da terra". Ensinar a pedir permissão e a respeitar é a principal lição que os avós apresentam aos netos.

O Centro das Artes Indígenas, onde está a escola dos totonacas, tem uma ótima estrutura física, tanto para o festival como para as diversas casas da escola. Mas o mais importante é que a escola não é percebida como espaço físico, e sim como uma relação de convivência entre memória, saberes e território. São diversas casas interligadas, e cabe ao jovem percorrê-las até encontrar aquela em que desenvolverá seu dom. Nesse percurso, as crianças totonacas estão revitalizando a cultura e, através da religação com a oralidade e da realização de atividades lúdicas, encontram sua carreira, que deve ser útil à comunidade, afirmam os avós. E Gerardo Espinosa conclui:

> *Nem todos têm o dom de sembrar [plantar, semear]. Crianças inquietas descobrem seu dom a partir de jogos e, ao percorrerem todas as casas, vão se entregando àquela que mais as atrai. Cada pessoa nasce com uma estrela, uma luz de vida, e por isso é cheia de sentido.*

Ouvindo essas palavras penso no quanto o mundo teria a aprender, até para reformar seu sistema de ensino, se escutasse a sabedoria profunda desse povo tão antigo. O que eles querem é uma escola de paz, não de guerra, não de imposições, evitando o divisionismo e a separação entre povos e, para isso, orientam, ternamente, as pessoas a encontrarem o seu dom. E assim vão tecendo redes de alianças, semeando a longo prazo, para que as crianças de hoje sejam os avós de amanhã.

VISITA À ESCOLA XTAXKGAKGET MAKGKAXTLAWANA (O ESPLENDOR DOS ARTISTAS)

Ao todo, são 140 mestres da tradição a ministrarem ensinamentos. E essa forma de educar é ancestral, tendo resistido, inclusive, no período colonial, em zonas de refúgio. Toda estrutura operativa é baseada no modelo de um povoado totonaca, ou *kachikín*, que é constituído por casas, praças, jardim, mercado e ponto de encontro comunitário. Da raiz passam ao tronco, que assegura a estrutura. Depois as ramas, os galhos e folhagens, que cobrem o tronco, que o protegem; são os mestres que seguem brindando conhecimento às novas gerações, assegurando que a árvore sempre tenha vida. Das ramas nascem as flores, gerando a renovação da árvore e tudo de belo que é produzido com o conhecimento e a arte. Como fim: os frutos, as novas gerações, os jovens com identidade própria, realizando seu dom.

Esse processo de aprendizado se dá no idioma materno, e a educação acontece a partir da oralidade e da prática, possibilitando que os alunos estejam aptos a descobrir o dom que cada um leva dentro de si. É a cultura comunal que dá coesão ao processo educativo, fornecendo base espiritual e material para a descoberta de sentido, tornando a vida mais plena. Nos tempos atuais, após passarem por todo esse processo, eles também enviam seus filhos às universidades, para que depois retornem à comunidade, trazendo mais conhecimento. Saem sabendo que estarão sempre vinculados à raiz, ao que aprenderam com os avós e ao que esses avós aprenderam com os seus; também sabem que um dia serão eles a raiz. "Aprendi em uma educação integral muito mais do que uma universidade me oferece. Me apaixona adentrar-me nas raízes de minha identidade. Cada vez que pesquiso, encontro muita sabedoria e quero conhecer ainda mais", diz Humberto García García, jovem pedagogo, recentemente diplomado na universidade. O método educativo dos totonacas é um contínuo fluir, não um procedimento de formatação do educando, rígido, quadrado, hierárquico, e sim um processo de vida, como em uma árvore, por sentido – os frutos transformando-se em semente, renovando a energia da terra para que ela continue o seu ciclo.

Em passeio pela escola:

A Casa da Palavra Florida. A arte da palavra, a palavra generosa, por isso florida, que constrói, anima, guia, orienta. O Sagrado da palavra é um dom. As palavras têm força, para que homens e mulheres se comuniquem entre si, e também para que se comuniquem com a terra, as plantas, os animais. O saber falar, o saber o que dizer, a expressão de conceitos de vida.

A Casa da Pintura. Só usam tintas naturais, pois a tinta também é medicina, é fármaco, como o anil, que é anti-inflamatório, diurético, purgativo e sedativo; além de oferecer a cor azul. Ao fazer as tinturas e ao pintar, pedem permissão para o "dono" das cores, pois quando uma pessoa mira uma imagem ela também muda seu próprio ser, ela se transforma.

A Casa da Arte da Cura. O objetivo é aprender não somente a diagnosticar mas também a conhecer a origem e as causas das enfermidades, valorizando processos de cura mental, espiritual, humana, ambiental e cósmica. Juan Carlos Méndez Valencia, médico tradicional, conta como foi o seu processo formativo:

> *Comecei com minha tia, que é curandeira. Gosto de poder ajudar a tratar gente enferma. Aqui é um lugar em que aprendo a medicina tradicional: desde o conhecimento sobre as plantas, a fazer os preparados medicinais, afinar as técnicas de amassar, a rezar, respeitar o sagrado. Os primeiros passos que nos ensinam na formação como médico tradicional são na área de massagem.*

Xlamakgspuxtu – A Casa do Coração da Madeira. "Uma árvore que tem grande coração se transforma em pedra, formando uma conexão com a espiritualidade. Por isso, há que se pedir permissão antes de cortá-la, fazendo bom uso da árvore e sempre semeando uma nova árvore no lugar daquela", ensina o mestre carpinteiro, Romualdo García de Luna. Com a Arte da Madeira aprende-se que, quando um humano nasce, ele ganha quatro auxiliares: uma estrela, uma árvore, um animal e outro humano. Serão esses auxiliares que irão ao encontro da pessoa, nunca o contrário, e para que a pessoa seja encontrada por esses auxiliares é necessário chamar as quatro fontes de energia: a água, o fogo, a terra e o ar. Com essas quatro fontes de energia eles formam uma cruz. O ensinamento da Casa da Madeira é para que as pessoas saibam se deixar encontrar e estejam abertas ao encontro, jamais se distanciando dos quatro elementos da natureza, a água, o fogo, a terra e o ar. Para isso há que ser livre, pois ser livre é ser criador.

A Casa do Mundo do Algodão – a arte de fiar e tecer. Semear o algodão, conhecer suas variedades, propriedades e cores, a cor natural das fibras, o cuidado, a colheita, o segredo de fiar, a tintura, os desenhos, os tecidos, o bordado. "Me deu gosto conhecer a planta do algodão, tocá-lo, sentir o calor, a força que tem, a energia. Aqui me dei conta de como é o fio do algodão, como começar a fazer um tear de cintura e a bordar", conta um aluno bordador, o jovem Juan Bernardino Villanueva.

A Casa dos Oleiros – a arte do barro. *A Casa do Teatro. A Casa da Música. A Casa da Cozinha* – o espaço do fogo, o lugar da comunhão. *A Casa do Turismo Comunitário. A Casa da Comunicação* – vídeo e rádio totonacas. São muitas as casas e as opções a escolher onde realizar o dom.

Ao final do passeio pela escola, um encontro com Jun Tiburcio, artista e professor visitante, que estava ministrando aula sobre o colibri, conhecido no Brasil como beija-flor. Aos alunos atentos, ele diz: "Os olhos devem saber observar a luz sobre o colibri. Colibri é mais coração que corpo". Esse pássaro pequeno, viajante, com plumagem colorida e capacidade de voar para a frente e para trás, beijando flores, é um símbolo da diversidade e da liberdade. Pergunto a Jun o que ele pretende ensinar aos alunos, falando sobre o colibri (estamos na Casa da Pintura). Ele responde: "Para nós, totonacas, o colibri é uma ave sagrada, um pássaro migrante. O colibri é o encontro e é também a diversidade. Ele é livre, como um artista deve ser. Pois, se um artista desenvolver luz própria e compartir essa luz, ele terá realizado o seu dom". Na saída da casa descubro que, em totonaca, a palavra *jun* significa colibri, e me dou conta de que havia conversado com o colibri.

De todas as artes totonacas, a mais impressionante é a dos *voladores*. Um balé aéreo, que exige muita técnica, e também muita coragem. Conhecido como voo dos mortos, ou *kos'niin*, em 2009 foi declarado Patrimônio Cultural Imaterial da Humanidade pela Unesco. A dança acontece sustentada em um tronco de árvore, o *palo del volador*, com aproximadamente trinta metros de altura. São cinco *voladores*, ou voadores. O ritual se inicia com os *voladores* tocando música e dançando no chão, em torno do tronco. Até que começam a subir no *palo*; quatro dançarinos se amarram pela cintura a uma estrutura de rotação, com uma corda enrolada, e se colocam de cabeça para baixo, ainda nas alturas, imóveis. Nesse momento, sobe o quinto deles, o flautista, que se instala sobre uma pequena base de madeira, com, no máximo, cinquenta centímetros de largura. Em pé, ele toca e dança. Os demais se soltam no ar e começam a girar em torno do tronco de madeira, realizando uma dança em que os bailarinos ficam de cabeça para baixo, até descerem ao solo. Ao todo, são 13 coreografias em rotações ao redor do pau, em pleno ar, amarrados apenas por uma corda. Uma dança ancestral, milenar, representando os quatro pontos cardeais, a chuva e a fertilidade. Com os corpos em movimento, os *voladores* conversam com as águas, e as águas respondem; conectam a luz com a obscuridade; o mundo com o *inframundo*; os de *abajo* com os de *arriba*. Com a dança aérea eles vão tecendo o mundo até chegarem ao chão. É um jogo em que as dualidades interagem e se complementam; a escuridão servindo ao repouso; o subterrâneo para que as sementes germinem; a energia positiva produzindo luz e conhecimento; a energia negativa gerando desarmonia e violência. Um balé aéreo, como se fosse um livro em que as palavras são corpos em movimento. Em Tajín, as pedras estão vivas e dançam, e a Criação é jogo e brincadeira.

A seguir, quatro momentos do voo dos mortos (*kos'niin*), Patrimônio Cultural Imaterial da Humanidade pela Unesco:

1
Os *voladores* se amarram pela cintura no alto de um tronco de árvore com trinta metros (*o palo del volador*).

2
Quatro deles se atiram de cabeça para baixo, enquanto o quinto fica no topo, tocando flauta e dançando.

3
Durante o voo, eles dão 13 voltas ao redor do mastro.

4
De braços abertos, dançam até chegar ao chão.

1

2

3 4

ESCOLAS DO ENCONTRO
ARGENTINA

Paisagem no caminho para San Antonio de los Cobres, na região de La Puna.

*Não olhar apenas, mas ver; não ouvir apenas, mas escutar;
não só cruzar com os outros, mas parar. Não dizer apenas
"Que pena, pobres pessoas", mas deixar-se levar pela compaixão.*
Papa Francisco

> *No encontro das Scholas Cidadania, que aconteceu aqui em São Paulo, no ano passado, nós entramos em contato com pessoas de diversas classes sociais, múltiplas opiniões e diferentes dificuldades físicas. Foi muito enriquecedor entrar em contato e compartilhar experiências com essas pessoas, porque nós acabamos nos reconhecendo nelas. E, por isso, percebemos que nós, jovens, compartilhamos as mesmas esperanças, angústias e desejos adolescentes.*

Com essas palavras a estudante Giulia Gerard, de 17 anos, se refere à imersão realizada por trezentos estudantes do ensino médio na cidade de São Paulo em 2016, entre escolas públicas e privadas, confessionais e laicas, sem distinção de raça, credo, classe social ou deficiências físicas e mentais. Durante cinco dias esses estudantes se encontraram para discutir problemas comuns, em temas escolhidos por eles mesmos (diversidade e reforma do ensino). O resultado foi apresentado às autoridades governamentais da cidade.

Meses após, chegara o momento de apresentar o resultado diretamente ao papa Francisco, por teleconferência, junto com jovens de outros nove países. Jornadas como essa têm ocorrido em diversas partes do mundo. Os jovens pelos jovens, identificando os problemas que mais os afligem, testando hipóteses, buscando soluções e se exercitando na forma de apresentá-las, seja por relatórios escritos, seja por expressões artísticas. Sem alarde, a realização dessas jornadas da cidadania tem sido organizada pelo programa Scholas Occurrentes (em latim, Escolas do Encontro).

O programa Scholas, idealizado pelo papa Francisco, propõe um pacto educativo com toda a sociedade, buscando abraçar todos os agentes sociais que estejam dispostos a superar os desafios enfrentados na atual crise civilizatória. "Não vamos mudar o mundo se não mudarmos a educação. A educação está totalmente desarmonizada em todo o mundo, por isso precisamos de um pacto educativo. Pacto educativo que se dá entre a família, a escola, a comunidade e a cultura."[1] No encontro por videoconferência, realizado em junho de 2017, o papa ressaltou a necessidade dessa mudança no ambiente educativo:

---

[1] Papa Francisco, no encerramento do IV Congresso Mundial Educativo das Scholas Occurrentes, em 5 de fevereiro de 2015.

Na educação selecionamos mal, elitizamos e vamos criando um grupo fechado. Aí capitaneia o egoísmo. Então a mão nos vai cerrando cada vez mais. Com isso somos incapazes de pensar com os outros, incapazes de sentir com os outros, incapazes de trabalhar com os outros, essa é a tentação do mundo de hoje. E vocês, vejo pelas experiências que me contaram, se animaram a superar essas incapacidades. O caminho seria unir as três linguagens, não esqueçamos. A linguagem da mente, a linguagem do coração e a linguagem das mãos. E vocês arriscam para que possam pensar o que sentem e o que fazem. Para que possam sentir o que pensam e o que fazem, e possam fazer o que sentem e o que pensam.

O papa propõe o encontro das três linguagens do ser: coração, mente e mãos. E que essas linguagens ajam em harmonia e coerência. Essa proposta pode ser expressa pelo conceito *sentirpensaragir*, praticado pela cultura viva comunitária; assim mesmo, em uma única palavra: *sentirpensaragir*. Algo muito semelhante às três harmonias do *teko porã*, o "modo bom de viver", do povo guarani, ou, simplesmente, o bem viver (*sumak kawsay* em quéchua, *suma qamaña* em aimará...), presente na cultura de diversos povos originários. A harmonia do indivíduo com ele mesmo, a harmonia do indivíduo com a coletividade, a harmonia da coletividade humana com os demais seres. Igualmente está presente no conceito do *ubuntu*, em que a coletividade, a solidariedade e a harmonia entre os indivíduos se realizam no "eu sou porque nós somos", em que a humanidade de uma pessoa está intimamente conectada com a humanidade do coletivo. Essa preocupação com a harmonização do ser e da civilização, está presente em diversas falas do papa Francisco, como no IV Congresso Mundial do programa Scholas Occurrentes, realizado na cidade do Vaticano entre 2 e 5 de fevereiro de 2015, no qual estive como conferencista convidado. Nesse congresso, o papa ressaltou que: "Harmonia é criar entendimento de diferenças, aceitar as diferenças, valorizar as diferenças e deixar que se harmonizem; que não se fragmentem". O primeiro sentido da cultura do encontro é exatamente a não separação do ser, a busca pela integralidade do ser, em que a singularidade coexiste na diversidade, sem que uma negue a outra.

A cultura do encontro só se realiza com integração e diversidade, pois é a partir da harmonização entre os diferentes que se consegue alcançar a integração, do latim *integrare*, "tornar inteiro". Sem integração seguiremos como uma sociedade de indivíduos e coletividades partidas, fragmentadas, como um "ajuntamento" de grupos e indivíduos que não se encontram, fazendo com que coração, mente e mãos sigam por sentidos e caminhos opostos. A riqueza de uma sinfonia está na combinação de sons simultâneos, dissonantes em timbres e sonoridades, que, por sua vez, são harmonizados na combinação de sons sucessivos, que se estabelece no encontro com a melodia. Harmonia, como diz o papa, não é supressão das diferenças, e sim a convivência na diferença. Conforme aforismo do professor Boaventura de Sousa Santos, da Universidade de Coimbra: "Temos o direito de sermos iguais quando a nossa diferença nos inferioriza; e temos o direito de sermos diferentes quando a nossa igualdade nos descaracteriza". Integração e harmonia, portanto, só são possíveis em ambientes de solidariedade e participação, que implicam responsabilidade recíproca e vínculos, solidificados apenas quando as pessoas se reconhecem tomando parte dos processos. Isso pressupõe relações de honestidade e sinceridade, em que as condutas sejam verdadeiras, francas, leais, cultivadas no contato direto entre as pessoas. A consciência social, política, cultural e ambiental, tendo por fim a cultura de paz e da convivência, é o propósito da cultura do encontro.

Uma firme determinação para as jornadas da cidadania é de que elas sejam organizadas pelos próprios jovens participantes, incluindo a decisão sobre os temas a serem debatidos, em estabelecimento de acordos; mesmo os monitores e facilitadores são jovens com idade não muito além daquela dos participantes da jornada (entre 14 e 18 anos), fortalecendo relações de empatia e identidade. É essa característica que torna a proposta das jornadas da cidadania um poderoso meio para o exercício da cultura comunitária, cidadã e do encontro, pois a cada jornada cabe aos jovens, entre si, exercitarem-se em acordos de convivência, métodos para identificação e resolução de problemas, treinando sua proatividade e buscando dar eficácia às suas ideias. Se o mundo abraçar essa ideia, realizando milhares, ou milhões, de encontros simultaneamente, de forma descentralizada e autônoma, sempre a partir da filosofia do encontro, com a coragem de interagir com o diferente, será possível vislumbrar uma mudança qualitativa no processo civilizador. Esse é o objetivo das Scholas Occurrentes, não menos que isso.

María Paz Jurado é a jovem coordenadora geral das Scholas Cidadania, uma ação do programa Scholas Occurrentes. Ela chegou ao programa como voluntária no projeto Escolas de Vizinhos, que foi um dos alicerces para a criação do programa pontifício, pois lhe interessava a inquietude dos jovens, que era também dela. Junto a uma pequena equipe, Maria Paz, ou Maripi, como é conhecida, tem percorrido o mundo para acompanhar diversas dessas jornadas; de isoladas cidades no interior da Argentina a grandes metrópoles, como Buenos Aires, São Paulo, Barcelona, Roma ou Dubai. Nesse percurso ela foi percebendo

> *que cada lugar tem sua particularidade e identidade. Em todos os lugares os jovens demonstram a necessidade de serem escutados. Isso é o que há de comum. Mas, comparando os encontros na América Latina e Europa, principalmente, notei muita diferença. Em Medellín conheci uma menina de 16 anos que despertava às 5 da manhã para chegar à escola às 7 horas. Saindo da escola, ela trabalhava das 14 às 18 horas,*

> *levava mais duas horas para voltar para casa, e só então podia fazer as tarefas escolares. Ela vivia só e contava, com alegria, que dispunha de bastante tempo, inclusive para jogar futebol aos domingos. Algo muito diferente das meninas que participavam de jornadas em capitais europeias. Todas chegavam muito produzidas, maquiadas. Quando perguntávamos: "Qual a sua paixão?", elas não se animavam em falar e respondiam com outra pergunta: "Que paixão?".*

Com a cultura do encontro, ambas as realidades podem se transformar a partir da integração e harmonização entre elas. De um lado, uma jovem, mantendo-se sozinha e com muitas dificuldades socioeconômicas, consegue construir uma vida cheia de sentido e felicidade; de outro, vidas com muitas possibilidades econômicas e restritas possibilidades em termos de projetos de vida e vocações, completamente dominadas pela cultura do consumo e da aparência. O salto a ser produzido pela cultura do encontro está em possibilitar que essas jovens, de diferentes realidades, possam interagir e se complementar em rede, mesmo que de forma não presencial.

Observar e refletir o mundo por lentes menos embaçadas, superando uma cultura que aparta as pessoas de suas paixões ao impor preconceitos e uniformizar padrões, seria o caminho. Na jornada realizada na periferia da cidade de Assunção, no Paraguai, o que mais chamou a atenção de Maripi foi a singela atitude de um pai, que, no dia da avaliação, ausentou-se do trabalho para agradecer pela mudança no comportamento do filho: "Era um homem de um bairro popular, bem humilde, estava com roupa de trabalho, não seria necessário que ele fosse à avaliação, mas ele fez questão, e foi lá só para agradecer". Em seguida, ela relata a experiência em outra cidade:

> *Nas jornadas na Europa, os jovens chegam cada qual em seu mundo, com suas coisas, fone no ouvido, poucos amigos. Ao final de uma dessas jornadas, os pais se reuniram para reclamar que alunos de escolas populares, vários filhos de imigrantes, adentraram no recinto do colégio de seus filhos, que era de elite.*

Enquanto na América Latina, sobretudo em bairros mais populares, o ambiente comunitário, com muita gente caminhando nas ruas e o hábito de comer junto, era o que mais chamava a atenção de Maripi, no ambiente de países com economia de consumo mais forte essa vitalidade das ruas e do comunitário era menos percebida. E ela conclui:

> *Sempre incentivamos que os jovens escolham músicas, dancem, para que se conheçam, porque, em média, são vinte diferentes escolas por*

> *jornada. Em uma cidade em que ofereceram muita estrutura para a realização da jornada, nos chamou a atenção que até a dança era toda muito padronizada, com os jovens mirando a câmera de vídeo mecanicamente, não era espontâneo. Tudo muito sem cara. O oposto da jornada em São Paulo. Foi a experiência mais forte. Tinha muita paixão, gana. Os jovens eram politizados. No começo pensamos que era por ação dos monitores mais velhos, mas depois percebemos que ninguém estava impondo nada, eram os próprios jovens que estavam definindo aquelas manifestações. Na avaliação com os professores foi ainda mais intenso: nunca havia visto tamanho compromisso, tanto entre os professores das escolas públicas como entre aqueles das escolas privadas, de elite.*

Sem estereotipar, até porque tanto a América Latina como a Europa, e quaisquer outros continentes, carregam contradições e ambas as realidades, o que Maripi percebeu como contradição entre realidades distintas é reflexo de dois fatores: a) penetração dos valores, e modos de ser, da sociedade de consumo, a variar conforme renda e ambiente comunitário; b) cultura da exclusão, separação e desprezo ao diferente, dos pontos de vista nacional, étnico ou social.

A artificialidade (e irracionalidade) das sociedades de consumo produz uma contradição irrefreável. Para a economia de consumo continuar existindo é necessário produzir cada vez mais bens e serviços. Ocorre que a satisfação das necessidades humanas, do ponto de vista físico e espiritual, não é infinita, dependendo muito mais da qualidade do que da quantidade. A alternativa seria satisfazer a todos de forma equilibrada. Porém, nas sociedades de classes, em que a acumulação é o meio de distinção e poder, o objetivo é o crescimento ilimitado da acumulação, que só pode ser alcançado quando alicerçado na expropriação de outrem. É essa lógica, quase que naturalizada nas relações sociais, que impede o equilíbrio, a harmonia e a equidade, ao menos no pensamento dominante. O resultado desse processo é que a produção de bens, serviços e experiências passa a ser, cada vez mais, deslocada da necessidade, baseando-se na criação de supérfluos, e isso tem reflexo nas relações de vida e produção de sentidos. A fugaz sensação de saciedade e prazer, obtida pela aquisição de bens desnecessários e vazios de sentido, é logo substituída por uma sensação de perda, de vazio e falta de paixão, porque efêmera e artificialmente emulada. Dessa sensação, brotam o imediatismo, o hedonismo, o individualismo e o egoísmo, que vão dominando a própria vida, tornando-se valores absolutos. Esses valores são adubados na inversa proporção entre desejo e necessidade, gerando individualismo irrestrito e a negação do diferente.

No encontro entre os jovens e o papa Francisco realizado por videoconferência em junho de 2017, ele inicia ressaltando a exclusão e o individualismo:

> *Nessa sociedade que está acostumada a excluir, a selecionar, a agredir, a ningunear – é difícil traduzir essa palavra, não importa –, a ningunear [desprezar]... Nas Scholas, não, o objetivo é incluir, dar as mãos, abraçar, não agredir e reconhecer que nenhuma pessoa é não. Todas são sim!*

O oposto à cultura do encontro seria a cultura da indiferença, do desprezo ao diferente, em que a pessoa não sente inclinação nem repulsa, mas que rejeita o "outro" pela ausência de sentimentos, cabendo dizer que, mais que o ódio, a indiferença é o oposto do amor. Em sociedades de consumo intenso, em que o descarte é regra, inclusive o descarte de pessoas, a negação do ser está no bloqueio à empatia e à solidariedade. Daí a necessidade do contraponto: "Nenhuma pessoa é não. Todas são sim!".

Romper com a cultura da indiferença implica acelerar processos de aproximação, atraindo polos aparentemente antagônicos, colocando-os em observação mútua, em escuta sensível e diálogo. Mas, para além da cultura da indiferença, há a cultura da exclusão, que está na gênese das sociedades de classes, bem como no colonialismo, no patriarcalismo e na mercantilização da vida. A América Latina é uma das regiões mais excludentes do planeta, exatamente por reunir esse conjunto de características, em que o colonialismo é vetor e produto da exploração mercantil, impondo uma forte ideologia de segregação racial, cultural, patriarcal e social. Se a base para a cultura do encontro está no diálogo entre os diferentes, o firme repúdio às culturas da indiferença e da exclusão é fundamental. Toda pessoa tem sentido. Quem nega sentido a outrem está negando a própria realização do sentido de humanidade.

O método para a cultura do encontro envolve procedimentos de dignificação do desconhecido, do diferente, assim como o rechaço a tentativas de exclusão e separação. Este é o sentido: trazer o fundacional nas relações interpessoais e intersociais, saindo do superficial e buscando relações verdadeiras, mais profundas e cultivadas, de modo a superar a ditadura do prazer efêmero e da pobreza de sentidos. E só se encontra o fundacional na capacidade criativa do povo e em suas expressões lúdicas, isso porque menos afeitas à uniformização imposta pela lógica da sociedade de consumo. Há que redescobrir o jogo e o lúdico como caminhos e expressões educativas, fazendo a educação deixar de ser mera informação para se transformar em criatividade. O *sentirpensaragir* está na união entre arte, aprendizagem e trabalho, como síntese das habilidades humanas.

Alcançada essa unidade, seremos capazes de encontrar em cada um de nós, e em nossos povos constitutivos, a beleza. A beleza que nos funda com nossa arte, com nossa música, nossa pintura, nossa literatura, nossas expressões cênicas, nossas histórias, mitos e formas de ser e de sonhar. A fusão entre sentidos, conteúdo e forma; entre ética, estética, educação, ecologia e economia. Sem essa fusão não lograremos a criatividade no sistema educativo e, para além dele, no processo civilizacional. A percepção da beleza está na capacidade de encontrar a harmonia. Pela percepção da beleza é possível, aos indivíduos e às sociedades, a realização da identidade na diversidade, dando sentido à cultura do encontro, em sua busca pela sanidade fundacional. Encontrando a sanidade fundacional encontraremos virtude e verdade, que são resultado da capacidade de percepção da beleza, livrando-nos da escravidão do fútil, da ignorância e do rude.

SCHOLAS, A HISTÓRIA DO ENCONTRO

Zayit, designação para a árvore da oliveira em hebraico. A perenidade, a beleza, a força e a prosperidade. O brotar da vida em qualquer solo, da terra pedregosa à terra fértil. Frutificando azeitonas há oliveiras com mais de 2 mil anos, de onde se extrai o azeite, o óleo da vida. Para avisar Noé de que as águas haviam minguado sobre a terra, uma pomba levou em seu bico a folha verde da oliveira.

Era 18 de julho de 1994. Um carro-bomba explode na frente da sede da Associação Mutual Israelita Argentina (Amia), em Buenos Aires; trezentas pessoas feridas e 85 mortas, no que foi o maior atentado terrorista da história da Argentina. Jorge Bergoglio, então bispo de Buenos Aires (ordenado arcebispo em 1997), solicita a um diretor de escola católica, José María del Corral, a realização de uma atividade com jovens, para tratar do atentado que havia causado grande trauma no país. Por cinco dias, sessenta jovens se reúnem em imersão, 15 católicos, 15 judeus, 15 muçulmanos e 15 evangélicos, fazendo surgir a primeira experiência de Scholas, que ainda não levava esse nome. Foi um encontro tão intenso que os jovens decidiram continuar juntos pelos meses seguintes, até formularem uma proposta de educação para a cidade de Buenos Aires, que ficou conhecida como a "Lei dos Jovens", aprovada por unanimidade na Câmara dos Vereadores. O que propunham era uma educação que fizesse sentido às suas vidas, e que essa educação fosse praticada para além dos muros escolares e da rigidez curricular. As pessoas aprendem pela experiência, pelo que observam no cotidiano, em atitudes concretas, "quando um pai burla uma multa, ele está passando uma mensagem ao filho, o mesmo em relações de convivência entre jovens e destes com os demais setores da sociedade", ressalta José María. O que surgiu daquela tragédia foi a prática que daria origem ao conceito da cultura do encontro.

Como resultado daquela jornada, os jovens chegaram a propor que a palavra "tolerância" fosse abolida do dicionário, isso porque não praticada e não verdadeira. Também porque "tolerar" significaria apenas "suportar o distinto", e o que eles compreendiam como necessário era "amar ao próximo", nem menos

Em São Paulo, estudantes apresentam por videoconferência o resultado de sua Jornada da Cidadania ao papa Francisco, idealizador do programa Scholas Occurrentes, que organiza as jornadas pelo mundo.

nem mais que isso. Aqueles jovens empoderados, a partir de uma experiência inter-religiosa e, igualmente, laica, haviam encontrado o seu sentido. Desde então, em diversos encontros com jovens, o papa Francisco frisa este aspecto de vital relevância para o processo educativo: "Todas as pessoas têm sentido. Isso é muito importante, é o primeiro que vocês estão logrando, descobrir que têm sentido, como tem sentido uma pequena pedra. Tudo tem um sentido, que deve ser descoberto"[2].

Abrindo parêntesis. O que o papa diz é muito semelhante ao praticado na educação dos totonacas, no México: "Encontrar o sentido da vida é encontrar o caminho, o dom, possibilitando que a pessoa viva em harmonia, em felicidade e plenitude. E, se alguém não está contente, mesmo que do outro lado do mundo, haverá problemas, por isso precisamos garantir a felicidade para todos" (Gerardo Espinosa, mestre totonaca da Kantiyán, a Casa dos Avós). Também é semelhante à cosmologia andina, com o *ajayo*, dos aimarás, ao considerar que todos os seres, incluindo os demais animais, os vegetais, as pedras, as águas, as montanhas e minerais, são dotados de *ajayo*, espírito, sentido. Fechando parêntesis.

Desse primeiro grupo de jovens foram surgindo outros encontros, até que fosse constituído o projeto Escolas de Vizinhos, em que os processos de aprendizagem se dão por proximidade, por vizinhança, colocando jovens de realidades distintas em uma mesma jornada de imersão, convidando-os a debater os mesmos problemas, até encontrarem uma solução comum. Coube a José María del Corral a coordenação desse projeto, cujo objetivo fundamental seria

Encontro com jovens de oito países por videoconferência, em 9 de junho de 2017.

"educar pela paz e para a paz", e a metodologia foi se ajustando no próprio fazer, como ele relata:

> *O significado das escolas de vizinhos era justamente pensar que a mudança passa pela educação, mas não fazendo mais do mesmo. Não era fazer mais "escolas-gueto", escolas para dentro, e sim o contrário. Juntar escolas. Juntar escolas públicas e privadas, de distintas religiões, de distintos níveis sociais, e que os jovens começassem a se relacionar com vizinhos, por mais distintas que fossem as realidades aparentes. Desse encontro entre vizinhos iam identificando seus problemas reais – drogas, alcoolismo, insegurança, violência, bullying –, não o que se impõe pelos desenhos curriculares. A partir desses problemas reais, eram convidados a investigar, pesquisar, trabalhando, vendo a realidade nas ruas, fazendo entrevistas, falando com políticos. Com isso iam extraindo conclusões para apresentar propostas de mudança. A primeira experiência começou com setenta jovens de quatro colégios paroquiais; em quatro anos, já eram 7 mil jovens empenhados nessas ações, e isso foi se ampliando. E o papa percebeu que essa necessidade não estava somente em Buenos Aires.*

O projeto foi crescendo até se transformar na proposta de uma rede mundial de escolas para o encontro, o programa pontifício Scholas Occurrentes.

Filho de médicos, José María del Corral vem de uma família católica de classe média de Buenos Aires. Rebelde na escola, ao tentar mudar a educação, foi mudado por ela, e no pior sentido. Conforme ele descreve, foi sendo amoldado por uma escola conformista, castradora, uniformizadora. É quando, na adolescência, se aproxima da realidade dos *conventijos*, os cortiços portenhos, e vai descobrindo a fé. Mas ainda não se encontrava. Tenta colégio militar, depois estudos de economia, igualmente inconclusos, para, em seguida, ingressar em um seminário para formação de padres, onde passa oito anos estudando filosofia e teologia, até que, um mês antes da ordenação, decide renunciar aos votos. Vai trabalhar no sistema financeiro e também como professor de teologia. É quando encontra sua vocação como educador, até tornar-se diretor de colégios católicos, e desde então essa tem sido a sua arte, o seu "dom". Como diretor de colégios conhece Jorge Bergoglio e assume funções na Coordenação de Educação na Arquidiocese. Nessa função, ao contrário de se voltar apenas para colégios católicos, procura o ecumenismo, sobretudo pelo impacto do atentado terrorista na Amia, estreitando relações com outras lideranças religiosas. Na virada do milênio, organizam uma atividade inter-religiosa, reunindo o arcebispo Bergoglio, um imã muçulmano, um rabino e um pastor evangélico, quando plantam uma muda de oliveira na Plaza de Mayo, em frente ao palácio da Presidência da República, como símbolo da união entre religiões e povos. No futuro, o plantio da oliveira se transforma no símbolo vivo do programa Scholas Occurrentes.

Um ano após o plantio da oliveira, a Argentina viveria a pior crise financeira de sua história, levando milhões a caírem na faixa de pobreza e miséria. *Cartoneros*, piquetes, *saqueos*, desesperança. E que "*Se vayan todos!*". O horror econômico e o desencanto tomavam conta do país. Por isso foi necessário ir além.

Enrique Palmeyro, a quem o arcebispo Bergoglio carinhosamente chama por Quique, trabalhava com a construção de redes na economia popular, em pequenos empreendimentos e empresas, dessas que não entram no cálculo do PIB por estarem relacionadas à economia informal e solidária. Com o povo inventando seus trabalhos e formas de subsistência e o Estado falido, cabia regular, dar apoio, assistência técnica e meios para que esses empreendimentos fossem potencializados. É quando surge a ideia das escolas irmãs. Enquanto as escolas de vizinhos buscavam integrar realidades diferentes dentro de um mesmo território, as escolas irmãs procuravam essa aproximação a partir de territórios díspares, ligando uma escola da capital a outra mais distante, como nos Andes, para que trabalhassem em sinergia. "Uma irmandade, em via de mão dupla, reconhecendo que ambas as escolas tinham o que dar e o que receber, isso porque quando um jovem comparte a cultura, ele adquire a consciência de si mesmo e do outro", diz Quique. Cabia aproximar essas escolas de *cartoneros* (catadores de papel e recicláveis), fábricas ocupadas, ambulantes e da defesa gremial, através de relações interpessoais e comunitárias. Em paralelo às escolas irmãs, surge a Confederação dos Trabalhadores da Economia Popular, permitindo uma mescla entre contato com a educação e novas formas de economia. Esse braço com o movimento social garantiu um novo componente para a construção do conceito da cultura do encontro, em que "sentir a diferença nos ajuda a compor a sinfonia do mundo", conclui Quique, ele também um ex-seminarista.

Treze de março de 2013. Pela primeira vez na história, um latino-americano, e jesuíta, é ordenado papa. Bergoglio torna-se Francisco. "Nessa história o que menos existe é casualidade. A crise é mundial e vamos fazer algo. Naquele dia, percebi que algo no mundo havia mudado. E que meu mundo também mudaria", constata José María del Corral, um diretor de colégio, que antes daquele momento nunca havia viajado para fora de seu país e que tinha pânico de avião. Com a esposa, e utilizando recursos próprios e em muitas parcelas, pagaram a passagem para Roma. Ele compreendera que era necessário estar ao lado do "papa do fim do mundo". Sabendo que o amigo havia sido convidado para a ordenação, Enrique Palmeyro articula a ida de um representante dos *cartoneros*, Sergio Sánchez, pedindo que José María o acompanhasse. No dia da ordenação papal, em cerimônia assistida por todo o mundo, com a presença de autoridades de Estado, eclesiásticas e celebridades, entre os mais próximos ao papa, estavam sentados um *cartonero* e um professor vestindo o seu jaleco branco. Eram José María e Sergio Sánchez. Não foi necessário que eles dissessem uma palavra, pois a presença dos dois já era a mensagem que o papa Francisco pretendia transmitir ao mundo. Com aquele gesto, com a presença de um catador de recicláveis e um professor, Francisco dizia ao mundo que havia chegado o momento da mudança de valores, e que essa mudança só seria possível se acontecesse através do encontro entre uma nova economia, vinda do povo e da solidariedade, e uma nova educação, a educação para o encontro.

Quando decide implantar o programa pontifício Scholas Occurrentes, o papa convida Enrique Palmeyro e José María del Corral para assumirem a condução do programa. Um programa modesto no que diz respeito aos recursos materiais e financeiros. A sede, em Buenos Aires, funcionou nos primeiros anos em um apartamento cedido; depois, em 2017, eles conseguiram um pequeno escritório no território do Vaticano e, no final de 2018, inauguraram sede própria em Buenos Aires, na Villa 31, uma favela a poucos quilômetros do palácio presidencial da Argentina, a Casa Rosada. A estrutura funcional também é bastante enxuta, assim como os recursos para as atividades, bem como para a realização dos muitos encontros e congressos e para articulações e construção de políticas públicas, que sempre dependem de parcerias e apoios externos. Há também as dificuldades, muitas, incompreensões e mesmo infâmias que, com humildade e perseverança, eles enfrentaram e enfrentam; desde a superação do pavor de viajar de avião até os momentos em que são portadores de "sinais públicos do papa". Em 2016 coube a Enrique Palmeyro o envio de um rosário abençoado pelo papa à dirigente social indígena Milagro Sala, do movimento Túpac Amaru, perseguida e presa por seu ativismo social. Nas palavras de Quique:

> *O papa Francisco valoriza o compromisso dos dirigentes sociais que lutam para mudar a situação de desrespeitos e exclusão. Por ocasião do Congresso Mundial de Scholas, no Vaticano, falei ao papa sobre a situação de perseguição pela qual passava Milagro Sala, e ele pediu que lhe entregasse um rosário abençoado por ele.*

Naquele congresso de Scholas também houve uma oração e saudação ao Movimento Missionários de Francisco, da Confederação dos Trabalhadores da Economia Popular (CTEP), e aos demais movimentos sociais. Isso porque o grande propósito e sentido das Scholas é apontar "que algo no mundo havia mudado".

Criado entre 2013 e 2014, o programa Scholas Occurrentes, tornado programa pontifício em 2015, tem passado por uma intensa e rápida transformação; articulando ideias e juntando apoios, de jogadores de futebol a artistas, empresas e movimentos, escolas e comunidades. São muitas as ações, artes, cidadania, esportes, tecnologia, universidades, movendo-se, sobretudo, a partir de uma ideia, a cultura do encontro, que hoje reúne mais de 200 mil escolas pelo mundo, das mais diversas orientações. Nesse processo eu também me juntei a eles, como parceiro, contribuindo com ideias, inclusive com este livro.

Como no mundo não existe casualidade e tudo tem um sentido, eles seguem plantando suas oliveiras como símbolo de paz, perenidade, beleza, força e prosperidade. Uma das oliveiras foi plantada em Jerusalém, onde tudo começou, após uma Jornada da Cidadania que reuniu jovens de diversos países para, ao lado de jovens judeus e palestinos, identificarem problemas, testarem hipóteses e apresentarem propostas para a solução do conflito entre os povos irmãos que vivem naquela parte do mundo. Povos que também são nós.

E vão além, transmitindo mensagens para um mundo que precisa mudar, e a cada novo caminho levam consigo a folha verde da oliveira. *Zayit*.

CHASCOMÚSICA

Plantando oliveiras, o programa Scholas vai distribuindo sementes que chegam aos mais diversos lugares, como se estivessem seguindo no bico das pombas de Noé.

Villa 31, a *villa* (favela) de padre Mugica, em que está a paróquia de Cristo Obrero. Jovens, muitos jovens circulando pelas ruas. Uma pequena casa, para compor e cantar. Jovens de fora da *villa* também se achegam, como voluntários, trazendo um estúdio móvel de gravação. Até que a casa se transforma em um pequeno centro cultural, modesto, como é a vida modesta de quem vive em uma *villa*. Querem "drogar-se com vida" enquanto gravam os versos de um *rappero*[3]:

> *Y pasa*
> *la esperanza baja, y baja*
> *porque no alcanza la plata*
> *la realidad es cruda*
> *cambia, mata y arrebata*
> *con mi rima te doy vida*[4].

Na mesma casa se reúnem paraguaios, bolivianos, imigrantes do interior, gente que quer bailar com suas vestimentas, a *murga*, o *hip-hop*. Tudo junto e misturado.

---

[3] *Rappero*: cantor de *rap*, rapper.
[4] E acontece/A esperança enfraquece, e enfraquece/porque o dinheiro não basta/A realidade é crua/muda, mata e arrebata/com minha rima eu te dou minha vida.

Crianças estudam música em Chascomus, capital argentina das orquestras infantis e juvenis, a 150 km de Buenos Aires.

Uma casa que antes foi *comedor barrial*, restaurante comunitário de bairro, nos tempos da crise financeira e da fome, que começam a voltar com o regresso das políticas neoliberais, junto com a tuberculose e a desnutrição infantil. "*Y la esperanza baja, y baja [...] pero con mi rima te doy vida*", canta o *rappero*. Há muitas coisas por fazer, e há muita gente boa fazendo coisas boas e belas por aí. Minha vontade é contar sobre cada uma que conheço. Na manhã seguinte, após visita à Villa 31, viagem a Chascomús, a capital nacional das orquestras infantis e juvenis. Uma cidade a 150 quilômetros de Buenos Aires, e oitocentas crianças e jovens tendo aulas de música e participando de orquestras.

O professor orienta crianças e jovens. Ele é venezuelano e desenvolveu o método participando do Sistema Nacional de las Orquestas Juveniles e Infantiles, conhecido como El Sistema, em seu país de origem; enquanto caminha, o professor segura o violino e fala:

> *A posição do violino não pode ser igual para todo mundo, cada um tem um corpo, um tamanho de braço, precisamos segurar o violino do jeito que for mais confortável. A minha técnica para tocar violino é só minha, porque somente eu tenho este corpo, assim tem que ser com cada um de vocês. Comecemos!*

Em outra sala, aula de canto para trinta crianças e jovens. A professora pega o violão e começa a tocar. O coro a acompanha:

> *Samba Lelê tá doente*
> *Tá com a cabeça quebrada*
> *Samba Lelê precisava*
> *É de umas boas palmadas*
> *[...]*
> *Samba, samba, samba ô Lelê*
> *Samba, samba, samba ô Lalá.*

Uma homenagem que fizeram a nós, visitantes brasileiros que adentrávamos no recinto. Por isso o samba em canção infantil. A maioria das crianças tinha menos de 10 anos de idade. Na sala ao lado: "La casita del hornero", canção para o pássaro nacional argentino, o joão-de-barro, e sua casa de adobe. Mais vinte criancinhas, bem pequenas, dedilhando pequenos violinos, tocando violino ao ritmo do canto *del hornero*.

Tudo começou com o sonho de uma estudante de música que queria ser musicóloga, e é. Depois de formada em Buenos Aires, ela preferiu voltar para sua cidade de origem, Chascomús, e fazer da formação musical para crianças e jovens o seu projeto de vida. Assim Valeria Atela descreve seu sonho:

> *Cada um tem o seu lugar de ponta [o seu sentido na orquestra], há que juntar as cordas, os sopros, a percussão, as vozes... e ir construindo a harmonia. Uma verdade que nos transcende, uma verdade que é. Algo que vibra em dissonância e empaticamente vai se conectando a outro som. Um instrumento vibra, e outro vibra, e isso se soma em uma grande unidade que nos transcende, em uma grande verdade de que somos parte. Se não produz a harmonia é um, mais um, mais um. Mas com a harmonia o todo é muito maior que a parte.*

Valeria começou dando aula de música na garagem de casa. Com os dias, foram chegando cada vez mais crianças e jovens. Da garagem ela saiu para um salão comunitário e, para ministrar mais aulas, foi buscar ajuda com outros músicos. Do salão comunitário, que ficara pequeno, passaram a ocupar as ruas; e foram chamando mais crianças e jovens, e mais músicos chegaram para dar aulas. Sem recursos, mas com muita vontade de ensinar e aprender, começaram a passar de casa em casa, tocando os instrumentos, convidando as pessoas. Valeria já não estava só. Com professores e alunos, de porta em porta, foram ganhando apoio, até conseguirem um terreno. Com o terreno construíram a sede do conservatório, ainda inacabada, mas bem adequada. E os alunos já se contam às centenas. E novos alunos chegando. E pais começando a ajudar, como voluntários na administração, na arrecadação de recursos. E mais instrumentos. Com mais instrumentos e alunos a notícia se espalhou; primeiro pela província, depois pelo país. E mais apoio foi chegando. E mais aulas. E mais professores. E mais alunos. Passados vinte anos, em uma cidade com pouco mais de 30 mil habitantes, 7 mil já transitaram pela orquestra e pela escola de música. E ex-alunos, agora pais, seguem levando os filhos para aprender música na cidade de Chascomús.

A escola de música é um lugar de portas abertas, totalmente flexível. Basta a criança chegar para começar a ter aulas, sem preparação prévia, já se integrando em turmas grandes, com vinte, trinta alunos, e tendo contato com todos os instrumentos de uma orquestra. Desde crianças bem pequenas até jovens adultos. Há os que nunca tocaram, há os exímios, os dedicados, os que chegam e não voltam, os que voltam depois de meses, os que nunca mais saem da escola. O método é incluir, e começar o ensino de música pela música, para só depois falar sobre partitura, composição, interpretação. Introduzem as crianças em repertórios mais simples, até alcançarem os mais complexos. Há também um banco de instrumentos e o cuidado compartido entre eles, para os alunos que queiram se exercitar durante a semana. E vão inventando, sempre levando em conta valores como a pontualidade, a responsabilidade, os laços afetivos, o sentido comunitário. Igualmente procuram assegurar destaque para que todos se experimentem como solistas, não como ferramenta para escolher talentos, e sim como espaço para a promoção da personalidade.

Chegar na escola-orquestra, em um dia frio e chuvoso, quase que no meio do campo, com vacas pastando no entorno, rua molhada, barro na via, e encontrar centenas de crianças e jovens, compenetrados, tocando em salas diversas, até nos corredores, é algo indescritível. Criancinhas com 4, 5 anos de idade, segurando violinos para o tamanho delas, outras com flautas, oboé, violoncelo, contrabaixo, percussão, tudo ao mesmo tempo, em uma sinfonia que se faz fazendo. E muitos professores, todos motivados, inventivos, criativos, muitos e muitas que antes foram alunos. Chegar a um lugar assim é entender o motivo pelo qual Chascomús foi considerada a capital nacional das orquestras infantis e juvenis da Argentina. E tudo em apenas vinte anos, nascido da força, da paixão e do afeto de uma mulher, a que se somaram muitas outras pessoas, todas e todos tornando a experiência da cidade um exemplo de engajamento comunitário pela arte. Não fosse nome antigo, de cidade colonial, pensaria que Chascomús fora um nome surgido com a ideia da orquestra. Chascomúsica poderia ser o nome da cidade.

A Orquestra-Escola de Música de Chascomús também se integrou à rede de Scholas, e Valeria Atela foi se encontrar com o papa. Eles não param. Articulam-se com El Sistema, o Sistema Nacional das Orquestras da Venezuela; buscam apoio na província e no município, que pagam os custos dos professores; articulam com outras cidades, levam a ideia para outras províncias; fazem festa de arrecadação, vendem comida; voluntários se apresentam para ajudar, desde a limpeza de banheiros até o serviço de secretaria. Em meio a um turbilhão de crianças e de aulas e de sons, também começam a preparar as filarmônicas, com alunos mais apurados na música. No dia de minha visita, ensaio para a música "Il postino", da trilha sonora do filme *O carteiro e o poeta*; depois, Mendelssohn.

Entre os professores, Andrés Gonzáles, venezuelano. Andrés ingressou desde jovem em El Sistema, que realizou a mais ampla experiência de ensino de música e orquestras juvenis do mundo, com 800 mil crianças e jovens participando simultaneamente da rede de orquestras e escolas de música, sendo que 2 milhões de pessoas já passaram por essa rede, em uma população de 30 milhões de habitantes. Ele começou a ter aulas com 8 anos de idade, chegando a tocar na Orquestra Simón Bolívar como concertino ao lado de Gustavo Dudamel, o conhecido maestro de orquestras internacionais, regente titular da Filarmônica de Los Angeles. Adulto, preferiu se dedicar à carreira de professor. Desde 2017, ele está em Chascomús e vaticina: "A cultura é a perspectiva, a saída não está em mais armas e violência, e sim nas artes. Que mundo de aventuras uma criança pode ganhar quando entra em uma orquestra!".

A Orquestra-Escola de Chascomús conseguiu enamorar toda a cidade, contagiando-a com sua música; e o país, e o mundo. No início os pais não acreditavam na proposta, ainda não havia orquestra, eram apenas aulas de música em uma garagem. Mas com o tempo foram se envolvendo, cada vez mais, assim como seus filhos, que hoje realizam turnês pelo país e fora da Argentina. Vários alunos foram encaminhados para faculdades de música, na Argentina e no exterior; e sempre há alguém chegando e outro de malas prontas. Uma das alunas está prestes a se mudar para a Noruega: "Nós saímos porque queremos nos aperfeiçoar, conhecer outros lugares, também para poder voltar e trazer mais arte e conhecimento para cá".

Para terminar a noite, concerto aberto em uma pequena igreja de bairro. A sala cheia. As cadeiras e estantes com partituras. Na sala ao lado, os jovens com os seus instrumentos, compenetrados. A plateia em silêncio. A orquestra entra e toma lugar. Os acordes de afinação. Começa a sinfonia.

Foi um dia intenso, que voou em música.

A PONTE

La Puna. A altitude, os cactos gigantes, a aridez, as pedras, as montanhas tocando o céu azul. Para além das nuvens, a 3.700 metros de altitude, San Antonio de los Cobres, a cidade que nasceu próxima às minas de cobre, quase na fronteira com Chile e Bolívia, reinando soberana em meio ao deserto. Terra alta, desolada e seca. Era necessário chegar lá.

Fátima, Jacqueline, Sandra, Joana, 16, 15, 17 e 13 anos de idade. Uma das meninas quer ser criminalista, a outra ainda não sabe, a terceira, advogada, e a quarta, bioquímica. Elas falam quase ao mesmo tempo, em uníssono: "No começo não queríamos falar, porque já estávamos acostumadas a não sermos escutadas. Começamos a dizer o que sentíamos, não só por palavras, mas por jogo. O jogo era ¿Qué te pasa?. E nos soltamos".

Nessa cidade distante, com menos de 10 mil habitantes, houve uma Jornada da Cidadania, pelo programa Scholas Occurrentes. Temas escolhidos pelos jovens: alcoolismo e drogas na juventude.

O que um jovem poderia fazer na cidade?

As pedras, a paisagem cinza, o vento frio, a poeira, o pouco trabalho, a pouca escola, as distâncias. O vazio no topo do mundo.

— Mas quando chove, em alguns dias tudo fica verde. Esta montanha fica linda! – diz uma das meninas, lembrando que a chuva chega no fim do ano e dura dois meses, tempo em que o cinza desaparece. Elas abrem um sorriso.

— Eu queria morar em Salta, aqui não tem futuro – diz outra.

— Mas este lugar é mágico, o rio amanhece congelado e ao longo do dia vai descongelando, com a água correndo, todo dia é assim, fica bonito – refuta outra.

— A que conclusão chegaram sobre alcoolismo e drogas? – pergunto.

— Criamos um cineclube, também um jornal – respondem.

A poeta Cristina Capanchel escreve em sua casa, na cidade de San Antonio de los Cobres, na Argentina.

"O que isso teria a ver com drogas e álcool? E o que mais?", me pergunto em silêncio.

Sem que a pergunta tivesse sido feita, elas respondem em voz alta:

— Decidimos pintar a ponte!

A ponte por onde passa o trem de carga levando minério para o Pacífico.

Na cidade de San Antonio de los Cobres há duas pontes. Uma mais distante da área urbana, conhecida como a Ponte das Nuvens, com oitenta metros de altura, estrutura metálica e localizada a mais de 4 mil metros de altitude. Outra, mais próxima, que permite avistar a cidade, como um mirante, com quarenta metros de altura. A distração dos jovens é ir para as pontes, onde fazem festas e circulam muita bebida e drogas, sobretudo a partir das sextas-feiras.

Tento descobrir algo que eu já sabia, mas preferia não perguntar, esperando que elas dissessem por elas mesmas. Havia um motivo forte para minha viagem, uma viagem difícil, feita com tanto sacrifício, até para respirar. Precisava da resposta para uma pergunta que eu não pretendia fazer àquelas meninas. Segui evitando fazê-la, na espera de que elas revelassem.

— Temos muitas amigas que deixam a escola porque engravidam – diz uma delas.

Era possível deduzir que isso acontecesse, mas não era esse o motivo de minha viagem. Minha motivação era a ponte e o que acontecia em torno da ponte. As pontes, das nuvens, imperam sobre a cidade. Sobre elas, reina o mais sepulcral silêncio.

Evitando a pergunta direta, procuro ter uma ideia de como planejaram pintar a ponte.

Elas mostram a arte. Santa Terra, que é como chamam a Pachamama em La Puna. Uma Santa Terra grávida, com muita luz em volta dela, muitos seres, uma pulsão de vida, espigas de *maíz* (milho), batatas brotando da terra, aves coloridas.

Uma das meninas diz:

— Somos pedaço da Pachamama, *pedacito de tierra*, e voltaremos a ser terra.

Peço que me levem à ponte.

— Vamos! – elas respondem.

A vista panorâmica da cidade, a vegetação seca e rasteira, as pedras, o cinza, o azul do céu tocando as montanhas. O trilho do trem. A ponte. O silêncio.

Descemos para olhar a ponte por baixo, em sua base.

— Aqui pintaremos nosso painel! – indicando o lugar do painel.

Ele será pintado entre as pilastras, na base da ponte, sobre as pedras, formando um grande e belo mural, colorido e cheio de vida. Subimos novamente ao topo da ponte, escalando quarenta metros. Voltamos aos automóveis e seguimos em visita à outra ponte. A ponte mais alta, sobre as nuvens. O caminho foi em estrada de terra, já estava entardecendo. Meia hora por estrada, a poeira

◀ Vista de San Antonio de los Cobres, a 3.700 metros de altitude, próximo da fronteira argentina com o Chile e a Bolívia.

Em San Antonio de los Cobres, ponte ferroviária que já foi local de alto índice de suicídio de jovens.

levantada pelo movimento dos carros. A neve nos picos, também em volta. O gelo que podia ser alcançado com as mãos. A ponte.

Uma ponte construída há quase um século, toda em estrutura metálica. Magnífica, soberana, atravessando os Andes, a Ponte das Nuvens. Sob a ponte as quatro meninas brincam de jogar neve umas nas outras. Elas riem. O som do riso se mistura com o som do vento. Parece uma sinfonia. Estava escurecendo, decidimos voltar. Na cidade, já noite, nos despedimos com alegria e abraços. Fazia frio.

Na praça, aproveito para sugerir um filme neozelandês para o cineclube das jovens: *Encantadora de baleias*. As meninas de San Antonio de los Cobres são mestiças, descendentes dos povos atacamenho e *qolla*, e o filme é sobre um povo como o delas, os maoris. É uma película premiada, cuja personagem principal, uma menina de 11 anos, consegue conversar com as baleias, reavivando a cultura de seu povo. Pergunto às moças se elas já haviam entrado no mar. Todas respondem que não.

Naquele momento decidimos regressar para a sala em que se reúnem para as exibições do cineclube. Localizamos o filme pela internet e assistimos. O azul-turquesa do mar se encontrando com o céu acinzentado. O conflito entre um mundo globalizado e consumista e os laços de continuidade com a cultura ancestral. Uma aldeia triste, em frente ao mar, em lugar decadente, quase estéril. Um povo alquebrado, sedentário, levando uma vida sem sentido. Um ancião querendo repassar os segredos da cultura de seu povo apenas para os meninos, porque criado na sociedade patriarcal. A menina, por sua vez, queria aprender com o ancião, avô dela, mas ele desdenhava dela. Por outro lado, o avô era desdenhado pelos meninos, que achavam ridículos aqueles ritos e costumes. E a menina insistia em aprender.

Determinado dia, uma baleia encalha na praia. Para o povo maori, foi uma deidade, Paikea, que os conduziu para aquelas distantes ilhas da Nova Zelândia. Paikea viajava montada em uma baleia, e os maoris a seguiram em suas canoas. Quando uma baleia encalha na praia é como se Paikea morresse, cortando definitivamente os laços dos maoris com sua ancestralidade. Por isso, no filme, toda a aldeia se mobiliza para ajudar a baleia a voltar para o mar. Não conseguem. O esforço é imenso, jogam baldes de água sobre a baleia, procuram puxá-la com um trator, mas não há meio de ela reencontrar o caminho para o mar. É quando a menina decide conversar com a baleia.

A menina e a baleia, em silêncio, uma acariciando a pele da outra. Como por encanto, a menina monta na baleia e, juntas, voltam ao mar. Desaparecem. A população da aldeia é tomada por aflição, entre angústia, arrependimento e impotência. Até que a encantadora de baleias retorna do fundo mar, montada na baleia, que a devolve à praia. Naquele momento de reencantamento, de religação profunda dos maoris com sua ancestralidade, o povo da aldeia redescobre sua força.

As meninas de San Antonio de los Cobres se entreolham com sorrisos e dizem que vão programar o filme para os demais jovens da cidade; as sessões de cinema acontecem sempre às sextas-feiras. Nos despedimos novamente, entre abraços.

Mais não perguntei.

Até porque já havia escutado sobre o que se passava naquelas pontes. Por saber daquela história é que decidi viajar até lá. Em anos recentes, até 2017, San Antonio de los Cobres passou a ser conhecida como uma das cidades com maior taxa de suicídio de jovens na Argentina. Trinta em um único ano. Eles se atiravam das pontes.

Graças à mobilização da prefeitura, junto com lideranças comunitárias e o programa Scholas Occurrentes, foi possível implantar uma unidade de saúde psicológica e terapêutica na cidade. Também realizaram uma Jornada da Cidadania em que jovens apresentaram suas aflições, buscando compreender o sentido de sua vida, identificar problemas, testar hipóteses e encontrar soluções. Foi a partir dessa jornada que decidiram criar o cineclube, sempre às sextas-feiras, dia da semana em que a incidência de suicícios era mais provável. Também decidiram pintar um mural na base da ponte, cuja imagem original apresentaram a mim. Foi uma epopeia até logrararem autorização para a pintura do mural. Queriam pintar de vida a ponte de onde vários jovens, amigos deles, haviam se atirado. Dar-lhe cor.

Semanas depois desse encontro, recebo notícias das quatro meninas.

Felizes, alegres e decididas, como as havia conhecido. Elas estavam voltando de mais uma Jornada da Cidadania, na cidade de Jujuy, a duzentos quilômetros dali. A autorização para fazerem o mural na base da ponte, que é patrimônio histórico da nação argentina, havia saído. Depois da menina encantadora de baleias, na distante Oceania, agora seriam elas, as meninas do deserto, as encantadoras de La Puna, a fazerem o sentido da vida brotar novamente em San Antonio de los Cobres.

Desde então, nunca mais houve notícia de suicídio de jovens na cidade.

▲ Vista da torre da basílica de San Francisco, em Salta, capital da província homônima na Argentina.

MEDELLÍN: FRAGMENTOS BIOGRÁFICOS DE UMA CIDADE
COLÔMBIA

Um carro se aproxima. Dentro, cinco homens com cabeça raspada, sicários do narcotráfico. Fernando se assusta e pensa que chegou sua hora. No dia anterior, ele havia transposto a barreira invisível de um bairro controlado por cartel do narcotráfico. Sabia que deveria parar, mas o instinto o chamava a prosseguir. Com coragem, decidiu ir adiante, rompendo a barreira, mesmo tendo sido alertado do perigo. Tinha convicção de que estava fazendo o que deveria ter sido feito. Mas, no dia seguinte, no momento em que um dos sicários saía do carro em direção a ele, sentiu medo. Não arrependimento, apenas medo.

Entre os anos de 1980 e 1990, Medellín ocupou o imaginário de seus moradores (e dos moradores do mundo) como a cidade da insegurança, da violência e do medo. A cidade mais violenta do mundo, em que circular pelas vias públicas era um ato de incerteza. A parte controlada pelo Estado era de aproximadamente 40% do território. As comunas, contornando a cidade e espalhando-se pelas montanhas, formavam territórios em disputa: narcotráfico, guerrilheiros e paramilitares – ora peleando entre si, ora em acordos para distribuição de território. Entre Estado, narcotraficantes, guerrilheiros e paramilitares, o povo. Gente que nem sequer poderia adentrar em um bairro sem o consentimento do grupo que o controlava. Em 1991 a violência atinge seu pico, com 6.700 homicídios em uma cidade com pouco mais de 2 milhões de habitantes. Trinta, quarenta assassinatos por dia, na média 382 homicídios para cada 100 mil moradores, o mais elevado índice de violência urbana no mundo. Para uma comparação mais presente: em 2015, a cidade mais violenta do planeta

Grafite em parede de escalada reproduz a cidade de Medellín, com as cores da Colômbia em destaque.

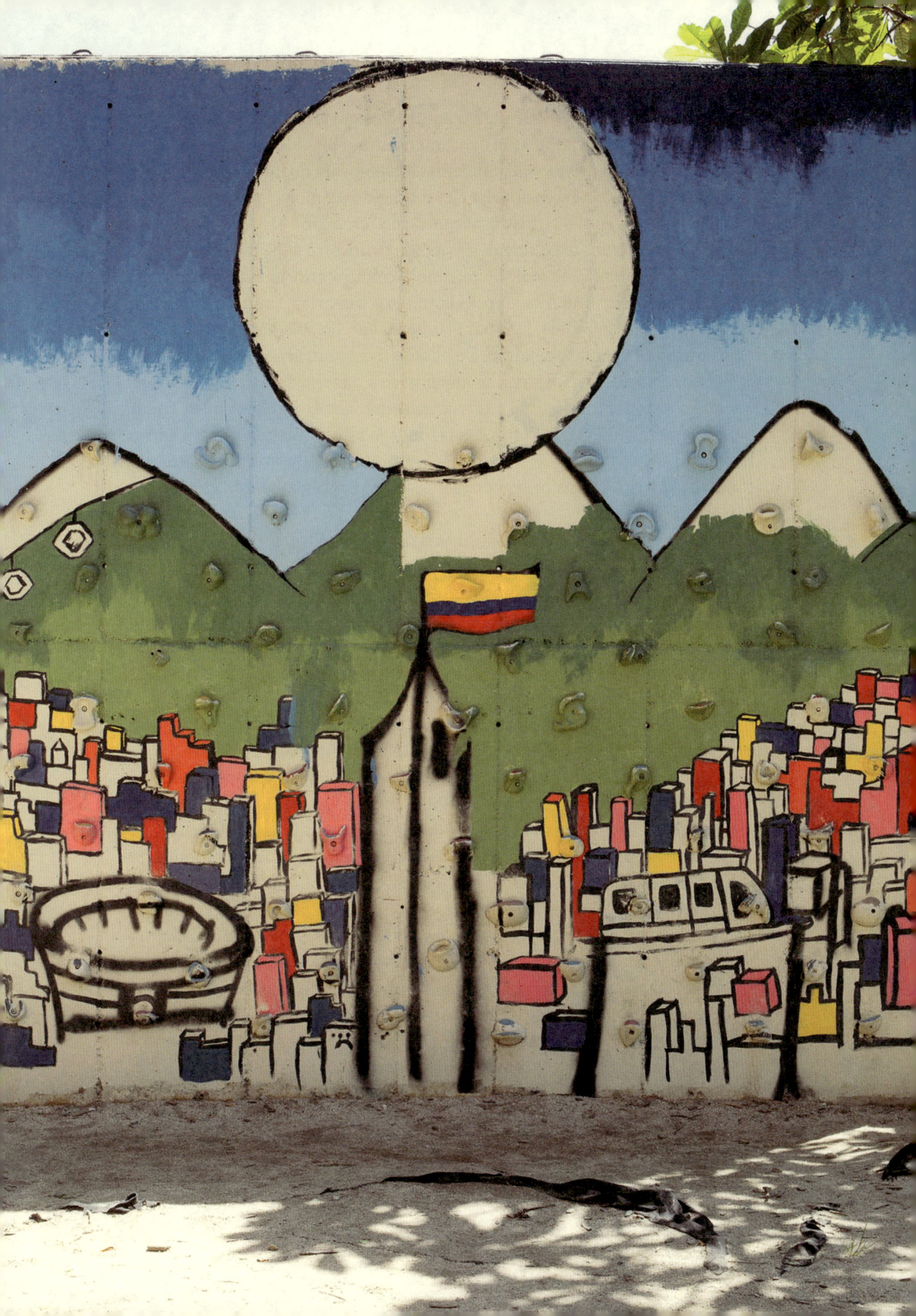

foi Caracas, na Venezuela, com 120 homicídios por 100 mil habitantes (3.946 homicídios em uma população de 3,3 milhões). No Brasil, o índice em 2018 foi de 30 homicídios por 100 mil habitantes. Na Medellín do início dos anos 1990 não havia violência excepcional, e sim rotineiras 382 mortes violentas por 100 mil habitantes. Por isso o justificado medo de Fernando.

Vinte e cinco anos depois, Fernando conta esse episódio a amigos, ao redor de uma mesa, em meio a um almoço comunitário, na sede da entidade que criou. Discretamente eu fui anotando a história. O sicário desceu do carro não para agredi-lo, mas para cumprimentá-lo pela beleza que os artistas estavam levando ao bairro. Do alto do morro, através da luneta de seu fuzil, o agente do tráfico havia acompanhado a marcha de artistas, ouvindo a música e sentindo a vibração das crianças e famílias da favela. Naquela época, Luis Fernando García, El Gordo, havia fundado a Corporación Cultural Barrio Comparsa, junto com Julia Victoria Holguin, outra artista, de quem falarei em outro capítulo, em história ocorrida em outro país, igualmente envolto em violência e terror.

Para aqueles artistas, Medellín jamais foi uma cidade violenta, e sim uma cidade violentada. O modo que encontraram para sanar aquele estupro social foi criar "um canto ao amor, ao riso, à alegria e à fantasia". Como alternativa à agressão cotidiana, Fernando, filho de costureira num bairro de prostitutas, ofereceu sua arte e seu sonho de Arlequim. El Gordo cresceu em uma comuna ao lado de um lixão e de um bosque, que seria depois o Jardim Botânico da cidade. Lá ele foi Sol, Lua, Vento, Árvores e Flores, Diabo. Em seu bairro, entre o lixão e o bosque, convivendo com prostitutas, o menino Fernando se tornou El Gordo, um gigante caminhando em perna de pau. Um gigante da paz e da alegria!

Quando os artistas decidiram entrar na favela dominada pelo narcotráfico, era uma época em que a gente de Medellín havia perdido o espaço público. Uma cidade em que o povo foi se afastando das praças, ruas, esquinas e janelas; janelas que viviam cerradas por medo das balas perdidas. Como alternativa, El Gordo propôs retomar os bairros e favelas com Carnaval. Ao compasso da música, da alegria e do inusitado, ele queria sair pelas *calles*, pelas ruas, convidando as pessoas a bailarem e se darem as mãos. Junto com outros artistas, criou o Barrio Comparsa, uma corporação *educativa*, buscando uma nova escola, sem paredes; *recreativa*, recriando sua própria forma de expressão; *ecológica*, cuidando do entorno, plantando árvores, reocupando o território; *artística*, transpondo paredes invisíveis, propondo diálogo entre gerações, entre bairros e perspectivas culturais. Em seu momento inicial, a Barrio Comparsa foi uma maneira de buscar um espaço distinto, a partir da "magia criadora", gerando confiança e reconhecimento do território, rua por rua, quarteirão por quarteirão, bairro a bairro, pessoa a pessoa, sorriso a sorriso, abraço a abraço. Aquela também era uma época de dinheiro fácil para jovens que se armavam, colocando-se a serviço dos narcotraficantes; ou a saída da guerrilha para quem não tinha mais saída. Preferiram o caminho da poesia.

> *Ya llegaran los tambores*
> *la alegría del corazón*
> *Mi ciudad de colores*
> *Y la rumba se formó.*
> *Carnaval, carnaval,*
> *Carnaval, eh, eh...*[1]

Muita poesia. Em 1991, iniciaram um festival de poesia que ocupou o espaço público por dez dias. Na primeira edição, oitenta poetas e um público de algumas centenas de pessoas, que foi aumentando até ocupar totalmente um auditório com 4 mil lugares. Um êxito. Continuado desde então, em 2017 o Festival Internacional de Poesia de Medellín já é um dos maiores do mundo, recebendo centenas de poetas de aproximadamente cinquenta países, com dezenas de milhares de participantes. "A gente queria falar, expressar-se, romper fronteiras e ouvir o outro, e nos mais diferentes idiomas", recorda Gonzalo Giraldo, comunicador e cofundador do Barrio Comparsa e do Festival de Poesia, atualmente gestor público no departamento de Antioquia.

"Onde houve guerra, o povo foi silenciado. Na Colômbia, não! [...] não perdemos a alegria, a festa. Apesar dos narcos, da guerra, havia a disputa pelo espaço público em '*talleres de la alegría*'[2]", afirma Doryan Bedoya. Tudo começou com um movimento cultural incipiente, que resultou no Manifesto de Paniquitá e no Plano de Desenvolvimento Cultural de Medellín. Reunidos "sob a proteção indígena de Paniquitá, Cauca", trabalhadores da cultura nas mais distintas regiões da Colômbia realizam o primeiro encontro da Cultura pela Vida, em 2 de novembro de 1987. Sob o céu de Paniquitá, em meio às montanhas, com grande presença de artistas de Medellín, eles compreenderam que:

- As atuais políticas culturais do Estado não respondiam às expressões próprias do acervo cultural de *nuestro pueblo*.

- Essas políticas, desenhadas com um critério elitista, estavam distantes das realidades da comunidade.

---

[1] Os tambores já chegaram/Com a alegria do coração/Minha cidade de mil cores/E a rumba se formou.
[2] *Talleres de la alegría*: oficinas da alegria.

Esculturas do artista medelinense Fernando Botero, na praça em frente ao Museu de Antioquia.

- Os órgãos de Estado estavam viciados, repletos de burocratismo, e seus programas e projetos, mais que *impulsar nuestra cultura, la niegan*.

- Essas políticas aberrantes alcançavam sua máxima expressão no atropelo sistemático das distintas comunidades étnicas nacionais, com tentativas de uniformizar a cultura.

- Os meios de comunicação negavam a participação aberta e democrática dos trabalhadores da cultura e deformavam os conteúdos culturais com critérios eminentemente mercantis.

E assim resolveram:

- Reafirmar o caráter essencialmente popular e pluralista da cultura.

- Ressaltar o direito de os trabalhadores da cultura serem protagonistas na formulação de políticas culturais.

- Rechaçar profundamente os desaparecimentos, a tortura e o assassinato de dirigentes culturais, sindicais, camponeses, indígenas, militantes de direitos humanos, poetas, músicos, atores e diretores de teatro, escritores, jornalistas etc.; reivindicando o *direito à vida* de cada cidadão colombiano.

Comprometendo-se a:

- Realizar atividades, encontros, oficinas artísticas, seminários e pesquisas, sempre de acordo com os interesses das maiorias oprimidas.

- Denunciar os atropelos contra a dignidade do povo, principal protagonista da cultura.

- Criar condições para a realização de um grande congresso nacional dos trabalhadores da cultura, para desenhar um projeto cultural de acordo com a realidade do país.

Não seria possível compreender os processos de transformação pelos quais passou Medellín sem reconhecer o significado do Manifesto de Paniquitá. Não apenas no campo da cultura *stricto sensu*, mas no âmbito do conceito desenvolvido depois, de cultura cidadã para a convivência e a paz. Essas ideias de artistas entusiasmados saíram de um bar, La Arteria, lugar da confabulação social e de um movimento cultural rebelde.

Um parêntesis. Na Colômbia, entre 1964 e 1984, formaram-se dez diferentes movimentos guerrilheiros, e a esquerda estava partida em cinquenta pedaços (exatamente). Eram tempos brutos e instáveis. As Forças Armadas Revolucionárias da Colômbia (Farc), que nos anos 1980 haviam optado por um caminho pacífico com a formação do partido União Patriótica (UP), o qual em 1986 obteve o terceiro lugar nas eleições nacionais, com 4,6% da votação, elegendo cinco senadores, 14 deputados, 351 vereadores e 23 prefeitos, teve quase todos os seus parlamentares e prefeitos assassinados pela extrema direita, assim como 3 mil de seus líderes e ativistas. Em uma cidade próxima a Medellín, Segovia, quarenta militantes da UP foram publicamente executados na praça principal. Esta realidade fez com que os militantes das Farc retomassem a luta armada. Em contraponto às guerrilhas de esquerda, o Exército colombiano fomentou grupos paramilitares de direita, que, segundo a ONU, foram responsáveis por 80% das mortes na guerra civil, resultando no deslocamento forçado de no mínimo 3 milhões de *desplazados* (em uma população de 40 milhões de habitantes). O principal grupo paramilitar de direita eram as Autodefesas Unidas da Colômbia (AUC); com estrutura de milícias, chegaram a contar com 20 mil membros, fortemente armados e financiados pelo tráfico de drogas,

Escada rolante na Comuna 13, favela de Medellín.

fazendeiros, empresas de mineração e políticos, afora o desvio de recursos do próprio Exército, incluindo armas fornecidas pelos Estados Unidos. Esses grupos se notabilizaram pela espetacularização da violência e barbárie, desfilando em vias públicas com pessoas acorrentadas a veículos até serem esquartejadas, mutilando corpos com motosserras, decapitando e rolando cabeças como bolas, enterrando pessoas vivas... Assim promoveram diversos massacres e assassinatos de ativistas, não somente de esquerda, mas de ambientalistas e lideranças sindicais, comunitárias e indígenas, além da limpeza social contra populações de rua, desabrigados, crianças abandonadas e toda espécie de "indesejáveis". Segundo a ONG Human Rights Watch, a Comissão de Justiça e Paz e a Comissão Colombiana de Juristas, ao final do século XX, os assassinatos políticos eram divididos da seguinte forma: entre 85% e 90% cometidos por paramilitares de direita e Exército, e entre 10% e 15%, pela guerrilha de esquerda. Antioquia, o departamento em que está localizada Medellín, era um dos epicentros desse embate. Afora o ambiente de guerra civil, havia os narcotraficantes e seu conhecido cartel, igualmente violento.

Nesse contexto difícil, a saída para os ativistas da cultura, longe das armas, foi o fazer estético. "Somos filhos dessa enorme confusão!", dizem em uníssono. Muitos jovens optaram pelo caminho da luta armada, mas eles preferiram se transformar em gestores da alegria, da convivência, e assim seguiram em caminho próprio. É quando surge o programa de televisão *Arriba mi Barrio*[3], idealizado por Nacho Sánchez e pelo casal Jorge Melguizo e María Elena Morales. *Arriba mi Barrio* era um programa para que a gente de Medellín se visse de outra forma. Os bairros de *arriba*, de cima, das encostas das montanhas, os bairros segregados e apartados da cidade. E também, para colocar os bairros para cima, os levantar, com todos os seus talentos e capacidades. Um programa de TV para se ver e ser visto, que fosse comentado nos dias seguintes ao da exibição. Assertivo, movido a perguntas e propostas: "Quem somos e o que temos em Medellín?".

O objetivo era gerar novas referências no fazer social, sobretudo para a juventude, ajudando as cidadãs e os cidadãos a tomarem consciência deles mesmos, em uma ação comunicativa, conforme a teoria de Jürgen Habermas. Os primeiros apresentadores do programa foram Alonso Salazar, anos depois eleito prefeito da cidade, na fase em que Medellín se reinventaria como laboratório de políticas públicas inovadoras, e María Emma Mejía. Nada teria acontecido sem María Emma Mejía, diplomata e política colombiana, com origem na elite do país, que ao longo de sua vida pública foi assumindo posições cada vez mais progressistas, tendo sido candidata a vice-presidente, pelo Partido Liberal, disputando diversas vezes a prefeitura de Bogotá até integrar-se ao Polo Democrático Alternativo, reunindo a esquerda não armada. Ela foi ministra da Educação e das Relações Exteriores, presidente da União das Nações Sul-Americanas (Unasul) e embaixadora da Colômbia junto à ONU. No auge da Medellín violentada, coube a María Emma coordenar o Conselho Presidencial para Medellín, uma ação direta da Presidência do país sobre o município. Uma mulher de coragem e que aceitava desafios. Tão logo chegou à cidade, procurou as forças vivas que resistiam à brutalização; todos os que quisessem enfrentar aquela situação eram acolhidos e ouvidos, empresas privadas, ONGs, sindicatos, a comunidade e seus coletivos, as igrejas, personalidades. Foi a ela que Melguizo, então um jovem jornalista de 28 anos, apresentou a proposta do programa de televisão.

O programa fez história, tendo estreado em 15 de março de 1991. Entre os primeiros convidados: Luis Fernando García, el Gordo, do Barrio Comparsa, e Jorge Blandón, da corporação teatral Nuestra Gente, da Comuna 2. Como assinala Jorge Melguizo:

> Arriba mi Barrio *não foi só um programa de televisão: foi um feito social. Nós que passamos pelo programa aprendemos o que era esta cidade, descobrindo-a em cada rincão, contando cada história dura, algumas duríssimas, também contando as maravilhas que a gente é capaz de fazer para enfrentar de maneira pacífica as violências.*

---

[3] *Arriba mi Barrio*: Meu Bairro no Topo.

Foi uma experiência única de educação cidadã, transmitida ininterruptamente por mais de 25 anos e que agora segue com o nome de *Camino al Barrio*. Dois anos após o início do programa, Melguizo também assumiu a apresentação, junto com Liliana Vásquez, permanecendo por seis anos. Certa vez ele entrevistou um jovem soldado do tráfico, em um dos inúmeros becos das muitas favelas de Medellín. O jovem mirou a câmera, com toda a sua força de expressão, e disse:

> *Eu tenho 18 anos e já fiz todas as coisas más que se possa imaginar. Mas não quero ser assim. Quero que minha mãe sinta orgulho de mim, quero casar, quero ter filhos, quero que eles cresçam em uma cidade boa, em uma casa simples mas limpa, em uma escola bonita, que tenham um campo para jogar, que tenham um jardim para brincar, que vejam coisas bonitas e que sejam bem tratados na cidade que será deles. É o que desejo para Medellín e para meus filhos!*

Meses depois Melguizo foi procurado por uma senhora, pedindo que reexibissem a entrevista com o filho dela. Ele pergunta o motivo, e ela responde:

> *Aquela entrevista foi a imagem mais bonita de meu filho em toda a vida dele. Ontem ele foi assassinado, tirado de um ônibus enquanto procurava emprego. Quero que as pessoas vejam meu filho desejando o bem para os filhos delas, pois ele não teve tempo para regalar-me com netos.*

Antes de criar o programa de televisão, Melguizo passara pela mesma experiência de muitos jovens universitários da América Latina, construindo sua interpretação de mundo entre estudos, trabalho e ambiente político. E o ambiente político no início dos anos 1980 era intenso, pois se vivia sob estado de sítio, quando, por qualquer motivo, uma pessoa poderia ser presa e ficar sem contato com advogado por até quinze dias. Viviam e atuavam no limite. Foi assim desde seu primeiro dia na Universidade de Antioquia, quando, tão logo adentrou no *campus*, deparou-se com ato estudantil e repressão policial, tendo sido preso mesmo sem saber o motivo do protesto. Desde então, ele e sua esposa e companheira, María Elena, que conhecera na faculdade e com quem abriu um bar de música latino-americana, tiveram incontáveis amigos a enterrar. Em 1987, em uma mesma semana, houve o assassinato do presidente da associação dos professores numa segunda-feira; dois dias depois, no funeral dele, com mais de 30 mil pessoas, em 18 de agosto, a multidão recebe a notícia de que o presidente e o vice-presidente do Comitê Permanente de Defesa dos Direitos Humanos de Antioquia, Héctor Abad Gómez e Leonardo Betancur, acabavam de ser assassinados; para terminar a semana, o comitê foi invadido por paramilitares.

Como jornalista recém-formado, Jorge Melguizo trabalhava na equipe de comunicação do Comitê de Direitos Humanos e integrava a junta diretiva do Sindicato dos Jornalistas, com mais quatro colegas. Poucos meses depois, seriam eles os ameaçados. Foram chamados pelo prefeito, que mostrou duas cartas em que constavam como os próximos a serem executados. A prefeitura oferece escolta, mas eles recusam, até porque sabiam que parte dos seguranças da prefeitura integrava os mesmos grupos paramilitares que os ameaçavam. Procuram o novo presidente do Comitê de Direitos Humanos de Antioquia, Luis Fernando Vélez, que acabara de assumir a função. Advogado, antropólogo e decano da Faculdade de Direito, era uma personalidade respeitada por sua capacidade de diálogo e compreensão do outro. Em seu discurso de posse, em 11 de dezembro de 1987, ele defendera que "mesmo aqueles que desrespeitam direitos humanos também têm direitos e não podem ser atropelados", pois "a ferocidade de seus comportamentos parece denotar seu afã ensandecido por renunciar a essa dignidade". Como alternativa, propunha "exercitar, com toda a ponderação, equanimidade e retidão, a mais serena e severa vigilância sobre todos os atos que possam significar a quebra do direito alheio". Os jovens ativistas perguntam ao respeitado professor como deveriam se comportar diante daquelas ameaças. Ele responde de forma surpreendente e direta: "Fujam! Renunciem ao sindicato e ao Comitê de Direitos Humanos e deixem essa decisão pública e clara, para que parem de persegui-los". "Fugir é para covardes!", respondem. Ao que ele retruca: "Sim, mas para o futuro necessitamos de vocês vivos". "E por que

Casa Amarilla, sede do ponto de cultura Nuestra Gente, na Comuna 3, em Medellín.

o senhor não faz o mesmo, até porque a sua posição é de muito maior risco?", perguntaram os jovens. Com serenidade e consciência, o professor responde: "Estou aqui porque é meu dever salvar os jovens que salvarão a nossa cidade e o nosso país". Na manhã seguinte, 17 de dezembro de 1987, Luis Fernando Vélez foi assassinado, na frente de sua casa e de seus filhos.

É sob o signo dessas histórias que toda uma geração decidiu resistir pacificamente e reinventar a cidade em que vivia. "Nós só nos encontrávamos no cemitério!", exclama Melguizo, ao final de uma de suas muitas histórias, com a voz embargada, recordando de tantos que se foram.

Ouvindo tiroteios e fuzilarias, encontrando-se nos cemitérios, eles puseram as bandeiras a meio palmo, buscando um novo sentido para a vida, colocando a existência humana como o bem mais supremo. Assim, tornaram-se militantes da paz.

Com outro Jorge, Blandón, fundador do Nuestra Gente, as histórias são iguais nas diferenças. Nascido em bairro pobre de Medellín, torna-se seminarista, depois estudante de teatro na Universidade de Antioquia e militante da União da Juventude Comunista (UJC), integrando a União Patriótica. Certa vez, em reunião no Palácio Arcebispal, escuta um tiroteio; ao ir para a sala ao lado, depara-se com seis amigos mortos. No ano seguinte, em um ensaio com uma banda *punk*, novo morticínio, e menos sete jovens. Em meio a tudo isso, Jorge Blandón percebeu que a grande luta deveria ser pela vida, mas sempre seguindo o pensamento de seu mentor, padre Horacio Arango: "Não matarás, nem com balas, nem com fome". Blandón torna-se um guerrilheiro da cultura e da arte.

Para os "Jorges", Melguizo e Blandón, como são conhecidos pelos movimentos de cultura viva comunitária da América Latina, uma política pública de cultura tem que ir além da discussão sobre orçamento, programas e gestão; ela tem que envolver "sentidos". Mas, antes, há que se perceber se somos ou não uma sociedade, pois sociedade implica compartir memórias, mitos e sonhos, circular pelo mesmo território. Em não havendo esse tempo e espaço compartidos, sobram sociedades partidas, que constantemente se maltratam.

Na segunda metade do século XX, as grandes cidades latino-americanas tiveram sua população multiplicada por muitas vezes; em cinquenta anos, Medellín saltou de 400 mil para 2,5 milhões de habitantes. Pessoas vindas de todos os lugares, pelos mais diversos motivos, expulsas de suas terras, vitimadas, apartadas, deslocadas, cada qual trazendo seus traumas e seus sonhos. Mas, mesmo semelhantes, tinham memórias ainda não plenamente compartilhadas com os demais moradores da mesma cidade. Perguntados sobre a Medellín atual, agora mundialmente reconhecida por ser laboratório de inovadoras políticas públicas, os dois Jorges respondem:

> *Há gente que crê que já chegamos. Pensamos que só estamos em um ponto de partida. Muy buen punto.*[4] *Mas há que se avançar no sentido de um projeto cultural, pois quem não recorre à cultura recorre ao instinto, e do instinto também podem brotar os sentimentos mais bárbaros, pois do instintivo também podemos ir à extinção.*

Há 25 anos Blandón trabalha entre a cultura comunitária e as políticas públicas, mas desde o início do século XXI decidiu se concentrar na articulação comunitária da cultura. Nesse "ir e vir" entre os mundos comunitário e do Estado, ele percebeu que "a captura da vida só acontece quando entregamos tudo para o sistema". Na sequência, Melguizo complementa: "Há muito para construir, e nossos alicerces devem ser a convivência, a memória e o patrimônio, tendo como horizonte o aprender a viver com o 'outro'". Assim seguem os dois Jorges, praticando o que pregam.

Dois mil e dezessete. Medellín vive o melhor registro de convivência em quarenta anos. Entre 1991, quando a cidade alcançou o pico de homicídios, com 6.700 mortes, e 2016, com 600 mortes violentas, houve uma redução de 95% na taxa de assassinatos, que agora é de 19 por 100 mil (ante 382 por 100 mil, em 1991). Para alcançar esses índices foi preciso que as organizações comunitárias da cidade assumissem um profundo projeto ético. Não uma ética da culpa, e sim uma ética da responsabilidade. "Por minha responsabilidade, por meu dever, por meu compromisso", foi o que aprenderam com padre Arango e tantos outros padres das comunidades eclesiais de base.

Novo parêntesis. Há que lembrar da II Conferência Episcopal Latino-Americana, em 1968, acontecida em Medellín. Foi lá que houve a consolidação da teologia da libertação e sua "opção preferencial pelos pobres". Uma teologia de "fé viva, comunicada, confessada e celebrada dentro de uma prática de libertação". Esse encontro também permeia a história de Medellín, e sem essa presença não teria sido possível tamanha resiliência da parte de um povo tão maltratado e violentado. A ética da responsabilidade assegurou meios para que a cidade se salvasse. Em uma pedagogia crítica, eles "viram, julgaram e agiram".

Foi um vulcão que explodiu, matando 60 mil pessoas em vinte anos. Em Medellín, as pessoas assumiram para si o desafio de enfrentar o vulcão. Qual desafio? Desativá-lo. Como o enfrentaram? A partir de um profundo conhecimento do objeto, da geografia física e humana, construído a partir dos territórios. E muita coragem. E muita paciência. E muita delicadeza, muita ternura, muitas carícias. Muita determinação e disposição em compreender e interagir com o "outro". Foi dessa determinação que Melguizo percebeu que "a alternativa

---

[4] Ótimo ponto.

Estudantes se reúnem dentro do Centro de Leitura Villa de Guadalupe, em Medellín.

para a violência pública, para a insegurança, não é mais segurança, e sim mais convivência".

Na virada do século XX para o XXI, Melguizo mudou-se para Barcelona com a família, voltando em 2004, quando as transformações em Medellín já haviam começado. Regressou para auxiliar na construção do movimento Compromisso Cidadão, que resultou na conquista da prefeitura municipal por uma ampla articulação cidadã. Foi a partir desse momento que conseguiram dar passos mais firmes na formulação e execução de políticas públicas que mudaram a face da cidade. Nesses anos de dificuldades foram percebendo que era necessário, pela ética da responsabilidade cidadã, ocupar e transformar a política e o poder local. Enfrentar o sistema de dentro do sistema. Mas antes de ocupar a política foi necessário que houvesse uma mudança ética e estética no comportamento social.

Até então, havia uma leniência com o narcotráfico, antes mesmo de Pablo Escobar. "Foram os ricos que financiaram o narcotráfico e que ficaram ainda mais ricos com ele." Mesmo pessoas de classe média eram seduzidas a fazer aplicações no narcotráfico, com ganhos elevadíssimos e sem que precisassem se envolver com o "trabalho sujo"; havia pirâmides de investimento que funcionavam de forma semiclandestina, em que pessoas comuns depositavam suas pequenas economias. Nos anos 1980, jornalistas eram recebidos em festas concorridas na *finca* de Escobar. As milícias, surgidas para a autoproteção em bairros e favelas, financiadas pelo comércio local, em pouco tempo

MetroCable, a icônica rede de teleféricos de Medellín.

estavam integrando o "exército do tráfico". Essas milícias nasceram dentro do próprio Estado, no Departamento de Ordem Social, junto com um movimento chamado Amor por Medellín, e no início procuravam reprimir *drogaditos*, depois exterminá-los, até que os grandes da droga se impuseram como cartel e os milicianos se colocaram a seu serviço. Também a guerrilha de esquerda foi se corrompendo naquele ambiente de violência e pragmatismo. Jorge Blandón lembra-se com tristeza da vez em que, ao levar seu grupo de teatro para se apresentar na selva, em zonas controladas por guerrilheiros, percebeu que esses mesmos guerrilheiros estavam protegendo plantações e laboratórios de coca. Foi difícil.

Foi difícil, mas resistiram. E estão vencendo. Nas mais diversas formas. Começaram por uma anticandidatura, em 1988, sob a denominação de Movimento Ócio-Cultura. Quatro anos depois, a tentativa de uma Lista Cidadã para a Câmara dos Vereadores, até que construíram um programa de unidade com a Aliança Social Indígena (ASI), e esse partido indígena emprestou a legenda para que disputassem a *alcaldía*, prefeitura. Tudo com muito esforço de escuta. Assim foram juntando gente. Movimento comunitário, empresários não corruptos e comprometidos com a cidade, ONGs, comunidades eclesiais de base, intelectuais e artistas, pessoas de esquerda que desacreditaram da luta armada, ambientalistas. Em 2003, apesar de um momento duríssimo, em que a cidade seguia assaltada pelo paramilitarismo, havia muita esperança, e o movimento Compromisso Cidadão conseguiu eleger Sergio Fajardo alcaide de Medellín e, quatro anos depois, Alonso Salazar, o primeiro apresentador do programa *Arriba mi Barrio*.

Melguizo volta para Medellín para assumir a função de gerente do Centro da Cidade, como uma espécie de subprefeito; depois, secretário de Cultura Cidadã e, em seguida secretário de Desenvolvimento Social, até deixar o governo em 2011. Como primeira medida de governo, tão logo venceram a eleição, houve a elevação do orçamento municipal de Cultura de 0,7% para 5%; exatamente, essa foi a primeira decisão política do novo governo. Decidiram começar pela cultura para mudar a cara – e o caráter – da cidade. Foi a partir da Cultura que surgiram todas as inovações urbanísticas e de cultura cidadã que transformaram Medellín em referência mundial em políticas públicas. O Metrocable (teleférico para transporte urbano), as bibliotecas-parque, os museus e casas de cultura, as ruas e calçadas bem cuidadas; na Comuna 13, a escada rolante, os grafites e a arte de rua; o Jardim Botânico, a feira do livro. E foram além dessas inovações urbanísticas mais visíveis, introduzindo pequenas delicadezas sociais, como uma acupuntura urbanística: banheiros públicos limpos, pequenos jardins e passeios públicos, murais artísticos, áreas de sombreamento, fontes de água limpa e praça para pés descalços. "Se uma idosa, um cadeirante ou uma mãe com carrinho de bebê não conseguem transitar pelas calçadas, a cidade não lhes serve", diz Melguizo, o ex-secretário de desenvolvimento social de Medellín. Mesmo nas favelas e morros, as vias públicas são transitáveis, e as calçadas, bem cuidadas, nada sofisticado, tudo simples, mas bem-feito, bonito, colorido; quando em áreas íngremes ou escadas, há corrimão, conservado, seguro, bem pintado, e um banco para descanso. Permeando essas transformações, a decisão e a experiência de cogovernar com as comunidades.

Nas primeiras vezes em que enfrentaram eleições, tão logo confrontados com o argumento de que não tinham experiência, respondiam: "Sim, não temos experiência de roubar, nem de mentir, nem de dar as costas para a nossa gente". Enfrentaram as dificuldades e realizaram suas ideias de maneira intensa, em um período de oito anos; mas, como foram políticas públicas sólidas, essas se sustentaram nos governos seguintes. Nos tempos atuais, Medellín vive certa estabilização/institucionalização em políticas públicas, antes mais pujantes e agora mais burocratizadas e tecnocratizadas, com reversão de prioridades, mas ainda há lastro a impedir retrocessos. O principal: a apropriação que os cidadãos fizeram de sua cidade, com as juntas de gestão cidadã. Há riscos também, pois com a institucionalização/burocratização vai desaparecendo a clareza de um projeto de futuro, em que as pessoas saibam, como sociedade, de onde vêm e para onde pretendem ir. Na avaliação de Melguizo:

> *Conseguimos lograr um bom projeto de política pública, mas não fomos capazes de um projeto político. Não fomos capazes de transformar*

nosso bom fazer político em um movimento político. Houve personalismo, muito ego, uma certa soberba institucional, que também nos isolou no poder.

Para ele, a chave das transformações em Medellín foi a sociedade civil, muito além dos prédios e das obras, até porque a arquitetura, para ser transformadora, tem que se assumir como a menos importante, pois, "antes da arquitetura física, há que se promover a arquitetura social". Ocorre que, ao mesmo tempo que avançava o protagonismo da prefeitura, as organizações sociais foram se esvaziando. "Baixamos a guarda da cidadania e, para que um governo não retroceda, o povo tem que respirar na nuca do governante", analisa. Com isso, as elites de sempre foram retomando poder, e os espaços de discussão coletiva foram diminuindo. Ao que Blandón acrescenta: "A humanidade ainda é melhor para colocar cercas que para abrir horizontes".

A Colômbia, assim como os demais países da América Latina, ainda é um país frágil politicamente, daí tantas idas e voltas (no momento em que conversávamos, o acordo de paz, que poria fim a uma guerra civil de 55 anos, estava por um fio, e quando regressei ao Brasil, na semana seguinte, soube que o "não" ao acordo de paz havia vencido por uma pequena diferença). Lembrando dessa fragilidade que afeta tantos povos, em meio aos retrocessos civilizatórios no Brasil, meu país, minha memória me leva à música de Mercedes Sosa, também cantada por Sting, "Fragilidad":

> *Un acto así terminará*
> *Con una vida y nada más*
> *Nada se logra con violencia*
> *Ni se logrará.*
> *Aquellos que han nacido*
> *En un mundo así*
> *No olviden su fragilidad*[5].

Cai a chuva em Medellín.

Segue a conversa ao redor da mesa. "*Tranquilo, tranquilo, los cuidamos, nos cuidamos y los cuidaremos*"[6], "*habla*" o poeta Doryan Bedoya. "Não éramos problema para eles, com isso conseguimos romper as fronteiras. O medo e a fragilidade nos fizeram sair às ruas", complementa. Não perder a alegria e a

---

5   Um ato assim terminará/Com uma vida e nada mais/Nada se
    consegue com violência/Nem se conseguirá.//Aqueles que nasceram/
    Em um mundo como este/Não se esqueçam de sua fragilidade.
6   Com calma, com calma, cuidamos dos outros, nos cuidamos e cuidaremos deles.

festa foi uma das chaves para o povo de Medellín disputar o espaço público. Os grupos artísticos, vistos como "*un poco raros*"[7], foram os que conseguiram falar de outra maneira com a cidade. Sabiam que "podiam morrer no próximo dia", em qualquer esquina ou praça. Como quando as Farc explodiram a escultura *O pássaro*, de Botero, o mais famoso artista da cidade, em represália à atuação do seu filho como ministro da Defesa. Ocorre que a explosão ocorreu em meio a uma feira de arte e artesanato na praça, ferindo e matando artesãos e transeuntes. Ao repique da arte e dos tambores, também repicavam as balas e as bombas.

Eles viviam em meio a uma desesperança aprendida. E a rudeza do sistema foi impondo todo um esgotamento para as pessoas. Foi dos escombros dessa desesperança e desse desamparo que brotaram as flores da mudança. O compartir recursos escassos, a busca de soluções em meio ao caos, o dar sentido às pequenas mudanças. Tal foi a jardinagem que forjou essas pessoas e que segue forjando novas gerações de transformadores sociais. Jovens como Sandra Oquendo, em processo de transformação permanente, primeiro como promotora de leitura, depois agente de trabalho comunitário, em seguida edil, uma vereadora voluntária na comuna. Nesse processo, o povo pobre, o povo da montanha, das favelas, foi deixando de lado o temor e o medo que paralisam e foram construindo um novo fazer político, em processos de escuta e reelaboração, intervindo no território, em temáticas identitárias e processos de empoderamento, sobretudo das mulheres e dos jovens. Olhando para si e entre si, encontraram sua potência. Fazendo parte de uma geração posterior, Sandra relata sua primeira grande experiência na batalha por recursos para um projeto de empoderamento da mulher. Precisavam dos votos de todos, inclusive dos homens; para tanto, saíram com a mensagem: "Vote por sua irmã, por sua mãe, por sua esposa, por sua filha". Ganharam. Isso porque, no lugar de vencer, procuraram convencer, vencer juntos, sem agredir. Agora, aos 35 anos, ela repassa sua experiência a outras mulheres mais jovens, algumas já mães. Essas, ao chegarem na biblioteca em que Sandra trabalha, logo vão dizendo: "Se recorda de mim? Eu venho aqui desde sempre, sou aquela menina que aprendeu a amar os livros contigo e agora trago minha filha".

Agentes transformadores, como Sandra, são encontrados em profusão na Medellín inovadora, em grupos de palhaços, oficinas de circo, jornadas de contracultura, antimilitarismo, construção de territórios autônomos, periodismo comunitário. Boa parte desses jovens das comunas, muitos, muitíssimos, filhos de mães solteiras, igualmente jovens, tiveram o aprendizado em entidades como a Convivamos, a Semiosfera, a Casa Amarilla, movimentos que fizeram uma

[7] Um pouco esquisitos.

Crianças pulam corda em atividade promovida pelo Centro de Leitura Villa de Guadalupe.

Interior de biblioteca-parque, uma das 35 unidades do Sistema de Bibliotecas Públicas de Medellín.

aposta pela vida. A ideia foi ganhar território pela partilha do comum e do sensível. Nessas décadas, a população foi se apropriando das dinâmicas de gestão de espaços comuns. Pessoas como Jairo Castrillón, que saíram das periferias da cidade para estudar gestão cultural com a Unesco, em Paris ou Barcelona; tão logo formadas voltaram ainda mais comprometidas com sua comunidade, ocupando espaços públicos, desde pequenas praças a grandes estações ferroviárias desativadas. Assim foram inventando o Jardim do Espírito, o Ociódromo, a Praça da Harmonia, o Murodontes, remetendo a mastodontes, agora em muros artísticos, desenhando ciclorrotas. Tudo isso há na Grande Medellín, fruto do engenho e da engenharia comunitários, ações que seguem com independência do Estado ou de empresas, como vigias da cidadania e do patrimônio, sempre reafirmando o direito de resistir e de reexistir.

E chegando gente de todos lugares. Como Miriam Páez, bailarina e psicóloga, vinda de Pasto, Nariño, na fronteira com o Equador, o lugar onde tudo "chegava por último". Cofundadora da organização Canchimalos (em referência a um peixe sem escamas que as crianças conseguem pegar com as mãos), foi desenvolvendo processos de resgate da cultura popular, em que a memória vai sendo tecida continuamente no "estar" com a dança e no domínio do corpo. São muitas gentes e muitas histórias de processos pedagógicos inovadores e artísticos.

Nessa profusão de gentes e criatividade, sempre um ponto em comum: a Escola Popular de Arte (EPA). Entre seus criadores, o amoroso e firme Chucho Mejía, recém-falecido. Houvesse que identificar um ponto inicial para toda a resiliência do povo de Medellín, eu indicaria o velho Chucho e seus muitos saberes. O maestro da "paz ativa", da poesia por todos os poros. Terno, inteligente, com o dom de expressar e o dom de sentir o "outro", partia da cultura popular, da memória comunitária de Medellín, a cidade da eterna primavera (por estar entre montanhas, a 1.600 metros de altitude, o clima é ameno durante todo o ano), para falar de valores universais, praticando o amor e a resistência. Corajoso e generoso, disponível para todos, durante todo o tempo, agora caminhando nas nuvens.

> *Pátria e mátria ao mesmo tempo. Parecia ser uma montanha de água em que nasceram todas as palavras da vida, jamais as palavras da morte, que são as que legitimam o poder. Cada homem, cada mulher, cada camponês, cada obrero e cada índio encontravam alívio na palavra de Chucho. Sempre foi o tecido amoroso da revolução.*

Esse foi Chucho, meu amigo e amigo da humanidade, e essas palavras são do poeta Pedro Zapata Pérez, amigo dele e também meu. A poucos dias de eu chegar para um novo encontro e uma entrevista para este livro, Chucho morreu.

Durante toda a sua longa vida, ele poucas vezes saiu para além das montanhas da cordilheira central da Colômbia. Nessa estranha solidão que se faz América Latina, brotou Medellín.

A Medellín desses fragmentos biográficos é a Medellín do bairro popular, onde se vive o jogo em liberdade, onde os objetos do jogo infantil eram da terra, o que se encontrasse ao redor, nunca propriedade de ninguém. Um aprendizado realizado na sutileza de brincadeiras de infância, como com as bolas de gude, ou *canicas*, em espanhol. Nesses bairros poeirentos, mesmo quando um garoto perde o jogo e as bolas de gude, os demais lhe regalam algumas bolas de vidro para que a brincadeira continue. Era assim, e em alguns lugares ainda é.

Pedro Zapata nasceu em um bairro popular. Para Zapata, ter nascido em um bairro popular significou o maior privilégio de humanidade que alguém poderia receber, com várias mães a cuidar dele, crescendo em ambiente de solidariedade comunitária. Aprendeu nas esquinas, ou quebradas, como hoje se diz no *hip-hop*, o lugar de encontro de todos os saberes populares. Com seus pais sem estudo, no silêncio amoroso da demonstração, aprendeu o sagrado da palavra, a honradez, a confiança. Foi no bairro popular que Pedro Zapata percebeu que "o desenvolvimento nos dá pouco, mas nos tira tudo", e assim também aprendeu a lutar contra o fantasma da banalidade. Com a autoridade da palavra, poeta desde *niño*, descobriu que "a acumulação é a pornografia que põe em risco a vida do outro, que atenta contra o voo do pássaro, que proíbe respirar ao vento". Assim, distribui palavras à gente de seu povo, lutando para que o reino da vida se sobreponha ao reino da economia, pois a "economia é o farrapo que usa com facilidade o tirano".

O que transformou Medellín foi a sua cultura, resultado de uma história construída todos os dias, em que a vida se recusou a ser coisa. Não foi a cultura do triunfo, nem da imposição de modelos ou repetição de êxitos, mas a cultura da festa, da arte daqueles que não recebem nada pronto, por isso abertos à invenção. Decidiram sair de um velório interminável. E saíram desse velório. Estão conseguindo porque tiveram a coragem e a ousadia de superar a mais profunda fábrica do medo. "O estranho cultivo do medo em nossas entranhas é que permite a infâmia, a fabricação de tiranos", diz Pedro, que conclui citando um dos grandes escritores de sua terra, William Ospina: "É hora de recostar as cadeiras na porta e começar a contar a história antes que cheguem os historiadores".

Escutando essas palavras, como sou historiador, preferi reinventar minha escrita e contar a história recente de Medellín através desta pequena obra, na forma de fragmentos biográficos de uma cidade, pela voz de sua gente olvidada.

Para terminar (ou começar), duas perguntas ao amigo Jorge Blandón, da Fundação Cultural Nuestra Gente.

— O que é uma cidade?

— *Un cuerpo vivo, que grita soledad, desigualdad, diversidad, hambre, riqueza y humanidad.*[8]

— O que é Medellín?

— *Medellín, campo y ciudad [...] tejido reventado por épocas y vuelto a zurcir por momentos, un río negro y montañas de barro rojo, en ti crecen héroes y villanos, poetas y locos, amores y esperanzas. Tú eres también nuestra!*[9]

[8] Um corpo vivo que grita solidão, desigualdade, diversidade, fome, riqueza e humanidade.

[9] Medellín, campo e cidade [...] um tecido em explosão que, de tempos em tempos, volta a explodir, um rio negro e montanhas de lama vermelha, em você crescem heróis e vilões, poetas e loucos, amor e esperança. Medellín, você também é nossa!

A CAJA LÚDICA
GUATEMALA

Tal qual uma borboleta, Julia Victoria Holguin Escobar, conhecida como Vic em Medellín e fundadora da Barrio Comparsa, deixa a Colômbia e decide adentrar-se no universo mágico das terras maias, na América Central. Ela parte ao encontro de seu ex-namorado, o poeta Doryan Bedoya, também de Medellín. Ao final do século XX, cansado da desesperança em seu país, ele decidira viver na Nicarágua, em busca de um pouco de paz e utopia. Mas os tempos eram outros, e a Nicarágua da romântica Revolução Sandinista ficara para trás. Doryan não encontra a paz nem a utopia. Assim avança mais ao norte, para quedar-se na Guatemala. Na Guatemala, Victoria transforma-se em Julia.

Agradecendo aos quatro pontos cardeais, ao coração do céu e ao coração da terra, se instalam nas terras maias. Mas o casal enfrenta uma barbárie ainda pior que em sua terra natal. Guatemala, país com mais de 15 milhões de habitantes, multiétnico, multilíngue, maltratado por séculos de desigualdade e opressão, expondo as entranhas da violência praticada com requintes de crueldade, genocídio e racismo nunca vistos. Eduardo Galeano, em *As veias abertas da América Latina*, registra o que foi apenas um dos episódios de cólera e terror que se abateu sobre o país: "uma longa noite de São Bartolomeu", em 1967.

> *A aldeia Cajón del Río ficou sem homens, os da aldeia Tituque tiveram as tripas revolvidas a punhal, os de Piedra Parada foram escalpelados vivos, e queimados vivos os de Agua Blanca de Ipala, depois de baleados nas pernas; no centro da praça de São Jorge, cravaram numa*

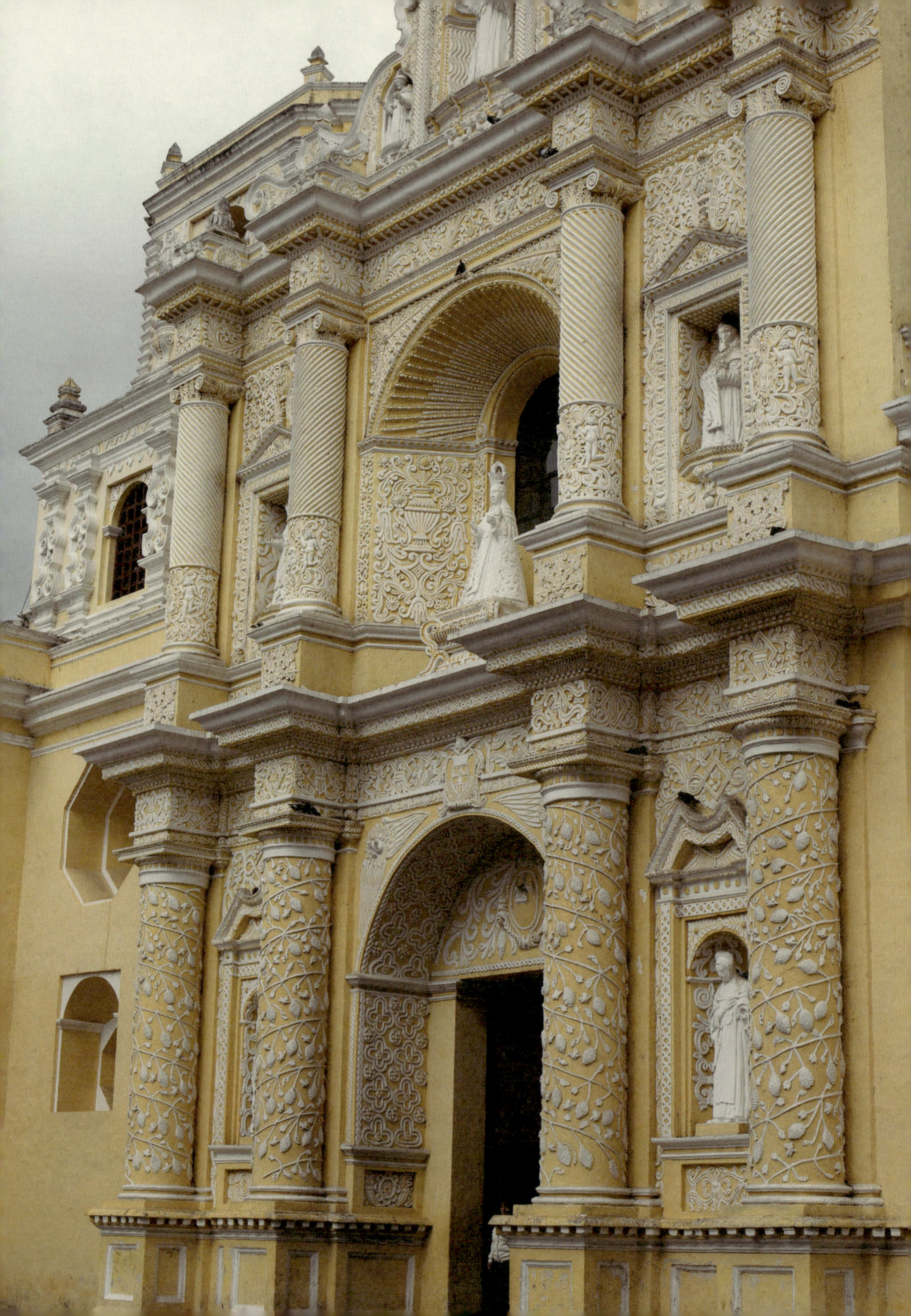

> *haste a cabeça de um camponês rebelde. [...] dos poços de San Lucas Sacatepéquez emergiam mortos em vez de água; os homens amanheciam sem mãos e sem pés na fazenda Miraflores*[1].

Havia até um decreto presidencial (número 2.795, de 1967) que autorizava os senhores de café e as empresas bananeiras a matarem os viventes encontrados em seus domínios: "Estarão isentos de responsabilidade criminal os proprietários de fazendas...". O genocídio bárbaro resultou em 200 mil pessoas assassinadas, uma morte a cada oitenta habitantes da população atual do país. Não era uma violência imemorial, distante, perdida no tempo e no espaço, algo de se "ouvir dizer", mas um processo presente, cotidiano, que havia entranhado nos corpos e nas mentes do povo guatemalteco. E que atingiu, de uma forma ou de outra, praticamente todas as famílias do país. Com o povo ixil, segundo o jornalista salvadorenho Carlos Dada, meninas eram "apunhaladas no pescoço, bebês, assassinados por soldados que esmagavam suas cabeças ou atravessavam seus corpos com baionetas, famílias inteiras amarradas em casas às quais soldados ateavam fogo"[2]. Isso em 1983, matando 1.771 ixis.

A Guatemala que estavam a descobrir mal saíra do acordo de paz de 29 de dezembro de 1996 e buscava colocar um fim a esse terror indescritível. Doryan e Julia decidiram que seria ali que encontrariam sua nova missão. Era aquele povo o que mais necessitava deles, como os dois me relataram:

> *O dano causado na sociedade da Guatemala se refletia nos corpos congelados pelo medo e pela desconfiança; no isolamento e confinamento, na perda dos espaços públicos, na progressiva militarização social, na pouca capacidade de debate, no desconhecimento da memória histórica e no escandaloso 98% de impunidade.*

Um povo que não ria, que se expressava pelo silêncio, falando baixo e olhando para o chão. O casal encontrou forças para empunhar um poema do guatemalteco Otto René Castillo; aqui em tradução livre:

Comunicado
Nada

---

[1] Eduardo Galeano, *As veias abertas da América Latina*, Porto Alegre: LP&M, 2016, p. 165.
[2] Carlos Dada apud "Após 30 anos, índios falam de genocídio na Guatemala", *BBC News Brasil*, 19 maio 2013. Disponível em: www.bbc.co.uk/portuguese/noticias/2013/05/130519_guatemala_massacre_ixis_cc.shtml. Acesso em: 30 jul. 2020.

poderá
contra essa avalanche
do amor.
Contra esse rearmamento do homem
em suas mais nobres estruturas.
Nada
poderá
contra a fé do povo
em uma só potência de suas mãos.
E nada
poderá
contra a vida,
porque nada
pôde
jamais
contra a vida.

A mensagem do poema "Comunicado" foi tão forte que nada os conteve. Foi nas terras maias que decidiram viver, mesmo quando organizaram as primeiras atividades artísticas para jovens oriundos das temidas *maras* e encontraram os primeiros reveses.

Entre o final do século XX e o início do XXI, a violência toma forma diversa da guerra civil, mas igualmente terrível, pelas *maras*. As *maras* são gangues formadas nos Estados Unidos a partir do êxodo de populações do Triângulo Norte da América Central (El Salvador, Guatemala e Honduras); as duas maiores, e em disputa entre si, são a MS-13 (Mara Salvatrucha – onde "*mara*" é "bando" e "*salvatrucha*" é "salvadorenho esperto", em gíria da rua) e M-18, sendo os números referência a bairros ou regiões de Los Angeles. O fenômeno das *maras* cresce em processo inverso à implementação do acordo de paz, como resultado das deportações promovidas pelo governo estadunidense. Ocorre que a maioria dos integrantes dessas gangues eram filhos de migrantes, muitos nascidos nos Estados Unidos e falando espanhol com sotaque norte-americano; gente de lugar algum, que regressa para uma terra da qual seus pais foram obrigados a sair. Foi para esses jovens que Julia e Doryan decidiram oferecer as primeiras oficinas lúdicas, recreativas e artísticas. Dos 35 primeiros alunos, apenas uma se manteve com eles: Mariela Aguirres.

Estima-se que, em uma população de 30 milhões de pessoas (entre Guatemala, Honduras e El Salvador), 100 mil integrem as *maras*. Esse fenômeno torna o Triângulo Norte da América Central a região do planeta sem guerra declarada que ostenta os mais elevados índices de homicídio por habitante. Ao serem deportados para a América Central, os integrantes das *maras* tornaram-se pessoas estigmatizadas pelo sotaque hispano-estadunidense, pelas tatuagens que cobrem todo o corpo, até o rosto e a cabeça raspada, bem como pela profunda carga de violência que trazem. Deslocados e sem família, foram construindo regras próprias de lealdade interna como meio de sobrevivência. E adentraram pelos subúrbios e favelas, recrutando mais jovens deslocados e segregados como eles. Para se manterem economicamente, colocaram-se a serviço de traficantes de drogas e demais máfias, realizando assassinatos por encomenda e sequestros, além de praticarem extorsão e roubo nos bairros que controlam. E tudo com uma violência estética, em que o terror é um meio de imposição de poder. Como regra de sobrevivência das *maras*, a lealdade absoluta, sendo que, após entrar, a pessoa jamais poderá deixá-la, bem como fica impedido de se relacionar com integrantes da *mara* adversária, pois inimigas juradas por ódio eterno. A quem descumprir a regra, a morte.

Mariela ainda era uma adolescente, assim como os demais 34 jovens, todos em situação econômica e social bastante rude e precária. Ela, vinda de El Quetzal, cidade-dormitório a 35 quilômetros da Cidade da Guatemala, a capital, e residindo na parte da cidade controlada pela Mara Salvatrucha. O primeiro impacto das oficinas artísticas idealizadas por Doryan e Julia foi que elas juntavam jovens que viviam em áreas controladas por *maras* adversárias; como as atividades situavam-se no centro da Cidade da Guatemala, com menos controle das *pandillas*, isso seria possível, imaginavam eles. De partida, o choque cultural; diferentemente dos colombianos, o povo guatemalteco se protegeu com menos festa e brincadeira, evitando sair de casa e ocupar espaços públicos; com isso, o teatro, a música e a dança foram minguando. Preservados como experiência de encontros coletivos, apenas o futebol e a Igreja; no mais, gente encerrada em casa. A maioria dos artistas havia sido assassinada ou exilada, e os que sobreviveram estavam começando a regressar ao país, o que tornava o tão necessário diálogo entre intelectuais e artistas algo escasso. Tempos de solidão. Mas como, em sua juventude, o casal Julia e Doryan habitara a cidade mais violenta (ou violentada, como preferem dizer) do mundo, haviam perdido o medo e decidiram ocupar as ruas com arte, fundando o coletivo Caja Lúdica (em português, Caixa Lúdica).

Não é fácil. Mesmo com o fortalecimento de relações de afeto e confiança, o ambiente interno no grupo de 35 adolescentes também é permeado pelas regras das *maras*. Um tanto dos jovens abandona o grupo, outros são pressionados a tensionar as relações com jovens que vivem em territórios controlados por *maras* rivais, e o ambiente de convívio vai se degradando; chega a haver o roubo do único computador do casal. Mas, em vez de desistir, eles resistem. Mariela também não desiste, mesmo ameaçada pela *mara* que integrava, até os pais dela serem ameaçados. Felizmente, em apoio à filha, a família decide mudar-se para a capital, indo morar em habitação ainda mais precária e com

Zanqueros, atores fantasiados de animais e outros seres, em frente à sede da Caja Lúdica, na Cidade da Guatemala.

Lousa na sede do grupo feminista Arte/sanas por la Paz, em Antigua, Guatemala.

trabalho igualmente mais difícil, pois em ambiente mais hostil e desenraizado. Apesar das dificuldades, comuns a todas as famílias de retirantes no mundo, a filha, por meio da arte e da gestão comunitária, consegue romper com o destino que lhe era reservado. No início, os pais não compreendiam qual futuro a arte poderia oferecer a ela; mas, com ternura camponesa e invocando tradições dos povos maias, entendem que era chegado o momento de Mariela realizar o seu *katun*, mudando seu ciclo de vida, tal qual o tempo e suas mudanças.

Para os povos maias, o tempo se move em processos cíclicos, em ritmo de aspiração e expiração, isso porque o Sol, que emana luz e calor, também é um ser vivo. Nessa rotação cíclica, a consciência vai se aperfeiçoando em frequências vibratórias cada vez mais elevadas. Isso acontece tanto com os indivíduos como com as civilizações, que vão alcançando novos estágios a cada nova rotação. No entendimento dos povos maias, antes da atual civilização já houve quatro outras, a última, destruída por uma grande inundação, como o dilúvio bíblico. Os desastres e desarmonias que o mundo vive hoje seriam, pela cosmogonia maia, evidências de uma nova catástrofe, a destruir a atual civilização, abrindo caminho a outra, no que seria a sexta civilização, de um conjunto de sete. Na sequência dessas civilizações, estaríamos no último período de grande aprendizado, em que manchas e ventos solares (todos estudados pelos maias, em sua brilhante astronomia, há mais de mil anos) se intensificarão e se combinarão com as interferências produzidas pelos humanos, acelerando condutas de depredação, violência e contaminação do nosso mundo. Na sabedoria ancestral, são mudanças necessárias para uma melhor compreensão do universo, fazendo-nos avançar a patamares superiores de espiritualidade e convivência, eliminando o medo e a falta de sentido e de respeito nas relações dos humanos entre si e com os demais seres. Para os maias, o mundo e o pensamento giram em espiral.

Em espiral girou o pensamento da Caja Lúdica quando eles mergulharam no *Popol Vuh*, o livro sagrado dos povos maias. Foi no "livro da comunidade", que também pode ser traduzido como "livro da Casa Comum", transmitido pela oralidade e traduzido em idioma *quiché* (um dos idiomas maias, falado no atual território da Guatemala), por um indígena que aprendeu a usar o alfabeto latino no início da conquista espanhola, que Julia e Doryan encontraram sentido para sua vida e para a vida dos que os cercavam. Segundo o *Popol Vuh*: "Uma só foi a origem da tradição e a origem dos costumes de todos os povos". Descobrindo-se parte de uma única grande casa, o casal encontrou a paz e a utopia que tanto procurava, podendo fincar raízes naquelas terras e com aquela gente que também era a sua gente, gente de *maíz*, milho.

Com o tempo, outros jovens foram encontrando a Caja Lúdica e, paulatinamente, mudanças de atitude foram acontecendo, até ocuparem as ruas e praças com centenas de intervenções artísticas. Ocuparam também um grande edifício abandonado, outrora sede dos Correios. Transformaram o edifício em Casa da Cultura, e os artistas foram aparecendo; e os jovens; e a criação. E o lúdico voltou. Naqueles tempos de pós-conflito, mesmo a polícia, tão rechaçada pela conduta repressiva, teve que procurar a Caja Lúdica em busca de novos processos de sensibilização e convivência cidadã. E a jovem Mariela foi assumindo novas funções, no auxílio e preparo das atividades de gestão comunitária e das artes.

Caminhos antes desconhecidos foram sendo abertos em formação profunda, de boa qualidade, amorosa, inspirando e instigando uma sociedade que recomeçava a cerzir os seus farrapos. E em aliança. Souberam dialogar e buscar apoios e parcerias: cooperação internacional, outras entidades comunitárias, desde as pequeninas até as mais bem estruturadas, empresários que assumiam uma nova consciência, prefeituras, universidades. Com a Universidade Nacional Maior de San Marcos, uma das mais antigas das Américas, remontando ao século XVI, criaram os cursos de animação cultural e gestão cultural comunitária, que já formaram, em mais de uma década, 6 mil professores e agentes comunitários do lúdico, da arte e da recreação. Agora esses agentes atuam em todo o país. Em 2017, o Ministério da Cultura da Guatemala cria uma gerência para a Cultura Viva, abrindo mais um caminho para a consolidação desse conceito enquanto política pública. E, em vinte anos, um Estado, antes impermeável ao seu povo, começou a ser moldado com as feições desse mesmo povo. Há também os festivais de poesia, cuja ideia eles trouxeram de Medellín. Mas o grande festival foi o que veio das entranhas da alma maia, os *zancos*, o Festival da Perna de Pau. Assim como a *pelota*, os *zancos* estavam entranhados na alma daqueles povos desde tempos imemoriais, fazendo com que os homens, ao caminhar, ao sorrir e ao brincar, se tornassem gigantes.

O tempo de um *katun* é de vinte anos. Foi esse o tempo do casal Julia e Doryan na Guatemala, período em que encontraram a magia da América Latina em toda a sua dimensão lúdica, conceitual, ancestral e espiritual. Foi o tempo necessário para promoverem processos de reparação coletiva, em caráter simbólico, vivencial, visceral. O tempo para a necessária profundidade, que só pode ser encontrada pela experiência que atravessa os sentidos. Naquele contexto duro, de profunda solidão inicial, foram modificando o entorno a partir de pequenas ações. Até que as pessoas percebessem que eram capazes de criar suas próprias palavras, seus próprios gestos, sua própria arte. Um país inteiro. De repente, seiscentos *zanqueros* (pessoas em pernas de pau, fantasiadas de animais e todos os seres que desejassem) estavam nas ruas, em *comparsas* festivas, comemorando o equinócio, o solstício, em uma "sincronia com os ritmos cósmicos e o próprio fluir do universo". No lugar do conceito de permanência, a Caja Lúdica criou o conceito de "*pervivencia*", o permanecer vital, "encontrando as maravilhosas formas que as pessoas inventam quando se organizam para continuar fortalecendo a cultura viva comunitária". E um povo entristecido, silenciado e amedrontado, que desaprendera a sorrir e a mirar o interlocutor nos olhos, foi redescobrindo o sentido da alegria. Alegria sempre presente no livro ancestral daqueles povos, o *Popol Vuh*:

> *Eles eram grandes sábios, adivinhos, e era muita sua sabedoria aqui na terra, seus hábitos eram muito bons, e Hun Hunahpú ensinou a seus filhos, Hun Batz e Hun Choven, a jogar pelota, a contar, e a pintar, e a entalhar, a lavrar pedras preciosas e fazer ourivesaria.*

"Somos diferentes, isso temos em comum!", é o que constata o casal de Medellín, que se vê espelhado na Guatemala. Esse tem sido o lema da Caja Lúdica, que encontra sentido nos pequenos gestos, nas pequenas coisas. Em um mergulho profundo dentro de si, como aconteceu com os jovens, que precisaram se afastar de seus territórios externos para se achegar aos seus próprios territórios, seu corpo, sua alma, e adentrá-los. Afetados pela guerra e pelas violências, pelas injustiças e iniquidades, esses corpos foram sendo moldados em um campo fértil para que germinasse um "tirano adentro". Esse tirano florescia (floresce) no terreno fértil das raivas e dos ódios profundos que imobilizavam e amedrontavam aquele povo. Definitivamente, foi preciso superar esse tirano entranhado, impedindo que ele seguisse comandando aqueles jovens tão sofridos. Venceram-no com as armas do lúdico, do jogo, da arte, da convivência.

Ao mergulharem no mundo maia, Julia e Doryan também descobriram que sua missão havia cumprido seu *katun*, o ciclo de vinte anos. Assim, começaram a planejar a saída, pois não há como falar em sustentabilidade sem pensar nas novas gerações que devem sustentar o futuro. Foi um processo pensado, planejado. "Não podemos ser os que estão sempre à frente", refletem os dois. Quem seriam aqueles que os substituiriam? As mulheres, pois a violência mais visceral sempre foi contra elas, e sem que as mulheres assumissem o centro do palco jamais haveria o necessário acolhimento e cuidado; também os jovens. Para isso procuraram fortalecer redes de protagonismo juvenil e arte comunitária, como a Red Maraca, que atualmente se espraia por toda a América Central. Assim fizeram, em meio a uma loucura que ata confiança e liberdade.

Como pétalas que voam, em 2016, Julia e Doryan regressam às montanhas de Medellín, para um merecido descanso e novas aventuras, em meio às borboletas da Colômbia, o país das *mariposas*.

BORBOLETAS

"Sua filha foi à minha aldeia e levantou a cabeça de todas as meninas!" Uma tecelã do mercado de Chichicastenango agradece a El Gordo (o do Barrio Comparsa, em Medellín), pela atuação de Catarina, sua filha e "mais formosa criação", junto às meninas de seu *pueblo*. Intercâmbio sempre houve, um ir e vir entre povos, não para conquistar e colonizar, mas para partilhar e desenvolver ações sustentáveis, em colaboração. Essa é a história de Abya Ayala, Pátria Grande; essa também é a história, a preocupação e a intenção da cultura viva. E Fernando, El Gordo, de Medellín, também se descobre na Guatemala.

Deixando a Caja Lúdica (mas levando-a no coração e sempre juntos), o casal Julia e Doryan pôde quedar-se tranquilo nas montanhas da Colômbia, pois havia quem os substituísse. Passados vinte anos, a Caja conta com um plano estratégico de desenvolvimento para o quinquênio 2015-20; são entre 20 e 25 pessoas trabalhando na instituição, com salários entre US$ 150 e US$ 400 por mês. Para honrarem os compromissos há um plano de sustentabilidade financeira, que busca equilíbrio de receitas, entre cooperação internacional e oferecimento de consultorias, produtos e espetáculos, garantindo um fluxo anual de US$ 180 mil. Um orçamento bem reduzido em função de todo o retorno que trouxeram e ofertam a um país inteiro, e que se ramifica em rede por todo o subcontinente. À frente da entidade, três mulheres que ingressaram adolescentes nas oficinas de arte e lúdicas. Na formação artística, Paulina; na sustentabilidade e gestão, Brenda; como coordenadora-geral, Mariela Aguirre, a menina que enfrentou o destino e resistiu à Mara Salvatrucha.

O segredo de tamanha sustentabilidade foi compreenderem, tal qual a cultura maia, que todos os seres carregam luz e obscuridade dentro de si, e a sabedoria está em iluminar o que precisa ser iluminado e sombrear o que precisa ser sombreado. Tudo em sua hora, promovendo uma diversidade complementar, em que distintas formas se encaixam em poliedro. "E, se não começa pela casa, não há mudança possível!", reforça Mariela, agora coordenadora-geral da Caja Lúdica.

Mas essa não é a história de uma entidade só. Caja Lúdica são muitas!

Uma biblioteca em comunidade rural. Programa modesto, iniciado como clube de leitura e férias para crianças filhas de camponeses. Arte, nutrição, saúde, muitos voluntários, madrinhas e padrinhos, a maior parte deles vivendo fora da Guatemala, cada qual garantindo o custo mensal de uma criança, em valores modestos, US$ 10-20 por mês. E quanta diferença faz! A entidade cresceu, chegando a trezentas crianças, com uma boa sede e múltiplas atividades. Até que a burocracia dos controles frios foi atrofiando o trabalho quente. Em 2013, tiveram que entregar a sede bem instalada, e as atividades e o atendimento tiveram que diminuir. "Foi uma sensação de vazio, uma tristeza tão funda", diz Alexandra Hernández, jovem feminista atuando na cidade de Antigua, a capital nos tempos da Guatemala colonial.

Recomeçaram tudo. Ela, seu namorado, Billy Ochoa, jovem formado pela Caja Lúdica, e algumas amigas voluntárias, fazendo o trabalho na rua, sem sede.

E começam a se reerguer. Em 2017 contavam com 15 doadores, em valor fixo de US$ 35 por mês, mais um doador com valor um pouco maior. Agora, com ênfase no feminismo, se denominam "mulheres artesãs pela paz", em espanhol *Arte/sanas por la Paz*, de cura e sanidade. Combatem o feminicídio (entre janeiro e fevereiro de 2017, três mulheres foram assassinadas na cidade) e a violência contra mulheres, acompanhando investigações policiais negligentes. Como método: círculos de sanidade e esperança, diariamente realizados na praça principal de Antigua, às 17 horas. Não desistem. E sonham com uma biblioteca móvel e um espaço seguro e criativo para que as famílias se integrem em uma "escola para os pais", que eles já realizam em espaços emprestados, por enquanto, em um sábado por mês. Em 2016, o tema da escola para os pais foi: "Ternura e leitura de contos infantis em família"; para 2017, "Comunicação não violenta". Ensinam aos pais porque a maioria deles mal saiu da adolescência, precisando aprender também. Apesar de todas as dificuldades, Alexandra não se vê em outro lugar e, para sustentar seu filho, trabalha em um abrigo para mulheres com problemas de saúde e depressão. E segue sonhando. E lutando.

Em 8 de março de 2017, a Guatemala acorda com mais uma cena de horror. Quarenta meninas haviam sido assassinadas em um incêndio provocado. O paradoxo é que essas meninas viviam em um abrigo de acolhimento para vítimas de abusos sexuais e violência doméstica. Dias antes, elas preparavam um protesto contra os administradores do espaço, pelas violações e abusos sexuais que sofriam; muitas das que vieram a morrer estavam grávidas e, suspeita-se, por estupro dos que deveriam cuidar delas. Um dia antes, várias, em torno de sessenta, fugiram do local. Na sequência, o abrigo foi trancado por fora, com as meninas todas dentro, centenas. Como na história do livro *O leitor*, de Bernhard Schlink, também transformado em filme, quando soldados nazistas trancam prisioneiros judeus e os impedem de sair, mesmo acontecendo um incêndio no local. O abrigo das meninas era em um galpão de madeira, e toda a história foi muito nebulosa, pois notícias dão conta de que havia combustível circundando o prédio, fazendo com que a temperatura no incêndio chegasse a novecentos graus. Nos dias seguintes, protestos se sucederam por todo o país e também em Antigua, a cidade colonial e turística da Guatemala multicolor. Como organizadores, Adriana Hernández, Billy Ochoa e tantas jovens em um país que ainda não venceu o medo e o horror; mas vai vencer e vai realizar o seu *katun*.

Nestor Concoha começou a trabalhar com 7 anos de idade, quebrando mármore em pedreira; quatro horas por dia, de segunda a sábado, ganhando 25 *quetzales* (US$ 3) por semana. Seus pais vieram de uma comunidade indígena e moravam em Quetzal, a mesma cidade de Mariela, em que faltam todos os serviços básicos – água, drenagem, arruamento, centros de saúde, escolas de boa qualidade – e sobra muita violência. A vida dele começou a mudar quando tinha 11 anos de idade e pôde frequentar atividades lúdicas e artísticas na entidade

Estudos e Projetos de Esforço Popular (Eprodep), criada ao final da guerra civil, por clubes de mães, comunidades eclesiais de base, sindicatos e ativistas de direitos humanos. Para participar das atividades as crianças recebiam uma bolsa de US$ 10 por mês, o suficiente para que deixassem o trabalho infantil e continuassem contribuindo no sustento da família. Dez dólares por mês, o meio para fazer com que uma criança deixe de quebrar pedras e possa brincar e fazer arte. Comparativamente ao Brasil, esses US$ 10 equivalem a 40% do valor do Bolsa Família, transferido por criança, que, em 2016, atendia 14 milhões de famílias por um custo total equivalente a apenas 0,4% do PIB brasileiro. Com isso as crianças puderam encontrar um lugar raro (que não deveria ser raro), em que brincar representava um marco, com o fim de uma vida (na pedreira) e o começo de outra (na escola). Na Eprodep, Nestor aprendeu carpintaria, envolveu-se em trabalhos comunitários e abriu a mente para analisar a realidade à sua volta; e poder transformá-la. Agora é adulto e atua em organizações comunitárias, na prevenção da violência através da arte e do lúdico, mais especificamente na defesa de direitos de crianças e adolescentes, com enfoque em meninas em situação de vulnerabilidade. Com quase trinta anos de atuação, a Eprodep é uma entidade consolidada e se sustenta com contribuições voluntárias, sobretudo de paróquias católicas dos Estados Unidos, além de aportes próprios, na ordem de 30%, e projetos específicos. Como princípio, o atual presidente da entidade afirma: "A educação que não transforma, que não cria pensamento crítico, é uma educação que não serve. Educação tem que ser para pensar, e para que as pessoas pensem por si mesmas". O nome dele: Nestor Concoha.

Beatriz Sandoval e Ronald Carrillo formam um casal e, juntos, dirigem a Escola Frida Kahlo para *niños y niñas pintores*. Eles se conheceram na faculdade de belas-artes; de famílias de classe média, ao se formarem, ela foi trabalhar como professora em um colégio de elite, e ele, como cenógrafo no Teatro Nacional. Com o tempo perceberam que não era isso que desejavam e deixaram o emprego. Passaram a trabalhar com a capacidade curativa da arte e para além da escola de arte que fundaram. "Começamos a meter o nariz nas casas do migrante", diz Beatriz. As casas do migrante resultam de um acordo de cooperação (cooperação?) entre o governo da Guatemala e o governo estadunidense e foram criadas para receber centro-americanos, de nacionalidades diversas, deportados dos Estados Unidos. Por acordo com os Estados Unidos, a Guatemala recebe deportados em guarda provisória, mesmo que não tenham nascido no país, em um mecanismo jurídico bastante questionável que deixa as pessoas em um limbo de nacionalidade. O casal, de forma voluntária, começa a dar aulas de artes nessas casas. Em uma delas encontra três irmãs, uma com 9 anos de idade, outra com 8 e a menor com 6, todas nascidas nos Estados Unidos, mas filhas de salvadorenhos não documentados, que seguem sem nacionalidade alguma, vivendo longe dos pais, detidos em uma casa do migrante. O crime delas: foram capturadas quando estavam sozinhas, perambulando na rua, entre travessuras e brincadeiras de crianças, como tantos bilhões de crianças já fizeram e fazem. Por estarem desacompanhadas, e os pais, legalmente impedidos de resgatá-las, foram deportadas, e há meses permanecem nessas casas do migrante. Uma casa acanhada para abrigar tantas crianças, sem quintal nem espaço para brincar. Na casa, até as janelas são trancadas por grades. E as meninas, impedidas de sair.

Beatriz e Ronald seguiam ministrando aulas de pintura, talvez o único momento de fantasia proporcionado para aquelas crianças. Sempre um tema novo. Certo dia, o tema escolhido foi "nuvens". Mas como pintar nuvens se não havia meio de as crianças enxergarem as nuvens?

No dia triste o meu coração mais triste que o dia...
No dia triste, todos os dias...
No dia tão triste[3]*...*

As nuvens não podiam ser avistadas de dentro, e a direção da casa do migrante não permitia que as crianças saíssem para a rua, com receio de fuga. Como ver as nuvens? As crianças, com o jeito delas, buscaram atravessar as grades da janela, contorcendo as cabecinhas e movendo o olhar. Era necessário que aquelas irmãs mirassem os céus para encontrar ao menos a imagem de uma pequena nuvem e suas formas variadas. "Olhem aquela, parece uma montanha se movendo!", "E a outra, tão pequenina. Sumiu!", "Um pássaro!", descobriam as irmãs. Um pequeno exercício, tão simples e comum, que se realiza deitado na grama, em brincadeiras imaginativas entre adultos e crianças. Exercício tão singelo e tão custoso àquelas meninas, prisioneiras em lugar algum, pelo crime de nascerem em lugar algum. Após o exercício de contorcionismo imaginativo, as nuvens foram recriadas em papel; em um dos desenhos, nuvens entre grades. Nuvens a representarem momentos de humanidade e desumanidade, também momentos de empatia e afeto. Como únicos amigos daquelas meninas, o casal de artistas e as nuvens de algodão.

Há uma força que move o casal. Mesmo em condições tão torturantes, em que nem sequer conseguem permissão para levarem crianças para se deitarem na grama em busca de inspiração, Beatriz e Ronald vão inventando suas formas de arte, suas temáticas inspirativas. Lançam gritos desesperados. Inventam temas: melancia, cores, milho, árvores. Quando podem, convidam amigos especialistas a falarem sobre o tema, o *maíz* ancestral e os transgênicos; também contam com a ajuda de amigos psicólogos. Os sonhos deles são muitos. Uma sede maior, que possa receber mais alunos e, quem sabe, receber as crianças das

---

[3] Álvaro de Campos, heterônimo de Fernando Pessoa, poema "Nuvens".

casas do migrante enquanto houver fronteiras no mundo e essa odiosa forma de deportação de crianças continuar existindo. Querem também pintar cada uma das casas do migrante, por dentro e por fora, enchê-las de cor e de vida.

Beatriz também tem um sonho que a persegue há muito tempo deseja oferecer algo mais às crianças maltratadas e violadas. Quer que a arte auxilie meninas violentadas a encontrarem ordem em uma vida com tantas instabilidades e desordens, com tanta maldade e abusos. Beatriz deseja realizar esse sonho oferecendo um *mariposario*, um borboletário, às meninas. Uma ideia simples e, por isso, genial. Natural e artística. Cada menina receberia uma borboleta-monarca e uma planta cujas folhas pudessem servir de alimento para que o ovo, depois larva, se transformasse em pupa. Com essa terapia viva as meninas acompanhariam a lagarta transformando-se em casulo, depois borboleta. Um ciclo de regeneração, vida e beleza, tal qual deve ser a vida de todos os seres, tal qual deve ser a vida daquelas meninas-borboletas.

Na Guatemala, a cultura pulsa e se recria como semente de *maíz*. Em meio a tanta desordem, tanta feiura e violência, tantos maus-tratos no mundo, brotam beleza, bondade, criação. Como nas cores e tecidos das indígenas da Guatemala. Únicos! País de tanta existência útil, boa e bela, não à toa, esse pequeno país no coração da Terra ostenta dois prêmios Nobel, de Literatura e da Paz.

Assim esse povo vai se reencontrando em seu ciclo de vida, pela metamorfose das borboletas, e redescobrindo o *Popol Vuh*:

> *Ó tu, formosura do dia! Ó tu, Coração do Céu, Coração da Terra! Tu és o doador da vida e dos filhos e filhas! Concede a vida a nossos filhos e que se multipliquem. Que não encontrem perigo diante ou detrás deles. Concede-lhes bons caminhos e que não tenham infortúnios, e sim muita alegria. Que seja boa a existência dos que te dão sustento. Ó Coração do Céu, Coração da Terra!*

DEFICIÊNCIAS INTELECTUAIS: UMA AÇÃO INCLUSIVA

BRASIL

Todo sonho tem algo de profético.
Talmude

Mônica estava ansiosa. Dias antes havia preparado as palavras que iria dizer, escritas à mão, em letra caprichada. Chegara cedo ao compromisso, estava bem arrumada, tranquila e nervosa ao mesmo tempo. Sabia como iria se comportar, estava segura, mas ainda assim havia o peso da responsabilidade: ela seria a porta-voz a apresentar as ideias de seus amigos ao interlocutor, o papa Francisco. Um diálogo por videoconferência, com dez países conectados, em que o papa primeiro ouviria os jovens e depois interagiria com eles, respondendo às questões. Do Brasil, oito jovens presentes; destes, duas adolescentes a dirigir a palavra a Sua Santidade, uma delas com síndrome de Down, Mônica. Ela assume a palavra:

> *Eu agradeço a Deus por ter participado do projeto Scholas Occurrentes, que nós aprendemos muito com os outros alunos e também aprendemos que não devemos ter preconceitos com as pessoas. Devemos tratar todos por igual. Devemos dar carinho, amor e atenção, porque cada pessoa tem sua diferença. Ninguém é igual a ninguém. Todos precisam ser respeitados.*

Oficina de artes no Instituto Olga Kos, em São Paulo.

Menina inteligente, amorosa e perspicaz, Mônica desenvolveu suas habilidades participando das oficinas de inclusão cultural promovidas pelo Instituto Olga Kos (IOK), que há dez anos oferece cursos e oficinas de artes e esportes para pessoas com deficiências intelectuais, sobretudo síndrome de Down e autismo. Antes desse encontro com o papa, Mônica participara da primeira Jornada da Cidadania realizada no Brasil, como atividade do programa Scholas Occurrentes, promovido com o patrocínio do IOK. Nessa jornada, jovens de vinte diferentes escolas, entre públicas e privadas, e com diferentes orientações religiosas e classes sociais realizaram uma imersão de cinco dias para debater problemas comuns. Foram os próprios jovens que elegeram os dois temas a debater: reforma educacional e diversidade e inclusão. Durante a jornada, buscaram compreender as causas desses problemas, testando hipóteses e apontando soluções. Ao final, apresentaram as resoluções, na forma de relatório e expressões artísticas, às autoridades do município de São Paulo.

Assim como Mônica, 3.500 jovens participam das oficinas do IOK, cujo objetivo é promover a inclusão e integração de pessoas com deficiências intelectuais a partir da arte e do esporte. Perguntado sobre a motivação e a dimensão do trabalho que realizam, Wolf Kos, fundador do instituto, junto com sua esposa, Olga, responde: "Não existe dimensão geométrica para medição de valores infinitos. A dimensão é a potencialização da esperança através da inclusão pela arte do encontro". Incluir pressupõe respeito, e respeito pressupõe olhar outra vez, do latim, *"respectus"*, "olhar de novo"; é esse segundo olhar que diferencia respeito de tolerância, esta mais vinculada à ideia de suportar, de condescendência, em que se "aceita" o diferente, mas mantendo uma equidistância, ou relação de superioridade. No caso do respeito, para praticá-lo, há que se colocar no lugar do "outro", em processos de empatia sensível. Em uma palavra: praticar a alteridade; do latim *"alter"*, "outro". E isso só pode acontecer em relações de equilíbrio entre as pessoas, por mais diferentes que elas sejam entre si.

Dani, participante das oficinas de artes, tem síndrome de Down. Birrenta, só fazia as coisas do jeito que ela queria. Se alguém a contrariasse, entrava em crise e só acalmava quando cediam aos seus caprichos. Não admitia passar por contrariedades e, quando isso acontecia, não respeitava ninguém. Com o tempo foi mudando, admitindo que os outros colegas compartilhassem suas telas na mesa de pintura, respeitando os professores e aprendendo a ceder. Essa mudança ocorreu não por uma ordem de fora para dentro, mas sim pelos exercícios do fazer artístico que estimulavam os participantes a interferir na obra dos outros, em processos de troca, observação e experiência. Foi entre cores e pinceladas que Dani aprendeu a respeitar os colegas e a si mesma. Esse processo de exercício do respeito é claramente identificável nas oficinas de arte do Instituto Olga Kos. A intolerância grassa no terreno fértil do desrespeito, isso porque ele bloqueia a possibilidade de interação com o "outro", de compreensão sobre o

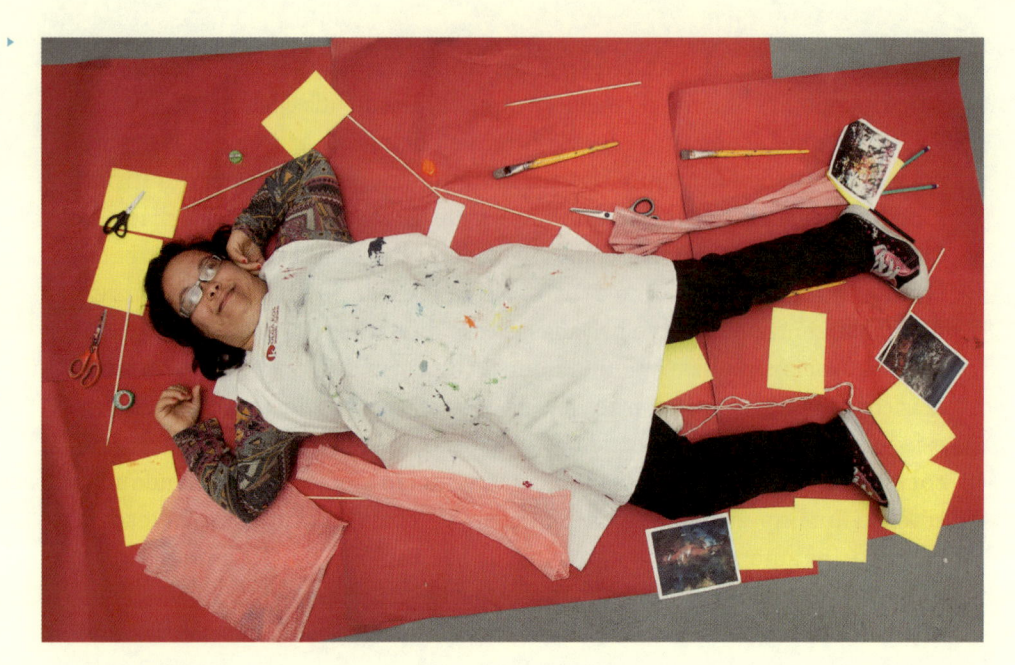

"É na relação com o 'outro' que a existência do indivíduo vai sendo reconhecida."

diferente. O que o trabalho do instituto busca é o estímulo à percepção daquilo que é diferente, fazendo que, no exercício dessa percepção, como em um jogo de espelhos, as pessoas comecem a perceber no "outro" o que elas têm em si.

É na relação com o "outro" que a existência do indivíduo vai sendo reconhecida, desvelada, abrindo novos processos de desenvolvimento pessoal. E esse é um exercício que se executa a partir da arte, com método. No caso do IOK, experimentados e refletidos em mais de dez anos de trabalho. Primeiro, rompendo relações de negatividade com o diferente, o que é muito comum acontecer quando as combinações são binárias (certo/errado, normal/anormal). O objetivo é fomentar a reciprocidade de ideias e sua interação, até que o anormal deixe de ser estranho; isso porque todos somos iguais e diferentes ao mesmo tempo, com singularidades e peculiaridades que nos tornam únicos, e é nessa unicidade que nos identificamos e nos diferenciamos na relação com o "outro".

Passados dez anos da realização de oficinas de arte, Silvana Gualda, artista plástica e coordenadora das oficinas, apresenta sua avaliação:

> *O que deu certo foi entrar sem prevenção. Partir do princípio de que todos são iguais. Eu sou uma artista e, quando cheguei aqui, nunca havia trabalhado com pessoas com deficiência intelectual. Já havia dado aulas, mas não para esse público. Fui fazendo. E parti do princípio de que todos são iguais. Como eles também não têm preconceito, deu certo. Aqui não se trata de arteterapia, isso é outra coisa, o que fazemos nessas oficinas é Arte. Depois veio a ideia do Wolf de trazer artistas*

consagrados para compartilhar a obra com eles. Demos um salto! E hoje posso dizer que há muitos artistas que se revelam nessas aulas.

Ao incentivarem a percepção do "outro" em processos criativos, vão possibilitando que os participantes se exercitem na diferença e assim aprendam a se inter-relacionar, percebendo que a maneira de ser de uma pessoa é tão possível como tantas outras. E esse é o primeiro passo para que aconteça o rompimento dos preconceitos, no que eles definem como "pintar a síndrome do respeito".

Respeito também pressupõe que as pessoas compreendam os próprios limites e limitações, assim como os limites e limitações dos outros, inclusive porque todas as pessoas, de alguma forma, carregam deficiências a serem complementadas. Como indivíduos e como humanidade. Na falta de uma pele mais grossa, ou de pelos mais espessos, que permitissem manter o corpo aquecido, os humanos tiveram que utilizar peles de outros animais, depois roupas. Na falta de garras e presas, ferramentas, desde uma pedra lascada a sofisticadas formas de cortar. Para quem não anda, cadeira de rodas. Para quem tem dificuldade em ouvir, aparelho auditivo. Para dificuldade de visão, óculos. Toda deficiência humana necessita ser completada. Não somente para as deficiências físicas como também para as mentais e sociais, sempre será necessário buscar uma prótese a nos servir de complemento. Com a deficiência intelectual a prótese é o método; como há método para o ensino de matemática, física, química, história, linguagens. Há pessoas que têm deficiência na capacidade de argumentação, não sabendo lidar com a adversidade, mesmo tendo um grande desempenho cognitivo. Outros têm deficiência ao não respeitarem regras, ao não respeitarem o próximo. Alguns carregam a deficiência da ganância exacerbada, do individualismo patológico, e com isso demonstram a incapacidade em defender o bem comum, causada por um egoísmo sem limites; nesse caso, uma deficiência de alteridade.

Todos temos deficiências – além das físicas, comportamentais e mentais – e a forma de supri-las vem da prática de exercícios culturais. Estudos científicos indicam que apenas 13% das pessoas com deficiência intelectual têm comprometimentos mais severos, exigindo atendimento especial por toda a vida; os demais, se tiverem oportunidade de tomar contato desde cedo com métodos e estímulos adequados, podem conseguir avanços significativos em seus processos de desenvolvimento e autonomia. Como todos temos deficiências, portanto, esses estímulos e métodos deveriam ser aplicados a todos, na base da diversidade complementar. E o primeiro grande estímulo à convivência seria romper a barreira do preconceito, conforme a menina Mônica expressou ao papa Francisco.

Ao longo dos anos, o Instituto Olga Kos foi experimentando seu próprio método de educação em artes, não exatamente algo elaborado previamente, teorizado, mas construído no processo, de forma empírica, com tentativas, erros e acertos. Como método, as oficinas de artes são realizadas sempre a partir de uma inspiração, uma referência em torno de um artista consagrado, em um procedimento de quatro etapas: a) busca pela compreensão sobre a obra do "outro"; b) cópia e imitação; c) desconstrução; d) recriação em bases novas.

Em relação à obra abstrata, não figurativa, criaram o módulo "Magia em papel", com colagem e pintura sobre papel. Primeiro, os participantes cortam e rasgam os papéis, em diferentes formas, cores e tamanhos, depois começam a colar e sobrepor as partes, para, em seguida, pintar. Quando a obra está pronta, cortam novamente, e trocam pedaços entre si, até que a obra vai deixando de ser individual para tornar-se coletiva. Obras antes repetitivas ganham vivacidade, novos contornos, novas combinações de cores, novas formas e texturas. E assim os alunos se descobrem artistas, a partir do exercício de "se ver" e "ser visto"; do criar a partir da própria concepção e do criar a partir da concepção do "outro", aceitando a contribuição do "outro". E, quando a obra parece pronta e acabada, novos recortes e novas criações, em um inacabamento constante. O efeito desses exercícios tem impacto não somente na vida de quem está diretamente envolvido na oficina, e sim no entorno, na convivência social, na relação com familiares.

A história de uma mãe, quando se descobre que ela tem um sorriso bonito. Algo tão sutil que não pode ser medido por nenhum indicador, mas que tem um efeito na qualidade de vida e no ambiente social, inestimável. A mãe não era de sorrir. Casa, trabalho como empregada doméstica, entre três a quatro horas por dia em transporte coletivo na imensa cidade de São Paulo, o cuidado com o filho já crescido, mas que dependia dela. Uma vida de labuta para uma mulher que teve uma trajetória difícil, desde criança. Sempre o cuidado com os outros, e sempre tão pouco tempo e tão pouco retorno para ela mesma. Mãe de dois filhos, um deles com esquizofrenia, epilepsia e muita dificuldade em se relacionar. Foi em oficinas de arte que ela pôde, pela primeira vez, perceber a evolução do filho, sem necessidade de internação e sem que ficasse tão preocupada com a reação dele. Mas não foi um início fácil, o filho tinha talento, gostava de desenhar e pintar, porém não aceitava que as pessoas chegassem perto, muito menos interferissem em sua criação. Até que um dia a turma recebe um artista. Cadu, o filho, observa as obras, gosta das cores, sobretudo do azul, e sente que as imagens estão em movimento, têm relevo, pulsação, mesmo que abstratas. Eram pintura sobre colagem. Ele conversa com o artista, que lhe diz: "Para fazer isso eu corto, rasgo, colo, depois pinto em cima. E, quando não está bom, rasgo novamente e reaproveito tudo". Na sequência, Cadu se aproxima da tela, devagar, com olhar desconfiado, e vai passando os dedos para sentir o relevo. Sente o movimento, as formas. Vai para sua tela e começa a rasgar a própria obra. Antes, não permitia que ninguém mexesse nela, muito menos aceitava auxílio de outras pessoas; mas, dessa vez, ele não só aceita ajuda como corta, rasga, cola. Foi a primeira vez que não implicou com a interferência dos colegas, ao contrário. Um mês depois, a tela dele está exposta em um museu. A mãe acompanha o filho na exposição de arte. Veste a melhor roupa, assim como ele. Vê a obra do filho com certa incredulidade. O artista inspirador se aproxima e conversa com a mãe, elogiando o trabalho. Foi a primeira vez que a mãe ouviu um elogio a uma criação do seu filho. Até então, ela estava mais acostumada a ouvir reclamações, repreensões ou, no máximo, palavras de consolo, mas jamais comentários na forma de elogio. Ainda mais um elogio sincero, feito por um artista consagrado. A mãe, tímida, abre um sorriso. Ela tem um sorriso bonito. Eu vi esse sorriso, e por isso o traduzo em palavras, pois o sorriso da mãe é o maior indicador de êxito de um método.

O mesmo se passa em exercícios coletivos de criação, não sobre a tela, mas em círculos vivos, "círculos em arte". A busca pelas formas vazadas, o movimento dos círculos, os poliedros, os ângulos da luz, as sombras formando novas formas. O vazio, o cheio. Do concreto para o abstrato. Rolos de barbante, novelos de lã ou fitas coloridas em que cada aluno é convidado a segurar uma parte, da forma que lhe convier. Ao segurar o novelo o aluno se apresenta, fala de seus sonhos, desejos, sugestões para novas formas. E acontece uma combinação, entre formar uma obra de arte coletiva, utilizando os próprios corpos, e o aprendizado de ouvir, em uma arte física, mutável, que também é jogo. Uma arte viva, que permite que o pensamento abstrato ganhe forma. O círculo como expressão da eternidade, sem princípio nem fim. Do círculo ao pentagrama, do pentagrama ao poliedro, do poliedro às formas geométricas imperfeitas, imperfeitas como a vida, fruto de processos aleatórios e, ao mesmo tempo, ordenados. A identidade na diversidade, presente no processo da vida, como no caso de pessoas nascidas com síndrome de Down, em que a simples alteração na sequência cromossômica, com um cromossomo a mais, já é capaz de redefinir padrões físicos e mentais a alguém que está por nascer. Ao final do exercício, quando todos formaram uma obra de arte coletiva, a partir dos movimentos do corpo e pela forma com que seguram o novelo, é possível visualizar uma teia, resultado do entrelaçamento entre modos de ser, sonhos e singularidades. E a arte se desfaz para começarem novos exercícios, com obras de arte sem fim.

Zé Rubens, menino com mais idade, 40 anos, talvez mais, difícil precisar. Produz artesanato em uma instituição e com seu trabalho se sustenta. Muito metódico, não gosta de mudar procedimentos, mantendo uma fleuma total, sobretudo nos intervalos, na hora dos jogos coletivos. Os colegas brincam: "E aí, Zé, venha jogar com a gente, Zé Bonitão!". Um jogo simples, em que precisam fechar os olhos e passar uma bolinha para outro colega. "Vai Zé, fecha os olhos, jogue a bolinha!", provocam os colegas. Ao que ele responde: "Eu não consigo fechar os olhos. Mas sei jogar a bolinha pelas costas!". E joga. E o jogo segue, em novo movimento. Todos riem e exclamam: "Ê, Zé Bonitão!". E a brincadeira continua.

Noutro jogo. João Eduardo nunca acreditava que o que fizesse daria certo. "Vai dar errado!", sempre dizia. "Vai, João! Pinta. Vai dar certo!", estimulavam os amigos. E João respondia: "Vai dar errado!". "Pinta, vai dar certo! Vai, João!", repetiam os colegas. Até que João se sente seguro e começa a misturar as cores. O vermelho sobre o marrom vira laranja. "Vai dar errado", João repetia. O azul sobre o laranja vira lilás. "Pinta, vai dar certo. Vai, João!" O azul sobre o marrom, o lilás sobre o amarelo, o vermelho sobre o azul, o laranja sobre o preto. Ficou bonito! João gostou e nunca mais parou de misturar as cores. Até que em outra aula, ao chegar, João passou a dizer: "Vai dar certo. Vai dar certo!". Deu certo!

É comum as pessoas terem uma visão distorcida sobre o processo criativo envolvendo pessoas com deficiências intelectuais. Ou supõem que sejam criações sem amarras, o que é em parte verdadeiro, mas não totalmente; ou classificam as criações como algo repetitivo, estereotipado. De fato, são criações sem amarras, mas, ao mesmo tempo, presas a regras de repetição, isso porque criatividade também depende de referências e experiências. Quando não existe oportunidade de acesso a essas referências e experiências, o processo criativo torna-se limitado. Daí a necessidade da subversão, da flexibilidade, da mudança de referenciais e padrões. Via de regra, quando os participantes chegam pela primeira vez às oficinas de artes, o mais frequente é a produção de obras bastante formatadas: as casinhas com nuvens, a chaminé com a fumaça, o morro ao fundo, o sol, as árvores. A eficácia para um método criativo, nesse caso, é "sair do padrão", interrompendo a própria oficina de pintura, se necessário, convidando os alunos a tirar os sapatos, andar descalços, pular, se fantasiar, pintar sem pincéis, somente com os dedos, fazer colagens com as mãos. Só após esses exercícios é que os alunos voltam à mesa de pintura e começam a rasgar os desenhos com sol, coração e casinha, reaproveitando os recortes em novas colagens. Não é porque os dias parecem sempre iguais que as coisas devem continuar sendo iguais, até porque os dias nunca são iguais. Com exercícios e brincadeiras se estabelece uma forma diferente de aprendizagem, com brandura sutil, introduzindo a flexibilidade e a maleabilidade. No fazer voltas, no desviar, no mudar pontos de vista, é que os participantes vão se exercitando na confiança de si mesmos. Com essa confiança ousam ir além, fazendo coisas novas e belas, não reproduzindo uma orientação única, mas reinventando sempre, a partir de um ambiente que lhes altera o estado de ânimo.

Cada turma é acompanhada não somente pela professora de artes como também por uma pedagoga, uma psicóloga e um fotógrafo, isso para turmas entre dez e 15 alunos. São exercícios de cooperação e do processo criativo propriamente dito, além da organização do ambiente, cabendo aos participantes, sempre ao final, arrumar a sala, deixando tintas, pincéis, papéis e telas em ordem, prontos para serem utilizados por outros grupos. Faz parte do aprendizado, isso porque, cooperando, a vida torna-se melhor, é o que se ensina.

Cooperação, assim como criação, não são valores que se impõem pelo discurso, e sim valores que se exercitam, como todos os demais valores, pois a verdadeira apreensão de conceitos só é efetiva quando experimentada e praticada. Nesse processo de criação, além de intercalar referências e trabalhos coletivos, busca-se a construção da autonomia.

Mariana, moça de 18 anos. Bastante fechada ao mundo externo, só dormia; remédios para dormir, remédios para acordar. Dezoito anos de idade sem nada fazer, sem nada querer; uma menina, quase bebê. Sem vontade, não falava, não escolhia, não fazia. Com muito esforço, a mãe conseguiu levá-la às oficinas de artes. Em pouco tempo, pintava. Escolhe as cores, desenha em traços marcantes. A mãe nem acredita, recolhe tudo que a filha faz e guarda com carinho. Mariana tornou-se uma pintora falante, faz escolhas e vive acordada. Encontrou o seu sentido. Uma moça, quase mulher.

De todas as habilidades humanas, a arte é a que mais consegue penetrar nos lugares recônditos da mente. As fantasias tomam forma e os sonhos (e pesadelos) são expostos, abrindo campo para a entrada em imaginações adormecidas e, por consequência, conseguindo estabelecer um diálogo com elas. A escolha dos suportes, os papéis, as telas, as tintas, os corantes, a mistura das cores, o suave deslizar dos pincéis, as pinceladas rápidas, o uso da espátula, tudo isso é um processo a aflorar sentimentos. Com esse afloramento vai acontecendo um reconhecimento das semelhanças e padrões, exercícios de imaginação e colaboração, até que as sutilezas e complexidades da arte são experimentados na fusão entre o inefável e o concreto, o visível e o invisível, o palpável e o etéreo.

> *Eu me desenvolvi muito a partir do momento em que entrei no Centro de Convivência e Movimento. Me descobri emocionalmente e artisticamente falando. A pintura me fez descobrir um mundo novo. Um mundo colorido e cheio de vida, em vez do acinzentado da monotonia que estava tomando conta de mim. O toque que me foi ensinado foi o das pinceladas, fracas e fortes, conforme o desenho exigisse. Mas, quanto mais desenhava, mais o gosto pelo que eu fazia tomava conta de mim. Ao pegar o pincel, o simples ato já não era tão difícil, uma vez que dominava em parte a técnica do material. Os toques no papel e depois na tela, em definitivo, me davam uma sensação de liberdade plena, pois a mente e a imaginação fértil de uma pessoa com síndrome de Asperger eram finalmente soltas das correntes da opressão, incompreensão e dos preceitos e preconceitos impostos pela sociedade. Mal sabem essas senhoras e senhores, além de alguns jovens, que lamentavelmente perpetuam esses comportamentos, que a nossa arte é a nossa grande arma contra tudo isso, em cada pincelada, em cada traço, um pequeno passo para uma grande vitória.*

Quem descreve esse processo criativo, e os efeitos dele em sua própria vida, é Saul, um jovem com síndrome de Asperger, cujos traços são: interpretação literal da linguagem, dificuldade de interação social e comportamentos estereotipados, com resistência a mudanças e falta de empatia. As pessoas com síndrome de Asperger apresentam, via de regra, um desenvolvimento cognitivo bastante elevado, a exemplo de personalidades como: Albert Einstein, Isaac Newton, Mozart, Andy Warhol. E Saul, o jovem das oficinas de arte do Instituto Olga Kos. Ele havia pintado um tucano, "uma ave com seu dom natural de voo e liberdade", conforme ele mesmo descreveu.

Tendo viajado por dezenas de países, observando e analisando, com relativa densidade, centenas de projetos de arte e inclusão, posso afirmar que o método do IOK, voltado para pessoas com deficiências intelectuais, é o que apresentou os resultados mais palpáveis, com evoluções observáveis em questão de poucos meses. Por ter uma opção muito acentuada no recorte estético e, ao mesmo tempo, atuando com uma escala de milhares de alunos, é possível perceber o impacto desse método no processo de criação artística e desenvolvimento pessoal.

A criação e o "novo" não são resultado de um "talento especial", inato, mas sim fruto de um longo processo de ordenação de dados, experimentos, combinações e referências. É assim não somente com pessoas com deficiências intelectuais como em relação a todas as demais pessoas, em que a criação e a capacidade de apreensão e reelaboração da obra de arte são fruto do contexto no qual vivem. Quanto mais estímulos e referências, maior será a possibilidade do criar. Raramente a criação é resultado de uma genialidade individual pura, sem referências precedentes, e sim fruto de processos contínuos de "referência-criação-recepção-reelaboração". Esse ciclo criativo retroalimenta o ambiente social, estabelecendo processos comunicativos de diálogo e instigação, desencadeando processos sociais de criatividade e reelaboração de pensamentos e expressões simbólicas. Quando esse ciclo criativo se completa e quando ele se associa a exercícios de empatia e alteridade, realizados em ambientes de profundo afeto e amorosidade, o desenvolvimento emotivo e intelectual dos indivíduos e da sociedade dá saltos.

O psicanalista e educador russo Vigotski percebeu, a partir da observação de crianças bem pequenas, que os processos de desenvolvimento social da mente ocorrem a partir do contato com objetos da vida diária, os mais simples e habituais. São esses objetos que funcionam como suporte para a "fantasia cristalizada". A partir da fantasia que vai sendo construída na mente da criança, ela consegue reelaborar a realidade por meio da imaginação, materializando novas realidades, no que Vigotski conceituou como "imaginação cristalizada". A imaginação que se constrói e se consolida por meio de referências precedentes, e a linguagem é resultado desse exercício, assim como todos os processos de construção simbólica e abstração. Quanto mais as pessoas se exercitarem

Turma do instituto apresenta seus trabalhos na oficina de artes.

Aula de *tae kwon do*, atividade do instituto.

nesse processo de construção da fantasia e sua transformação em imaginação, mais estarão aptas a produzir suas próprias imaginações.

Esse deveria ser um exercício contínuo, como o ato de respirar, e não somente para as pessoas com deficiências intelectuais. Quanto mais a fantasia e a imaginação são exercitadas, mais capacidade de interpretação das expressões simbólicas, imaginações e pensamentos haverá. É essa capacidade de interpretação e diálogo simbólico que assegura o desenvolvimento de sociedades saudáveis, pois só a capacidade imaginativa permite processos comunicativos mais equilibrados, horizontais. Quando isso não acontece, como está ocorrendo com as sociedades contemporâneas, os indivíduos e as sociedades perdem a capacidade de autonomia, deixando de imaginar a construção do próprio futuro, alheando-se da possibilidade de pensar e, até mesmo, de imaginar seus projetos de vida. Dessa alienação nasce a incapacidade das sociedades para construírem sínteses comuns, em processos de imaginação social mais coletivos e harmônicos. O desafio é fazer com que o uno e o múltiplo se complementem e não se anulem, e isso é o oposto do que vem ocorrendo nas sociedades contemporâneas, em rápido processo de globalização uniformizante, que manipula não somente os medos e as ignorâncias, mas as subjetividades, impedindo que estas se complementem. Como resultado global, o bloqueio a uma globalização poliédrica, diversa e feliz. E o mundo passa a ser determinado por vontades e pensamentos únicos, uniformes, esféricos, verticais e impositivos.

Os processos criativos nas sociedades capitalistas, a partir da cultura de massa, sobretudo nas últimas décadas, têm levado a uma quebra mental na possibilidade de cristalização da fantasia e, consequentemente, da cristalização da imaginação. Esse impedimento acarreta uma desorganização mental sem precedentes, repercutindo no processo civilizador e na convivência social. Ao mesmo tempo que essa possibilidade de exercício imaginativo é mutilada, as pessoas vão sendo cada vez mais expostas a estímulos por reflexo condicionado, ação-reação. Por exemplo: os *videogames* de violência ou aplicativos em jogos de celular. Essa é a chave para se compreender a destruição de processos narrativos coerentes, com a profusão de notícias e ideias, disseminadas de forma cada vez mais rápida e entrecortada, com pouca elaboração reflexiva (a cultura de memes, ou mesmo de pílulas noticiosas em telejornais). Ao quebrar a possibilidade de reelaboração da realidade a partir do processo de "observação-experiência-fantasia-imaginação", tudo na vida vai se tornando muito bruto, explícito, banal, sem sutileza.

Ainda há que observar um pouco mais, mas meu *insight* é de que, provavelmente, a supressão da possibilidade da realização do exercício "fantasia cristalizada-imaginação cristalizada" é um dos principais fatores a abrir caminho para o mundo da pós-verdade e das *fake news*. A pós-verdade não é simplesmente uma mentira contada à exaustão, disseminada por meios poderosos, mas sim um processo de reorganização da fantasia e da imaginação coletivas. Para que a pós-verdade prospere, é necessário que as sociedades percam a capacidade de fantasiar e imaginar por si (ou dela abdiquem), transferindo essa função ao sistema, que passa a imaginar por elas e para elas. Mentira e intrigas sempre houve na história, o diferencial é que, nos tempos atuais, as pessoas estão cada vez menos preparadas para diferenciar fatos de mentiras.

"Quem nada conhece nada ama", percebeu Paracelso. Quem conhece pouco, quem experimenta pouco, quem vivencia pouco igualmente ama de forma deficiente. Nas oficinas de arte do Instituto Olga Kos, mais que o método, que o próprio instituto não definem como tal, o que se realiza é o amor. São encontros sensíveis, como se fossem pequenas usinas das emoções e dos sentimentos. É isso que as torna tão potentes. Potentes a ponto de permitirem que eu desenvolva um conjunto de observações que extrapolam a própria natureza de uma oficina de arte para pessoas com deficiências intelectuais. Deixar o *amor* aflorar é abrir espaço para que o *ser* se manifeste, e para que esse ser seja igualmente cultivável e aprendível, como o amor. Por isso, a necessidade de um método que seja amoroso, repassado por meio do afeto, como um estado de alma em que o sentimento provoque mudança comportamental, por se comunicar, ao mesmo tempo, com o corpo e a mente, produzindo um *sentirpensar*, pondo em conexão coração, cabeça e mãos ("pensar o que sente e fazer o que pensa e o que sente, e sentir o que pensa", conforme aponta o papa Francisco). Quando essa conexão se parte, e mãos, coração e cabeça seguem cada qual por caminhos diferentes e até opostos, perde-se a harmonia do *ser*, criando-se ambientes de desamor, seja em círculos familiares ou entre duas pessoas, seja no trabalho, em comunidades ou sociedades. É na harmonia entre a expressão criativa, o estético e o ético que o amor pode acontecer em plenitude. Quando isso deixa de existir, é a sociedade que se desarmoniza, entrando em mal-estar, violências, iniquidades e decadências. Basta observar o mundo hodierno, bem como crises passadas.

Em *A arte de amar*, o psicanalista social Erich Fromm aponta que, "se quisermos aprender como se ama, devemos proceder do mesmo modo por que agiríamos se quiséssemos aprender qualquer outra arte, seja a música, a pintura, a carpintaria, ou a arte da medicina ou da engenharia"[1]. O amor aprende-se, e aprende-se amando. É um afeto ativo, que representa um ato de firmeza, não de fraqueza, por isso está muito mais relacionado ao dar que ao receber. O exercício de amar é resultante de uma integração lúdica, e a arte e os esportes são grandes mediadores e mobilizadores de emoções intangíveis e até indescritíveis. É isso que faz com que conceitos abstratos, como amor e afeto, permitam que o *ser* não caiba em si. Amor, afetos e o exercício do ser

---

1   Eric Fromm, *A arte de amar*, Belo Horizonte: Itatiaia, 1961, p. 24.

precisam ser compreendidos também em sua dimensão sociológica, comportamental e cultural, como base para o estabelecimento de exercícios civilizatórios. Daí a relevância em observar esses processos em microambientes, como oficinas de artes e esportes para pessoas com deficiências intelectuais, isso porque desprovidos de pré-conceitos.

Mônica, a moça que falou com o papa, elabora e reelabora seus sonhos. Ela participa das oficinas de artes e do curso de *tae kwon do*; por ser muito organizada e comunicativa, é sempre contratada pelo Instituto Olga Kos para trabalhar como recepcionista nos eventos, o que lhe garante alguma autonomia financeira e elevada autoestima. Seu projeto de vida é ser professora de *tae kwon do*, começando como auxiliar, seguindo os passos de Márcio, professor de caratê, igualmente com síndrome de Down. Esta é mais uma política que o instituto começa a implementar: a contratação, com carteira assinada e todos os direitos sociais, de alunos com deficiências intelectuais, para que exerçam trabalho no próprio instituto. Eles assumem essa política sem condescendência, há que ter habilidades para ser contratado, mas sempre com muito respeito. Márcio passou por todas as faixas do caratê até ter condições de ser contratado como professor, tarefa que ele assume com a maior dedicação, obtendo a confiança de todos os alunos. Com Mônica acontecerá o mesmo.

Houvesse que eleger um indicador de êxito para as atividades relatadas neste capítulo, seria: o aluno que se tornou professor (mas também "o sorriso da mãe", ou o "indicador do abraço"). Além desse, há muitos outros indicadores a serem elencados. Wesley, aluno de *tae kwon do*. Aos 27 anos, com paralisia cerebral e deficiência intelectual, Wesley mal conseguia andar, devido à falta de flexibilidade nas pernas e ao encurtamento dos tendões. A fisioterapia não fazia efeito, e ele estava perdendo a sensibilidade nos pés. Sua única forma de andar era em "marcha equina", impulsionando o tronco para a frente e caminhando em trote, porque não conseguia colocar o calcanhar no chão. Como alternativa, uma cirurgia difícil e sem garantia de melhora. A mãe o matriculou em uma oficina de *tae kwon do*. A cada aula, pequenos exercícios. No começo, Wesley tem que ultrapassar um barbante colocado no chão. Primeiro um pé, depois o outro. Quando consegue, novo exercício: pular o barbante com os dois pés juntos. Wesley tenta, se contorce, sorri. Não foi daquela vez. Aulas se repetem, em atenção exclusiva. "Vai, Wesley, vai!", incentiva a mãe, em uma tarde de sábado. E muita massagem nos pés, muita paciência e perseverança. "Vai, Wesley, vai!", a mãe repete. Ele pula o barbante com os dois pés ao mesmo tempo. Uma vitória depois de meses. No tatame, outros colegas praticando *tae kwon do*. Ele assiste. E se exercita. Depois de pular o barbante por mais vezes, novos exercícios, mais complexos. Com paciência, persistência. Pequenos avanços, tal qual uma semente que brota da terra. Até que Wesley consegue fincar o calcanhar no chão. E quer ir além. Vai, Wesley, vai!

Passaram-se dez anos e "a sensação é de que é nosso primeiro dia e mal nos demos conta de que os dias se sucederam", diz o casal Olga e Wolf Kos, que segue em entrega diária e com um objetivo: "A necessidade de a sociedade se unir em defesa das pessoas com deficiências. Inclusão é uma palavra que resume nosso objetivo. E é a inclusão que fortalece a democracia e a própria humanidade". Foi um longo caminho. Eu vi e acompanhei muitas dessas histórias, sei das dificuldades e dos êxitos, dos erros também, das contradições e equívocos, por isso decidi relatar essa história, a demonstrar que a cultura pode unir os povos. O que o casal ganhou com essa dedicação? Em suas próprias palavras:

> *Tivemos ao longo do caminho a satisfação de ver os participantes das oficinas do IOK progredirem. Hoje, o sonho é real, mas não deixaremos nunca de sonhar. O destino decide quem entra em nossas vidas. A atitude é o que permanece. Perguntamos: se não o fizermos, quem o fará? Se não feito agora, quando será? Que herança pretendemos deixar para nossos filhos? Só o amor.*

Toda história é possível de ser contada por diversos ângulos e pontos de vista. A história do Instituto Olga Kos teria diversos pontos de onde partir. Poderia ser através dos números, dos resultados quantitativos, e haveria muitos números bons a apresentar: em 2016, foram mais de 3.500 matriculados, com quase duzentos funcionários, 90% com formação universitária. Também pela diversidade e complementaridade dos cursos, para além das oficinas de artes, o caratê e o *tae kwon do*. Ou pelos eventos de mobilização e sensibilização social: as corridas de rua e caminhadas pela inclusão, com mais de 13 mil participantes em cada edição; os calendários da inclusão, em que, todo ano, artistas e personalidades posam ao lado de pessoas com deficiências intelectuais. Ou pelo compromisso social, em que as atividades, bem como uniformes, materiais e lanche, são distribuídos gratuitamente a todos os inscritos nas oficinas de esporte. Outro recorte a contar a história poderia ser o dos patrocínios privados, pelas muitas empresas que confiam no trabalho do instituto, que, em relação a outras organizações sociais, se destaca pela capacidade de captação. Ou o recorte da cooperação e das parcerias com governos, independentemente de partidarismo. Há também a preocupação em construir consistentes indicadores de desempenho, como a busca pelo índice de inclusão cultural, a que eles se dedicam há anos, visando apresentar parâmetros para a construção de políticas públicas que incluam pessoas com deficiência. Também seria relevante contar a história a partir da edição dos livros de arte que o instituto publica, já em mais de duas dezenas, que registram obras de artistas da maior relevância para o cenário das artes no Brasil, promovem a integração desses artistas com os participantes das oficinas de arte e oferecem referências ao processo criativo do instituto. Ou, então, a partir das exposições em museus e galerias, todos da maior relevância em São Paulo, que abrem seus espaços para a apresentação das obras dos participantes, com toda a dignidade que uma exposição de arte merece; e, mais uma vez, agregando valor, pois a partir dessas exposições eles encontraram uma solução original para conseguir recursos para suas atividades (com a venda das obras de arte produzidas por eles, 50% do valor arrecadado vai para o financiamento de novas oficinas e os outros 50% vão para o autor, ou autores, da obra, no caso, os alunos com síndrome de Down e outras deficiências intelectuais). Também, a causa da inclusão, que abraçaram de corpo e alma, batalhando por legislação inclusiva, com concursos públicos adaptados a pessoas portadoras de deficiências intelectuais. A pintura artística de tapumes em edifícios em construção, que também funciona como fonte de renda para os participantes, além de oferecer arte pública na metrópole. As visitas guiadas a museus e teatros. Os prêmios e reconhecimentos, que foram muitos. O encontro com o papa Francisco, no Vaticano, e o patrocínio para a realização da primeira Jornada da Cidadania no Brasil. A doação da coleção de arte do casal, um acervo com mais de mil obras, que forma um fundo fiduciário a assegurar as atividades do instituto, com venda das obras, quando necessário. Por todos esses ângulos seria possível contar a história. Igualmente seria possível falar sobre o IOK a partir da história do casal Olga e Wolf Kos, ela como médica pediatra e ele, engenheiro, trabalhando no mercado imobiliário; a origem judaica; o pai de Wolf, que foi prisioneiro em Auschwitz; a chegada das famílias ao Brasil, logo após a Segunda Guerra; o ano em que Wolf permaneceu em uma cama de hospital, repensando sobre a vida e a causa a que se dedicaria quando saísse de lá; a decisão do casal de criar o instituto, que começou com 18 participantes inscritos em uma única oficina de artes.

Todos esses recortes seriam possíveis e garantiriam boas histórias, mas nenhuma delas teria a força das histórias de vida de pessoas como Mônica, Márcio, Cadu e a mãe dele abrindo um largo sorriso, Saul e sua mente brilhante, Mariana, Zé Rubens, João, a mãe de Wesley incentivando cada conquista do filho. São histórias de humanidade, de mundos em que maldade não há, nem preconceitos nem diferenciação das pessoas por raça, credo, classe social. Histórias de um mundo de magia, entre brincadeiras, poesia e fantasias. Histórias de vidas que são salvas em encontros de profunda amorosidade.

Quem salva uma vida salva o mundo inteiro.
Talmude

BELIZE ...... CARACOL

Cláudia Orante, fundadora do Caracoles de Jade (Jovens de Arenal pelo Desenvolvimento e pela Equidade), primeiro grupo comunitário binacional na América Central, na fronteira de Belize com a Guatemala.

Claudia colocava o ouvido na concha do caracol para se comunicar com o pai, assim a irmã mais velha lhe ensinara. Ela tinha 3 anos de idade quando sua família partiu para o exílio em Cuba, e o pai permaneceu na Guatemala, como guerrilheiro. Passaram-se os anos. O chamado do caracol era o único vínculo que lhe restara. Um vínculo ancestral, o símbolo da fertilidade, a sequência da vida, a assinatura de Deus. A proporção e a beleza se reproduzindo em processos sequenciais, 0+1 = 1; 1+1 = 2; 1+2 = 3; 2+3 = 5; 3+5 = 8; 5+8 = 13; 8+13 = 21; 13+21 = 34; 21+34 = 55; 34+55 = 89..., e ao infinito. Esse padrão numérico, em que o resultado de uma soma é acrescido ao numeral seguinte, foi revelado pelo sábio italiano Leonardo Fibonacci no início do século XIII, mas já era conhecido por gregos, sumérios e também pelos povos andinos, que o utilizavam em sua calculadora, a *yupana*. Essa sequência está presente em diversas manifestações da natureza, entre as quais a espiral do caracol é a melhor expressão.

Caracol é o nome da instituição que Claudia Orantes veio a fundar em Belize. Guatemalteca de nascimento, preferiu mudar-se para o país vizinho quando adulta, após se casar com o fotógrafo britânico John Ottley. Caracol é também o nome da cidade maia na costa do oceano Atlântico, no atual território do Belize, que foi a única a ser governada por mulheres. Claudia queria se afastar do país pelo qual seu pai deu a vida; descendente de família oligarca, ele decidiu abandonar a herança para lutar por ideais de igualdade, justiça e liberdade. A lesma, quando não está cômoda em sua concha, muda de casa; foi o que a filha fez, sem olhar para trás. Ela conta:

> *Durante a guerra civil, o Exército da Guatemala arrasou a população, foram os mais sanguinários, os mais genocidas. Mais que em El Salvador ou em qualquer outra guerra, formaram grupos de patrulheiros civis, cuja função era espionar, violar e matar povoados inteiros. Quem executava esse terror eram os kaibiles, a mais terrível máquina de morte que um treinamento militar já produziu.*

"Kaibile" significa levar dentro de si a força de dois jaguares. É também o nome de uma divisão de elite do Exército da Guatemala que serviu (serve) de experimento para uma metodologia de treinamento militar desenvolvida pelas Forças Armadas (FA) dos Estados Unidos. Dada a sua radicalidade, elas tiveram que desenvolvê-la fora de seu território. É um método que leva à desumanização completa. Após uma dura preparação, os soldados são levados a um campo de treinamento militar, na fronteira com Belize, chamado "O Inferno"; lá, são impedidos de desenvolver amizades ou relações de camaradagem e confiança entre soldados. O ambiente é de competição absoluta, colocando o soldado em constante estado de alerta, pois o inimigo pode usar a mesma farda. O aprendizado é para agredir, atemorizar, barbarizar e horrorizar. E suportar os horrores,

barbaridades, atemorizações e agressões, em relação a si e às vítimas. Uma conhecida película hollywoodiana com o ator Sylvester Stallone, *Rambo*, mostra um pouco, mas só um pouco, desse treinamento, que transforma humanos em máquinas de guerra. Como único amigo, um cachorro.

Quando faltam oito semanas para encerrar o treinamento, cada soldado ganha um cão, tendo por missão adestrá-lo, para que ele também se torne uma máquina de morte. Nessa fase, soldado e cão se mesclam em simbiose, comem da mesma comida, enfrentam os mesmos perigos, tornam-se olhos e ouvidos um do outro, garras e dentes. Passada a quarta semana, as duplas de soldado e cão são atiradas na selva. Na fase mais sangrenta da guerra civil, entre 1978-83, dizem que só a metade dos soldados regressava do treinamento – não se sabe se é lenda ou fato. Quanto aos cães, é certo que nunca voltavam, pois ao final, pelo método de treinamento militar, precisavam ser mortos e comidos pelos soldados.

O lema dos *kaibiles* é: "Se avanço, siga-me; se me detenho, apresse-me; se retrocedo, mata-me!". O treinamento militar *kaibile* acontece até os dias atuais, talvez com menos radicalidade desumanizadora (espera-se), e é uma fonte de recursos para as Forças Armadas da Guatemala, que recebe soldados de vários países, sempre com a assessoria do Pentágono. Os soldados que passam pelo treinamento estão preparados para praticar todo tipo de atrocidade, tamanho o aprendizado de ódio e barbárie, com requintes de crueldade e espetacularização. Desde a adolescência, Claudia ficava imaginando que talvez um desses *kaibiles* tivesse sido o algoz do pai dela.

No pós-conflito, nos anos 1990, vários *kaibiles* foram condenados a dezenas e até centenas de anos de prisão, por crimes de guerra. Para evitar a prisão, muitos desses ex-*kaibiles* foram viver em Belize, sobretudo na zona de fronteira. Claudia e o marido também:

> *Eu e meu marido escolhemos viver em Belize por ser um país pequeno, que ainda está com tudo por fazer, tendo conseguido a independência apenas em 1980. São muitos povos vivendo em Belize, muitos idiomas. É o único país da América Central que não tem o espanhol como idioma oficial, falam inglês e crioulo como idiomas principais. Mas nossas raízes ancestrais são as mesmas, assim como a mestiçagem. Também escolhemos Belize porque foi o refúgio para milhares de irmãos centro-americanos que não podiam viver em seus países por causa da guerra. Ademais, foi onde pudemos nos relacionar com mais humanidade e nos solidarizarmos.*

Para Claudia, ir morar em Belize foi uma forma de "descolonizar-se, de desaprender, se reinventar e compartir". No início abriram um bar na praia, para sustentarem as atividades do instituto que fundaram, mas depois ela se lembrou de

Arenal, um lugar que havia conhecido, na fronteira entre Belize e Guatemala, quando trabalhara como jornalista em um periódico guatemalteco: Arenal. Há dois povoados que levam o nome de Arenal, um do lado da Guatemala e outro em Belize; fazendo vez de fronteira, um campo de futebol, com a curiosidade de metade do campo estar em um país e metade no outro. Assim nasceu o primeiro grupo comunitário binacional da América Central: Caracol de Jade (Jovens de Arenal pelo Desenvolvimento e pela Equidade), depois integrado à Rede Maraca. "Las Arenales", como Cláudia gosta de se referir às cidades gêmeas; uma fazendo espelho à outra, separadas e unidas por um campo de futebol.

Sombreando as Arenales, quase que na divisa entre os dois países, em frente ao campo de futebol, uma árvore gigante, com cinquenta metros de altura e tronco de dois metros de diâmetro, a árvore sagrada dos povos maias, a sumaúma. Mil galhos e ramas a resguardar os seres humanos, desde a origem dos tempos, emanando energia feminina, de essência guardiã, maternal, a suportar os céus com suas ramas e a se comunicar com o mundo dos mortos, com suas profundas raízes. Em três níveis sobrepostos, o Mundo Superior e seus 13 céus, o nível mundano, onde vivemos e onde se sustenta a vida, e o Inframundo, ou nível inferior, em que a copa é espelhada em raiz. Segundo os maias, em tempos imemoriais, o céu tombou, cabendo ao povo de *maíz*, os humanos, levantar o céu novamente, o que se fez através do tronco robusto e dos galhos horizontais da sumaúma. Desde então, tornou-se uma árvore sagrada cuja sombra é um lugar para descanso e recuperação das fadigas e agonias da vida.

A fronteira entre Guatemala e Belize é também separada, em grande parte do território, por um rio sinuoso, o Mopan. O rio Mopan será, para Claudia, a sua metáfora de vida:

> *Esse rio acaba sendo, ademais, uma* hermosa *analogia do fluir das populações que, nascidas em um território, serpenteiam sem dificuldade, internando-se no país vizinho para logo voltar ao primeiro, ignorando a existência de fronteiras e seguindo seu curso até chegar à imensidão do mar, seu destino.*

Mundo sem fronteira, com cidades gêmeas entre povos que compartem avós e avôs, histórias e esquecimentos. Nesse mundo em que fluem populações, o casal Orantes e Ottley fincou raízes para realizar projetos fotográficos, oficinas, festivais, jogos, sensibilização sobre os direitos da Mãe Terra, formação de comunicadores e trabalhadores comunitários. Em ambos os lados, pois para o serpentear do rio não existem fronteiras nem países. Desde 2004, o Caracol, de Belize, e a Caja Lúdica, da Guatemala, realizam trabalhos em comum.

Foi um começo difícil, apenas Claudia e seu companheiro, em algum lugar da não fronteira entre povos e países. Com o tempo conseguiram parcerias internacionais, exposições em Londres e fundos de financiamento; há também amigos jardineiros na Inglaterra, que, uma vez por ano, realizam uma exposição de flores e o dinheiro das vendas enviam para o Caracol; outros realizam bingos, igualmente no Reino Unido. "Gente boa, não colonizadora", logo completa Claudia. A partir de 2016, a manutenção da entidade se tornou difícil, e eles se sustentam com serviços de consultoria e um pouco da reserva financeira que ainda lhes restava no banco (US$ 10 mil). Claudia sobrevive dando aulas de espanhol, e o marido, prestando serviços de fotografia. Uma história como muitas outras, de grupos de cultura viva comunitária espalhados pela América Latina.

Para além dessa história específica, de trabalho comunitário, e mesmo da história dos *kaibiles*, muito forte e que eu desconhecia, há outro ponto que chamou a minha atenção. Violência e afeto se intercalando, isso é original, mas trato do tema em outros capítulos, em histórias até mais amplas. O que mais me instigou no micromundo de Claudia e de Las Arenales foi o exercício do perdão em sua forma espiralada, o ir e vir sem regressar ao mesmo ponto. O que há de universal e singular nessa história é o caracol.

Claudia sempre resistiu a viver na Guatemala, país em que o pai idealista fora assassinado. Pai que mal conhecera e cuja principal recordação era o chamado do caracol. A família dela não escolheu sair do país, teve que sair, assim como não escolheu perder a paz. Voltar para Guate, como os guatemaltecos gostam de se referir à pátria, com um apelido, era igualmente uma escolha difícil, as memórias de brutalidade, a sociedade violentada, partida. Ainda mais no caso deles, com origem em famílias de *finqueros*, ricos latifundiários; no regresso, a família não era considerada nem de uma classe social nem de outra. Nem latifundiários, nem campônios, nem classe média, nem indígenas, nem brancos; uma família sem lugar e sem "lugar de fala". Foi um tempo de muito chorar, desde criança até adulta, com um sentimento difuso, entre temor, ódio e repulsa. Um sentimento de não lugar.

As duas Arenales têm 4 mil habitantes no total, metade em cada país. Todos se conhecem, compartem histórias, e também não histórias, silêncios, remorsos, culpa. Perto da cidade, no lado da Guatemala, durante a guerra, quarenta *kaibiles* irromperam em um vilarejo; separaram os homens das crianças e das mulheres e os mataram; na sequência, obrigaram as mulheres a cozinhar para eles, depois as levaram para uma pequena igreja evangélica e as violaram e mataram, tudo sob a vista dos filhos, que em seguida mataram também, jogando todos em uma fossa. Essa história está registrada no processo Memória e Verdade, pós-conflito, durante o julgamento de crimes de guerra. Do vilarejo, entre os poucos que sobreviveram para contar a história, alguns moram em Las Arenales.

Há um sentimento de profundo remorso e tristeza naquela gente, mesmo entre os ex-*kaibiles*. Como soldados implacáveis e exemplares, a depender do ponto de vista, no processo de paz alguns ex-*kaibiles* assumiram trabalhos como seguranças. Um deles, nomeado para a escolta de um ministro, tinha uma filha cega; por causa dos bons serviços, tendo o ministro se afeiçoado a ele, ofereceu-lhe tratamento médico para a filha no exterior, ao que o pai respondeu: "Agradeço por minha filha, mas esse esforço será totalmente inútil, porque o que ocorre com minha filha é um castigo que Deus envia a mim, pelas atrocidades que cometi com as crianças maias". Nas Arenales, vítimas e algozes da guerra moram lado a lado, são vizinhos. Também ex-guerrilheiros; um deles, cooptado pelo serviço secreto britânico, entregou diversos acampamentos guerrilheiros.

Ignorando a existência de fronteiras, tanto físicas, entre países, como culturais, entre povos, e emocionais, entre pessoas, Arenal se tornou uma espécie de não lugar e todos os lugares ao mesmo tempo. Um lugar de autoexílio e de exílio real, pois muitos criminosos de guerra jamais poderão atravessar a fronteira física e voltar para a Guatemala, mesmo estando separados apenas pela linha central de um campo de futebol. Nas Arenales, torturadores e torturados, vítimas e algozes, têm que aprender a conviver.

Entre as crianças e jovens atendidos pelo Instituto Caracol, muitas filhas e filhos, ou netos e netas, daqueles homens que Claudia tanto aprendera a odiar, a ter repulsa. Certa vez, um homem, com sotaque forte, cheio de cicatrizes, com o rosto vincado e envelhecido, entre os mais golpeados, dirigiu-se a ela para agradecer por tudo que estava proporcionando aos filhos. "Primeiro tive que perdoar a mim pelo enojo. Depois pensei: como poderia odiar alguém que não conheço?", ela se pergunta. Na fronteira entre o ser e o não ser, Claudia foi refazendo a história de seu pai, que caminhara por aquelas matas, comera em vilarejos próximos, provavelmente se encantara com histórias de mestres da sabedoria popular, ancestral; as mesmas histórias que agora a encantavam. Seguramente o pai dela enfrentou *kaibiles*, mas, nesse processo de redescoberta da história do pai, Claudia também soube que ele não fora assassinado pelos *kaibiles*, ao menos não durante a guerrilha. Em meio à guerra civil, o pai dela percebeu que o caminho deveria ser a organização popular e, com essa convicção, partiu para a luta política clandestina, na periferia da Cidade da Guatemala. O assassinato dele ocorreu na cidade, quando estava organizando um novo movimento de resistência. A atitude do pai foi até mais revolucionária que a decisão de se embrenhar na selva, porque em outro formato, mais de base, de trabalho cotidiano e formador de consciência coletiva. O pai entregou a vida à causa do povo que tanto amava, nas formas que encontrou em seu momento histórico.

Ao seguir as pegadas do pai, Claudia foi refazendo seu próprio caminho. Em *A condição humana*, Hannah Arendt escreve sobre a necessidade do perdão e seu significado:

> *Se não fôssemos perdoados, eximidos das consequências daquilo que fizemos, nossa capacidade de agir ficaria, por assim dizer, limitada a*

> um único ato do qual jamais nos recuperaríamos; seríamos para sempre as vítimas de suas consequências, à semelhança do aprendiz de feiticeiro que não dispunha da fórmula mágica para desfazer o feitiço[1].

Primeiro Cláudia precisou perdoar a si mesma, para só depois se exercitar na arte do perdão.

De certo modo, todos aqueles desumanizados, em diferentes graus, também foram vítimas da guerra. Na sentença em que foram julgados os crimes dos *kaibiles*, a juíza Patricia Bustamante registra: "Ficou demonstrado que os militares atuaram de forma planificada, com ensinamento e perversidade". Mas quem planificou, quem os ensinou, quais foram os mestres? A história ainda vai demonstrar que os mestres dessas perversidades estão fora da Guatemala, aplicando o mesmo método em outras partes do mundo. O fato é que há muitos *kaibiles*, mesmo entre os refugiados, impedidos de voltar à Guatemala, exilados de si mesmos. A estes, restou o remorso, a vergonha, a dor e a culpa pelos empalamentos, por queimarem pessoas vivas e por outras formas aberrantes de tortura e extermínio. Por mais culpa que carreguem, e por mais repulsa que mereçam, Claudia foi percebendo, ao espiralar o som do Caracol, que era necessário fazer com que eles também se conscientizassem daquilo que fizeram. Não se tratava de justiça de Estado, até porque os Estados passam longe daquele lugar; nem de justiçamento de sociedade, até porque cada qual estava refazendo os seus cacos. Tampouco reparação às vítimas. Tudo isso é necessário, mas, naquele momento, o que cabia era uma etapa precedente, antes mesmo do processo de autoperdão. Para que aconteça justiça e reparação, antes de tudo, é necessário recuperar a verdade. Assim, em atividades do Caracol, sempre que chega uma pessoa desconhecida, o pedido é: "Conte sua história!".

Aceitar o passado e o presente não é tarefa fácil, há desejos de vingança, sensação de impotência, ressentimento, mágoa, tristeza funda, ódio. É necessário, inclusive, que todos esses sentimentos venham à tona, até para que se consiga partir para outra etapa, a da empatia. Do contrário, não haverá perdão genuíno, muito menos reparação. Passados alguns anos, Claudia compreende que a primeira etapa que ela ousou superar foi a da negação da sua própria responsabilidade. Isso para, em seguida, "des-invisibilizar a história do outro". O perdão, antes de ser um acerto de contas, ou uma liberação para o outro, foi para ela mesma. Nenhum daqueles homens, hoje vizinhos, lhe pediu perdão; nem ela lhes concedeu o perdão em sentido estrito. O que aconteceu foi que, ao se perdoar, ela descobriu que mais importante é ser: "Pró. Pró-vida, pró-humanidade, pró-alegria".

---

[1] Hannah Arendt, *A condição humana*, 10 ed., Rio de Janeiro: Forense Universitária, 2007, p. 249.

"Ninguém nasce odiando o outro pela cor da pele, ou por sua origem, ou sua religião. Para odiar, as pessoas precisam aprender, e, se elas aprendem a odiar, podem ser ensinadas a amar", explica Nelson Mandela, na autobiografia *Longo caminho para a liberdade*[2]. Um campo de futebol. As partidas. As crianças dos dois lugares. O não lugar. Filhos e netos de quem? O que importa? São crianças a jogar.

Desde que o Caracol está nas Arenales já passaram mais de duzentos jovens por todo o processo criativo, mantendo-se em acompanhamento por anos. Muitos foram encaminhados à universidade, em Belize ou na Guatemala, ou seguiram com bolsa de estudo para a Europa e o Canadá. Uma menina, entre as primeiras a iniciar atividades, com jeito de artista, dom de artista e força de artista, ainda pequena, quando perguntada sobre o motivo de querer estudar, respondeu: "Eu quero estudar porque não quero que um homem diga o que devo fazer". Essa moça, artista de atitude, com quem conversei na Cidade da Guatemala, é filha de um desses homens do não lugar, das não histórias, da culpa profunda, a quem um dia foi pedido para que contasse a sua história.

O que mais fascina em um caracol é a harmonia da espiral, a sequência proporcional dos movimentos, o ir e vir. Um movimento cíclico que, ao mesmo tempo que se repete, nunca retorna ao mesmo lugar. Por isso o caracol guarda a memória do passado, memória que é movimento. Há uma lógica nas proporções do caracol, um sentido. Podemos não compreender plenamente, mas está lá e pode ser representada em sequência matemática, havendo, inclusive, um número para definir essa "proporção áurea", o 1,618, presente em várias formas da natureza e das artes. Pelos movimentos cíclicos, essa medida também está presente no processo de exercício do perdão. Com a espiral, o círculo se supera, se desprende, dá saltos ao infinito e transforma harmonia em beleza, beleza em potência, potência em sentido, sentido em amor. Claudia, à sombra da sumaúma sagrada dos maias, supera suas fadigas e tormentos acompanhando um jogo de futebol no campo dos dois países. É como se ela usasse um chapéu a lhe permitir conversar com seu pai e tantos outros pais, o chapéu do caracol, que é alma e vento. Carregando o mar dentro de si, Claudia se transforma no rio Mopan, "internando-se entre um país e outro, uma realidade e outra, ignorando a existência de fronteiras", seguindo seu curso até a "imensidão do mar, seu destino".

[2] *Apud Nelson Mandela: a biografia*, [s.l.:] Lebooks, 2019.

LIMA: AS DIMENSÕES DE UM PONTO
PERU

Tuque-tuque em avenida central de Villa El Salvador.

TARUMBA

No atraente município de Miraflores, Grande Lima, à beira do Pacífico, as pessoas estavam acostumadas aos cortes de luz e água, não por falta de recursos na família, mas pelas bombas que eram colocadas nas torres de eletricidade. "Em minha casa, havia fitas em todos os vidros das janelas, para que não se quebrassem com o barulho das bombas", diz Paloma, recordando-se de quando sua mãe tocava violão no apartamento escuro, para que os filhos não se assustassem. Quando Geraldine regressava do colégio, ela sempre voltava com medo de que uma bomba houvesse destruído sua casa. Ao relatarem suas memórias de infância, elas apontam para a claraboia do edifício-sede de La Tarumba: "Houve uma tarde em que essa claraboia tremeu, por causa de um atentado a bomba, ocorrido a várias quadras daqui".

No Peru, entre meados dos anos 1980 e início dos 1990, as pessoas foram desaprendendo a frequentar espaços públicos, evitando se concentrar em praças, reduzindo as idas a cinemas e *shows*. No teatro, só drama e tristeza. Foi uma época tensa, em que as pessoas tinham receio de dizer o que pensavam, queimavam livros e desconfiavam de todos. Havia muita delação e desconfiança, seja em relação às forças do governo, seja em relação a radicais de esquerda ou mesmo a vizinhos. A arte e a alegria estavam morrendo aos poucos.

Foi quando um grupo de artistas decidiu fazer arte de modo diferente. Eles queriam que as pessoas rissem, queriam brincar, alegrar, jogar com as crianças. E ocupar as praças, escolas e ruas, na capital e no interior. Isso foi em fevereiro de 1984, quando o Peru começava a viver a pior guerra interna de sua história. Fernando Zevallos, artista que havia corrido o mundo, decide permanecer em seu país e apresenta seu sonho de como enfrentar a guerra: "Uma proposta cênica distinta, que juntasse teatro, circo, música, trabalho corporal e vocal, mas sempre a partir da forma lúdica do circo. Um grupo itinerante, que faria educação a partir do jogo e da arte". Junto ao grupo, Estela Paredes, filha de comerciantes na cidade de Arequipa, na cordilheira, e que, igualmente, recém voltara dos Estados Unidos e da Itália, onde fora estudar administração para gerir os negócios da família. Como sempre teve a arte em sua alma, Estela, ao retornar, se reencontra com sua alma e com o palhaço Fernando. O encontro entre os dois artistas forma a base para a criação do grupo La Tarumba; soletrando: La Ta-rum-ba, como se fosse a vibração de uma música.

Tarumba, em espanhol arcaico, quer dizer louco. Uma "loucura criativa, insólita, inovadora", inspirada no grupo de teatro de bonecos do poeta Federico García Lorca, que se apresentava nas praças das pequenas cidades da Espanha, durante a Guerra Civil Espanhola. Diz a lenda entre os artistas que, quando Pablo Neruda assistiu à apresentação de Lorca, logo exclamou: *"Más lo que hacen es una tarumba!"*. Daí surge o nome do grupo. E assim saíram pelo

Peru em meio à guerra de guerrilhas, com as armas de que dispunham: sua arte e sua loucura. Fernando recorda:

> *Desde que fundamos La Tarumba, pensamos no circo e nos palhaços. Mas era uma época em que o "conteúdo" era o mais relevante, por isso, muitas vezes, os outros grupos diziam que estávamos banalizando o teatro por incorporar a linguagem circense. Foi a primeira experiência desse tipo que houve no Peru. Éramos atores e palhaços a entrar no palco. Havia uma aparente ingenuidade, com linguagem muito lúdica; mas tudo o que falávamos era sobre questões muito duras sobre o que estava se passando no país.*

Palhaços coloridos percorrendo a terra árida no deserto, chegando aos povoados mais afastados, mais alijados de direitos, em que até falta de cor havia. "Contemplar uns palhaços bem vestidos, bem coloridos, era dizer: 'Olhe, não se esqueça de que há cores, milhares de matizes nessa vida, no sentir e no pensar'", reflete Estela. Esses palhaços saíram de Lima, foram para a selva, o deserto e as montanhas, chegaram a *pueblos* só alcançados em lombo de burro.

> *Foi algo que se instalou em nós: a importância de trabalhar pelo Peru, com o povo do Peru. Essa convivência com a população determinou que nossos espetáculos, desde os primeiros anos, não somente recolhessem a realidade específica como a incorporassem em nossos personagens, que enfrentavam problemas de saúde, educação, alimentação, moradia.*

O primeiro sucesso veio com ¡*Cállate Domitila!*, sobre uma rã que falava a verdade e interpelava políticos, empresários, militares e terroristas. Mais de mil apresentações pelo país e no exterior. Até que foram censurados. Mas não esmoreceram e lançaram novo espetáculo: ¡*No te calles, Domitila!* E a trupe de palhaços seguiu desafiando o poder e o terror. E venceu.

Passados mais de trinta anos da formação do grupo, Estela mantém os mesmos princípios:

> *A arte é nossa maneira de ver o mundo e transformá-lo. A arte que prefigura a vida mesma. A arte intrinsecamente política e social. Por que não imaginar que construir uma sociedade sã e harmônica seria questão de arte, de produzir beleza? Concebida como uma produção, cuja dimensão política, democrática e inclusiva resulte em uma aceitação humana integral, e não no estado frustrante de uma espécie mutilada no direito de dar rumo ao seu próprio horizonte.*

Foram dezenas de espetáculos e milhares de apresentações, com público para além do milhão. Anualmente, mil alunos frequentam aulas de circo no La Tarumba, entre os que podem pagar e os que recebem bolsa integral, a maioria. Em 1994 o grupo conquista sede própria, comprada com recursos advindos de uma turnê pela Europa. Como primeira medida, pintaram árvores na parede cega da casa, cuja outra parte fora desapropriada e demolida para dar lugar a uma via expressa na cidade de Lima. Com uma casa colorida, a trupe de palhaços pôde aprofundar seus laboratórios cênicos, oficinas de criação e a conquista do espaço aéreo, como o trapézio. Com sede própria na cidade de Miraflores, próxima ao centro de Lima, buscaram abrir duas outras unidades, uma em um bairro na periferia de Lima e outra no interior, em Arequipa, a cidade natal de Estela. Depois, a grande lona de circo, na capital, onde apresentam intensa agenda de espetáculos. E a estrutura para cursos e apresentações estava completa. Em paralelo, foram interagindo e se integrando com diversas redes internacionais, como Arte para Transformação Social, Cultura Viva Comunitária, Circo Social do Mundo e Coalizão para o Direito de Brincar. Passados mais de vinte anos, em 2017, o La Tarumba empregava quarenta pessoas em atividades pedagógicas, mais 35 artistas profissionais e cem pessoas trabalhando no circo, nas mais diversas funções. Uma história de êxito, de construção pedagógica inovadora e de autossustentabilidade.

São infinitas as possibilidades do circo. A corporalidade, com o reconhecimento do próprio corpo e o tornar-se seguro de si. O aprender a cair e a voltar; saber cair, saber reconhecer equívocos e corrigi-los; a persistência e a aprendizagem adaptada ao corpo e às potencialidades de cada um. O múltiplo e o uno, o plural e o singular. A confiança, fazendo com que uma pessoa salte sabendo que, do outro lado, haverá alguém para lhe segurar mãos e braços. "Quem não se sente hábil com o corpo é mais inseguro", diz Paloma Carpio, que começou no La Tarumba com 13 anos de idade. Recordo que conheci Paloma em 2010, na IV Teia dos Pontos de Cultura do Brasil, em Fortaleza, e me lembro bem do encantamento dela ao acompanhar a explosão da cultura brasileira: 5 mil pessoas de todos os pontos de cultura do país, todos os sons, cores, sentidos, reflexões e pontos de vista. Foi ela quem levou a ideia para o Peru, que hoje conta com uma potente rede de pontos de cultura.

Para além das ações diretas, que são muitas, o trabalho do La Tarumba, que mantém uma escola profissionalizante de circo, com inúmeros reconhecimentos, repercutiu na própria recuperação da atividade circense como espetáculo artístico de alto nível, proporcionando que várias outras trupes surgissem, renovando o circo no Peru e na América Latina. A partir do La Tarumba, houve inserção laboral de mais de 1.400 jovens nessa atividade artística, que também pode ser chamada de novo circo, integrando diversas linguagens. O jogo é a linguagem natural da criança, deveria ser também a dos adultos, mas estes são

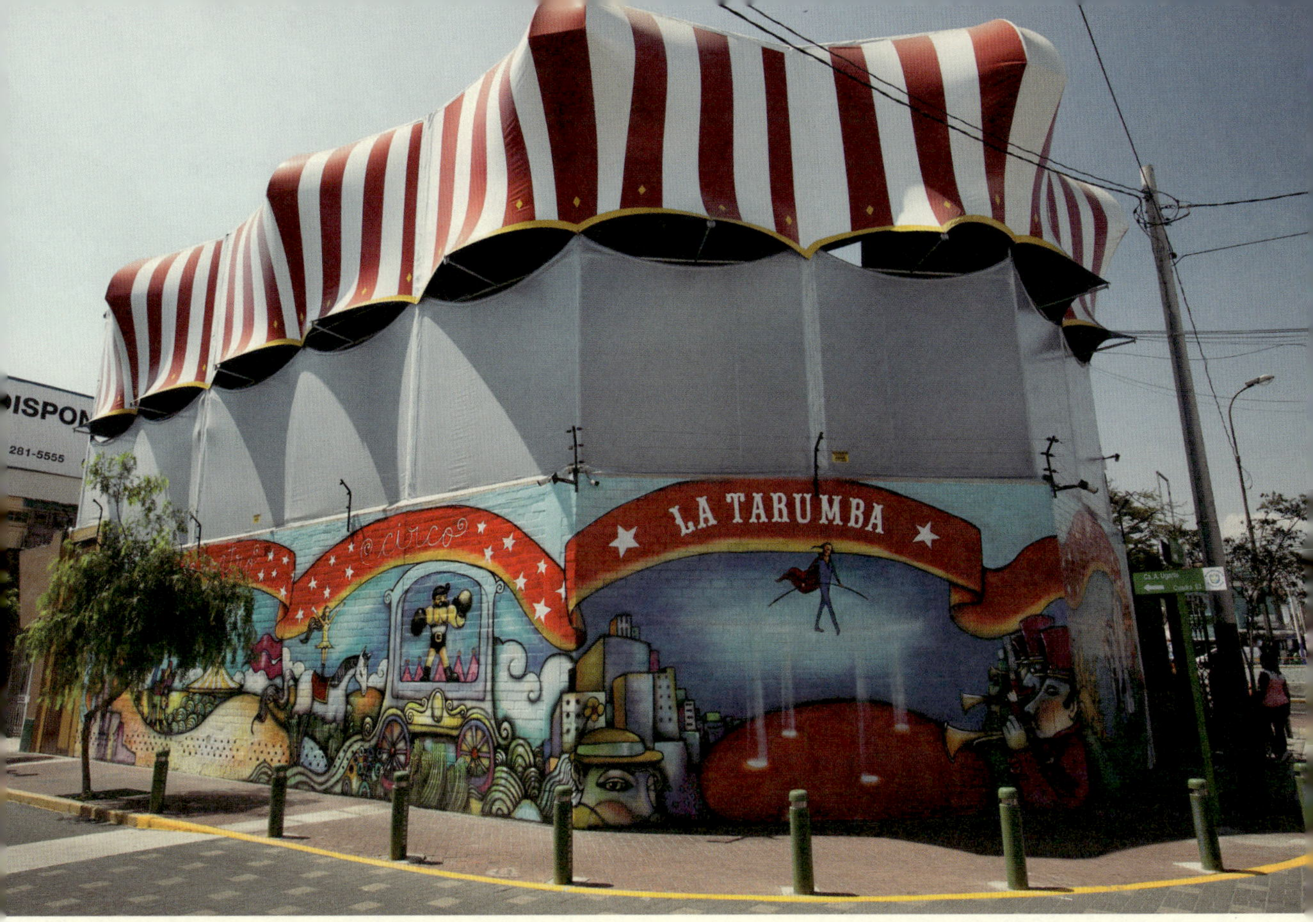
ISPON
281-5555
circo
LA TARUMBA

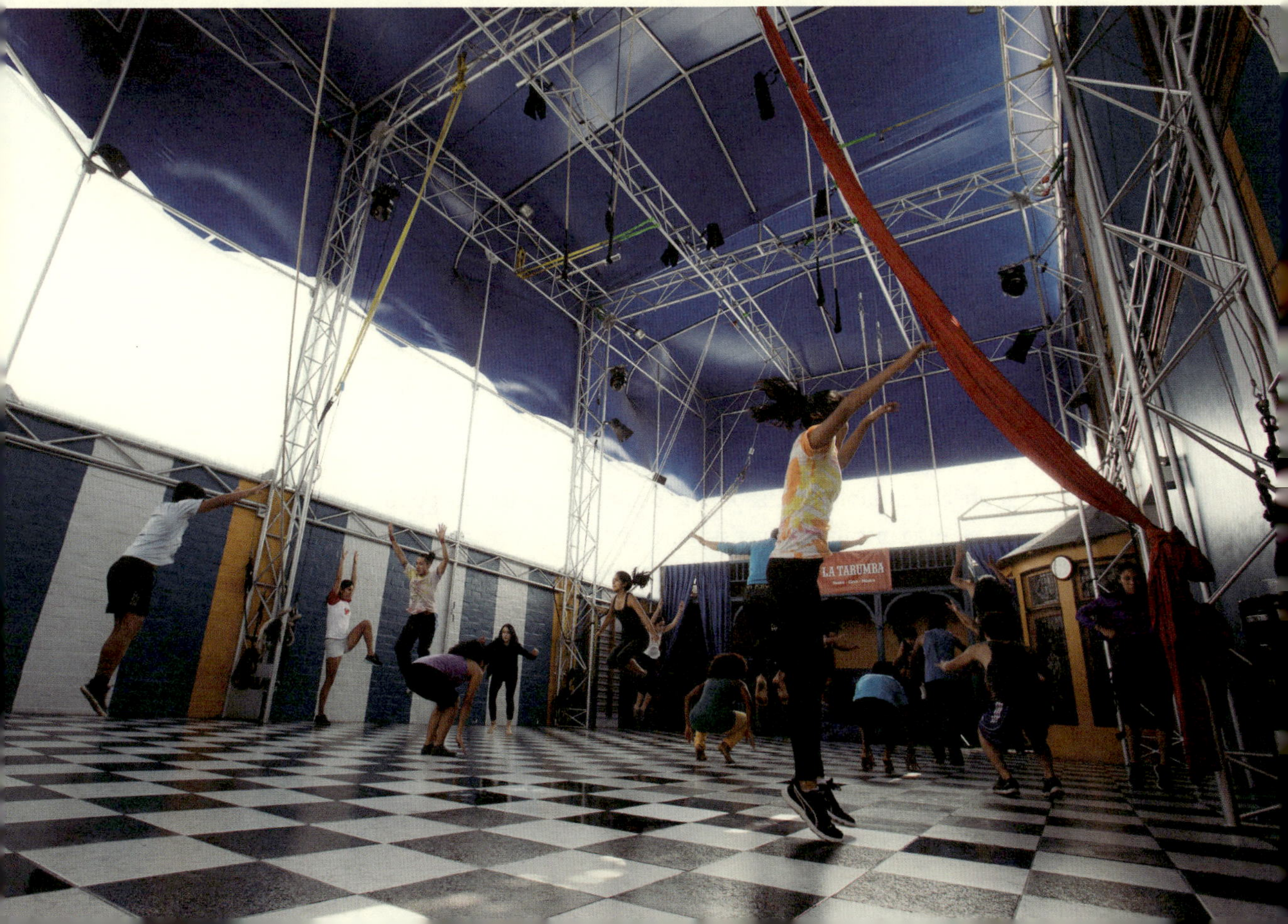
LA TARUMBA

educados para reprimir o lúdico e as emoções, e assim vão se formatando, se enquadrando. Com o jogo, a pessoa é vista como ela é, e o valor de cada um se mede pelo esforço, não necessariamente pelo resultado. São processos de afeto, de humanização, de respeito, de capacidade de escutar, de corrigir. E de perceber o outro, auxiliando-o para que se corrija e se exercite na escuta. O que chama a atenção no La Tarumba é que, a despeito de todos os êxitos, eles nunca perderam o vínculo de origem, o sentido do circo social, atuando com as populações mais excluídas e nos bairros e *pueblos* mais afastados.

Assim, os artistas de um sonho louco, enfrentando a guerra com palhaçada, com sua imaginação sem limites, com a emoção à flor da pele, com um amor do tamanho do mundo, visitaram e visitam os bastidores da alma de sua gente. Para eles, a criação circense foi uma forma de respiro. Respiro em tempos sombrios. E seguem oferecendo esse respiro, ao corpo, à mente, ao espaço, aos artistas e aos espectadores. Seguem respirando, porque arte é respiro. Respiro porque é vida. E vida porque, ao enfrentar com arte uma sociedade monstruosamente cínica, desescondem a loucura e liberam a criação, a solidariedade e a justiça.

WAYTAY

Baila sapo, baila sapo,
dando voltas, dando voltas com valor
semeia plantas, semeia flores,
dando voltas, dando voltas com amor.
De manhã, pela tarde,
trabalhando, trabalhando a terra
com valor, com amor,
já mesmo, já mesmo florescerá.

Waytay, em idioma quéchua, significa "florescer". É também o nome de um ponto de cultura na periferia de Lima. Como tantas periferias do mundo, carece de uma série de investimentos urbanos. Em 1987, não havia água encanada, nem energia elétrica, nem pavimentação, nem drenagem, nem casas, só barracos. E gente chegando. Localizadas no pé da montanha, as populações do alto dos Andes iam se instalando no primeiro pedaço de terra que encontravam. De bens materiais traziam pouca coisa, mas chegavam com a bagagem cheia de tradições, danças, desejos e sonhos de uma vida melhor. Trinta anos depois, aquele pedaço de terra em que a gente dos Andes se encontrou na periferia de Lima já era o município de San Agostino. Ainda com muito por fazer, mas já estruturado, com água, luz, pavimento nas ruas principais, casas de alvenaria; por estar no pé da serra, foi ali que as grandes enchentes que assolaram o Peru no verão de 2017 provocaram mais estragos.

Na entrada do ponto de cultura, é possível ver a quantidade de alimentos e água que os jovens conseguiram arrecadar para distribuir à população. Foram tantos os donativos que os instrumentos musicais, figurinos e demais equipamentos artísticos tiveram que ser transladados para o andar superior, de modo a liberar espaço para a solidariedade popular, que foi muita. Fui recebido com festa. Banda, algumas crianças tocando seus instrumentos, tambor, flautas, violino, outras com seus figurinos, uma recepção amorosa, cheia de vida e calor humano. Subindo a escada. O espírito feminino toma conta do lugar, muitas mulheres e meninas; também meninos, uns 20%, incluindo o fundador do ponto. Um lugar *hermoso*, que faz qualquer pessoa se sentir em casa.

Zeyla, menina com uns 13 anos, em vestimenta de baile tradicional peruano, apresenta as ações do Waytay; ela é filha de uma ex-integrante do grupo. Ao lado, Rosa e sua inseparável máquina fotográfica, moradora do bairro, ativista da comunicação popular; também duas voluntárias do Equador, jovens feministas, dando um giro pela América do Sul. Ao fundo, Marla, jovem atriz e professora de educação artística, recém-diplomada. E muitas crianças em volta, Raquel, Azucena, nome de flor, María. O dramaturgo, diretor de teatro e fundador do Waytay, Javier Aranda, acompanha a conversa em silêncio. Nota-se que está feliz ao ver as meninas, e os poucos meninos, falarem por si; quase todos chegaram ao Waytay com idade entre 6 e 7 anos. Uma das meninas, com mais tempo no grupo, diz:

> *Tenho que dizer, sou da família Waytay, toda minha infância e adolescência se passaram no Waytay. Uma vida cheia de alegria, risos e trabalho, que sai do coração. Às vezes me pergunto o que seria de mim se não fossem os palcos, os aplausos, as viagens, gente tão talentosa, fotos, música. Agora estou me formando e sigo sendo da família Waytay.*

Grupos como Waytay, atuando em um bairro de periferia, fazem toda a diferença na vida da comunidade, são sopros de potência e encantamento. Por vezes, assumem problemas muito além do alcance deles, da organização comunitária ao saneamento básico. Como exemplo de gente comprometida, corajosa e generosa, levam a comunidade adiante, contribuindo para que os vizinhos saiam da realidade dura e tenham contato com a arte, em atitudes de amorosidade e engajamento. Pergunto a Javier como ele define o que realizam, e ele responde:

> *Somos artistas, estamos envolvidos em nossa comunidade, artistas da comunidade e artistas na comunidade, pessoas que vivem, lutam e ganham respeito dos vizinhos, dos meninos e meninas em nossa*

Javier e Zeyla se apresentam no ponto de cultura Waytay, em San Agostino, no Peru.

comunidade. Somos vizinhos e nos conhecemos desde há tempo, a maioria de nós nasceu no bairro, nos conhecemos desde meninos, compartimos a mesma comida, as mesmas dificuldades. Também enfrentamos maus costumes de alguns vizinhos, alguns que jogam lixo na rua, violência doméstica, bebidas, nem tudo é fácil, nem tudo é bonito, mas estamos aqui, somos os "maestros" da comunidade.

Percebo que a todo tempo as respostas são no plural, o "nós somos" antes do "eu sou". Responde assim por um senso arraigado de comunidade, comunidade que extrapola seu próprio bairro. Ao conjugar o verbo no plural, Javier fala por muitas outras pessoas como ele, em bairros e países como o dele.

Tento saber o custo para a manutenção do espaço e dos projetos. A sede é própria, e foi construída com dinheiro enviado por dois irmãos e pelas economias de Javier. São três pavimentos: no térreo uma área para comércio, cujo aluguel garante parte das despesas de manutenção; no segundo pavimento a sede do Waytay; no terceiro, a moradia de Javier e um terraço para ensaios em local aberto. Como recursos públicos, entre 10 mil e 12 mil *soles* (US$ 4 mil) por ano, através do programa Cultura Viva Comunitária, da *alcadía* de Lima, na época em que havia um governo mais progressista. Também receitas esporádicas, com cachês artísticos por apresentações em escolas, e a realização de um festival anual de teatro, com orçamento médio de US$ 10 mil. Javier vive de ministrar oficinas de teatro, quando realizadas fora de sua comunidade, revisão de textos, trabalho como ator em comerciais, dramaturgia. Na prática, ao final, todo o

Fachada da escola de artes Waytay, cujo nome significa "florescer" em quéchua.

dinheiro se mistura e é colocado na manutenção do grupo. Imaginem o quanto mais poderia ser realizado, caso eles contassem com recursos mais perenes, se houvesse uma política pública mais estável. Pergunto a outra menina qual o sonho deles, e ela responde de pronto: "Uma escola de artes!".

De certo modo, o Waytay já é uma escola de artes, uma escola-processo, uma escola-comunidade, uma escola-família, como tantas outras espalhadas por esta vasta América Latina. É justo, é viável, e eles merecem contar com melhores condições econômicas para o desenvolvimento de seus trabalhos, mais espaço, mais professores e oficineiros, que, igualmente, merecem receber melhor remuneração pelo trabalho que realizam com tanto amor e compromisso. Trabalham por amor e, muitas vezes, esquecem do próprio direito, doando-se às suas comunidades nas condições que lhes forem possíveis. Um caminho seria os Estados assumirem maior responsabilidade com o desenvolvimento sociocultural das comunidades, assegurando que quem trabalha organicamente com a cidadania também tenha direitos trabalhistas. Uma política pública que reconheça a dimensão comunitária nos processos de vida e aprendizado não seria custosa, ao contrário, seria eficiente, generosa, bonita, participativa, integradora na relação entre Estado e comunidades e mais eficaz que a realizada por agentes do Estado, isso porque mais orgânica. Mas para tanto há que assegurar meios para que os recursos fluam com mais naturalidade, com menos burocracia e mais confiança, com foco no resultado final, e não nos procedimentos administrativos. Há também que ter uma nova cultura política, em que os governos, no lugar de impor, disponham, no lugar de controlar, se abram com coragem, aceitando e estimulando a emancipação comunitária. Outro caminho seria a construção de uma rede de fortalecimento, de uma economia própria do comunitário e do ancestral, livre do controle de Estado. Há muitos ativos produzidos no ambiente comunitário: a experiência, a vivência e o aprendizado, além de produtos artísticos, invenções e tecnologias sociais, redes de solidariedade e cooperação. O desafio está em conseguir conectar esses pontos, ativando uma economia entre os pontos e destes com indivíduos e organizações dispostos a fomentar processos autônomos de desenvolvimento comunitário.

O cenário ideal seria uma mescla de políticas públicas, de Estado, perenes, coexistindo com uma economia em rede, popular, compartilhada, circular e solidária. Isso pressupõe uma nova cultura política, que seja *waytay*, compreendendo o sentido do florescer comunitário. *Waytay* porque, na vida em comunidade, o florescimento é processo, e é no processo de florescer que acontecem as interações. Na comunidade as pessoas são menos "coisa", menos produto, e mais "gente", mais florescimento, singular e plural ao mesmo tempo. Nos ambientes comunitários, trabalho, festa, vicissitudes e aprendizado se misturam e se fundem. Que a humanidade tenha sabedoria e sensibilidade para perceber que esse novo florescer civilizatório está acontecendo nos lugares mais remotos e desassistidos. E para, ao invés de cercear esse florescer, fomentá-lo, cultivá-lo, até que ele se ramifique e a flor desabroche.

VICHAMA

Porque não temos nada, faremos tudo!
Palavras grafitadas em um muro
na entrada de Villa El Salvador (Lima, Peru)

Villa El Salvador é um distrito localizado a duas horas de distância do centro de Lima, em meio ao deserto. No início da década de 1970, havia somente areia, vento e poeira. Em pouco mais de um ano, 100 mil pessoas já habitavam o lugar, vindas de todos os cantos do Peru, da Amazônia, da serra, do litoral, do norte, do sul. Em 2017, 400 mil habitantes viviam no distrito, agora razoavelmente urbanizado, com asfalto nas vias principais, pequeno estádio de futebol, um *campus* de universidade pública, escolas e demais serviços sociais. Em Villa El Salvador também encontramos uma comunidade de criadores e uma escola de alfabetização intercultural: Vichama Teatro.

Um teatro cheio de crianças, com sessões a partir das 10 horas da manhã. E assim quase todos os dias. Espetáculo do dia: *La gallina sembradora* (A galinha semeadora).

Abrem-se as cortinas, começa o teatro:

> Em uma noite escura, em meio a relâmpagos e trovões, eis que aparece uma galinha semeadora... Ela queria plantar milho, pois as outras galinhas passavam fome, não aguentavam mais aquela massa em forma de ração. E todos os animais da fazenda desacreditavam da galinha. Diziam que ela nunca conseguiria produzir milho a partir daqueles poucos grãos. Reclamavam da dor de barriga, reclamavam da comida sem gosto, reclamavam da fome, mas nada faziam. E riam da galinha semeadora, e riam. Mas a galinha nunca desistiu, até que um dia brota uma formosa espiga... Os outros animais, envergonhados por não terem ajudado a galinha, pensaram que ela guardaria todas

Entrada de Villa El Salvador, erguida no meio do deserto em um ano, no Peru. Na década de 1970, foi a maior favela da América Latina.

> *as espigas para si. Mas, não, a galinha sembradora divide a comida com os demais; e ainda faz um delicioso bolo de milho.*

Ao final, as crianças da plateia são convidadas a subir ao palco para irrigar as mudas de milho. Como em todo bom teatro infantil, a música acompanha o espetáculo do começo ao final. No saguão do teatro, os personagens aguardam as crianças com deliciosos pedaços de bolo de milho.

A próxima sessão.

A rebelião dos sonhos, inspirada na obra do poeta peruano César Vallejo. Começa o monólogo, em sessão lotada com jovens do ensino médio, entre 14 e 17 anos:

> *Na noite sonhamos e nosso destino se manifesta, porque sonhamos o que poderíamos ser. Somos um sonho e só nascemos para realizá-lo. E o mundo também sonha e anseia viver a plena luz de seu sonho. A poesia, ao explicar esses sonhos, nos convida à rebelião, a viver despertos os nossos sonhos: a sermos não só os sonhadores, e sim o sonho mesmo.*

Em seguida, debate com a plateia. César Vallejo, poeta vanguardista, considerado um dos maiores poetas hispano-americanos do século XX, era o "poeta dos vencidos". Neto de mulheres indígenas, mestiço, como a maior parte dos moradores de Villa El Salvador, teve uma vida marcada pela pobreza e pelo desamparo, vindo a morrer em Paris, em 1938. Seus poemas, marcados pela dor, falam de situações de extremo sofrimento, e é nessas situações que encontram a solidariedade: "Alguém passa a contar pelos dedos/Como falar do não--eu sem dar um grito?".

Pausa para o almoço.

> *É certo que as pessoas chegaram sem nada, em termos materiais. Mas, em suas mantas, em seus tecidos, em suas cabeças e corpos, elas tinham tudo! Carregavam sua herança cultural, suas culturas, seus modos de vida, suas raízes. Sem esse encontro intercultural não se pode explicar o que aconteceu em Villa El Salvador.*

Palavras de César Escuza, fundador do Vichama Teatro.

Ele chega no bairro em 1981, como um jovem militante da esquerda revolucionária, lutando contra a ditadura no Peru, com o objetivo de auxiliar na organização popular e também para aprender com aquele povo. Villa El Salvador era um lugar emblemático, referência para o movimento popular, não somente no Peru, mas em toda a América Latina – um laboratório de experiências comunitárias, com a frente popular de mulheres, rádio comunitária, depois TV comunitária transmitida em paredes, bibliotecas populares, associação de pequenos comerciantes, autoconstrução de moradia, urbanização comunitária. A população estava organizada por grupos residenciais, em que, a cada 24 famílias, formava-se uma junta diretiva. Um espaço em que as pessoas, em meio à carência e ao abandono do Estado, foram afirmando sua potência. César encantou-se com a vitalidade daquele laboratório de utopias e lá decidiu viver. Foi fazer teatro embaixo de iluminação de querosene, ensaiando em salões paroquiais e associações comunitárias, apresentando-se em praças e ruas.

Como aquele povo, César chegara havia pouco tempo em Lima, vindo para cursar teatro na Universidade Nacional; por ter deficiência física, não foi aprovado. Como opção, foi aprender direção cênica no próprio fazer, além de dedicar-se a muita leitura e ao intercâmbio com outros grupos artísticos.

> A comunidade queria ter acesso a uma escola de artes, mas não tinha como frequentar, por isso abrimos uma escola de teatro, isso porque sempre entendemos que o teatro é necessário, tem que ser útil à comunidade, falar de temas da comunidade, mas precisa ter qualidade estética, em que conteúdo e expressão artística caminhem juntos. Começamos semeando, é o que temos colocado aqui.

Os anos passaram. E o grupo foi oferecendo cada vez mais opções criativas aos moradores, com montagens teatrais, marionetes e bonecos gigantes, seminários, oficinas de arte, diálogos sobre memória, cultura solidária, encontro de criadores. Sempre a serviço da comunidade e de seu processo de transformação. Com essa convicção, César responde com uma pergunta: "Se o teatro não ajudar a transformar a sociedade, vou fazer teatro para quê?".

Para além das artes, para além do próprio artista, o que Vichama realiza é um constante diálogo com a população que, em seu processo histórico de tomada do espaço comunitário, foi reconhecendo a cultura como fundamental para a transformação da realidade. O teatro acompanhou e deu sentido às lutas comunitárias, como um articulador de desejos e de suas memórias.

Em meados dos anos 1980, o Peru volta ao regime democrático, mas a instabilidade política e social se agudiza, sobretudo com a ação do movimento armado Sendero Luminoso, com sua forma de luta baseada em terrorismo e atentados. Devido ao abandono do Estado e às precárias condições de vida, Villa El Salvador foi um celeiro para o recrutamento de jovens senderistas, que realizavam no próprio bairro as explosões em torres de transmissão de energia, provocando cortes de luz em toda a Lima. As mesmas explosões que deixavam sem luz os apartamentos da elegante Miraflores.

Esse contexto fez que, no mesmo território, coexistissem diversas formas de luta e organização social. De um lado, a repressão de Estado; do outro, a opção pelo terror como forma de luta; em um terceiro polo, a forte solidariedade e mobilização comunitária, expressas em processos criativos e artísticos. Nesse caldeirão, a tensão e o enfrentamento foram uma constante, até que o grupo Sendero Luminoso, em 1992, assassinou María Elena Moyano, líder comunitária em Villa El Salvador. Afro-peruana, fundadora da Federação Popular de Mulheres e ativista do partido Izquierda Unida, que optara por um caminho pacífico na luta por transformações sociais, María Moyano havia desafiado o Sendero e seus métodos violentos: "A revolução não é morte, nem imposição, nem submissão, nem fanatismo", dizia. Vendo-a como obstáculo, o Sendero não apenas a assassinou, como explodiu seu corpo com dinamite, para servir de alerta a quem se insurgisse contra o método de luta que eles haviam escolhido. Não contentes, também explodiram o túmulo em que foi enterrada. Esse atentado provocou comoção no país, em especial em Villa El Salvador, levando milhares de pessoas às ruas, evocando a memória da Madre Coraje, como María Moyano ficara conhecida.

Em paralelo, os atores decidiram buscar justiça com as armas que sabiam manejar: o teatro e a memória, e realizaram um espetáculo em homenagem a María Moyano. No dia da estreia, tensão. Os atores recebiam ameaças de todos os lados, do Sendero e também do Exército, que colocou tanques e soldados na frente do teatro. Ambos queriam impedi-los de se apresentarem, cada qual por seu motivo. Mas eles não se intimidaram e encenaram a obra, homenageando a heroína do bairro, e nada de mal aconteceu. Desde então, César descobriu uma maneira distinta de fazer política, pacífica e corajosa, ajudando a população a perder o medo, que paralisa e isola.

O grupo assume o nome Vichama nessa época, inspirado na história de um semideus, filho do deus dos terremotos: Pachacamac. Tomado de ciúme e ira por ver o amor da esposa pelo filho que acabara de nascer, Pachacamac mata o bebê e, em seguida, mata a esposa, que, antes de morrer, consegue enterrar o cordão umbilical do filho. Vichama renasce a partir de uma espiga de milho, como o deus-sol. A partir de então, ele busca trazer a mãe de volta à vida e banir o pai para as profundezas do oceano, sendo por isso reconhecido como o deus da justiça. O Código de Justiça de Vichama, registre-se, é contemporâneo do Código de Hamurabi, na Mesopotâmia.

"A arte tem que buscar justiça", diz César, daí a escolha do nome. O teatro foi construído nessa fase, e sua obra foi iniciada em 1993; em boa parte, essa construção aconteceu com dinheiro que César havia conseguido com sua família para construir uma casa; com criatividade e cooperação comunitária, ele pôde fazer as duas obras, residindo em um pequeno apartamento anexo. Passados 25 anos, Vichama é um teatro muito bem montado e um espaço de organização democrática, participativa, com muita gente em torno. Mais um oásis em meio àquele lugar que antes fora deserto. Também um oásis em relação aos valores do tempo presente, em que predominam ideias de individualismo, competitividade, egoísmo, imediatismo, alcançando, inclusive, organizações comunitárias.

São muitas as gentes que se achegam ao Vichama, desde atores e atrizes do teatro profissional de Lima a estrangeiros. Marie-Eve veio de Quebec, estudante de artes plásticas; queria trabalhar como voluntária por alguns meses e permanece com Vichama há 15 anos. É de Marie-Eve a direção de arte do espetáculo Águas *profundas*, uma obra preparada para o Fórum Social Mundial, realizado em Belém, na Amazônia brasileira, em 2009. Conforme descrição dela:

> *uma obra especial, um projeto intercultural, com atores peruanos e músicos do Canadá e do Brasil. Uma mescla entre teatro e instalação visual, em que vestuário, cenografia e luz vão criando várias atmosferas. Decidimos abordar a temática ambiental, a partir de um rio que secou pela atividade de mineração, o que se passa no entorno do rio seco, o rio como memória viva do povo, a consciência do uso da água.*

Para realizar o espetáculo, eles colocavam quase uma tonelada de areia no palco e, com as luzes, reproduziam o leito seco do rio. O ambiente, a procura por água, a dureza da vida mineira, a batalha sobre o rio seco, a pesca imaginária, o fundo da terra sendo transformado em dinheiro, a ganância, a exploração, a asfixia, a secura. A secura. Tudo em uma obra de arte, concebida em uma *villa*, outrora deserto. Ao final, o leito do rio seco é encharcado por água e pétalas de rosa.

Entrar no sempre lotado Teatro Vichama é como sair do cotidiano, penetrando em um rio que atravessa o deserto. É mergulhar em águas profundas e encontrar pessoas dispostas a colaborar e compor alianças. Naquele teatro está presente a história de uma comunidade que lutou contra a cultura da violência, da desconfiança e da indiferença. É uma história do encontro, da autonomia e do protagonismo cidadão. A cada ano, afluem à plateia do teatro ao menos 30 mil pessoas. Enraizados na comunidade, sem nunca se afastar do ideal de transformação, eles conquistaram respeito para além de Villa El Salvador, alcançando todo o Peru, e mesmo outros países.

César Escuza, sempre com o semblante sereno, lúcido, firme, com um sorriso de satisfação, cita adolescentes do início das oficinas de arte, do tempo em que ensaiavam à luz de querosene, e que agora são avós trazendo seus netos ao teatro. O Vichama é a expressão do comunitário em todas as dimensões artísticas, uma arte que surge nas comunidades, das comunidades, a partir da vivência nos territórios. "Um teatro que não se instala, que não se leva; não é um projeto que vai ser desenvolvido 'em' algum lugar, 'para' algumas pessoas, mas algo que 'é', que está vivo", reforça César. Com essa convicção, eles fazem a comunidade pensar como "vizinhos fazedores de arte", evitando que outros lhes digam o que eles são. É a comunidade pela comunidade e para a comunidade. Com esse trabalho intenso e comprometido, César foi laureado com o mais alto reconhecimento nacional da cultura, no dia do teatro. Na cerimônia, ele agradece o prêmio; ao mesmo tempo deixa muito claro que aquele é um reconhecimento não à pessoa dele, mas a todas as pessoas que fazem teatro em comunidade: "Me formei em grupo, pela comunidade, para a comunidade, por isso devolvo à comunidade".

Intervalo.

Visita a uma comunidade vizinha, Villa María. Atravessando o deserto e a montanha em uma espécie de riquixá motorizado, um "tuk-tuk". Nesse lugar, ao mesmo tempo que aconteciam as apresentações no teatro do Vichama, estava acontecendo um festival de cinema, 5 Minutos 5, com produções locais, comunitárias e sul-americanas. Na abertura do festival, a animação *Abuela Grillo*, coprodução entre Bolívia e Dinamarca. O local, uma plateia ao ar livre, em quadra esportiva, com crianças e jovens. Os organizadores: estudantes de comunicação, todos universitários, alguns da comunidade, outros de fora. O festival e os trabalhos preparatórios foram pensados e organizados por jovens dispostos, dedicados, que ministram oficinas de vídeo e realizam produções de bairros na periferia de Lima. Naquela edição seriam exibidos dois filmes do bairro. "É o que nos interessa, que as histórias sejam o que acontece com eles", diz Efraín, um dos organizadores do festival, nascido em Villa María.

Regresso ao Vichama. Montanha e deserto em estrada sinuosa e estreita. Já é noite.

O teatro segue lotado, trezentas pessoas na plateia; gente sentada no chão, em pé. O tema: *Noite da filosofia*. Filosofia de hora em hora. A abertura é com uma apresentação de orquestra de *sikuri* (flauta andina), composta por crianças e jovens do Vichama. Depois, filosofia para crianças. Em seguida, as conferências: "A intuição filosófica na vida cotidiana", "Pachacamac", "O passado pré-hispânico", "Cultivar esteticamente o belo, ou Como o teatro pode renovar a política e o pensamento", "O amor, o desejo e o entendimento".

O teatro segue lotado, e já passa das 23 horas.

Mais uma conferência: "Como superar nossas violências". Em paralelo, o vídeo *Meu amigo Nietzsche*. Para finalizar, concerto com Jorge Millones, conhecido cantor e filósofo peruano, casado com a candidata de esquerda Verónika Mendoza, que surpreendeu nas últimas eleições presidenciais, quase chegando ao segundo turno. A madrugada adentra. Jorge Millones segue com suas canções filosóficas:

> *Somos os anônimos quixotes*
> *enfrentamos um obscuro imperador*

*somos um gigante mutilado
que quer acender seu coração*[1].

A manhã logo chega. Há que voltar a Lima, mais precisamente, Miraflores, em duas horas de carro na madrugada. Em poucas horas, viagem a Cusco.

AS DIMENSÕES DE UM PONTO

As dimensões variam. Pode ser um ponto pequeno, quase imperceptível, perdido em uma periferia qualquer deste nosso vasto mundo. Ou um ponto grande, percebido por todos, localizado no lugar mais vistoso. Não importa. No ponto podem estar contidos um grupo de jovens querendo inventar algo, um casal de palhaços, um diretor de teatro, uma trupe, uma biblioteca comunitária, mestres da sabedoria ancestral, jovens do *hip-hop*, artistas visuais, cyberativistas.

Crianças na entrada do sempre cheio Teatro Vichama, que abriga uma comunidade artística e uma escola cultural em Villa El Salvador, no Peru.

[1] Letra da música "Contra o medo".

Não importa. Cabe tudo em um ponto, desde que ele tenha a dimensão dos quatro cantos do mundo. Pode ser em um teatro grande, ou em uma sala improvisada como teatro em uma comunidade remota, ou à sombra de uma árvore. Pode ser um ponto com administração estruturada, profissional, bom planejamento e recursos financeiros suficientes; ou uma louca aventura, fruto de um sonho bem sonhado. Um encanto, uma poesia, uma luz. Anos de trabalho, de história e dedicação. Ou uma ideia nova, com gente nova, que começou há pouco, decidindo realizar um festival de cinema em uma quadra esportiva no meio do deserto. Memórias ancestrais ou pura invenção? Não importa. Seja no Peru, seja na Guatemala, em Lima ou Buenos Aires, em Villa El Salvador ou Miraflores, na serra, no mar ou na floresta, no mundo há quatro cantos e infinitos caminhos.

Escolhi o Peru, e suas diferentes experiências, para sintetizar o conceito de ponto de cultura. Como já disse, ponto é um conceito matemático; quando associado à cultura, torna-se ponto de potência, de transformação ("Dá-me um ponto de apoio e uma alavanca, e moverei o mundo", já dizia o matemático grego Arquimedes de Siracusa). Como abstração matemática, o conceito de ponto está na base de inúmeros conhecimentos e práticas, tendo sido utilizado por diversos povos ancestrais, entre os quais os povos andinos.

Desses conhecimentos, o de uso mais original aconteceu em Tahuantinsuyo, o território dos quatro cantos do mundo, governado pelo Império Inca. Um imenso Estado, com 4 mil quilômetros de extensão e 2 milhões de quilômetros quadrados, entre o Pacífico e a Cordilheira dos Andes, entre o deserto e a selva. Um Estado plurinacional, com população entre 12 milhões e 15 milhões de habitantes, falando setecentos idiomas diferentes e com administração centralizada no "umbigo do mundo", Cusco, a capital. Sob esse ambiente multicultural o ponto adquire uma função além da abstração matemática, a de escrita e unidade na linguagem e comunicação. Quipo; em idioma quéchua, *khipu*: "nó"; ou "ponto".

Quipos são nós em barbantes ou cordas, sejam de algodão, sejam de lã de alpaca ou lhama. Foram esses nós que construíram um original sistema de escrita. Uma escrita que não é fonética, ou glotográfica – como acontece com o alfabeto ocidental, composto de letras e sílabas correspondendo a sons –, nem semasiográfica – como acontece com o alfabeto oriental, constituído de ideogramas (escrita chinesa ou japonesa, ou a escrita de povos antigos, como hieróglifos egípcios ou inscrições maias) –, mas composta de signos e ideias, independente de sons e idiomas. A escrita contida nos quipos é matemática. Somente com uma escrita abstrata seria possível estabelecer uma rede de compreensão mútua entre povos com raízes linguísticas e signos tão diferentes; caso tivessem optado por uma escrita baseada em idioma ou símbolos, estariam impondo uma cultura sobre as demais, contrariando o princípio da plurinacionalidade estabelecido sob o Estado de Tahuantinsuyo.

São livros na forma de cordas penduradas por uma argola ou vara. Cada corda, ou barbante, a variar pelo diâmetro, tem significado específico, como se determinasse parágrafos a expressar um conjunto de informações e ideias. Como variação: cores, tamanho dos cordões, posição, torção dos fios. Marcando esse conjunto informativo, os nós, os pontos (os quipos), definindo as frases e períodos. Desafortunadamente, não foi encontrado um artefato como a Pedra de Roseta – descoberta no Egito pela expedição de Napoleão, a pedra exibia escrita trilíngue (hieróglifos, demótico e grego), o que permitiu ao arqueólogo Champollion decifrar a escrita do Egito antigo. Do contrário, até hoje estaríamos afirmando que as pessoas daquela magnífica civilização africana eram analfabetas, incivilizadas e a-históricas. É o que a civilização ocidental faz quando não consegue compreender a escrita e a história dos povos que domina.

A maioria dos quipos foi destruída ou se perdeu pelo tempo, havendo atualmente cerca de oitocentos quipos catalogados e estudados, seja no Peru, seja em museus europeus e norte-americanos. Por esses estudos já se sabe que é possível ler e conhecer números, quantidades somadas, ângulos, produtos, o que indica um forte uso contábil, para controle de colheitas, armazenagem, transporte de bens e censo populacional. Também se sabe que os quipos utilizavam um código binário, contendo dois elementos que se complementam, como na linguagem dos computadores atuais; assim também era com a *yupana*, a calculadora, o ábaco andino. No código dos quipos, o zero era definido pelo tipo, pelo espaçamento e pelo agrupamento de cada nó.

Não há como dissociar o quipo da cosmologia andina e sua visão dualista de mundo, a partir do conceito de que tudo na vida é um jogo entre metades que se opõem e se complementam. Um jogo entre a afirmação da identidade e a busca da compreensão de si a partir da observação do "outro", pela alteridade. Percebe-se também o funcionamento de um sistema decimal, que, intercalando cores e métrica entre os pontos, constrói uma linguagem, indicando variações de uso para além do contábil, como o literário, o religioso, o administrativo e o histórico. Em 1747, Madame de Graffigny publicou um livro de relativa circulação à época, *Lettres d'une péruvienne* (Cartas de uma peruana); a protagonista é uma princesa inca, Zila, que utiliza os quipos para enviar mensagens ao seu amado, Aza. Há também textos de cronistas da época colonial, que indicam a poética presente nos quipos. Foram encontrados quipos desde o sul de Tahuantinsuyo até o Equador e o sul da Colômbia, passando pela atual região chilena da Araucânia, no limite do território que veio a ser ocupado pelos colonizadores espanhóis. O quipo de Araucânia, datado do final do século XVIII, continha mensagens de resistência. O Terceiro Concílio Limense, realizado pela Igreja católica entre 1582 e 1583, ficou impressionado com a racionalidade do pensamento andino, expresso em sua original forma de escrita; porém, decidiu eliminar os quipos, por considerá-los indecifráveis (aos europeus) e, portanto, objetos de idolatria. E povos com uma escrita sofisticadíssima foram tornados analfabetos.

Essa incompreensão acerca de uma cultura diferente resultou no apagamento de narrativas e registros de riqueza incalculável. Foi como se tivesse sido decretada a incineração de bibliotecas. A discussão acerca da escrita baliza a demarcação entre povos civilizados e bárbaros, fazendo que a aventura humana seja periodizada entre a história, que começa com a escrita cuneiforme na Mesopotâmia, e a pré-história, em que inexiste registro escrito – o qual seria prova da ausência de pensamento abstrato mais elaborado, na visão colonialista. Os colonizadores europeus, ao negarem que os povos do continente que veio a ser chamado de América produziam escrita, também estavam definindo a fronteira entre eles, civilizados, de um lado, e os bárbaros, nativos sem alma, de outro. Assim, justificavam o abuso e o extermínio destes.

Há muitas formas de narrativa para além do alfabeto; nas culturas de transmissão oral, as propriedades mnemônicas são exercitadas de uma forma jamais experimentada pelos povos ocidentais. Nas vezes em que eu estive no Xingu, com povos indígenas da Amazônia, o que mais chamava minha atenção eram as rodas de conversa ao final das tardes, no centro das aldeias. Velhos e jovens rememorando histórias de seus ancestrais, por vezes chegando a trinta ascendentes na linha do tempo familiar. (De meus ascendentes, só consigo chegar até minha bisavó, Elisa, que eu chamava de *nonna* – avó, em italiano –, e que veio do Vêneto, em um navio de imigrantes, e meu bisavô, Giovanni Turino, que deve ter assumido o sobrenome em homenagem ao seu local de origem, a cidade de Turim, ou Torino.) Nas narrativas transmitidas pela oralidade, é o sagrado da palavra, praticamente abandonado pelas sociedades contemporâneas, que dá prova de veracidade, mesmo quando essa narrativa vem entremeada de mitos e fantasias – que também podem acontecer na escrita, registre-se. Na oralidade não se perde memória; ao contrário, quando a informação é armazenada em processos de repetição, é até retida e compartilhada de maneira mais eficiente que na forma escrita.

Embora os quipos permaneçam indecifrados, o mais provável é que tenham sido uma forma de escrita mista, servindo para marcação, registro e narrativa, em que a leitura acontecia pela combinação e pelo diálogo entre códigos matemáticos, códigos simbólicos e oralidade. Para essa função havia os *quipucamayocs*, do quéchua: "aqueles que fazem os quipos falarem". Destacados guardiões da memória e da narrativa, os *quipucamayocs* circulavam com os cordões de barbante coloridos e marcados por nós. Cabia a eles apresentar a contabilidade do Império, os registros do calendário e as narrativas épicas, como griôs africanos ou escrivães europeus, dando prova de veracidade aos fatos. Quando, pouco antes da invasão espanhola, Atahualpa venceu a guerra civil contra seu irmão Huáscar, matou-o e decretou o assassinato de todos os *quipucamayocs*.

O inca vitorioso pretendia inaugurar uma nova era, e para isso precisava controlar a narrativa, pois quem controla a narrativa detém o poder. Não houve tempo. Pizarro chegou logo em seguida e o degolou. Curiosamente, a nova história que Atahualpa pretendia inaugurar levaria o nome de *"Ataovallpa Inga"*, Novo Mundo. E o Novo Mundo veio na forma de Vice-Reino do Peru, sob o domínio dos reis de Espanha.

Da guerra civil entre os incas, pré-invasão europeia, sobreviveram quatro *quipucamayocs*, muito velhos, conforme registrado na *Relación de los quipucamayocs*, de 1542. Conhece-se o nome de dois deles, Collapiña e Supno. Os velhos *quipucamayocs* foram levados à presença do primeiro governador designado pelo rei de Espanha, Cristóbal Vaca de Castro, que lhes fazia perguntas para inventariar os bens contidos naquele vasto território que os espanhóis consideravam haver conquistado. Esse relato é o melhor registro de como se dava a leitura dos quipos. A cada pergunta, feita nos idiomas espanhol e quéchua, os fios eram lidos e os quatro velhos *quipucamayocs* combinavam a leitura com a declamação, segundo a memória oral. Por esse motivo os primeiros colonizadores espanhóis chamavam os quipos de "conta e razão", exatamente pela complexa construção narrativa, condensando em uma só escrita a contagem numérica e a construção de sentidos e significados. A partir de então, os quipos foram perdendo função narrativa, mas mantendo função contábil (daí o fato de que até poucas décadas se considerava que os quipos tinham apenas função contábil, e não de escrita), mas não plenamente esquecidos. Durante a Grande Rebelião, liderada por Túpac Amaru, ao final do século XVIII, os quipos foram utilizados como meio de comunicação e, entre a cruz, a espada e a fome, voltaram a falar.

Essa escrita original, em que o ponto, na forma de nó, dá a entonação narrativa, foi perpetuada de maneira dispersa, descentralizada, nas comunidades andinas, havendo registro de uso em *pueblos* remotos até o início do século XX. Seus guardiões eram os *llactacamayos*, os oficiais do povo, não exatamente chefes ou caciques, mas mediadores comunitários; entre os povos indígenas do Brasil, a palavra seria *tuxahua*. Os *llactacamayos* tiveram um papel fundamental na coesão comunitária, como mordomos (assim os espanhóis os chamavam) de sua comunidade, realizando, por "conta e razão", todo um sistema de repartição comunitária de bens e afazeres, desde a distribuição de terras, alimentos, trabalho coletivo, pela *mita*, até o censo populacional. Aos oficiais do povo cabia realizar um bom governo local, justo, equitativo, equilibrado e comunitário.

Segundo Catherine Julien, da Universidade Western Michigan, nos Estados Unidos: "Ao invés de serem prolixos como na escritura alfabética, os quipos compartem com a matemática sua elegância e sensibilidade de expressão". Foi essa escrita que permitiu que os incas organizassem a informação de maneira eficaz, ao mesmo tempo numérica e narrativa, assegurando coesão administrativa em um Estado tão extenso. Tahuantinsuyo foi um Estado-rede, com gestão descentralizada, interconectado por cabos, como no mundo atual, quando povos e Estados estão conectados por cabos ópticos a transmitir dados pela internet. Essa forma de interconexão permaneceu e permanece viva nas comunidades do Peru, em uma inteligência distribuída, transmitida pela delicadeza de fios de lã ou algodão.

 Ao percorrer os pontos de cultura na cidade de Lima, ao observar Paloma, Javier, César Escuza, Eddy e Estela Paredes, em suas múltiplas dimensões e facetas, sinto-me conectando cabos a partir de pontos. Também percebo que estou diante de *quipucamayocs* e *llactacamayos*, com gente contemporânea que se reconecta com sua gente ancestral. É isso que me faz refletir e consolidar a convicção de que sempre que houver um ponto de potência, sempre que essa potência puder florescer com autonomia, protagonismo e beleza, sempre que houver magia e esperança, haverá harmonia a definir a dimensão de um ponto. Uma dimensão que resulta do encontro entre indignação e coragem, conta e razão, memória e invenção, ética e estética. Quando essa harmonia ocorre, tempo e espaço se aceleram, fundindo história (transmitida pela oralidade ou pela escrita, ou por ambas) e território. E essa divina proporção irá fazer com que o círculo se encontre com o quadrado. Conectando cabos será possível saber que um ponto, em suas infinitas dimensões, define a porção ocupada por um corpo que terá por resultado a ética e a beleza na busca da felicidade. E a manhã acontece.

CUZCATLÁN: TERRA DE PRECIOSIDADES
EL SALVADOR

Com esse povo não me custa ser bom pastor.
Dom Óscar Romero

Cuzcatlán, terra de preciosidades, em idioma *nāhuatl*. Cuzcatlán, nome originário de El Salvador, país na América Central, com área de 21 mil quilômetros e pouco mais de 6 milhões de habitantes. Nesse lugar pequeno, abundam joias raras, dessas lapidadas pelo tempo e pela aspereza da terra bruta.

Em um país dominado por *terratenientes*, latifundiários, com os direitos dos indígenas, camponeses e mulheres absolutamente desprezados, surge uma mulher, indígena e mãe solteira, Prudencia Ayala, uma joia rara. De família humilde, em 1930 é a primeira mulher das Américas a postular a Presidência da República, isso quando o direito ao voto nem era assegurado às salvadorenhas, que só vieram a obtê-lo em 1950. Antes disso, Prudencia foi escritora, poeta e jornalista, havendo fundado o jornal *Redenção Feminina*. No discurso de apresentação de sua candidatura, ela declara: "O homem e a mulher formam o casal do mundo: os dois formam a casa, os dois formam a sociedade, os dois devem formar o conceito de cidadania e constituir as leis democráticas contra a escravidão, os dois devem formar o governo". Apesar de poetisa e autora de vários livros, era tratada como "A Analfabeta" pelos jornais locais. Ridicularizada e considerada louca, Prudencia empreende uma batalha judicial para garantir sua candidatura, ao final impedida pela Suprema Corte. Seu

Na Casa da Memória, foto da revolta camponesa salvadorenha liderada por Farabundo Martí em 1932. À frente, roupas de camponeses assassinados na ocasião.

programa de governo previa a união centro-americana, o rechaço às intervenções dos Estados Unidos nos países da América Central, direito de voto às mulheres, equidade, igualdade, reconhecimento legal dos filhos de mães solteiras, respeito aos sindicatos e honradez na administração pública. Sua corajosa campanha, em candidatura não reconhecida oficialmente, antecede as revoltas camponesas de 1932, das quais Augustín Farabundo Martí foi líder e mártir. À época, um dos poucos intelectuais a defender a postulação de Prudencia, o jornalista Alberto Masferrer já previa:

> *Prudencia apresenta um sério problema jurídico aos nossos legisladores, não lhes restando outro caminho que não seja reformar a Constituição para assegurar o direito à cidadania plena às mulheres. Ou dormir em uma longa siesta.*

Dormiram, assim como a história de Prudencia Ayala, esquecida por décadas.

Por décadas, a história de El Salvador tem sido a história dos silêncios e dos silenciamentos. Passados quase cinquenta anos, em 1977, um padre jesuíta, Rutilio Grande, é emboscado ao lado de dois camponeses, Manoel Solórzano e Nelson Lemus, todos assassinados. Ele desenvolvia ação missionária junto a comunidades camponesas e foi executado por esquadrões da morte a serviço da mesma classe de terratenentes que ridicularizara a postulação de Prudencia Ayala. Filho de família oligarca, Rutilio se colocou a serviço dos oprimidos, defendendo camponeses expulsos de suas terras e com lideranças assassinadas. Em suas palavras, o que ele pretendia:

> *Queremos ser a voz dos que não têm voz para denunciar todos os abusos contra os direitos humanos. Que a justiça seja feita, que não fiquem impunes os criminosos, que se reconheça quem são os criminosos e que se dê uma indenização justa para as famílias que ficaram desamparadas.*

Atribui-se ao assassinato de Rutilio Grande a conversão de dom Óscar Romero à causa de seu povo. Três dias antes da execução havia ocorrido uma reunião entre dom Romero, recém-empossado na função de arcebispo, e parte do clero salvadorenho; nesse encontro, Rutilio Grande o interpelara: "Monsenhor, eu tenho muitas ovelhas que estão no monte, mas se o senhor diz que não há perseguição, terei que lhes dizer para que baixem ao vale. Não vou fazer isso". Tão logo Rutilio foi assassinado, a polícia e o Exército, no lugar de investigar, ocuparam a igreja em que ele era pároco, na cidade de Aguilares, transformando-a em quartel. Dom Romero, ao saber da chacina, desloca-se imediatamente para Aguilares e passa horas escutando histórias de sofrimento daquele povo que encontrara em Rutilio a sua voz. Romero também era originário de família oligarca e, como Rutilio, ao longo do sacerdócio foi se colocando a serviço dos oprimidos. Pela forte suspeita de que os assassinos tinham vínculos com o governo central, a partir daquela data (12 de março de 1977), o arcebispo nunca mais participaria de atividades religiosas junto ao governo. No domingo seguinte ao massacre, cancela todas as missas do país e convoca os fiéis a celebrarem uma única missa na catedral em San Salvador, em homenagem a Rutilio Grande. Junto ao arcebispo, 150 padres e mais de 100 mil pessoas reunidas. Aos fiéis, Romero declara:

> *O padre Rutilio Grande era como um irmão para mim. Em momentos culminantes de minha vida, ele estava muito perto de mim, e nunca esquecerei tais gestos, mas o momento não é para pensar pessoalmente, e sim para recolher deste corpo uma mensagem para que todos nós sigamos peregrinando. [...] O verdadeiro amor pela Igreja e pelo povo é que fez com que Rutilio Grande e os dois camponeses fossem martirizados.*

> *Assim amou a Igreja, morreu com eles e os apresentou para a transcendência do céu.*

Outra joia rara de Cuzcatlán, Rutilio tinha por objetivo fortalecer "pequenas comunidades vivas de mulheres e homens novos, conscientes da própria vocação humana, capazes de se tornarem protagonistas do seu destino individual e social; alavancas de transformação [...] pois a criação é uma mesa comum com toalhas largas para todos". Um pequeno país com um povo valente e generoso, lutando para oferecer uma mesa comum com toalhas largas para todos.

Em 9 de março de 2017, piso pela quarta vez no solo de Cuzcatlán, quarenta anos após o assassinato do padre Rutilio. Esperando no aeroporto, Julio Monge, professor basco que, nos anos 1980, decidiu mudar-se da Espanha para El Salvador a fim de oferecer atividades artísticas e de educação popular nas áreas libertadas pela guerrilha da Frente Farabundo Martí de Libertação Nacional (FMLN). No caminho, ele conta com entusiasmo sobre seu novo projeto: organizar orquestras juvenis em prisões para meninas e meninos em conflito com a lei. É uma conversa em disparo: "Priscila toca violino muito bem! É como uma filha para mim, será libertada no domingo. Virei buscá-la e ela poderá seguir em frente, pois agora tem um projeto de vida". A sensação de vitória estampada no rosto dele tem razão de ser, pois, apesar de a guerra civil ter sido deixada para trás, El Salvador segue como um dos países mais violentos do mundo, com o registro de 5.278 homicídios em 2016. Antes de seguir para Los Ranchos, o pequeno município em que o Tiempos Nuevos Teatro tem sede, pernoito em pensão próxima à Universidade Nacional. A pensão serviu de "aparelho" para abrigar reuniões do Partido Comunista no período da clandestinidade e, até hoje, segue administrada por Alma e seu marido, médico e poeta da "geração comprometida", quando jovens universitários dos anos de 1960-70 impulsionaram a resistência às injustiças e desigualdades no país. Uma pequena pensão que é museu, com quadros e cartazes revolucionários, livros de poesia, história e política.

Na manhã seguinte, percurso pela capital, San Salvador.

Primeira parada: Jardín de Rosas, na Universidade Centro-Americana José Simeón Cañas (UCA), uma universidade católica. Esse jardim foi regado com o sangue de seis padres jesuítas e duas mulheres, a mãe, Elba Ramos, que cuidava da casa pastoral, e sua filha, Celina. Os padres mártires: Ignacio de Ellacuría, reitor da universidade, Segundo Montes, diretor do Centro de Direitos Humanos, Juan Ramón Moreno, diretor da biblioteca, Armando López, professor de Teologia, Joaquín López y López, fundador da universidade, e Ignacio Martín-Baró, vice-reitor e psicólogo social. Ellacuría era um dos principais artífices do acordo de paz entre o governo salvadorenho e a guerrilha e, entre os termos do acordo, estava a exclusão de militares ligados a atrocidades e massacres. No interior do governo havia setores que resistiam à paz. Coordenada pela agência de inteligência do governo estadunidense, a CIA, em 16 de novembro de 1989, uma unidade antiterrorista invade a universidade e executa os jesuítas à queima-roupa, com armas de alto calibre. Por 25 anos, o caso ficou sem solução, até que a juíza norte-americana Kimberly Swank profere sua sentença, por causa do comprovado envolvimento de instituições de Estado do país. Na sentença, foram declarados terroristas o coronel Orlando Montano e mais vinte militares. À época, Montano era vice-ministro da Defesa, comandava a polícia e a Guarda Nacional, tendo sido formado e treinado na Escola das Américas em Fort Benning, Geórgia, instituição das Forças Armadas dos Estados Unidos, mesmo país para o qual foi extraditado em 2016 e onde cumpre sentença. O coronel também fora aluno da UCA, tendo assistido às aulas de alguns dos padres que assassinou.

Entre os mártires assassinados, Martín-Baró, precursor de conceitos-chave para a cultura viva e a cultura do encontro. Como psicanalista social, ele buscava colocar o saber psicológico "a serviço de uma sociedade em que o bem-estar '*de los menos*' não se assente sobre o mal-estar '*de los más*', em que a realização de uns não se assente sobre a negação dos outros, em que o interesse dos poucos não exija a desumanização". Martín-Baró promoveu uma profunda reflexão sobre a psicologia comunitária, buscando compreender, a partir da análise dos fatos, como se formam as ideias, os tipos de organização e modos de ser no contexto da vida do povo, inseridos no tempo histórico.

Uma psicologia comunitária precisa compreender como o povo vive, e sobrevive, sempre a partir de suas problemáticas psicológicas, culturais e estruturais, e isso se dá a partir da vivência e da potencialização do fazer comunitário. Baró afirmava:

> *Enquanto os povos não contarem com poder social, suas necessidades serão ignoradas e sua voz, silenciada. Por isso, como psicólogos sociais, devemos contribuir para fortalecer todas as mediações grupais [...] que tenham por finalidade representar e promover os interesses das classes majoritárias [...], pois de nada serviria uma conscientização sobre a própria identidade e sobre os próprios recursos, se não se encontrarem formas organizativas que levem ao âmbito da confrontação social dos interesses das maiorias populares.*

Como base teórica para essa psicologia da libertação, Martín-Baró apresentava três tarefas: a) recuperar a memória histórica, para extrair lições a partir da experiência e das raízes da identidade; b) desideologizar a experiência cotidiana a partir do senso comum transmitido pelos meios de comunicação de massa, com forte componente enganador e manipulador; c) trabalhar exaustivamente para potenciar as virtudes dos povos. Quando desenvolvi a teoria para o programa

Monumento a la Memoria y la Verdad: granito negro com 85 metros de largura que registra 25 mil nomes, apenas um terço das vítimas da guerra civil salvadorenha.

Bíblia metralhada por ocasião do assassinato do reitor e dos professores da Universidade Centro-Americana, exposta no memorial da instituição.

Cultura Viva e os pontos de cultura no Brasil, eu não conhecia os pensamentos de Martín-Baró, mas, tão logo apresentado a eles, percebi a semelhança entre as ideias, como se houvesse uma simbiose. Em minhas outras viagens a El Salvador, eu ainda não havia passado por lá, nem reverenciado o Jardín de Rosas. A ideia do jardim foi do viúvo de Elba, a cuidadora da casa pastoral; enquanto ele viveu, por todos os seus dias, cuidou para que as rosas florescessem.

Próxima parada: Monumento a la Memoria y la Verdad. A história de um povo, o rosto de sua gente, seus nomes, seus sonhos. Vinte e cinco mil nomes registrados em um muro de granito negro, com 85 metros de extensão. Um memorial aos mortos, organizado ano por ano. Crianças, meninas e meninos, vítimas, combatentes, todos reunidos cuidadosamente pela sociedade civil de El Salvador. No memorial estão os nomes de apenas um terço do total de assassinatos cometidos no período da guerra civil, sem contar os desaparecidos. Um monumento idealizado, organizado e realizado pelo povo, incluindo a arrecadação dos recursos. "Um memorial para o Encontro, para nunca esquecer, para honrar a Memória, devolver a dignidade, não permitir que o horror se repita e assentar as bases para uma cultura de paz e de verdadeira reconciliação", é o que está expresso na lápide gigantesca. Memória e verdade expressas em monumento no Parque Cuzcatlán.

TIEMPOS NUEVOS TEATRO

Seguimos para o departamento de Chalatenango e a comunidade San Antonio Los Ranchos. Município com pouco mais de 1.400 habitantes, é onde está situada a sede do Tiempos Nuevos Teatro (TNT). A hospedagem foi em casa confortável, construída com recursos enviados por um natural da cidade, que migrou para os Estados Unidos; por estar vazia, o TNT a aluga a baixo custo, e assim pode oferecer hospedagem aos visitantes. Ao amanhecer, banho em balde (há muita falta d'água no país) e visita ao Centro Cultural Jon Cortina.

Jon Cortina foi padre jesuíta e professor de engenharia na UCA; coube a ele substituir Rutilio Grande na paróquia de Aguilares, ainda em 1977. Novo processo de tomada de consciência. Assim como Óscar Romero, que estudara em Roma, Jon Cortina era um intelectual com sólida formação acadêmica, mas seu contato com os pobres se dava através dos livros. Ao substituir Rutilio, Cortina descobre que

> *a única forma de saber sobre a vida dos pobres é quando te juntas com eles, e quando estás com eles, e quando os acompanhas. Se a pessoa vai a uma comunidade colocando-se como um ser superior a eles, possivelmente irão aceitar e respeitar a pessoa. Mas a pessoa não vai aprender*

▸ Área externa da sede do TNT em San Antonio Los Ranchos, em El Salvador.

▸ Na sala de teatro do TNT, seleção de atores mirins e juvenis para o filme *La travesía*.

> *nada. Não vai viver uma experiência formativa. Há que acudir e acompanhar o povo, e nesse acompanhamento ser capaz de aprender com ele.*

Jon Cortina caminhou com o povo, e foi assim que chegou a Chalatenango e Los Ranchos. Anos depois de sua chegada, após a guerra civil, Cortina atuou no processo de repovoação do departamento, criando a Associação Pró-Busca de Meninas e Meninos Desaparecidos. Também foi fundador do TNT, em 1993, bem como, por vários anos, presidente do conselho diretivo. Ao final de sua vida, esse jesuíta, engenheiro e militante da causa social era um entusiasta do teatro e das artes como meio de regeneração e recoesão social e humana. De origem basca, gostava de futebol e era apaixonado pelo Athletic Bilbao, cujas partidas acompanhava pelo rádio. Também planejava uma última visita à sua cidade natal, Bilbao, onde esperava conhecer a *maravilla* do edifício do Museu Guggenheim, em viagens sempre adiadas. Não foi possível. Em 2005, Jon Cortina morreu de derrame cerebral, na Guatemala, enquanto participava de uma conferência internacional pró-busca de meninas e meninos desaparecidos nas guerras.

Chegando ao centro cultural, acompanho ensaio seletivo de atores infantis e juvenis para o filme de ficção *La Travesía*.

No espaço multiuso do TNT, crianças de Los Ranchos representam a si mesmas, como se estivessem em uma balsa navegando na noite escura.

Três tipos mal-encarados aproximam-se em um barco e avançam sobre as crianças.

— Não quero ir; tenho medo! — dizem as crianças.

O diretor do filme sussurra:

— Sintam o calor, não exagerem. Só pensem, boca seca, noite, tudo escuro.

Surge uma luz, e o barco atraca a balsa.

— Quem será? Quem são vocês? — perguntam os atores mirins.

Os homens capturam as crianças.

— Corta!

Bate a claquete.

A cena imaginária acontece em um rio na fronteira entre Estados Unidos e México e visa retratar um processo específico da migração de centro-americanos para os Estados Unidos. Após os pais se estabelecerem no país, com trabalho e moradia, eles buscam trazer os filhos menores. Ocorre que as crianças e adolescentes precisam cruzar a fronteira sem a presença de adulto da família, pois os pais seguem não documentados e, por isso, têm que contratar "coiotes" para acompanhar os filhos na travessia.

O diretor da película, Noé Valladares, começou como documentarista da guerrilha da FMLN e trabalhando em rádio na selva. Agora faz cinema comunitário, tendo fundado a Escuela de Cine Comunitario (ECC) Acisam, que atua na Guatemala, em El Salvador e na Nicarágua. Todo o seu cinema é realista-ficcional, criado a partir de situações reais, em processos de improvisação que unem atores populares e profissionais. Ele sempre procura o realismo máximo.

O diretor retoma a gravação:

— Digam tudo o que ouviram de suas famílias, tudo o que seus amigos estão contando aqui em Chalatenango.

As crianças e jovens começam a falar ao mesmo tempo. E ele gravando.

— Não quero ficar aqui! Minha família está separada, nem lembro mais de como é meu pai.

— Queremos ir amanhã! Minha mãe está desesperada.

— Mas e as histórias de abusos e violações?

— Cuidado com La Bestia!

— Os coiotes não são confiáveis; vai entregar sua vida a eles? Vão nos matar!

— Muitas meninas são entregues para a prostituição.

— Querem ser abusadas na viagem? Ontem mataram duas mulheres.

— Vida de migrante está bem difícil.

— Degolaram duas *chicas*.

— Esse dinheiro que sua família está guardando para a viagem pode ser investido aqui.

— Meu pai migrou quando eu tinha 4 anos, teve que caminhar pelo deserto e depois foi preso.

Sigo anotando as falas.

Entra Emercilda na sala do teatro. Ela é funcionária do TNT e perdeu dois filhos na guerra civil, uma com 24 anos e um com 16; os outros dois filhos vivem nos Estados Unidos e mensalmente enviam dinheiro para a mãe, entre US$ 100 e US$ 200. Praticamente em todas as famílias há histórias assim. Entes mortos na guerra e parentes vivendo nos Estados Unidos; em Los Ranchos e em todo o país. Como resultado da migração, 2 milhões de salvadorenhos vivem no exterior (um quarto da população total), e 30% do PIB é oriundo de remessas externas de familiares.

Desde a fundação do TNT, foram montados mais de quarenta espetáculos de teatro, a maioria em criação coletiva, inspirados na realidade cotidiana, com mais de seiscentas apresentações nos mais diversos cantos do país, de salas de teatro a escolas, galpões comunitários, praças e ruas. Em 2008, inauguraram o bem instalado centro cultural e lhe deram o nome de Jon Cortina, em homenagem ao querido mentor. Também realizaram diversas turnês pela Europa, Canadá e América Latina; como principal fonte de financiamento, a articulação comunitária e a cooperação internacional.

Quando um terremoto assolou o país em 2001, o pessoal do TNT criou o projeto Desenhando Sorrisos, montando a obra *Los perros mágicos de los volcanes* ("Os cães mágicos dos vulcões", em tradução livre), do escritor salvadorenho Manlio Argueta. E assim foram construindo pontes entre El Salvador e o resto

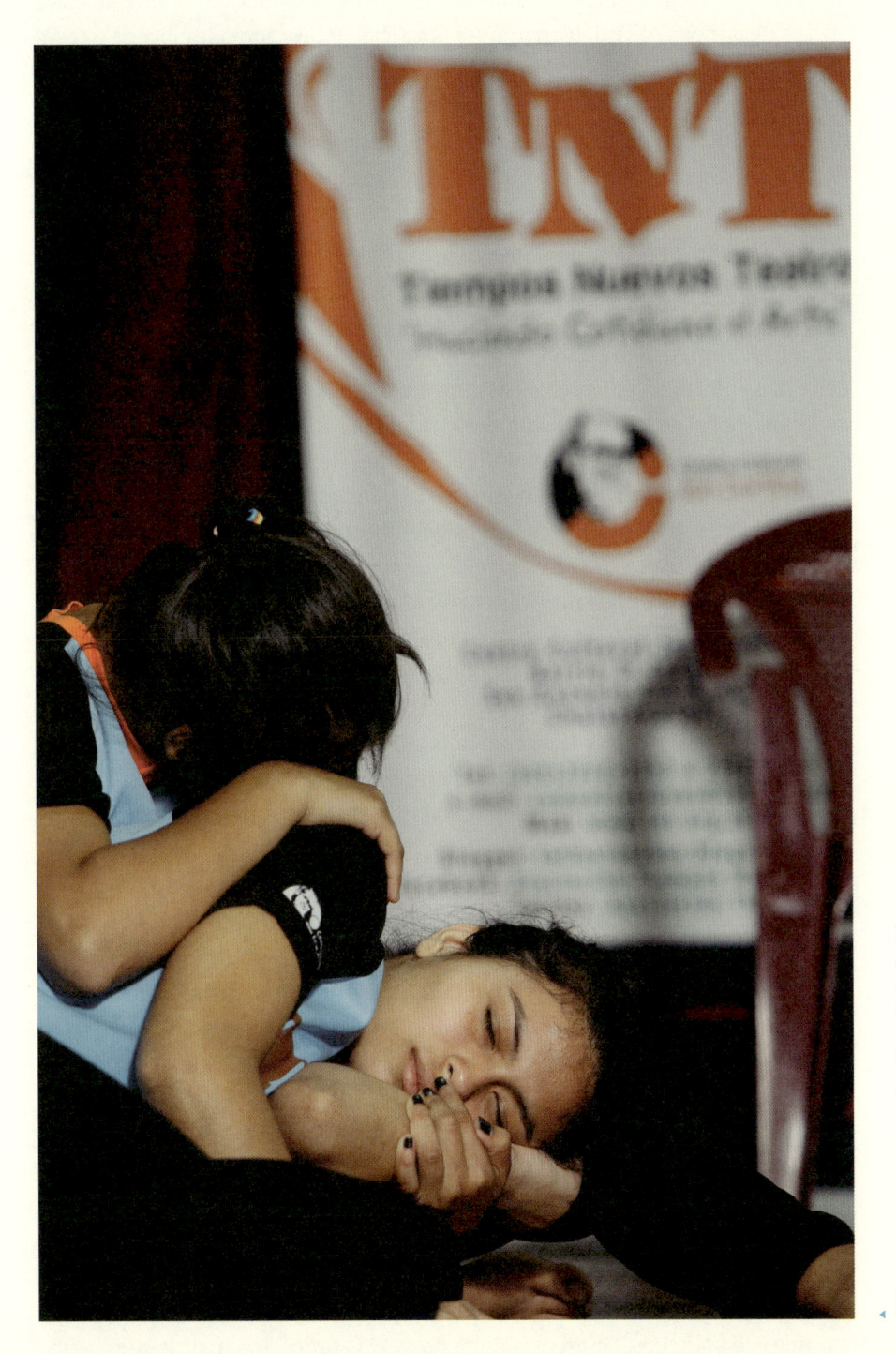

Crianças encenam tema da migração infantil para os Estados Unidos, durante ensaio do filme *La travesia*.

do mundo, em intensos processos de intercâmbio cultural; de dentro para fora, e por dentro das próprias comunidades, em processos sensíveis, com oficinas e cursos de dança, música, teatro, artes plásticas, sobretudo para jovens e crianças. Uniram localidade, encontro e criatividade, como no projeto Lo Creo, que foi financiado pelo governo da Finlândia.

Com o Centro Cultural passaram a contar com um dinamizador comunitário, além de permitir uma homenagem perene ao padre que tanto admiravam. E foram tecendo redes. Movimento de Arte Comunitária Centro-Americana (Maraca), Rede Latino-Americana de Teatro em Comunidades, Arte para a Transformação Social e Plataforma Puente Cultura Viva Comunitaria. Levando teatro para escolas públicas e experimentando novas metodologias de arte e educação, com a criação de jogos educativos (mais de sessenta) e de um manual de teatro aplicado à educação, costuraram alianças com o sistema educativo, governos, casas de cultura. Sempre escutando e formando novos gestores.

O atual diretor executivo do TNT é Walter Romero, um jovem de 26 anos, praticamente o tempo de vida da entidade; a formação dele se deu em sessões do cineclube, teatro, biblioteca, exposições, reuniões de planejamento e intercâmbios. Tudo em um rincão esquecido desta vasta *Latinoamérica*, na fronteira entre El Salvador e Honduras. Walter, visivelmente, tem vocação política, e seria muito bom para El Salvador se jovens como ele ocupassem novos espaços na formulação e gestão de políticas públicas, bem como na representação política. Julio Monge, com a paciência de um monge a cultivar vidas, gosta de citar histórias de jovens do TNT, vários com bolsa de estudo na Europa, se preparando como diretores de cinema, teatro, um deles dirigindo o Teatro Nacional, outros em gestão comunitária. Até o prefeito de Los Ranchos é um jovem que passou pelo Tiempos Nuevos Teatro.

Essa bem-sucedida história de organização cultural não é somente do TNT. Como ele há muitos em El Salvador, na América Latina e no mundo. Em El Salvador, com base na organização social das *cofradías* e *guachivales*, remonta a antes do etnocídio de 1932, quando dezenas de milhares de indígenas, operários e camponeses foram massacrados por protestarem contra a exploração da oligarquia, ou das 14 famílias, como eles se referem a essa casta.

Nas *cofradías* se estabelecia a coesão social indígena, já mesclada com a fé católica e impulsionadora das práticas culturais ancestrais. Com as *guachivales* o povo exercitava sua devoção em festas religiosas, com organização própria, por fora da hierarquia eclesiástica, toda ela com base na confiança que só a vida em comunidade pode oferecer. Também tem por raiz a luta de libertação nacional nos anos 1970-80 e a ênfase que deram para a arte e a educação popular. Em El Salvador, a insurreição popular se fazia com armas, livros e roupas de palhaços. Diferentemente de outros processos insurgentes, a presença enraizada das comunidades eclesiais de base explica em grande parte essa preocupação emancipadora. Sem esse processo de empoderamento comunitário, experiências como a do TNT seriam mais difíceis de acontecer.

Com a guerra civil, áreas inteiras desse pequeno país foram devastadas. Em El Salvador, houve ataque com armas químicas, fornecidas pelo governo estadunidense. O agente laranja era jogado sobre florestas e cafezais; o napalm, utilizado no Vietnã, também foi aplicado na América Central, queimando tudo, inclusive gente. Passado um quarto de século do fim da insurreição popular, ainda há morros, antes cobertos por árvores frondosas ou pés de café, em que não cresce mais nada; rios secaram ou seguem contaminados pela química da guerra, provocando escassez de água potável até os dias atuais. No auge da guerra civil, nas montanhas de Chalatenango e Los Ranchos, todas as famílias tiveram que partir, lá permanecendo somente guerrilheiros e soldados do Exército. Mas o lúdico e a arte nunca foram abandonados. Em pleno estado de sítio, em 1983, trabalhadores da cultura criaram uma associação nacional, e dessa ação surgiram os principais conjuntos musicais do país, que seguem atuando até hoje, como Los Torogoces de Morazán, Los Farabundos. Nos anos 1980, eu próprio, como estudante universitário brasileiro, participei do comitê em solidariedade ao povo de El Salvador, e recordo de quando trouxemos o grupo Cutumay Camones para apresentação artística e arrecadação de fundos em apoio à luta do povo de El Salvador. Para jovens do mundo todo, esse país era um *sendero*.

Foi essa compreensão sobre o papel da arte e da educação popular, inspirada em Paulo Freire, que permitiu forjar "processos de ressignificação e construção de novos imaginários, adotando novas práticas, formas de vida e de celebração", conforme aponta o amigo Julio Monge. Sobretudo nos períodos de refúgio, pós-deslocamento, retorno e repovoação. Em sua luta pela libertação, o povo salvadorenho aprendeu "jogando", cantando, brincando e preservando histórias de vida. Foi assim que o TNT promoveu, e promove, um processo de cicatrização das feridas do povo, potenciando as virtudes desse povo, conforme os ensinamentos de outro padre jesuíta, Martín-Baró.

IRMA

María Irma Orellana fundou o Tiempos Nuevos Teatro (TNT), junto com seu marido e companheiro, Julio Monges, e com o padre Jon Cortina. Ela nasceu em 15 de maio de 1954, na cidade de Potonico, que pode ser avistada do mirante de Los Ranchos. Em 1974, sua cidade natal foi inundada pela represa Cerrón Grande e transferida para as margens do lago; em tempos de seca é possível avistar a torre da antiga igreja despontando sobre o lago. Irma teve uma infância camponesa e estudou até a sexta série, quando precisou se mudar para a capital, San Salvador, onde foi trabalhar como doméstica. Lá, conheceu a vida dos ricos e viu opulência e miséria convivendo lado a lado. Foi um choque parecido ao que teve Jon Cortina quando foi trabalhar no principal colégio de elite do país, o Externato dos Jesuítas:

> *O que me impressionava era quando via que os pais iam buscar seus filhos no externato e saíam do jeep com a pistola no cinturão. Certa vez, fui auxiliar o padre que ministrava ginástica. Alunos de 17 anos, no máximo, e a maioria deles estava armada! O padre pediu as pistolas e, de 35 alunos, 27 a sacaram e entregaram para que eu as guardasse. Era um mundo diferente. Havia muita pobreza com muitíssima riqueza. Havia muita impunidade também. Todos esses rapazes do colégio de jesuítas iam armados! Quando lhes perguntei sobre o motivo de andarem armados, me responderam que era necessário para se defender de algum pobre, algum campônio.*

A diferença é que o jovem jesuíta estava amparado pela Igreja e gozava de relativo respeito, mesmo com pouca idade; quanto a Irma, era uma adolescente pobre, vinda do interior, sozinha, tendo que trabalhar nas casas das famílias daqueles alunos que iam armados à escola.

Anos difíceis, em contato direto com a iniquidade e a injustiça. Ela regressa à sua cidade natal e começa a participar da comunidade eclesial de base. Eram entre cinquenta, sessenta jovens, um terço deles mais comprometido, e ela se tornou catequista, lembrando com carinho a freira Eima e os retiros espirituais com reflexão política. A par do trabalho na Igreja, os jovens foram se aproximando dos *muchachos*, primeiro da luta sindical dos camponeses, depois, da luta guerrilheira.

Por duas vezes Irma teve contato próximo com o arcebispo Óscar Romero, "tão *cercano*, humilde", ela se recorda. Com alegria ela rememora um almoço coletivo com o arcebispo realizado na região, com o povo em mesa farta; naquele domingo, 16 de dezembro de 1979, a homilia havia sido sobre "A sociedade cristã que Deus quer". Naquela homilia, o arcebispo pregou:

> *Não há pessoas de duas categorias. Não há uns que nasceram para ter tudo e deixar sem nada os demais, e uma maioria que não tem nada e que não pode desfrutar da felicidade que Deus criou para todos. Esta é a sociedade cristã que Deus quer: em que compartilhemos o bem que Deus deu a todos.*

Após a missa, no almoço, dom Romero se levanta e pede: "Antes de comer, temos que nos alegrar, comecem a dançar!". E a banda toca "La cucaracha", com dom

Romero pondo-se a bailar, junto com sua gente, em roda. Essa é a lembrança afetiva de Irma.

Ao final dos anos 1970, a energia elétrica mal havia chegado a Potonico, poucas casas tinham televisão e o rádio era o principal meio de comunicação. Foi no convívio comunitário, e praticando o que se pregava nas homilias de dom Romero, escutadas por rádio e depois debatidas, que aqueles jovens formaram sua consciência e foram se sentindo seguros em suas definições de vida. Era um caminho pacífico, mas muito firme no enfrentamento das injustiças e das oligarquias do país. As homilias do monsenhor Romero, transmitidas para todo o país e escutadas por centenas de milhares de pessoas, sintetizavam todo o sofrimento do povo salvadorenho, fazendo denúncias e apontando caminhos. A cada semana eram mais fortes, porque integradas à vida do povo e à agudização da vida social. Em sua última homilia, dom Romero esclarece como as preparava:

> *Peço ao Senhor, durante toda a semana, enquanto vou recolhendo o clamor do povo e a dor por tantos crimes, a ignomínia de tanta violência, que me dê a palavra oportuna para consolar, para denunciar, para chamar ao arrependimento, e, embora eu continue sendo uma voz que clama no deserto, sei que a Igreja está fazendo esforço para cumprir sua missão.*

Em cada cidade, cada *pueblo* daquele pequenito país, havia pessoas escutando sua mensagem através do rádio, em uma intervenção cada vez mais consciente:

> *Eu sei que há muitos que se escandalizam com essa palavra e querem acusá-la de ter deixado a pregação do evangelho para se meter na política. Mas eu não aceito essa acusação e faço um esforço para que tudo o que o Concílio Vaticano II, as Conferências de Medellín e de Puebla quiseram nos impulsionar, não só o tenhamos nas páginas e estudemos teoricamente, mas também que o vivamos e o traduzamos nessa conflitiva realidade de pregar o evangelho para o nosso povo como se deve.*

Em 15 de outubro de 1979, a oligarquia e as Forças Armadas promovem um novo golpe de Estado no país, recrudescendo a luta social. Apenas nos meses de janeiro e fevereiro de 1980, portanto antes do início da luta armada de libertação, a repressão do Estado assassina mais de seiscentas lideranças populares. Dom Romero não se cala:

> *Eu gostaria de fazer um chamado especial aos homens do Exército e, concretamente, às bases da Guarda Nacional, da polícia, dos quartéis.*

> *Irmãos, vocês são nosso mesmo povo, matam os seus próprios irmãos camponeses e, diante de uma ordem de matar dada por um homem, deve prevalecer a lei de Deus que diz "Não matarás!". Nenhum soldado está obrigado a obedecer a uma ordem contra a lei de Deus. Uma lei imoral ninguém tem que cumprir. Já é tempo de vocês recuperarem a sua consciência, e obedeçam antes à sua consciência que à ordem do pecado. A Igreja, defensora dos direitos de Deus, da lei de Deus, da dignidade humana, da pessoa, não pode ficar calada diante de tanta abominação. Queremos que o governo leve a sério que de nada servem as reformas se são manchadas de tanto sangue. Em nome de Deus, pois, e em nome desse sofrido povo, cujos lamentos sobem até o céu cada dia mais tumultuosos, eu lhes suplico, lhes rogo, lhes ordeno em nome de Deus: cessem a repressão!*[1]

No dia seguinte, 24 de março de 1980, ao cair da tarde, os sinos dobram no campanário da igreja de Potonico. Dom Romero fora assassinado na capela do Hospital da Divina Providência para doentes com câncer. Suas últimas palavras:

> *Que este corpo imolado e esta carne sacrificada pelos homens nos alimente também para dar o nosso corpo e o nosso sangue ao sofrimento e à dor, como Cristo, não para si, mas para dar conceitos de justiça e de paz ao nosso povo.*

Soa um sino na alma de Irma, triste como a vida. Em um misto de desespero e revolta, os moradores dirigem-se à praça da igreja, muitos chorando. Ao fundo, Irma ouve uma mulher direitista dar vivas à morte de San Romero de las Américas, o protetor dos desvalidos e dos injustiçados, a voz dos pequenos e esquecidos. Ela não reage, mas o grito de ódio daquela mulher, vibrando pelo assassinato de um santo homem, cala fundo em seu coração.

Foi uma comoção nacional. Partem caravanas de todos os lugares e por todos os meios, de ônibus, caminhões, a cavalo, a pé. O povo queria render uma última homenagem àquele que, do púlpito, se fez povo. Era Domingo de Ramos. Na capital, um número incontável de pessoas, centenas de milhares, cada qual com sua mensagem, fotos, cartazes, terços, muita fé e agradecimento. Irma seguiu na caravana do Bloco Popular Revolucionário, que havia sido formado por jovens universitários e lideranças populares com origem nas comunidades eclesiais de base, entre os quais um irmão dela. A praça da Liberdade, entre o Palácio Nacional e a catedral, estava tomada pela multidão. Franco-atiradores,

---

[1] Homilia de 23 de março de 1980.

acoitados no alto de edifícios públicos, começaram a disparar. Tiros a esmo. Gente caindo no chão em desespero. Para se proteger, as pessoas se escondiam sob marquises e na catedral. A Guarda Nacional e os soldados do Exército perseguiam as pessoas, fazendo-as voltar para o campo aberto da praça, todas com as mãos para o alto. Foram centenas de feridos e ao menos quarenta mortos. Irma consegue escapar e volta para sua cidade. Na estrada, barricadas e postos militares.

No dia seguinte, o irmão dela passa a integrar o movimento guerrilheiro da Frente Farabundo Martí de Libertação Nacional (FMLN). Em pouco tempo, a irmã e os sobrinhos adolescentes também ingressam na luta armada. Irma opta por uma vida dupla, entre a clandestinidade e o movimento popular de massas, até que, ao final de 1981, ameaçada por esquadrões da morte, quando já não podia voltar para casa, também se incorpora à guerrilha.

Como guerrilheira, o trabalho de Irma foi de contato com a população civil, fortalecendo redes de apoio. Coube à unidade guerrilheira da qual ela participava organizar a reserva de alimentos (milho, feijão, arroz e batatas) em granéis enterrados na floresta. Foi um tempo de compartir, de sentir-se um com todos, de perigo a cada momento. Também eram responsáveis pela reutilização da carga de fuzis e recolhimento de armas e granadas que os soldados deixavam para trás. Como base, o acampamento de El Alto. Lá aprenderam a fazer a *trampa*, com varas de bambu tramadas, além de diversas armas de autodefesa, das quais o irmão dela era um hábil preparador. A vida de Irma acontecia nas montanhas e, do cume delas, sempre buscava avistar sua cidade, em que deixara a filha aos cuidados da avó.

Em 1983, começa a fase de expansão da guerrilha, e Irma, junto com a irmã, é deslocada para a organização popular e formação de novas colunas de guerrilheiros. Atua na base de apoio, com rede de compras e suprimentos junto a comerciantes e camponeses simpatizantes, também no transporte de guerrilheiras grávidas ou doentes e de feridos em busca de hospitais, médicos e farmácias. Com o passar dos anos, todos os seus irmãos e sobrinhos morrem na guerrilha, o primeiro deles com 18 anos de idade.

Irma é testemunha viva do martírio de seu povo. Com a chegada de Ronald Reagan à Presidência dos Estados Unidos, as ditaduras da América Central sentiram-se amparadas para cometerem os piores tipos de atrocidades e foram orientadas e supervisionadas por agentes do Estado norte-americano nas mais bárbaras técnicas de genocídio, tortura e assassinato. Nos 12 anos de guerra civil em El Salvador, o governo dos Estados Unidos despejou US$ 4 bilhões, em valores da época, em aviões, helicópteros, fuzis, tanques de guerra, morteiros, granadas e armas químicas. Houvesse justiça internacional, o governo estadunidense teria que indenizar o povo salvadorenho ao menos no mesmo valor que aplicou na morte e destruição daquela gente.

Foram muitos massacres e histórias de horror. Rufina Amaya, camponesa, foi uma das poucas sobreviventes do massacre de El Mozote. Em dezembro de 1981, ela tinha 38 anos e era mãe de quatro filhos. Em 1992, ela revelou ao mundo o que acontecera naquela comunidade camponesa, em que mil pessoas foram mortas pelo exército:

> *Chegou uma grande quantidade de soldados do Exército. Entraram mais ou menos às seis da tarde e nos encerraram. Às cinco da manhã, colocaram na praça uma fila de mulheres e outra de homens. As crianças choravam de fome e frio. Eu estava na fila com meus quatro filhos. Às sete da manhã, aterrissou um helicóptero do qual desceram vários soldados. Nos separaram dos homens e, ao meio-dia, haviam matado todos. E foram buscar as mulheres, que choravam e gritavam. As crianças que choravam mais forte eram tiradas das mães. Às cinco da tarde, me colocaram com um grupo de 22 mulheres, eu era a última da fila. Os soldados terminaram de matar esse grupo de mulheres sem se dar conta de que eu havia me escondido. Às sete da noite, ouvi soldados dizendo: "Já terminamos com os velhos e as velhas, agora só há uma grande quantidade de crianças. A ordem que temos é de que não devemos deixar ninguém, porque são colaboradores da guerrilha, mas eu não queria matar crianças". No que veio a ordem: "Sim, já terminaram de matar a gente velha, agora passem fogo nos demais".*

Rufina perdeu os quatro filhos naquele massacre, e sua história só veio a ser contada anos depois, estando registrada na Comissão de Verdade e Justiça. À época do massacre, nenhum daqueles camponeses sabia sobre a FMLN nem tinha algum envolvimento com a guerrilha. O governo dos Estados Unidos jamais se pronunciou sobre o massacre, mesmo com provas de que foram utilizados armamentos e helicópteros cedidos pelas Forças Armadas do país, com assessoria de seus agentes. O governo de El Salvador também negou por uma década que o massacre teria acontecido, até que as ossadas foram encontradas.

E esse não foi o único massacre. Outro, acontecido próximo a Los Ranchos, foi transformado em curta-metragem: *O massacre do rio Sumpul*. Com participação de Irma, como atriz de sua própria vida. Um massacre não, dois. Era início da guerra civil, 14 de maio de 1980. Sob orientação da CIA, a Guarda Nacional e o grupo paramilitar, Orden, iniciaram um processo de expulsão da população civil residente no departamento de Chalatenango. Aos que decidissem permanecer, o terror de Estado. No *pueblo* La Arada surgem helicópteros com soldados, disparando do alto. Quando descem, mulheres são torturadas e violentadas antes de serem mortas, e crianças são atiradas para o alto, para serem fuziladas. Aos que conseguem fugir, buscando atravessar o rio Sumpul, na fronteira com

Mausoléu de dom Óscar Romero, arcebispo de El Salvador, cujo assassinato em 1980 desencadeou a guerra civil. Em 2018, foi canonizado San Romero de las Américas.

Honduras, os exércitos dos dois países preparam uma emboscada e os metralham, tingindo o rio de sangue. Mais seiscentos assassinados.

No mesmo rio, dois anos depois, em 12 de junho de 1982, mais trezentos mortos, agora entre a população de Las Cabañas. Igualmente, por décadas, a negativa da existência do massacre, inclusive por parte de observadores da Organização dos Estados Americanos (OEA), até que a história se revela. Irma chegou a resgatar uma mulher grávida, três sobrinhos e uma menina, crianças escondidas e assustadas na mata, isso no massacre do Cerro Alemania (9 de novembro de 1982). Quanto aos homens adultos, os soldados queimaram as casas e mataram 16 deles, picados com facões. Esses depoimentos são da própria Irma, como testemunha, ou foram colhidos no acampamento de refugiados de Mesa Grande, em Honduras, que chegou a ter 30 mil pessoas, e atualmente encontram-se publicados.

Entre as muitas tarefas da guerrilheira Irma esteve o projeto Retorno dos Refugiados, em 1986. Eram centenas de milhares de salvadorenhos vivendo em Honduras, e esse povo queria voltar para seu lugar. Ativistas da defesa de direitos humanos articularam um movimento ecumênico, sobretudo com as Igrejas católica e luterana, além de organizações de solidariedade internacional, para o retorno desses refugiados. Mas antes cabia organizá-los no acampamento de Mesa Grande. O governo de El Salvador não queria que essa população regressasse, temendo que muitas histórias de massacre viessem à tona, como vieram, por isso alegava que não poderia garantir a segurança daquelas pessoas. Mas elas resolvem regressar assim mesmo. Das 30 mil pessoas, 15 mil decidem partir de Mesa Grande no caminho de volta para casa, Irma à frente. Daria um filme (fica a sugestão). Foram dias de caminhada, basicamente com mulheres, velhos e crianças, até conseguirem mobilizar a ONU e anunciarem que atravessariam a fronteira em qualquer situação, mesmo que para isso tivessem que enfrentar os soldados. El Salvador era o país deles e eles queriam voltar. Passados trinta anos, praticamente toda a população adulta com menos de 35 anos de idade e que atualmente vive em Los Ranchos nasceu no campo de refugiados de Mesa Grande.

A guerra civil chegou ao final, alguns anos depois, sem vencedores, mas com muitos vencidos. Passados 25 anos do acordo de paz, com a FMLN transformada em partido político e governando o país por várias gestões, além da capital San Salvador e de inúmeras cidades, pergunto a Irma qual o sonho dela. Ela responde assertiva: "Mudar o sistema pela raiz!". É nesse processo de intensa luta e mobilização que Irma conhece Julio Monge e eles se casam, estando juntos até hoje. Desde então, o casal mora em Los Ranchos. Vivem *guindeando* – de *guindear*, uma gíria dos guerrilheiros que significa "escapar da morte" –, movendo-se de acordo com o terreno. Juntos, combinam ação local com articulação internacional e participação em diversos festivais, em inúmeros países.

Ao observar aquela mulher com tantas cicatrizes, apesar de estar sempre sorrindo e disposta, percebo que Irma vive suas contradições internas, que ela mesma logo revela: "Sigo ou não sigo na luta? Tenho vontade de algum dia descansar, pois no tempo da guerra foi uma batalha sem fim, depois também. Queria um tempo para mim". Ela não é explícita, mas percebo frustrações de quando fala sobre o governo tão sonhado, pelo qual tanta gente deu a vida. Há derrapagens diante da fria burocracia da administração pública, dos jogos de poder e das imposições do sistema, que não mudou em sua essência. É fato que essas "derrapagens" têm uma dimensão muito menor que em outros governos progressistas na América Latina, pois percebe-se que, em El Salvador, o trabalho de base nunca foi abandonado. Mas sinto também que eles seguem em frente, realizando a profecia de San Romero de las Américas, que, para aquele povo, já é santo: "Se me matam, ressuscitarei no povo".

Daí pergunto a Irma por que não para, por que não reserva um tempo para si, e ela responde:

> *Não consigo me separar de minha gente. Nos necessitamos mutuamente. Quando vejo esses* muchachos *fazendo arte, me sinto viva. O importante é que estamos vivos, tanta gente que perdemos, tantos que deram a sua vida pelo que estamos tendo hoje. Por isso também me pergunto: "Por que tudo é tão decepcionante?" Mas daí descubro que, quando juntos, nos damos ânimo e seguimos sonhando.*

Me quedo em silêncio.

Do fundo de minh'alma, canto "El sombrero azul", que poderia ser o hino nacional de El Salvador, de autoria de Ali Primera:

> El Pueblo salvadoreño
> tiene el cielo por sombrero
> tan alta es su dignidad
> en la búsqueda del tiempo
> en que florezca la tierra
> por los que han ido cayendo
> y que venga la alegría
> a lavar el sufrimiento.
> Dale que la marcha es lenta
> pero sigue siendo marcha
> dale que empujando al sol
> se acerca la madrugada
> dale que la lucha tuya
> es pura como una muchacha
> cuando se entrega al amor
> con el alma liberada.
> Dale salvadoreño
> que no hay pájaro pequeño
> que después de alzar el vuelo
> se detenga en su volar.
> Al verde que yo le canto
> es el color de tus maizales
> no al verde de las boinas
> de matanzas tropicales
> las que fueran al Vietnam
> a quemar los arrozales
> y hoy andan por estas tierras
> como andar por sus corrales.
> Dale salvadoreño [...]
> Hermano salvadoreño
> viva tu sombrero azul
> dale que tu limpia sangre
> germinará sobre el mar
> y será una enorme rosa
> de amor por la humanidad
> Hermano salvadoreño
> viva tu sombrero azul.
> Tendrán que llenar al mundo

con masacres del Sumpul
para quitarte las ganas
del amor que tienes tú
¡Dale salvadoreño!!!²

¡Dale!

2   "Chapéu azul": O povo salvadorenho/tem o céu como um chapéu/tão alta é a sua dignidade/na busca do tempo/em que a terra floresce/por aqueles que caíram/e que venha a alegria/para lavar o sofrimento.// Dá-lhe, que a marcha é lenta/mas segue sendo marcha/dá-lhe, que empurrando o sol/ se aproxima o amanhecer/dá-lhe, que a luta de vocês/é pura como uma menina/quando ela se entrega ao amor/ com a alma libertada.//Dá-lhe, salvadorenho,/que não há pássaro pequeno/que depois de alçar voo/seja detido no voar.//O verde que eu canto/é a cor dos seus campos de milho/ não o verde das boinas/de matanças tropicais/aquelas que foram ao Vietnã/ para queimar os campos de arroz/e agora andam por essas terras/como andassem pelos currais.//Dá-lhe, salvadorenho[...]//Irmão salvadorenho/viva seu chapéu azul/dá-lhe, que seu sangue limpo/vai germinar no mar/e será uma rosa enorme/de amor pela humanidade/Irmão salvadorenho/viva seu chapéu azul.//Eles terão que encher o mundo/com massacres de Sumpul/ para tirar o desejo de amor que você tem.//Dá-lhe, salvadorenho!!!

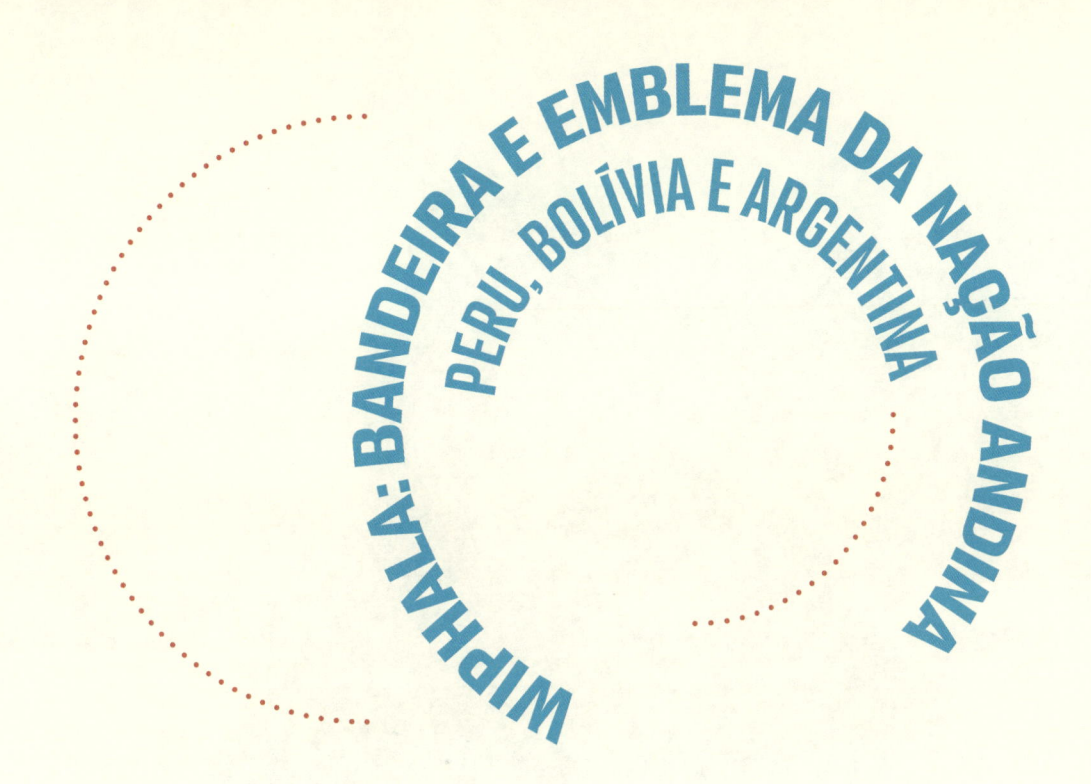

WIPHALA: BANDEIRA E EMBLEMA DA NAÇÃO ANDINA
PERU, BOLÍVIA E ARGENTINA

CUSCO

Antes de degolar o inca Atahualpa, Francisco Pizarro arrancou um resgate de "arcas de ouro e prata que pesavam mais de 20 mil marcos de prata fina e um milhão e 326 mil escudos de ouro finíssimo". Depois, arremeteu contra Cusco. Seus soldados acreditavam estar entrando na Cidade dos Césares, tão deslumbrante era a capital do império incaico, mas não demoraram a sair do estupor e começaram a saquear o Templo do Sol. "Forcejando, lutando uns contra os outros, cada qual querendo levar do tesouro a parte do leão, os soldados, com suas cotas de malha, pisoteavam joias e imagens, golpeavam os utensílios de ouro ou lhes davam marteladas para reduzir a um formato menor e portável. Atiraram ao forno todo o tesouro do templo para converter o metal em barras: as placas que cobriam os muros, as assombrosas árvores forjadas, pássaros e outros objetos de jardim[1].

Como um conquistador violento, semianalfabeto, com 180 soldados apenas, pôde dominar uma civilização magnífica, o "império dos quatro cantos", ou

---

[1] Eduardo Galeano, *As veias abertas da América Latina*, Porto Alegre: L&PM, 2016, p. 39.

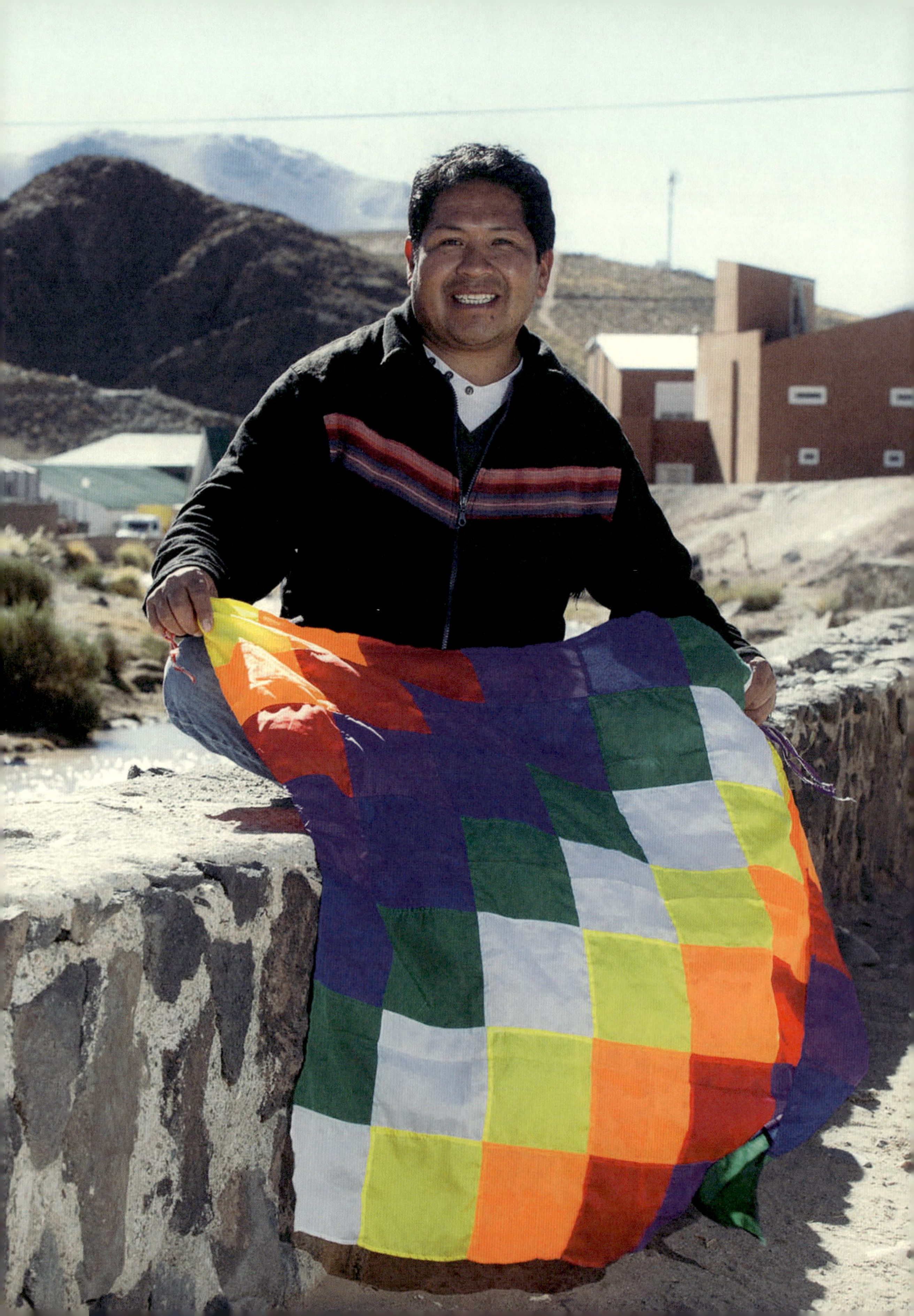

Tahuantinsuyio, com 15 milhões de habitantes, que se estendia por 4.500 quilômetros, do norte da Argentina à Colômbia?

Antes de Pizarro, os incas estiveram envolvidos em uma guerra civil, fratricida, em que Atahualpa havia assassinado seu irmão, Huáscar, fazendo, antes, que ele fosse obrigado a comer as próprias fezes e beber a própria urina, como forma de humilhação e demonstração de que não carregava divindade. Pizarro só se assenhorou do "Umbigo do Mundo", a capital do Império Inca, Cusco, porque soube se aproveitar da desunião dos incas e da forma opressiva com que tratavam os 150 povos submetidos ao império. Depois de lograr apoio de alguns povos, o Vice-Reinado do Peru estabeleceu-se em bases ainda mais cruéis que as que vigoraram no período dos incas. Estima-se que 90% da população andina tenha sido exterminada nos cem anos seguintes, por doenças, guerras, assassinatos ou explorações, com todo tipo de selvageria. O fato é que uma nova forma de sociedade se impôs.

Os conquistadores europeus se impuseram pela desmoralização dos povos originários, abafando e aniquilando qualquer traço de conhecimento e sabedoria autóctone. Para além das armas de fogo e da violência, que foram terríveis, o colonialismo prevaleceu pelo controle das mentes e dos corpos, pelo controle do espírito, pela dominação cultural. E assim seguiu a história da América Latina e suas veias abertas.

Cusco, 2017.

Trinta e cinco jovens em uma noite de domingo, Waynakuna Tikarisunchis Paqarimpaq ("Jovens Florescendo para um Amanhã Melhor", em quéchua). Um grupo autogerido de jovens que se reúne no alto de uma colina, com vista para Cusco, em um bairro popular. Como a cidade está a 3.300 metros acima do nível do mar, o ponto de encontro, seguramente, está a mais de 3.500 metros, em local aberto, sujeito ao vento e ao frio. O que fazem? Dançam, conversam, tocam músicas, aprendem entre si. Todos aprendem de tudo, todos colocam um pouco do que sabem e se retroalimentam. Só cultura andina? Não, encanta-os a cultura brasileira, sobretudo a batucada do samba e a capoeira. Também *sikuri*, a flauta andina. E violão. E a batida do *hip-hop*. "Somos muitos que necessitamos tocar, quanto mais gente, soa muito mais bonito", diz um deles. Também gostam de teatro, e há quatro palhaços no grupo. Criam suas músicas, fazem suas mesclas, fusões, estão abertos para o passado e para o futuro. Como surgiram? Porque gostam de se encontrar, porque queriam. Começaram com um curso de samba brasileiro, com um professor espanhol, que já regressou à Espanha. Do samba, foram para a capoeira, com professor peruano. Da capoeira para as flautas andinas, as *sikuris*, neste caso os professores são eles mesmos, principalmente os que vieram do topo das montanhas. Como se apresentam e se reúnem? Na forma de *flash mob*, na praça principal de Cusco. Também nas ruas e nos encontros de domingo, em um platô descampado, na frente de uma

Bandeira Wiphala, cujo nome significa "o sonho, a alegria e a honra em conduzir a bandeira" e que é feita de 49 quadrados em sete cores diferentes, repleta de significados simbólicos.

▲ Vista interna de ruína em Machu Picchu, no Peru.

▲ O grupo autogerido Waynakuna Tikarisunchis Paqarimpaq (Jovens Florescendo para um Amanhã Melhor) se reúne em morro de Cusco para conversar, tocar música, dançar e, inclusive, praticar capoeira.

pequena capela, subindo a montanha em um bairro escuro. Como se financiam? Rifas, pequenos cachês, um chapéu que passam após as apresentações, uma galinhada (arrecadaram 3 mil *soles*). O que adquiriram com a arrecadação? Instrumentos musicais, o figurino. Uma vitória! Como conseguiram? Com afeto, união, dando voz a quem chega pela primeira vez, respeitando e incorporando opiniões. De onde vêm? Das montanhas, alguns da Amazônia peruana, outros da periferia de Cusco. Qual a faixa etária? De 12 a 27 anos de idade. Quem os organiza? Eles. Quem fala por eles? Eles. Quem está junto com eles? Eles contaram com a ajuda inicial da Instituição Sypas Wayna e de um casal de professores que se encantou com o jeito deles. Quem os representa? Eles, e sempre em rodízio. "Não necessitamos de pessoas maiores para fazer coisas grandes", dizem, ao final do encontro. Perderam as raízes? Ao contrário, floresceram na interculturalidade de quem não carrega nenhum preconceito e de quem tem todo o mundo a descobrir. Ademais, vivendo no "umbigo do mundo".

É Dia da Terra.

Os alunos realizam limpeza nas margens do rio que passa ao lado; outros, os menores, estão tendo aula de compostagem. Mais ao lado, sob uma árvore, meninas ensaiam em violão. Me aproximo de um grupo que está tendo aula com um professor *comunero* (como eles chamam os professores com saberes da comunidade). Ele abaixa e indica uma área no chão, em meio à grama. "Não existe erva daninha, todas têm um uso e um sentido", diz aos alunos, apontando para uma erva em forma de trevo: "Essa *aznapa* indica que há água no subsolo. São as plantas que avisam se o solo é fértil. Há ervas que só nascem se há sais minerais no solo. Aí vocês saberão que não adianta plantar". O professor *comunero* fala sobre a força interior das plantas, a *anima*, o espírito presente em cada ser, fala sobre a energia. Caminhar no campo e ver outras formas de vida é o método de ensino no colégio Pukllasunchis ("Jogamos", em quéchua), na cidade de Cusco. Um colégio regular, com educação infantil, ensino fundamental e médio, com forte recorte intercultural e aulas em espanhol, inglês e quéchua. Eles integram conhecimentos, por isso a presença de professores *comuneros*, ou da ancestralidade, ao lado de professores com currículo acadêmico, todos respeitados por igual, inclusive com salário no mesmo nível.

Em alguns aspectos, o Pukllasunchis é bastante parecido com a escola dos totonacas, no México. É um colégio formal, que acolhe estudantes de diversas origens, indígenas, jovens da cidade, filhos de estrangeiros, e onde há os ciclos de aprendizado, as disciplinas do currículo formal. Nisso poderia diferir em parte, mas, em essência, o sentido das duas escolas é o mesmo, buscar a conexão de saberes, proporcionando espaços de vivência para que os alunos encontrem seu lugar, sua área de interesse, seu dom. "Perdemos a prática de estarmos atentos à natureza. E a natureza comunica, manda sinais. Se vem geada, chuva, seca, é só saber observar. É esse o meu papel aqui na escola", diz o professor

NO A LA GUERRA
OTRO MUNDO ES POSIBLE
UN MUNDO DONDE QUEPAN TODOS LOS MUNDOS
SALIDA

Pukllasunchis

comunero. Mais ao lado, há alunos construindo uma cabana, outros plantando árvores. Em uma das salas, ensaio da orquestra da escola, misturando instrumentos sinfônicos com flautas andinas. Em outra sala, matemática, ou *khipukamayuq*, em que aprendem conhecimentos matemáticos andinos, como os quipos. Entre as salas de aula, um viveiro com plantas medicinais. Passeando pelo terreno da escola, muitos animais, de vicunhas a galinhas. Também as assembleias com os alunos, *rimanakuy*, "conversemos". É Dia da Terra.

O que chama atenção no Pukllasunchis, colégio privado, situado na periferia de Cusco, é a aplicação da interculturalidade em todos os sentidos. Há integração etária, em que os alunos mais velhos convivem com os mais novos, há inclusão de pessoas com deficiências, alunos com síndrome de Down, alunos de classe média, filhos de intelectuais, de estrangeiros, jovens de aldeias camponesas, indígenas, da periferia, alunos pagantes, outros com bolsa, a maioria. Na parede da escola multicultural, com aproximadamente quatrocentos alunos, uma frase de Albert Einsten: "Aprendizagem é experiência, tudo o mais é informação". O objetivo de toda ação pedagógica do colégio é possibilitar que os alunos alcancem a autonomia, a solidariedade, o trabalho em sentido amplo, a organização e a criatividade. Fazem isso fincando raiz em um cerro andino, sem medo de juntar tudo, plantando força e confiança em seus alunos. Conforme a definição dos próprios alunos: "uma mescla de harmonia em uma sinfonia".

ANDES

Por terra, a 4 mil metros de altitude. Montanhas andinas. Antes, glaciais; depois, nevadas; agora, só pedra e terra preta. No topo do mundo se percebe o aquecimento global, apesar de frio para quem, como eu, vem de terras baixas. A neve permanece apenas nos picos mais elevados, mesmo sendo inverno. Nas poucas geleiras que restam, aproximar o ouvido é escutar uma sinfonia em que, gota a gota, a água vai sendo destilada até se transformar nos grandes rios da Amazônia, do Pantanal, do Prata. É a montanha gerando vida. Até quando?

O lago Titicaca também se encontra ameaçado. Berço da civilização andina, onde brotou uma cultura milenar. As ilhas flutuantes, os tecidos, a plantação de batata e quinoa. O povo uro, que vive nas ilhas flutuantes, consegue designar nove diferentes nomes para a água; nuances como as dos esquimós da Groenlândia, com sete diferentes designações para o gelo. Sabedorias ameaçadas por estar ameaçada a fonte de sabedoria, que é o lago. Para eles, o lago é uma pessoa, e a cada variação de nome para a água é como se estivessem se referindo a um tio, uma avó, um irmão. Essa relação de familiaridade que os andinos estabelecem com os entes da natureza altera a relação com os bens comuns. Para as sociedades modernas, a natureza é percebida apenas como

246

um recurso inerte, inanimado; para os andinos, e para os povos ancestrais, a natureza é a própria família.

EL ALTO

A maior cidade indígena do mundo, mais de 1 milhão de habitantes rodeando a capital da Bolívia, La Paz. Povos aimará, quéchua, mineiros, tecelões, camponios, gente do altiplano e das terras baixas, como chiquitanos e guaranis. Uma profusão de cores, aromas e histórias, em que é quase possível tocar as montanhas. Wayna Potosí, Illimani, essas montanhas com mais neve, pois mais altas, mas que também começam a perder a cobertura de gelo milenar, mesmo estando a mais de 6 mil metros de altitude. Não há como acessar La Paz sem passar por El Alto, que paira sobre a capital, entre quatrocentos e oitocentos metros acima. Em El Alto estão localizadas as duas instituições que mais impulsionam a cultura viva comunitária na Bolívia: Wayna Tambo e Compa. Em El Alto ficaremos.

Antes de apresentar o trabalho das duas organizações, é necessário compreender o pensamento dos homens e mulheres do altiplano. Mario Rodríguez, sociólogo e comunicador, fundador de Wayna Tambo, começa pela despedida, explicando uma expressão em aimará: "*q'ipur kama*". Para o pensamento ocidental, a despedida em relação a alguém com quem se pretende encontrar no dia seguinte acontece com a expressão "até amanhã", ou, em inglês, "*see you tomorrow*". Para os aimarás, é "até o dia de trás", "*q'ipur kama*". Os aimarás formam a mais numerosa população indígena da Bolívia; para eles, como para a maioria dos povos originários, o tempo é o presente, e o futuro não fica adiante, estando vinculado ao passado. Como diz Mario Rodríguez:

> O passado não acontece como o que já foi, o que foi chancelado pela história. Chegar ao futuro só é possível se você traz o passado para o presente, linguisticamente falando. Você olha para o passado, mas ele só tem sentido se colocado no presente. Isso constrói a possibilidade do inédito, do que virá, o que brota. Politicamente, isso é muito forte, porque coloca o olhar em outro lugar de referência.

O tempo não é linear, como uma sucessão de acontecimentos que vão morrendo no presente para dar lugar ao futuro, e sim algo vivo, cíclico, em que o próprio passado pode ser modificado. "Mas isso provoca exatamente a necessidade de um outro olhar. Um outro olhar que não é uma perspectiva de futuro, mas uma perspectiva ancestral, que debate o mundo presente e o projeta para o futuro a partir do passado", conclui.

Feira de rua em El Alto, a maior cidade indígena do mundo, residência das duas instituições pioneiras da cultura viva comunitária na Bolívia.

Mesmo vivendo em um ambiente urbano, de grande cidade, os povos indígenas em El Alto mantêm suas tradições ancestrais, sobretudo no modo de vida, no modo de pensar. E uma dessas tradições são os rituais das *illas*, que acontecem depois da semeadura e antes da colheita. "A *illa* é algo que já é sem ser o que já é, mas que já está sendo o que ainda não é. Seria a colheita que ainda não aconteceu, mas que já está sendo", explica Mario. Pode parecer confuso a quem tem um modo de pensar ocidental, mais descolado da natureza, mas é simples. Ao iniciar uma plantação, com preparo da terra e semeadura, o processo de colheita já está acontecendo, isso porque a semente é vida, e a planta já se coloca em transformação. Para que a colheita aconteça, há que acompanhar o processo, pois o processo é a própria colheita, e não somente o ato de extrair o fruto da terra. Por isso festejam no pós-semeadura, porque a colheita não será, e sim já é.

A partir da ancestralidade, e com os pés bem fincados no presente, vão sendo formulados os princípios do bem viver, ou viver bem, como se diz na Bolívia, *suma qamaña*, em aimará. O bem viver é uma forma de descolonização do pensamento. E Mario Rodríguez complementa:

> *É importante destacar que o bem viver é pensado não como um paradigma de futuro, mas sim como um horizonte que orienta nossa caminhada hoje. Quando falamos de horizonte, queremos dizer que não temos um projeto acabado a ser conquistado. O bem viver nos coloca sentidos, horizontes políticos e éticos, isso porque o bem viver não é possível sem a diversidade e a pluralidade.*

Falar de bem viver é falar a partir da mirada comunitária, de uma outra estrutura de pensamento, de outros horizontes de civilização e de percepção da convivência, da economia, da ciência, de processos de trabalho, da política e da ideia de poder.

Para o fundador de Wayna Tambo,

> *as pessoas, o comunitário, cederam a noção de bens comuns e do que é "público" ao Estado. E o Estado aparece como detentor do público, portanto responsável pela gestão dos bens comuns. O bem viver aponta uma mudança profunda no processo político e na retomada de algo que nunca poderia ter sido perdido: a gestão comunitária dos bens comuns, a construção comunitária do que vem a ser o bem comum.*

Que bens comuns seriam esses?

O espaço público, as ruas, as praças, a saúde, a educação, a cultura, o ar, a água. Para os bolivianos é impensável a privatização da água, porque água é fonte de vida, como as florestas e as montanhas; seria o mesmo que alguém pretender privatizar o ar que se respira. Essa mudança no modo de pensar tem um efeito prático muito claro, que implica uma série de mudanças de paradigmas: do antropocentrismo para o biocentrismo; do patriarcalismo para a convivência e a complementaridade entre masculino e feminino; da competição para a colaboração; do Estado nacional para o Estado plurinacional; da centralização, verticalização e monopólio do poder para o comunitarismo exercido em processos mais horizontais e distribuídos; das deliberações centralizadas e de imposição para processos de consenso progressivo e busca de entendimento; da economia capitalista para a economia da reciprocidade.

Na Bolívia se pensa o mundo desde a Bolívia.

> *Se reconhecemos que o capitalismo destrói a vida, há que se buscar uma alternativa. É óbvio que um sistema como o capitalismo não pode ser mudado facilmente. Mas a Bolívia pode ser um país que, com relativa facilidade, poderia mudar de sistema. Por um lado, a Bolívia não está tão envolvida no sistema capitalista mundial como outras nações*

e, por outro lado, porque está vigente um sistema alternativo, que é a economia da reciprocidade[2].

A economia da reciprocidade seria uma busca por equilíbrio entre propriedade estatal, propriedade privada e bens comuns.

No ambiente comunitário prevalece a relação local e interpessoal. O modo de produção não é exatamente comum ou coletivista; pode ser, mas também pode não ser. Há a dimensão da propriedade comunal da terra, não privada e não estatal; na propriedade comunal da terra, para produção agrícola, por exemplo, o "dono" da terra é a comunidade, mas a produção é privada, e seu resultado será de quem trabalhou na terra. Essa dimensão comunitária gera relações de maior equilíbrio, responsabilidade e função social da propriedade. O oposto do modo de produção capitalista, sobretudo quando exacerbado pelo neoliberalismo e seus valores subjacentes: competição, ganância, desconfiança, engano e traição, egoísmo e corrupções. Valores esses que vão impregnando e corrompendo a própria vida; corromperam, inclusive, o que seria o oposto do capitalismo, o socialismo. Com o socialismo, conforme aplicado no século XX, além de ter se deixado corromper por valores do sistema que pretendia eliminar, há que acrescentar a limitação da liberdade de empreender e de buscar soluções descentralizadas, posto que a economia planificada e centralizada resulta em pouca maleabilidade para o inusitado e a perda de controle. Isso ocorre porque tanto capitalismo como socialismo são sistemas econômicos em que o modo de produção é que determina a forma de pensar.

No comunitário, vida privada, produção e ancestralidade se mesclam. É a forma de pensar que determina a forma de produzir. Vida, trabalho e espírito são uma coisa só. Vínculos não alienados, entrelaçados, gerando relações de compromisso com a comunidade, confiança, respeito, honradez (o sagrado da palavra), cooperação, solidariedade e partilha. A economia da reciprocidade depende do resgate e fortalecimento desses valores e os promove. Há também problemas, uma vez que, no comunitário, prevalece o local e a relação pessoal, familiar, e tudo de negativo que também advém dessas relações: inveja, fofocas, brigas entre famílias, vingança e toda sorte de mesquinharias que podem envenenar uma comunidade. O desafio que as entidades comunitárias da Bolívia se colocaram tem sido encontrar, na cotidianidade, o ponto de equilíbrio e mediação que permita incorporar vantagens de diversos sistemas (capitalismo, socialismo, comunitarismo), eliminando, ou reduzindo significativamente, suas

---

[2] Javier Medina e Pedro Brunhart, *El futuro será la reciprocidad con elementos del capitalismo: aplicación del vivir bien a la economía*, La Paz: Circulo Achocalla, 2012, p. 47.

desvantagens e defeitos. A economia da reciprocidade também não é apresentada como a única forma de economia, a substituir as demais. Ao contrário, é percebida enquanto economia de coexistência, e não somente com elementos dos sistemas capitalista e socialista, mas com outras formas de economia, essas ainda mais próximas e complementares à economia da reciprocidade, como economia solidária, economia do compartilhamento, economia da dádiva. Dessa combinação entre elementos econômicos distintos está surgindo outro sistema, mais imbricado com a lógica da vida, do comum, da partilha e da fraternidade. Mas esse ainda será um longo processo de metamorfose a ser analisado pelos historiadores no futuro. Agora cabe jogar luz no que já é.

Até o dia de trás, *q'ipur kama*.

WAYNA TAMBO

Wayna Tambo poderia ser traduzido como "lugar de intercâmbio, de escambo de alimentos, saberes, culturas". A instituição foi estruturada em meados dos anos 1990, quando a Bolívia estava completamente sem rumo, sendo expropriada por todo tipo de ganâncias. Desde 1952, a Bolívia tem sido marcada por intensa luta social e confronto de classes e etnias, intercalando períodos democráticos com ditaduras. Entre 1982 e 1985, houve um governo de esquerda, que foi muito malsucedido, gerando hiperinflação e desestruturando a economia. Como resultado, a ideologia neoliberal se impôs. E os movimentos sociais e partidos de esquerda ficaram destroçados. Era necessário reorganizar tudo, inclusive o pensamento.

Começaram de novo, com movimentos pela vida, em grupos de bairro, com povos indígenas, movimentos culturais, juventude, o que havia sobrado de pastorais católicas vinculadas à teologia da libertação, também luteranos. É quando um grupo de jovens decide fundar Wayna Tambo: "Vamos fazer ao nosso estilo, ao nosso gosto. E funcionar de portas abertas, sem preconceitos", definiram. A entidade surge em um pequeno espaço, com cineclube, teatro, dança, jogos. À época, a cidade de El Alto só figurava nas páginas policiais dos jornais de La Paz. Era triste, "vergonhoso", viver em El Alto, e a autoestima era baixa. Para se contrapor, os jovens fundadores de Wayna Tambo decidiram visibilizar o que havia de belo, de potente. Criaram uma revista e um programa de rádio. No dia em que foram ao ar: Pink Floyd e músicas andinas. Foi como se abrissem um "buraco no muro". E os jovens apareceram. Em pouco tempo produziam uma programação de quatro horas diárias de rádio, alugadas de uma emissora comercial. Também organizaram um festival, que segue até hoje: Eterno Inverno Alteño – em El Alto, há duas estações por ano: frio úmido e frio seco, com 15 dias por ano que ultrapassam os vinte graus Celsius; afora esses dias, a temperatura está sempre abaixo dessa marca. Com o tempo conquistam sede própria, além de intercâmbios e cooperação internacional. Assim cresceram.

Queriam mais. Precisavam alcançar mais gente, ampliar a programação, formar mais jovens. Na virada do milênio, uma rádio FM, especializada em *rock* e com pouca audiência, estava para fechar. Decidem comprá-la. Ocorre que não tinham um centavo, e o preço era de US$ 100 mil. Compraram. Como? Na base da confiança. Conseguiram carência de um ano e mais três para pagar; como entrada, US$ 15 mil, que obtiveram em empréstimo interpessoal, não bancário. Com muito esforço, foram pagando a dívida com recursos de publicidade. Pagaram.

Dois mil e três, as lutas sociais estão de volta.

Pouco tempo antes, a cidade de Cochabamba havia se insurgido contra a privatização da água, no que ficou conhecido como a Guerra da Água, com repercussão mundial, pelo significado em termos de reposicionamento do sentido de bens comuns. O governo era de Sánchez de Lozada, um boliviano com sotaque norte-americano, que, aplicando política neoliberal, conforme agenda de Washington, destroçara a economia do país. Em fevereiro, um protesto aparentemente prosaico resulta em massacre, com cinquenta mortos, no que ficou conhecido como "fevereiro negro". O diretor do principal colégio público do país, com posições progressistas, havia sido demitido pelo governo central. Em apoio ao diretor, os estudantes secundaristas, com idade entre 14 e 17 anos, saem em passeata até o Palácio do Governo. Como não são atendidos, começam a jogar pedras no prédio. Também estava acontecendo uma greve dos policiais locais, o que faz que o governo mande uma tropa do Exército para reprimir a manifestação dos adolescentes. A polícia, em solidariedade aos estudantes, decide ir armada para o local. Acontece o confronto entre Exército e polícia, com os adolescentes no meio. A rádio Wayna Tambo, voltada para o público jovem, assume a mediação para a solução daquele conflito, bem como na busca por informações sobre os jovens desaparecidos. A partir dessa manifestação, a temperatura social começou a subir, com greves de mineiros e marchas de camponeses e indígenas.

O governo impopular de Sánchez de Lozada, além de não abrir diálogo com a população, acirrou medidas de entrega de riquezas nacionais aos estrangeiros. A Bolívia foi um país literalmente estuprado pelo colonialismo e pelo imperialismo. Potojsí, ou Potosí, a montanha de prata, cujo nome significa "troveja, rebenta e explode", entre os séculos XVI e XVII, teve extraídos mais de 10 milhões de quilos de prata, todos transferidos para o exterior, restando no país apenas morte e horror, em que a expectativa de vida para quem trabalhava nas minas era de cinco anos, apenas. O mesmo aconteceu com o estanho, que fez a fortuna de um dos homens mais ricos do mundo, Simón Patiño, igualmente deixando um rastro de opressão e miséria para os mineiros. Agora seria a vez do gás, que o governo pretendia exportar para os Estados Unidos, via porto no Chile. Uma dupla insensibilidade, pois a Bolívia perdera a saída para o mar

Apresentação de jazz com a cantora Marisol Díaz e o grupo Aymuray no Café Concerto, dentro do Wayna Tambo.

A colorida sede do Wayna Tambo, espaço cultural em El Alto, na Bolívia.

exatamente para o Chile. O povo se revolta e exige a nacionalização dos hidrocarbonetos, percebendo que aquela poderia ser a última oportunidade de utilizarem uma riqueza mineral a serviço do bem-estar da nação (há também o lítio; a Bolívia é muito rica em minerais, mas isso dava outra história, em outro livro).

Em outubro de 2003 o país estava paralisado, com greves e marchas, todas em direção a La Paz. O único caminho de entrada para a capital passa por El Alto. Por isso o Exército ocupou as entradas da cidade. Com tanques de guerra e fuzis, preparava uma emboscada para os camponeses, mineiros e indígenas que se aproximavam. Os moradores de El Alto decidem enfrentar o Exército para evitar a tragédia. Como o governo decretara estado de sítio havia poucos dias, as comunicações estavam difíceis e a cidade de El Alto restara dividida em duas, separadas pelo Exército; em La Paz, a população também estava sem saber o que acontecia. O exército começa o massacre.

Todos os veículos de comunicação eram censurados ou censuravam as informações. Enquanto acontecia o massacre, as TVs passavam desenhos animados, filmes ou programas de auditório; as rádios, programas de música, comentários de esportes, como se nada estivesse acontecendo. A única rádio, em todo o país, a romper o cerco de comunicação foi Wayna Tambo, contando com a ajuda dos "cholos celulares". Àquela época, os celulares ainda não eram comuns na Bolívia, sobretudo entre a população mais pobre. *Cholo*, "comedor de milho", era uma maneira pejorativa de designar uma pessoa de origem indígena. Os cholos celulares eram ambulantes que penduravam diversos celulares no corpo, cobrando pelas ligações. Naqueles dias de guerra campal, os repórteres de Wayna Tambo foram os cholos celulares. Eram os únicos que estavam do "lado de lá" do cerco do Exército e que dispunham de um meio de comunicação, e foi através deles que o mundo pôde saber do massacre que estava acontecendo na Bolívia.

Perseguidos pelo Exército, os ativistas de Wayna Tambo passaram quatro dias transferindo os equipamentos de lugar, improvisando estúdios e inventando formas de colocar o transmissor e a antena em funcionamento. Dias sem dormir. Dias de tormento. Com a informação, o povo foi saindo às ruas, ampliando a resistência. Outra forma de comunicação foi através dos postes de iluminação, cuja energia estava cortada. Foi uma sugestão dos radialistas de Wayna Tambo, pois o alcance da rádio não chegava a toda La Paz, propondo que a população batesse objetos metálicos nesses postes, que eram de ferro. Da imensa cidade indígena de El Alto, a 4 mil metros de altitude, com ar rarefeito, surgiu uma incrível sinfonia em som metálico. As pessoas a varar noite, batendo ferro contra ferro, até que o som chegasse ao vale de La Paz e seus habitantes pudessem saber que algo de muito grave estava acontecendo. A sinfonia dos postes fez o povo se sentir mais seguro para sair às ruas. Passarelas sobre vias eram derrubadas, vagões de trem eram empurrados, formando barricadas para impedir que tanques e caminhões do Exército pudessem passar. Ao final, foram 74 mortes na cidade e 150 no país. Seriam muitas mais, não fosse a atuação de um só ponto de potência que, em rede, batendo ferro contra ferro, de forma pacífica, se tornou muitos. E Sánchez de Lozada, o presidente que não falava com o sotaque de seu país, teve que fugir da Bolívia. O governo caiu, e foi aprovada a lei de hidrocarbonetos, colocando esse recurso natural a serviço do povo boliviano.

Tecendo redes, Wayna Tambo foi se estruturando e auxiliando outras organizações a se estruturarem. Atualmente formam a Rede da Diversidade, composta de casas de cultura e rádios comunitárias interculturais, por toda a Bolívia; em Tarija, Yembatirenda, com os guaranis; em Sucre, Sipas Tambo; em Santa Cruz de la Sierra, Yaika Pox; em Cochabamba, Kasa Kamasa. Articuladas em rede, elas se auxiliam mutuamente, em processos de reciprocidade e colaboração.

Na época da eleição do primeiro presidente da República com origem indígena e do processo Constituinte, cuja sede era a antiga capital, Sucre, houve um trágico ato racista. Há racismo na Bolívia, hoje menos, mas até o início do século XXI, no Mercado Central de Sucre, havia um letreiro que dizia: "Não se atendem índios". Isso no país com maior população indígena do mundo, 62% do total. A elite local, revoltada com as mudanças em curso, despiu e humilhou camponeses em praça pública. Mais uma vez, foi a Rede da Diversidade, formada por Wayna Tambo, que organizou o repúdio, realizando o primeiro Festival Antirracista do país, em Sucre, que desde 2009 acontece todos os anos. Os estúdios de gravação das rádios produzem CDs e funcionam como incubadora de centenas de grupos culturais do país. Há alguns anos começaram a adentrar na televisão, com programa aos domingos e transmissão nacional. Os jovens da época da fundação estão todos com mais de 40, 50 anos, e seguem com a mesma fidelidade os princípios que os moveram: forte vínculo comunitário, um pé na ancestralidade e outro na invenção; a interculturalidade como forma de tessitura da rede; a ousadia e a disposição em "fazer ao nosso estilo, ao nosso gosto. E funcionar de portas abertas, sem preconceitos", como definiram desde o início.

Nesse fazer "ao nosso estilo, de portas abertas e sem preconceitos", sempre zelaram por sua independência e autonomia. Quando Evo Morales foi eleito, a embaixada dos Estados Unidos criou um fundo de US$ 6 milhões anuais para o financiamento de ONGs no país, via Centro de Direitos Humanos Martin Luther King (eles sabem escolher nomes para enganar incautos). Uma das primeiras entidades a ser procurada para receber recursos foi Wayna Tambo. Não aceitaram. Do mesmo modo, vivem sem receber recursos do governo boliviano. Há colaboração com organismos internacionais afins, mas sempre com base nos princípios da reciprocidade, em que as relações entre as partes precisam ser equilibradas. Por princípio criaram uma regra pela qual, para a manutenção de seus projetos, metade dos recursos deve advir da autossustentabilidade, de fonte própria. Essa sustentabilidade provém de um tripé: a) ingressos (porcentagem da bilheteria de eventos realizados na sede, venda de comida, publicidade na rádio e locação de livros e vídeos); b) projetos econômicos próprios (produção de livros e CDs); c) serviços (assessoria e produção de conteúdo para empreendimentos comunitários e empresas sociais e ecológicas). Isso garante uma receita de US$ 150 mil por ano.

Há alguns anos, a Oxfam ofereceu-lhes US$ 120 mil para que desenvolvessem o projeto de sua escolha. Aceitaram US$ 60 mil, dizendo que os outros US$ 60 mil caberia a eles conseguir. Conseguiram. Agem assim exatamente pelo compromisso com os princípios da economia comunitária, do sistema da reciprocidade, da dádiva, do resultado neutro, da conta "zero". Esse princípio é tão zelado que, na Rede de Diversidade, mesmo quando um dos participantes consegue avançar mais que os outros, obtendo uma sede maior, um veículo, por exemplo, eles buscam redistribuir o excedente aos outros. O pensar e agir de acordo com a *illa*, e o despedir-se dizendo "até o dia de trás", ou "*q'ipur kama*", gera relações de igualdade, lealdade e equilíbrio, inclusive no nível de dívida entre eles. Reciprocidade, ao contrário do ideal de acumulação, exige certa igualdade de relações, pois "com desigualdade a vida se desorganiza", é como sentem, pensam e agem.

Sexta-feira, em uma noite fria na cidade do "eterno inverno". Sede de Wayna Tambo.

O Café Concerto está preparado para mais uma apresentação. O ingresso para o espetáculo dá direito a comidas andinas. Mesas cheias, sessenta pessoas no local. Programa da noite: concerto de *jazz*, com o grupo Aymuray e Marisol Díaz, cantora, compositora e filha de camponeses em Cochabamba. Foi ela quem preparou a comida. Bateria, contrabaixo, flauta e saxofone, piano e teclados, em *jazz* sofisticado. Começa o *show*, e o diálogo sonoro com as sementes.

> Qeñwa sach'a mayta rinki
> *Árbol de* kewiña, *a dónde vas?*
> [Árvore de kewiña[3], para onde está indo?]
> Qeñwa sach'a chinkasanki
> *Árbol de* kewiña, *estás desapareciendo*
> [Árvore de kewiña, você está desaparecendo]
> Tatayku Illapa watusunqa
> *Nuestro padre Illapa te va a echar de menos*
> [Nosso pai Illapa[4] vai sentir sua falta]

---

3   *Kewiña*: árvore da região de Cochabamba.
4   Illapa: deus andino da chuva.

Jukumaripis maypi tianqa
Y el jucumari, dónde va a vivir el jucumari?
[E o jucumari[5], onde vai viver?]
[...][6]

Em El Alto, o *jazz* acontece na fusão do idioma quéchua com o espanhol; e, neste livro, acrescentando o português. Um encontro com um coletivo sonoro que se propõe a recuperar a raiz e a essência dos ritmos do altiplano e estabelecer um diálogo com o mundo, com o encontro entre culturas. Para eles, passado é raiz, e futuro é fruto. A lógica deles é a lógica da abundância, nunca da escassez, a abundância de uma viagem musical executada na voz do feminino rebelde, como em um ritual festivo de celebração da fertilidade.

DESCOLONIZANDO O CORPO

Como se sentem?

Essa pergunta foi feita à saída do espetáculo *Somos hijos de la mina* (Somos filhos das minas). Um profundo mergulho nas entranhas da terra e da alma boliviana, em uma obra teatral sobre o trabalho do povo-montanha que passou a ser povo-mina. O desafio para os criadores da peça de teatro era como reproduzir a sensação de uma vida subterrânea, com até 14 horas de trabalho diário, extraindo prata ou estanho, sem ver o sol, com as costas curvadas e respirando pouco ar. Decidiram construir uma mina no subsolo da sede do grupo Compa, em El Alto. Corredores sufocantes, o salão do capataz, a dureza do trabalho, a pouca luz. O público é convidado a fazer o percurso, colocando capacete, recebendo ferramentas, desmandos, simulação de maus-tratos, tendo que se abaixar para se locomover.

"Houve mineiros que saíram chorando ao final da peça, foi uma catarse. Sabemos racionalmente, mas, se não vivemos, se não sentimos corporalmente, a apreensão é outra", diz Raquel Romero, uma das diretoras do grupo Compa (acrônimo de Comunidade de Produtores Artísticos). Daniela, 22 anos, cursando engenharia comercial, está no Compa há sete anos: "Meu avô trabalhou nas minas, gosto muito de representar uma trabalhadora mineira. Sei da história, mas é preciso experimentar a sensação". Estefanie, com 16 anos, tem avô que segue trabalhando em mina. As condições atuais de trabalho melhoraram muito, mas ela se lembra de histórias anteriores, contadas pelo avô: "Não

---

[5] O jucumari é um urso que habita os Andes.
[6] "Árbol de kewiña" (letra de Marisol Díaz e música de Freddy Mendizabal).

entendia muito bem, aqui encontro pessoas com a mesma situação de vida. Sabia um pouquinho. Mas atuar e ver a obra, sentir, é diferente". O espetáculo remete a memórias que falam ao espírito, à alma, e trata a história do mundo a partir da realidade dos mineiros da Bolívia, de como eles são.

Esse é o sentido da *descolonização do corpo*, conceito e método teatral desenvolvido por Iván Nogales, fundador do Compa. É uma busca para que as pessoas absorvam a história de uma maneira integral, corporal. O público entra nas minas, recebe ordens, mando, é humilhado, como eram humilhados os mineiros. É uma forma de sentir o corpo sendo quebrado, até chegar a tantas sensações desconhecidas. Somos analfabetos corporais e, para ir além do pensar, é preciso sentir, *sentirpensar*, como seres sentipensantes, conforme Iván gosta de se referir ao método, uma descolonização do corpo, como "viagem à semente": "...o teatro é um espaço de afirmação. De vida, e não de morte. De florescimento de gestos corporais ante corpos cerrados, ossificados, de corpos ideais falsos". Primeiro acontece a quebra, a "descampamentalização", como ele define:

> *o acampamento é a lógica dos espaços reduzidos. A riqueza se acaba em pouco tempo. A casa de um acampamento é um microlabirinto, com uma ordem espacial, que é, ao mesmo tempo, uma ordem temporal, pois ordena o tempo da cotidianidade de seus habitantes. O acampamento produz um pensamento de acampamento. Compulsivamente, as pessoas pensam em apurar o tempo de extrair riqueza, acabar com ela, porque, adiante, em outros espaços, esperam outros recursos. O acampamento é uma relação com a natureza baseada na violência, de negação, da necessidade de domá-la. Por outro lado, é a configuração de conceber o espaço em cubículos, em funções compartimentadas.*

Após a quebra entre o pensar e o sentir eles vão remontando o corpo, o *sentirpensar*. É quando, na saída da mina-cenário, o público passa por um corredor de espelhos, aprendendo a se identificar e também a se reconhecer no rosto de mineiros desconhecidos. "Há personalidades que admiramos e nem sabemos o porquê, enquanto outras, da nossa cotidianidade, que fizeram muito mais pela nossa vida, nem sequer são reconhecidas", diz Ana Salazar, gestora do grupo Compa. Ao final do espetáculo sempre há debate, o público é composto normalmente de vizinhos de El Alto, alunos de escolas públicas e pessoas que foram conhecer a cidade. E a conversa começa sempre com uma pergunta: "Como se sentem?".

Uma escola pública na cidade de El Alto.

Os alunos no pátio. As crianças brincam de transportar balões de ar sem utilizar as mãos, sempre em pares, prendendo o balão na testa, ou onde inventarem, desde que não o toquem. É preciso caminhar com delicadeza, do contrário o balão cai ou estoura. Nessa dinâmica as crianças exercitam companheirismo, confiança, colaboração. Também participam de aulas sobre costumes e tradições, leem romances de autores locais e reforçam sua identidade cultural. Têm entre 8 e 10 anos de idade. Uma escola modesta, mas bem organizada, as crianças com uniforme arrumado, felizes, bochechudas, falantes; professores estimulados. Converso com os alunos. São curiosos, querem escutar o português do Brasil, pois gostam da pronúncia. A educação se dá em aimará e espanhol. Brisa, 9 anos, começa a falar: "*Jila'kanaca*" [irmãos e irmãs], estudamos matemática, linguagens, ciências naturais, ciências sociais, artes plásticas e visuais". "Tudo isso?", pergunto. As alunas e alunos respondem: "Siiiiiiim!".

O que estão lendo? "*O sapo verde*, a história de um sapo que se esconde e não consegue beijar nenhuma princesa", um menino responde. Matemática? "Propriedades associativas e comutativas, e também como se 'cambia' os números", diz outra menina, que adora matemática. Ciências naturais? "*Cuidado con la Madre Tierra!*", e apontam para uma horta. Ciências sociais? "Mapas políticos e as festas." Artes? "Cores primárias e secundárias." Depois da conversa, sentadas em torno da escada, as crianças saem para jogar queimada no pátio da escola. O jogo está sempre presente nas atividades escolares, e o grupo Compa, como parceiro da escola, levando suas metodologias e afetos. A "terapia do abraço", o carinho, o respeito, as formas de transmitir energia, os sentimentos. Pergunto ao professor sobre a pedagogia, bem como sobre seu salário e o que o move.

> *Nossa inspiração é o brasileiro Paulo Freire, mas como filosofia e teoria, pois a prática e as metodologias inventamos nós, conforme nossa realidade. Não há cópia de nenhum país. Meu salário é de US$ 300, já foi bem menor, antes do governo de Evo era de US$ 90. O que me move? O meu país.*

Foi a resposta do dedicado professor. Ao lado, uma estudante finlandesa, cuja tese de doutorado é sobre A *Bolívia e a revolução na educação*.

O que vi nessa escola pública em El Alto não é diferente do padrão das demais escolas públicas do país, em La Paz, Santa Cruz, Sucre ou Mururata, a caminho da selva amazônica; já estive em escolas públicas em todos esses lugares e mais alguns. Esse é o principal aspecto que observei, o padrão equilibrado das escolas públicas. Nada de excepcional nas escolas, todas simples, mas bem cuidadas e organizadas, seja na capital, seja na montanha. Em 2006, 25% dos professores eram temporários; em 2016, apenas 1,7%. A imensa maioria dos professores trabalhando em uma única escola, no máximo duas, se forem professores de disciplinas no secundário. E, mais um detalhe: preferencialmente morando junto à comunidade, para estabelecer vínculos. Em 2015, a Unesco declarou a Bolívia território livre do analfabetismo (isso acontece quando a população de um país, considerada analfabeta, é inferior a 2%); entre 2006 e 2016, um milhão

◂ No pátio da escola, criança e estudante finlandesa brincam com balão.

de adultos foram alfabetizados, em uma população total de 10 milhões de habitantes. Todo o modelo educacional era baseado na construção de vínculos comunitários e identitários, de acordo com os princípios do Estado Plurinacional; em 2017, o investimento em educação foi de 9% do PIB, assegurando educação pública, gratuita e de qualidade para os quase 3 milhões de estudantes, 90% dos quais em escolas públicas. Segundo a ONU, a Bolívia figurava em terceiro lugar nos índices de educação na América do Sul, vindo logo atrás de Chile e Argentina; em alguns indicadores, como evasão escolar e média de escolaridade, já ultrapassa a Argentina, sendo que o Brasil se situava entre o último ou penúltimo lugar no continente, a depender do indicador (Bolívia: escolaridade média de 9,2 anos, evasão de 5,9%; Brasil: escolaridade média de 7,2 anos, evasão de 24,3% – Fonte: Pnud, ONU, 2013). Provavelmente essa distância entre o padrão educacional boliviano e o brasileiro aumentaria ainda mais, não fosse o golpe de Estado sofrido em 2019. Ao menos por enquanto, ambos os governos se alinharam no combate à educação que liberta. Segundo a Agenda Patriótica 2025, em referência ao bicentenário de independência, o país teria a meta de "100% das bolivianas e bolivianos com acesso a serviços de educação básica, técnica e superior, públicos e gratuitos, assim como para a criação de arte e cultura".

Na primeira versão para este livro, eu terminava o parágrafo da seguinte forma: "Eles alcançarão! Como país situado no coração da América do Sul, vão surpreender o continente. Afirmo isso não por análise de planilhas ou dados de governo, mas por conhecer, vivenciar e buscar uma compreensão profunda sobre as transformações que estão ocorrendo naquele país, em viagens frequentes, sobretudo a partir da observação das transformações em curso nas comunidades populares e indígenas". Triste precisar rever este texto e acrescentar mais um golpe de Estado na lista dos quase duzentos que a Bolívia sofreu ao longo de dois séculos, interrompendo o processo de autonomia do país. Ainda assim, confio que o povo boliviano reencontrará o seu caminho, tal qual Tupac Katari previu durante o levante indígena que liderou contra os colonizadores espanhóis: "Matam apenas a mim. Voltarei e serei milhões".

Três mulheres. Raquel Romero, Ana Salazar, Coral Salazar Torres.

Se Iván Nogales é o "*caravanero* sonhador", elas são o esteio do Compa e estão por trás das *bambarinas*, por trás do cenário, como dizem. As histórias delas se intercalam. Tímidas, dedicadas, mas prontas para romper o medo, o que elas já fizeram há muito tempo. Para as irmãs Salazar, de família grande, pai escritor e perseguido pelas tantas ditaduras, podia faltar pão, mas não faltavam livros. Foram se enamorando da sede do Compa, um lugar hoje com sete pavimentos, todo construído com material de demolição, conseguido nas ruas de La Paz, dos tijolos às portas, móveis e janelas. No começo, os exercícios teatrais pareciam-lhes ridículos, mas elas foram se incluindo, até se tornarem grandes atrizes e começarem a escrever as obras que encenavam. Também foram assumindo a gestão da Fundação e de todos os seus projetos. Para que uma instituição se fortaleça, é necessário juntar sonho e tecelagem cotidiana, foi o que elas fizeram. Mulheres-atrizes que chegaram aos *pueblitos* em caminhões, de carona, apresentando-se em praças, dormindo em casas de família; as três, com mochilas nas costas e atravessando a Bolívia em turnê artística. Assim se deram conta de que o teatro tem que chegar às comunidades, estar com elas, viver com elas. Uma arte "sentipensante", mágica, expressiva e de ação. "Se não vemos o corpo em que está escrita a história coletiva, não conseguimos estabelecer uma sintonia fina com o público. Os corpos aprisionam, mas também libertam", dizem as três cavaleiras do Compa.

São muitas histórias, histórias de perseverança e ousadia. A descolonização das memórias, indígena, juvenil, feminina, criativa. A potência da insubordinação em uma cidade rebelde. Há também o Pueblo de Criadores, entre os Andes e a Amazônia, e o sonho de reunir gentes de todos os cantos e países em um espaço de criação comum; eles já têm o terreno, já têm as ideias, um dia irão construir. A Caravana pela Paz – de Copacabana a Copacabana. De Copacabana, no lago Titicaca, a Copacabana, no Brasil, para participarem da Rio+20, em 2012. Um ato audaz, heroico, épico, de cruzar a América do Sul em um micro-ônibus, estabelecendo um diálogo com o continente, desde a Bolívia. Eu vi, eu estava lá, nas duas Copacabanas, quando partiram e quando chegaram. No ônibus apertado viajavam jovens de todas as idades, sonhadores quixotescos, e junto deles, Iván. Do mesmo modo, a realização do I Congresso Latino-Americano de Cultura Viva Comunitária, em La Paz, em 2013. Mais de mil pessoas, de 17 países, recebidas com festa e acolhimento. Como palavras-chave: pertencimento e as múltiplas experiências. A realização do congresso foi um momento de confluência, detonante, que amplificou o diálogo e posicionou o comunitário em uma dimensão antes jamais sonhada.

O que se pratica com essas ações é a descolonização em todos os sentidos, a descolonização das mentes e dos corpos. A dignidade e a capacidade de os povos se fortalecerem por si, entre si, em relações de diálogo e potência. É um convite à multiplicidade dos sentidos comunitários. Iván Nogales explica que nesse tempo também houve a redescoberta do significado do

> *regresso ao bairro, aos vizinhos, ao que temos mais próximo. É o tecido que nos preenche de identidade, que nos dá força, que evita que experiências territoriais sejam depreciadas. Uma busca de nossos imaginários, de nossos "Macondos" pessoais. O que fizeram antes, Shakespeare, Cervantes e outros literatos que impressionaram a humanidade, é o que agora tentamos fazer nosotros: registrar a história de qualquer rincão, do mercadinho ao lado, do cotidiano, do pequeno.*

Outro sonho que nasce em El Alto são os *passaportes comunitários*, a ser expedidos e selados em embaixadas comunitárias, ou seja, nas organizações de cultura viva comunitária e em quaisquer espaços em que o comum seja o impulsionador dos sonhos e da própria vida. Mas essa será uma outra história, a ser contada por outros cavaleiros andantes que seguem por aí.

WIPHALA

Cristina Capanchel nasceu no campo e, desde cedo, aprendeu a tecer lã de ovelhas e lhamas. O pai viajava para vender tecidos, e a vida dela e a da mãe eram tecer, noite e dia. Hoje é uma hábil tecedora, assim como foi sua mãe. Acordavam às quatro da madrugada, faziam ponchos, mantas, saias, fios. Com a venda, ou troca, dos produtos, o pai conseguia trazer *choclo* (milho), batata, açúcar, farinhas. Por viverem em terra árida e de altitude, a agricultura era bem difícil. A vida era tecer, e só saíam de casa para festas comemorativas da Virgem e momentos de oração coletiva.

Mesmo vivendo em terra árida, Inés, vizinha de Cristina, tem um dom para a agricultura. No terreno de um hectare ela consegue criar ovelhas e

Espetáculo *Somos hijos de la mina*, em que o público experimenta a sensação de trabalhar em uma mina. A obra, apresentada pelo grupo Compa, usa o método da descolonização do corpo.

plantar batata, milho e quinoa, sobretudo quinoa, que não necessita de muita água; também faz tijolos em adobe, que garantem melhor proteção térmica, sobretudo no frio a 4 mil metros de altitude. "Gosto de trabalhar com a terra, a comida tem sabor natural, é diferente do supermercado, em que vem tudo com química. Meu *maíz* é menor, mas mais saboroso", diz Inés.

Uma marcha do povo *qolla*, defendendo suas raízes e direitos. "Queremos nossa natureza, e a Santa Terra é Pachamama!", gritavam palavras de ordem pelas ruas da cidade de Jujuy. Habitantes de terras áridas, entre montanhas e céus, os *qolla* resistem. São um povo de origem aimará, que vive no norte da Argentina, na província de Jujuy. Em 2017 seguiam em luta, como sempre estiveram desde a colonização, pelo direito à vida em seus territórios ancestrais. Na manifestação, rechaçavam a exploração do lítio em Salinas Grandes, o grande deserto de sal, além de exigirem o efetivo cumprimento da educação bilíngue. Lutavam pelo respeito à consulta prévia aos povos originários e repudiavam a crescente criminalização dos protestos populares. Enquanto eu observava, a marcha seguia: *"Desde la Puna hasta Jujuy, la Nación Qolla el poder retomará!"*[7]. No ato erguiam bem alto a sua bandeira ancestral, a Wiphala.

Também carrega a Wiphala o cacique do povo atacamenho, Alfredo Casimiro. Ele já esteve no Brasil, em um encontro com a rede Thydêwá, na Bahia, em rituais pela Mãe Terra, junto aos povos tupinambá, pataxó, cariri-xocó e pancararu. Alfredo Casimiro busca reconstruir as pegadas ancestrais de seu povo, resgatando medicinas, cantos, formas de falar: "Vivemos em uma zona muito brava, há frio, vento, não é fácil viver aqui. Somos um pedaço da Pachamama, *un pedacito de tierra*, e voltaremos a ser terra. Temos picos altos, picos mais baixos, planura, vertentes de água. Se não cuidarmos, logo haverá guerra por um *vasito* [copinho] de água".

La Puna argentina, terra alta e árida. Montanhas com 6 mil metros de altitude, florestas de cactos gigantes, desertos de sal, estepes. Lugar em que a terra se aproxima do céu e o sol chega com mais força, zona de ar rarefeito, profunda secura e muita luz. A luz. Nessa parte do mundo, as montanhas são coloridas, como em arco-íris. Numa mesma montanha, as cores verde, mostarda, chumbo, ocre, negro, branco, azul e todas as variações do arco-íris. Muita pedra, muita areia, muita poeira, muito vento. Uma imensa placa de sal se estendendo por 120 quilômetros quadrados, Salinas Grandes. Cloretos, sulfatos, boratos, nitratos, brotando do fundo da terra, formando uma infinita manta branca sobre a água salgada que, de tão salgada, nem permite vida. Os gases dando existência à geometria sagrada no deserto de sal, a flor da vida e suas formas de criação e consciência. Esse ambiente árido e elevado atravessa o Salar de Uyuni,

---

7 De La Puna a Jujuy, a Nação Qolla retomará o poder.

na Bolívia, passa por Potosí, alcança Puno, no Peru, e, no lago Titicaca, bifurca para La Paz e Cusco, cada qual de um lado da cordilheira. Uma zona só, física e humana, o altiplano. Um mundo unido por uma bandeira: Wiphala.

Wiphala é o emblema da nação andina, que dá sentido de coletividade, mais até que uma bandeira. É a fusão entre Pachakama, o cosmo, o início e o fim universal, e Pachamama, a mãe, a Terra. Uma bandeira com 49 quadrados coloridos, formando os quatro cantos do mundo. Espaço, tempo, energia, planeta. A unidade e a diversidade em uma só bandeira de sete cores. O dual e o complementar. A fertilidade, a união, a transformação e os sentidos. O sol, o dia, a noite, a lua. O vermelho representando o planeta. O laranja, a cultura. O amarelo, a energia e a força. O branco, o tempo e a transformação. O verde, o solo e o subsolo, a economia e tudo que a Mãe Terra fornece. O azul, o infinito, o cosmo. A cor violeta, o comunitário, o harmônico. A bandeira do arco-íris, a aliança dos humanos com Deus e com todos os seres que os cercam, é a mensagem de Wiphala.

Idem na tradição judaico-cristã:

Teleférico em La Paz, uma rede de transporte público de 40 km, com variação de 800 m de altitude.

> *Então Deus disse a Noé e a seus filhos que estavam com ele: "Vou estabelecer a minha aliança com vocês e com seus futuros descendentes; e com todo ser vivo que está com vocês: as aves, os rebanhos domésticos e os animais selvagens, todos os que saírem da arca com vocês, todos os seres vivos da terra. Estabeleço uma aliança com vocês: Nunca mais será ceifada nenhuma forma de vida pelas águas do dilúvio, nunca mais haverá dilúvio para destruir a terra". E Deus prosseguiu: "Este é o sinal da aliança que estou fazendo entre mim e vocês e com todos os seres vivos que estão com vocês, para todas as gerações futuras: o meu arco que coloquei nas nuvens. Será o sinal de minha aliança com a Terra. Quando eu trouxer nuvens sobre a terra e nelas aparecer o arco-íris, então me lembrarei de minha aliança com vocês e com os seres vivos de todas as espécies. Nunca mais as águas se tornarão dilúvio para destruir toda forma de vida. Toda vez que o arco-íris estiver nas nuvens, olharei para ele e me lembrarei da aliança eterna entre Deus e todos os seres vivos de todas as espécies que vivem na terra"*[8].

A diferença e a semelhança entre a aliança estabelecida a partir do arco-íris no céu e o arco-íris na bandeira é que, no caso dos povos andinos, eles conseguiram traduzir essa aliança em forma e conteúdo. Nunca houve a separação entre humanos e demais seres. No *Gênesis* resta claro que o arco-íris é símbolo de uma "aliança eterna entre Deus *e todos os seres vivos de todas as espécies que vivem na terra*". A separação e a distinção entre humanos e demais seres é um desvirtuamento do desejo de Deus, que a tradição ocidental exacerbou, sobretudo em sua fase atual. Como consequência, vivemos os desarranjos ambientais e climáticos que afetam todo o mundo. Com os andinos, essa necessidade de convivência e irmandade dos humanos com os demais seres foi percebida desde sempre e tem sido mantida dessa forma até os dias atuais. E está representada pela Wiphala.

  Recentes pesquisas genéticas demonstram que toda a população originária dos Andes carrega DNA similar, advinda de um povo que habita o lago Titicaca, os uros. Na tradição oral do povo uro é possível encontrar história semelhante à passagem bíblica do dilúvio. Em achados arqueológicos também se sabe que os mais antigos vestígios da Wiphala foram encontrados em Tiahuanaco, cidade de uma milenar civilização andina que precedeu os incas em muitos séculos, situada próxima ao lago Titicaca, o mais elevado lago navegável do mundo, com 200 quilômetros de comprimento e 70 de largura. Contam os uros que, antes do lago Titicaca, havia um vale fértil, tão fértil quanto um paraíso, permitindo que o povo pudesse desfrutar de grande prosperidade. Com o tempo essa prosperidade

8 *Gênesis* 9:8-17.

resultou em acumulação e fez com que os homens desafiassem o poder do criador, Inti, o deus-sol. Inti alertou aquele povo, mandando emissários, mas de nada adiantou, tão enfeitiçados que estavam por sua ganância. Até que o último dos reis reuniu todos os seus guerreiros e subiu a montanha para desafiar o poder de Inti. Tal foi a reação de indignação do deus-sol que ele ordenou a todos os jaguares da cordilheira que destruíssem a humanidade, seus filhos. Foi uma cena pavorosa, com jaguares enfurecidos estraçalhando os humanos. De tão horripilante a cena, Inti foi ficando triste, tão triste que chorou durante quarenta dias e quarenta noites sem parar. Suas lágrimas inundaram o vale onde a vida começara e deram origem ao lago Titicaca. Antes do morticínio exterminar todos, Inti salva um casal, a quem atribui a responsabilidade de cuidar dos demais seres, incluindo as montanhas, as águas, os animais, os bosques e os vegetais.

A diferença com as sociedades modernas é que os uros guardaram esse ensinamento e o aplicam cotidianamente.

Wiphala é resultado da fusão de duas palavras, *"wiphay"*, "estar alegre, em êxtase", e *"iaphaqi"*, "carregar ao vento um objeto flexível". "Wiphala" seria, portanto, "o sonho, a alegria e a honra em conduzir a bandeira".

A bandeira, com 49 quadrados e sete cores, tem uma linha que a atravessa e a divide na diagonal. Nessa diagonal todos os sete quadrados levam uma única cor, o branco, que representa o tempo e a transformação. Essa carreira de quadrados brancos leva o nome de *taypi*, que significa "lugar de encontro", ou "lugar de recuperação do equilíbrio". O *taypi* funciona como mediador entre duas partes diferentes, que são complementares. As demais cores são distribuídas entre um lado e outro da diagonal, de modo que os quadrados nunca estão todos de um lado só. Assim, vermelho e violeta, em campos separados, levam quatro quadrados de um lado e três de outro; azul e laranja, cinco de um lado e dois de outro; azul e amarelo, seis de um lado e um de outro. Os quadrados se complementam como em um espelho, só que em cores diferentes. Mario Rodríguez, do Wayna Tambo, explica:

> *A ideia básica dessa noção é que não existem absolutos. Diferentemente da lógica ocidental, do "falso-verdadeiro", em que uma proposição nega a outra, na filosofia andina não existe a noção de pares que se opõem um ao outro e se cancelam mutuamente. São pares complementares, que se necessitam para existir, para reproduzir a vida. O sim não nega o não.*

Quando conversamos com camponeses, claramente se pode perceber essa forma de pensar, pelas respostas, pela conversa: *"sí, pero no"*, *"no, pero sí"*. No mundo indígena, a pessoa pode ter uma certeza e também pode ter algo, mas nunca os terá totalmente.

Wiphala, a bandeira que é e que não é.

ARCO-ÍRIS AMÉRICAS

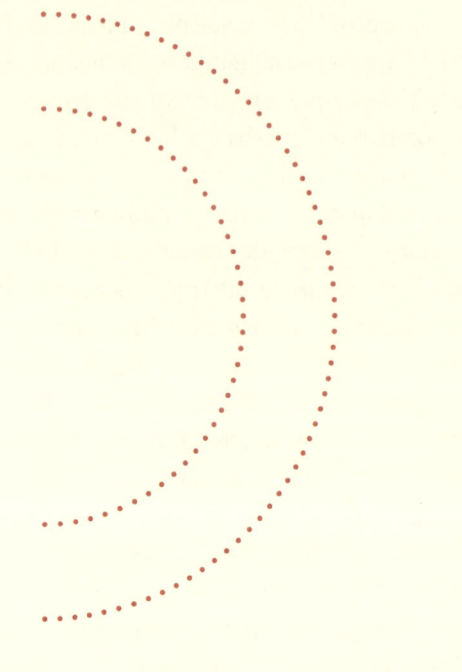

La Mazorca, ônibus utilizado pelo mexicano Alberto Ruz e pela equatoriana Verónica Sacta para percorrer a América com família e amigos.

Siempre se dice que el tiempo cambia las cosas, pero, en realidad, tu las tienes que cambiar[1].
Mensagem fixada na ecovila de Huehuecoyotl, Tepoztlán, estado de Morelos – México

Dois de outubro de 1968, praça das Três Culturas, Tlatelolco, Cidade do México. Milhares de estudantes em protesto, a dez dias da abertura das Olimpíadas no país. Como em quase todo o mundo, naquele ano de 1968 o México presenciava revoltas estudantis, e a Universidade Nacional Autônoma do México (Unam) estava ocupada pelo Exército. O clima era tenso, com os estudantes em protesto e a praça cercada por carros blindados, tanques de guerra e soldados armados com fuzis. Ao cair da noite, os soldados começam a atirar a esmo. Foram entre duzentos e trezentos mortos, para além de mil feridos, 6 mil detidos e 2 mil presos sem julgamento. Naquela madrugada, caminhões de lixo recolheram os corpos, muitos jamais encontrados. Alberto Ruz, estudante de economia na Unam e uma liderança emergente, de orientação anarquista e vinculado à Internacional Situacionista, estava na Califórnia quando ocorreu o massacre, mas a partir daquele dia ficou impedido de voltar ao seu país.

Nove de março de 2017, deserto de Morelos. Uma árvore *amate*[2] escalando um penhasco com suas raízes salientes e seus troncos, galhos e folhas; sob a sombra da *amate*, centenas de pessoas, dos mais diversos cantos do planeta. Verónica Sacta, equatoriana, inicia a cerimônia de bênção, referente aos 35 anos de existência da ecovila de Huehuecoyotl, em Tepoztlán, estado de Morelos. Ela invoca o coração da terra e os quatro elementos fundamentais para a vida: ar, terra, água e fogo. Ao encerrar a cerimônia, Verónica conclui a oração: "O fogo sob os homens transbordou. É preciso que as mulheres cuidem a partir de agora".

Huehuecoyotl, o senhor da dança e da música. O coiote que canta e dança para a lua; o palhaço e também o criador; a liberdade e o mistério. Em 1982, um grupo de *hippies* e artistas, bem como pessoas oriundas dos movimentos de contracultura, pacifismo e revoltas sociais dos anos 1960-70, resolvem fincar raízes na quase desértica área rural do estado de Morelos. Decidem fundar sua comunidade à sombra da árvore *amate*, sob o canto do coiote. Como inspirador dessa nova ocupação, Alberto Ruz.

---

[1] "Sempre se diz que o tempo muda as coisas, mas, na realidade, você é que tem que mudá-las."
[2] *Ficus insipida*, conhecida no Brasil como quaxinduba, quaxinguba, figueira-brava e gameleira, entre outros nomes. [N.E.]

Antes, tendo que permanecer exilado nos Estados Unidos, Alberto se integrou ao movimento contestatório norte-americano e mundial, participando das principais lutas junto ao "povo afro-americano, os chicanos, os porto-riquenhos, e aos estudantes radicais de Berkeley e Colúmbia, em Nova York, integrando os grupos situacionistas Up Against the Wall [Contra a Parede] e Anarchos". Na sequência, ele e sua companheira, Gerda Hansberg, sueca, com quem teve o filho Odin, migram para a Europa, fixando-se na Suécia. Nesse processo, ele vai refletindo sobre pensamentos do situacionismo e seus desdobramentos. Os situacionistas contestavam a sociedade do espetáculo e afirmavam que

> *o espetáculo não é um conjunto de imagens, mas uma relação social entre pessoas, mediada por imagens. [...] É uma visão de mundo que se objetivou. [...] A práxis social global [...] se cindiu em realidade e imagem. [...] A realidade vivida é materialmente invadida pela contemplação do espetáculo.*[3]

[3] Guy Debord, *A sociedade do espetáculo*, Rio de Janeiro: Contraponto, 2002, p. 14.

Vivendo em exílio, Alberto rompe com o exílio existencial imposto pela sociedade do espetáculo e parte em busca da "unidade do mundo". Segue pela Índia, Malásia e Japão, antes atravessando Europa, Saara, Turquia, Irã e Afeganistão. Sempre em caravana. Como caravaneiro se faz artista, ele e seus amigos. E vão aprendendo com as sabedorias ancestrais, até assumirem novas identidades e romperem as fronteiras entre arte e vida, ator e público, palco e plateia. Quando volta é um artista da Unidade. Após anos de volta ao mundo regressam à América do Norte e se tornam os Illuminated Elephants, os Elefantes Iluminados, uma caravana de artistas em busca do Quinto Mundo. É quando formam o Conselho Tribal de Visões dos Guardiões da Terra, a Família do Arco-Íris e a Rede de Ecocomunicação ArcoRedes. No México, os Elefantes Iluminados se convertem nos Velhos Coiotes e fundam Huehuecoyotl.

Segundo Alberto (e conforme qualquer pessoa pode constatar), Huehue se converteu em uma

> *referência internacional de povoado artístico, ecológico e espiritual, e um semeador por onde têm passado milhares de pessoas de todo o mundo, e onde brotaram dezenas de iniciativas culturais. Um lugar coletivo em que nós, os fundadores e alguns de nossos filhos, temos encontrado nossas "profissões" como agentes de mudança, alguns como escritores, outros como músicos, bailarinas, terapeutas, pintores, fotógrafas, arquitetos, ativistas, ecoeducadores, permacultores, xamãs e empreendedores sociais.*

Huehue é um exercício participativo de aceitação das diferenças, de busca pelo Uno entre o humano e a natureza.

> *Nem todos nessa comunidade são hippies (alguns, sim), e vários viveram esses anos fascinantes e contraculturais das décadas de 1960-70. Mas somos muito mais do que podemos imaginar. Mais que Caravana Arco-Íris; ecobairros; conselho de visões; educadores alternativos; permacultores; terapeutas; artistas; dançantes do sol; tradicionalistas; profissionais; ou palhaços... Queremos ser como tu mesmo, que agora nos escuta nesse silêncio e incorpora a sua mirada à nossa (sem sectarismo ou triunfalismo), podendo pensar, tanto crítica quanto espiritualmente, que o projeto da comunidade reúne ideias afins e sustentáveis para um futuro planetário mais descentralizado e livre.*

Com essas palavras de apresentação e boas-vindas, Andrés King Cobos, permacultor e fundador da Gaia University, que também funciona em Huehuecoyotl, dá início às comemorações de 35 anos de existência da ecovila.

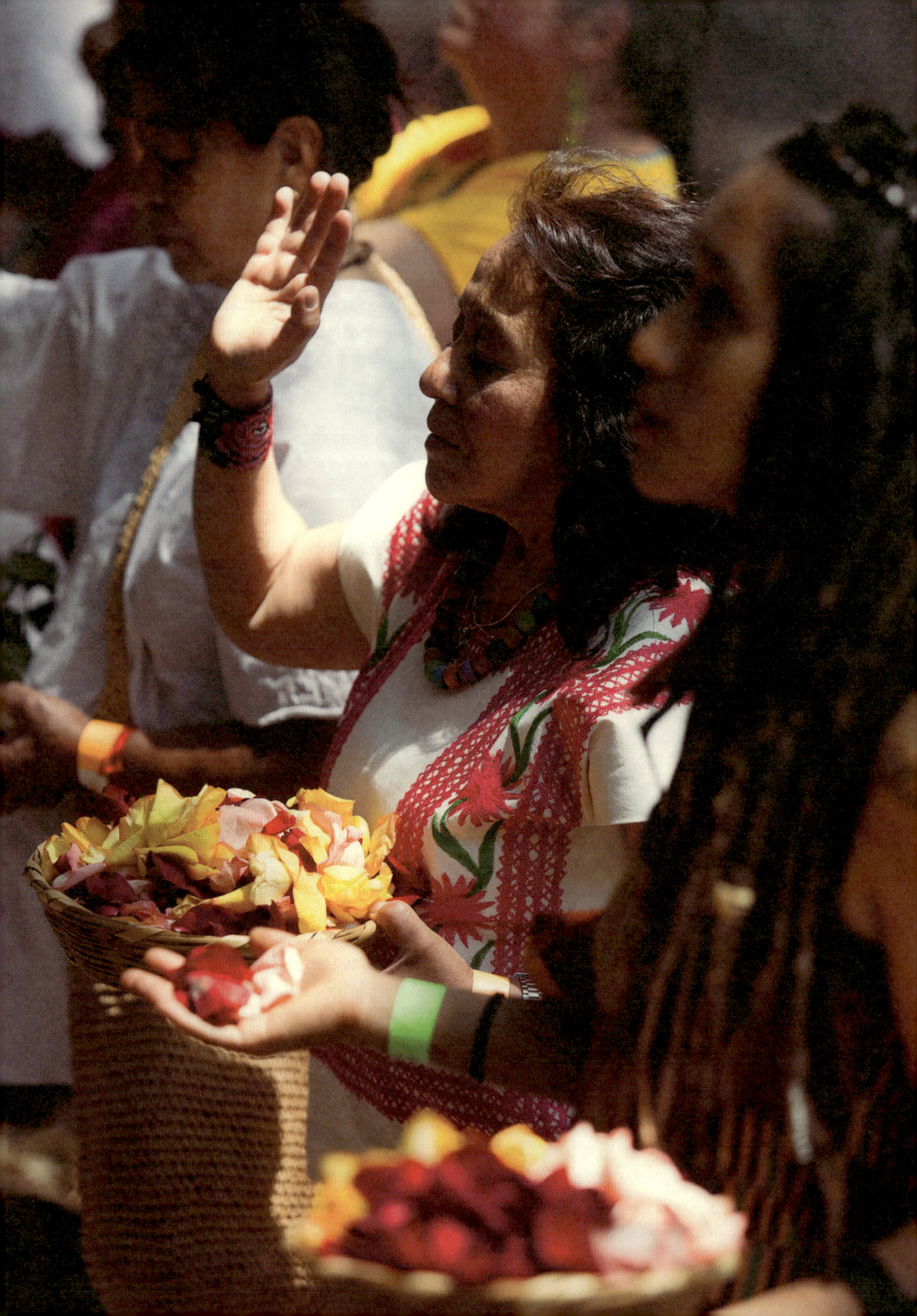

O Caracol e sua mensagem. Irradiando um som similar a trompas e trompetes, a grande concha do caracol marinho é soprada com força. A cada sopro os presentes mergulham no som do mar, no som da origem, no som da fertilidade, escutando o som primário da Criação.

Em seguida, o convite para a comida comunitária, preparada para centenas de visitantes. Prato principal: *mole*. Um prato único, com dezenas de ingredientes moídos e transformados em creme. Um creme intenso e perfumado. Dias de preparo. A separação e limpeza dos amendoins, avelãs, pecãs e amêndoas; as frutas desidratadas, a banana frita, o abacate. Os biscoitos. As ervas. As pimentas, os *chiles*: mulato, *pasilla, guajillo, chipotle*. As sementes vivas: abóbora, gergelim, *pinoli*. As especiarias: cravo, canela, cominho, anis; o alho e as cebolas. O cacau; o chocolate, amargo e forte. E tantos mais ingredientes quanto as vibrantes cores do México podem inventar. Tudo moído, revolvido; misturado com tomates e pinhões. Na culinária tradicional mexicana, o creme espesso do *mole* é servido com carne; em Huehue, por certo, em culinária vegana. Como bebida para acompanhar: suco de hibisco com gengibre.

Aguardando o almoço comunitário, as conversas.

> *É sempre rico chegar do trabalho, entrar na própria casa, relaxar e logo pensar no que vai comer. Pero, mais rico ainda, é chegar em casa, pegar seu prato e ir para a casa do vizinho, onde estão te esperando para comer! Por vezes cozinho para os outros, por vezes como o que os outros cozinham. O melhor disso é passar um tempo juntos, já que os dias se vão tão rápidos, e compartir as artes da cozinha!*

Essa é a partilha de Sandra Commeno, nascida em Milão, Itália, feminista radical. Atualmente ela voltou a viver na Itália, com seu marido Maurizio, e trabalha como astróloga, terapeuta floral, praticante de xamanismo e mestra de *reiki*. Segue o bastão da palavra.

> *Samanta nasceu em Huehuecoyotl, em minha casa, em 14 de agosto, às 4h45 da madrugada, com ajuda da parteira, doña Pina, de Yautepec, respeitada e sábia. Doña Pina me friccionava com azeite para suavizar a pele, e me deu chá de canela, ânimo e carinho, que meu corpo agradeceu muito. O México é mágico no que diz respeito à medicina natural, aos partos em casa e à forte relação entre a vida e a morte. Sinto que fui muito afortunada por ter tido a oportunidade de curar-me e dar à luz em mãos de seres tão sábios na arte de curar. Já são mais de dez formosos e saudáveis bebês que nasceram em Huehuecoyotl. E tenho certeza de que seguirão nascendo mais.*

É Pernille Nash, norte-americana, situada à minha frente na fila, que fala.

> *A praça estava repleta de entusiasmo. Esperávamos a chegada dos mais de mil delegados do EZLN [Exército Zapatista de Libertação Nacional], que na manhã seguinte continuariam sua marcha até a capital do país. Aquela noite seria a última da viagem que haviam empreendido desde seus territórios libertados, em Chiapas. Via-se que estavam cansadíssimos, mas seguiam com as caras cobertas com as pasamontañas [os gorros negros dos zapatistas, que cobrem toda a cabeça e o rosto, deixando abertura apenas para os olhos], notava-se que estavam felizes. Com que olhos miravam ao redor! Pode ser que as tochas se refletissem em seus olhos, mas eu creio, estou seguro, que brilhavam por sua própria luz.*

Esta é a recordação de outro italiano, Paolo Molina.

A marcha zapatista pela dignidade indígena, em 2001, foi um acontecimento épico no México; partiram do extremo sul, em Chiapas, e foram até a capital federal. "Somos a dignidade rebelde. Somos o coração esquecido da pátria, a primeira memória, o sangue moreno das montanhas de nossa história", disse o subcomandante Marcos, quando saíram da cidade colonial de San Cristóbal. Por onde passaram foram recebidos com festa pela população. Apesar de haver expectativa de confrontos armados, foi uma marcha pacífica, recheada de poesia. A passagem por Morelos foi especial por esse ter sido o estado em que nasceu Emiliano Zapata, o herói indígena da reforma agrária e da Revolução Mexicana de 1910. Em Tepoztlán, os Velhos Coiotes colocaram uma placa na entrada da cidade: "Bienvenidos a tEpoZtLáN"[4]. Ao longo das três décadas e meia de existência, foram muitas as visitas recebidas em Huehuecoyotl, incluindo monges tibetanos. "Muito memorável foi a visita de monges tibetanos, que nos ofereceram seus cantos e tocaram embaixo da *amate*, com seus instrumentos sagrados. Seu canto em voz baixa e o concerto improvisado com La Tribu foi um momento inesquecível", relata Jan Svante Vanbart.

Segue a fila para o almoço.

> *Tive amigos que morreram no Vietnã. Éramos jovens e nos indignávamos com o imperialismo, a guerra e a violência, por isso resistimos e enfrentamos a mais poderosa máquina de morte do mundo, que são*

---

[4] As letras maiúsculas fazem referência ao Exército Zapatista de Libertação Nacional (EZLN). [N.E.]

as Forças Armadas dos Estados Unidos. Hoje em dia, a violência está banalizada, até em jogos de videogame.

Palavras de uma das fundadoras da ecovila, atualmente morando em San Francisco, na Califórnia, seu estado natal. "Nós florescemos e agora temos que semear para que outros floresçam", complementa outra fundadora.

A fila avança. Consigo me servir com o delicioso prato de *mole*, mas antes ainda há tempo para anotar um último comentário: "Juntos todos podemos. *Solos, todos caímos!*". Não sei de quem foi o comentário, não importa, era de todos.

Em uma das mesas de almoço, eis minha colega de mesa, Kathleen Sartor.

A maioria dos visitantes de Huehue chega depois de uma longa viagem. O primeiro que notam ao chegar é o despertar de seus sentidos. O ar está totalmente vivo e ultracarregado de oxigênio, sussurrando segredos. Nas montanhas, estamos muito perto do sol e as cores parecem ser mais vibrantes, intensas e transparentes ao mesmo tempo. A terra está viva, cheia de árvores, ervas, flores e aves que cantam. Faz calor, e surgem deliciosos aromas da cozinha comunal, junto ao som da língua espanhola e dos risos. Quando comemos juntos, nutrimos nosso espírito. É uma delícia compartilhar com outros, em vez de comer sós. É uma oportunidade de provar coisas novas, como o mole *regional, o* atole *e a* alegria.

Beatrice Briggs, por ela mesma:

Por que estou no México?
— *Amizades muito queridas, casa acolhedora para desfrutar e compartir. Trabalho fascinante. Elotes, tequila, salsa verde,* mole *e muito mais!*
Por que estou em Huehuecoyotl?
— *Viver em comunidade me parece a forma mais natural para o ser humano. Todas as respostas à pergunta anterior.*
Onde vivi antes de chegar ao México?
— *Wisconsin, Chicago, Califórnia, Nova York, Montreal, cercanias da Filadélfia e Suíça.*
A que me dediquei mais antes de entrar para a capacitação e facilitação de grupos?
— *Ioga, biorregionalismo, relações públicas, criar as minhas filhas.*
Por que agora estou na facilitação de processos participativos?
— *Para mim, melhorar nossa capacidade de escutar, dialogar, colaborar, tomar decisões em conjunto e assumir compromissos coletivos é uma tarefa que diz respeito a todos se queremos um mundo melhor.*

> *Se tivesse uma varinha mágica, o que mudaria em Huehuecoyotl?*
> *— Nossa capacidade de escutar, dialogar, colaborar, tomar decisões em conjunto e assumir compromissos coletivos.*

Nem tudo são flores. No cotidiano, nas relações do dia a dia, também surgem os problemas, as dificuldades, as contradições. Há cicatrizes também. Os filhos cresceram, estão espalhados pelo mundo, fazendo coisas diversas, trabalhando como artistas, outros em empregos mais convencionais. Mas isso também dá sabor à vida, e o caminhar se faz caminhando, até porque as raízes que fincaram no deserto também foram lançadas ao vento.

Liora Adler Finkel chega à mesa. Trabalhadora incansável do feminismo e da economia solidária, não poderá participar de toda a festa, pois no dia seguinte terá que realizar uma oficina junto a uma cooperativa de mulheres:

> *Na primeira vez que fui propor uma ação de economia solidária e cooperativa para mulheres, ainda falava em* spanglish. *Depois de três reuniões, sobraram 15 mulheres, com seus esposos. Apresentei o projeto, e foi um silêncio total. Me sentia incrivelmente frustrada. Finalmente minha frustração ganhou e eu lhes disse: "Senhores, se algum de vocês está interessado em fazer parte da cooperativa de costura, por favor, venha à próxima reunião. Se não, por favor, decidam junto com sua esposa se ela vai participar e a deixem vir só". Na reunião seguinte vieram apenas três mulheres. Foi com elas que começamos.*

A cooperativa foi montada com o dinheiro que Liora havia trazido para construir a casa dela em Huehuecoyotl. Começaram fazendo minissaias (novecentas minissaias por mês). A cooperativa, Hecho Aquí (Feito Aqui), em Amatlán, Morelos, "era um projeto feminista para dar às mulheres a oportunidade de ganhar dinheiro próprio e lograr mais independência de seus maridos". Quando tiveram que ir à Cidade do México, para negociar a ampliação da cooperativa, a maioria das mulheres nunca havia entrado em um elevador; igualmente, quando viajavam para vender roupas em Acapulco, muitas jamais haviam entrado no mar. Para Liora, foi um tempo de aprendizagem e desaprendizagem. E a cooperativa cresceu, chegando a assegurar trabalho e renda para cinquenta mulheres, em uma população total de 150 mulheres na comunidade.

De repente, quatro anos se passaram, e o terreno que ela havia escolhido para construir sua casa seguia vazio. Mas ela ganhou outra casa:

> *O tempo que passei em Amatlán, trabalhando com as mulheres da cooperativa de costura, recordarei para sempre como um tempo de comunidade, colaboração, alegria e compartir. Eram pessoas humildes, de*

grande espírito e coração, que me abriram suas vidas e me ensinaram que a família, a comunidade e a vida sensível são chaves para uma vida cheia de felicidade.

Uma casa sem paredes, sem teto, sem piso ou cômodos, mas uma casa cheia, que realizou a vida dela e de tantas mulheres. Certo dia, Sofía, uma das primeiras três mulheres que iniciaram a cooperativa com ela, contara-lhe que a filha Marta havia sido eleita prefeita da comunidade de Amatlán. Era a primeira vez que uma mulher assumia o posto de *ayudante* (equivalente a prefeita da comunidade) naquele *pueblo* e, seguramente, em muitos *pueblos* ao redor. Em 2004, Liora conhece Andrew, permacultor, proveniente da Inglaterra, e desde então estão juntos, e juntos fundaram a Gaia University, que oferece cursos a distância de permacultura, sustentabilidade, design ecossocial, e pós-graduação em design integrativo ecossocial. E Liora finalmente conseguiu construir sua casa na ecovila de Huehuecoyotl.

A noite já vai alta.

Sob a *amate* aconteceram várias apresentações artísticas, teatro para crianças, *jazz*, música celta, misturas culturais, música maia, rituais. Sob a tenda de

Festa ritualística com música maia em Huehuecoyotl, no México.

circo, brincadeiras para crianças, pinturas, teatro. Durante a noite, música dançante. No meio de tudo, uma profusão de gentes, do mundo todo, de cores, de visões, artistas de circo, malabares, fogueiras, rodas de conversa. Também uma feira de economia solidária, aberta para que os moradores da região pudessem vender suas comidas e seus produtos. Na manhã seguinte, o *temazcal*[5].

CARAVANA

Alberto Ruz tinha 51 anos de idade quando decidiu partir em nova caravana. Pela segunda vez na vida. Ele havia corrido o mundo, Europa, norte da África, Ásia, Austrália, Canadá, Estados Unidos e todo o México; mas faltava-lhe o continente irmão: a América Latina. Era 1996 e já haviam se passado 14 anos da fundação da ecovila que escolhera para viver. Recuperou os veículos da época dos Elefantes Iluminados, além de ganhar um ônibus escolar usado, La Mazorca; chamou amigos de todo o mundo, uns 15, mais outros tantos que se revezavam em trechos da viagem. Partiram. Mais 17 países em 12 anos de viagem, da Guatemala à terra dos mapuches. Uma viagem de paz e aprendizado com as culturas ancestrais e comunitárias.

Uma menina equatoriana, Sofía Sacta, relata o impacto da chegada da caravana em sua cidade:

> *Chegaram a minha escola com dois fabulosos ônibus coloridos, uma caminhoneta e um* trailer *vermelho e sua grande tenda de circo azul e branca. O primeiro ônibus que conheci foi La Mazorca [mazorca: sabugo, sabugo de milho (maíz)], que levava desenhada uma espiga de milho em cada um de seus lados, com um fundo amarelo e vermelho. Na parte traseira, um* quetzalcóatl *[pássaro sagrado para os maias], cheio de cores, e, adiante, um letreiro que dizia: CARAVANA. As letras eram decoradas com plantas de milho e figuras do povo maia. Entrar no ônibus foi como entrar em um mundo mágico, todo cheio de cores, cheio de pequenos detalhes nas pinturas, em sua decoração, muitos objetos interessantes e chamativos. Gostei tanto que não queria sair. Naquele momento, nunca imaginei que viveria a grande aventura de minha vida, viajando em La Mazorca com a Caravana.*

[5] Ritual que ocorre em tenda também denominada *temazcal*, ou "tenda do suor", onde as pessoas se reúnem para um banho a vapor, reputado por purificar o corpo e o espírito. [N.E.]

No Equador, em Cuenca, Alberto conhece Verónica Sacta, mãe de Carolina e Sofía, à época com 8 anos de idade; isso em 2001. Verónica e Alberto se enamoram e formam nova família, que seguiu junto com a Caravana Arco-Íris pela Paz. Sobem e descem os Andes, atravessam desertos e florestas. Até que participam do Chamado do Condor, um encontro com mais de 1.300 pessoas, no Vale Sagrado da civilização inca; ecologistas, artistas, permacultores, curandeiros, trabalhadores espirituais, lideranças indígenas, guardiões da tradição e das culturas ancestrais, gente de 36 países, de todos os continentes. Com o Chamado do Condor consolidam o movimento global das ecovilas e o movimento do Calendário das 13 Luas. E a Caravana segue: lago Titicaca, o deserto do Atacama, os desertos floridos, Araucânia. E novos encontros: a Aldeia da Paz, o Chamado do Arco-Íris, os festivais da Pachamama. No Chile conseguem mais um micro-ônibus, La Wiphala, batizado com o nome da bandeira arco-íris dos povos andinos. Em meio à viagem sem fim, um momento triste, um incêndio que destrói metade dos equipamentos dos caravaneiros. Mas eles não desistem, adentram na Patagônia argentina, seguem para Ushuaia, na Terra do Fogo, até retomarem o rumo norte, para Buenos Aires e Uruguai.

Novo encontro, agora o Chamado do Colibri, o Beija-Flor, no Planalto Central do Brasil, em Alto Paraíso. Entre o encontro com Verónica, no Equador, e a chegada ao Brasil, passaram-se quatro anos; quanto a Alberto, já havia nove anos que estava "caravanando". Chegam esgotados, com poucos recursos materiais e humanos, mas confiantes na abundância e na generosidade do mundo e nos ciclos da Madre Tierra, que tudo provém no seu devido tempo.

> *As pontes de nuvens, cores e luz não vão nem vêm, não têm princípio nem final, não começam e não acabam, passam sempre cruzando de um lado ao outro. Por isso, os homens e mulheres de* maíz*, os verdadeiros, passam a vida fazendo pontes, e a morte também, fazendo pontes. Pontes para ir de um lado a outro, para fazer os trabalhos que nascem ao novo mundo. Como o arco-íris, que não vai nem vem, que está lá, não mais,* puentando mundos*, puentando* sonhos*...*

Tal qual as palavras do subcomandante insurgente Marcos, em seus *Relatos del viejo Antonio*, os *caravaneros* do Arco-Íris seguiam *puentando* mundos, *puentando* sonhos.

Conheci Alberto, Verónica, Sofía e a Caravana Arco-Íris pela Paz quando atuava como secretário de programas e projetos culturais (depois Secretaria da Cidadania Cultural), no Ministério da Cultura, ao final de 2005. Do Chamado do Beija-Flor eles foram a Brasília, a convite do ministro Gilberto Gil, que pediu para que eu apresentasse uma proposta que garantisse a presença dos *caravaneros* no Brasil. Daí surgiu o convênio entre o Pontão de Cultura Itinerante e a

Caravana Arco-Íris pela Paz. Pela primeira vez na história de suas viagens contraculturais eles poderiam contar com financiamento oficial, governamental, podendo seguir em caravana pelo país-continente chamado Brasil. Foram muito criticados por aceitarem apoio governamental; nós, no governo, também fomos. As partes do entorno não compreendiam como seria possível um encontro entre "gente da contracultura, do antissistema" com gente do Estado, do governo. Mas houve esse encontro, e eles seguiram dignamente, com total autonomia de ação, integrando pontos de cultura em processos de troca sensível, profunda. Um mergulho no Brasil, de norte a sul, de leste a oeste, em visitas a quase cinquenta pontos de cultura, durante dois anos. A história da viagem pelo Brasil está registrada em um livro, a ser publicado por Alberto, do qual tomo emprestadas algumas palavras:

> *É lugar-comum repetir que a [menor] distância entre dois pontos é a reta. Todavia, a realidade ou, melhor dizendo, a sobreposição de realidades em que se crê e que se desfazem a todo instante nos demonstra que no universo não existem nem as distâncias, nem as retas, nem as certezas absolutas. Só os pontos. E as pontes que unem um ponto ao outro. Pontes reais, pontes imaginárias, pontes de cores, pontes de concreto e aço, pontes invisíveis, pontes de esperança.*

Em janeiro de 2009, durante o Fórum Social Mundial, em Belém, na Amazônia, após terem organizado mais uma aldeia da paz, com milhares de pessoas, Alberto, Verónica, Sofía e todos os amigos caravaneiros se despedem do Brasil. Chegaram pensando em permanecer por poucos meses, mas se quedaram por mais de três anos. Da foz do Amazonas, em Belém do Pará, partiram em busca do bom repouso, à sombra da *amate*, em Huehuecoyotl.

Alberto segue em caminhada, agora pela incorporação dos direitos da Madre Tierra na Constituição do México, assim como nos demais países do mundo. Verónica, uma sábia mestra, ainda jovem, segue formando círculos de visão e encontros do Sagrado Feminino. No tempo cíclico de uma vida intensa, eles descobriram que a unidade é encontrada nos movimentos em espiral. "Tudo é cíclico, o que foi e o que será. Não há nada estático; no universo, tudo é movimento e energia estelar", afirma Alberto, do alto de uma sabedoria de sete décadas, que percorreu os sete mares e os sete continentes: "Um grão de milho que entra na terra volta como grão de milho" (ao menos enquanto a transgenia não dominar tudo).

O tempo deles é real, vivo, palpável, vibrante; o tempo irreal é o tempo dos aparatos tecnológicos, que nos apartam da Terra, que nos apartam da vida, transformando-nos em "servos premiados". Servos de nossa cobiça, servos da superficialidade, servos da dívida, servos do sistema. Para os nativos das Américas, "a vida é caminhar com a beleza para sair do caos"; por isso esses povos realizam a "busca da visão", procurando uma maneira de serem cocriadores do mundo que sonham. São povos que sempre se percebem como interconectados com todos os seres do mundo, em que a ação de um ser afeta os demais seres. A Caravana Arco-Íris pela Paz expressa essa "busca de visão", em um movimento contínuo, que foi agregando sabedorias dos quatro cantos do mundo. Entre os povos maias, eles aprenderam um cumprimento, que se expressa pela palavra "*inlakech*", ou "*in lak'ech*", que significa "eu sou o outro você". Aonde a caravana chega, é assim que se cumprimentam: *inlakech*.

Dezessete de abril de 2016, praça das Três Culturas, Tlatelolco, Cidade do México. Verónica Sacta inicia a cerimônia do Equinócio de Primavera. Um círculo com oferendas, flores coloridas formando uma mandala, um incensário ao centro; ao redor, "pessoas levando suas mãos ao coração". Verónica pede permissão aos guardiões visíveis e invisíveis para que recebam uma oração com pedido de perdão e também pelos direitos da Madre Tierra:

Nos conectamos em nosso coração porque somos parte da Terra.
Nos conectamos em nosso coração com os animais, as plantas, as águas, as montanhas.
E desse coração emanamos amor.
Sanamos as feridas da Terra, porque estamos sanando a nós mesmos.
Nos lugares em que estão as minas a céu aberto, colocamos nosso amor.
Nos lugares que estão explorando a pele frágil do planeta, colocamos nosso amor.
Colocamos nosso amor nos rios contaminados, nos oceanos.
Por todos os animais violentados, maltratados.
Pelas montanhas, pelos rios, pelos bosques que estão sendo desflorestados.
Pedimos perdão e colocamos nosso amor.
Como seres conscientes e cocriadores, sanamos a Terra e sanamos a nós mesmos.
E por todos os lugares em que os seres humanos estão sendo desrespeitados, em que violentamos a nós mesmos, colocamos nosso amor.
E aqui, neste círculo, estão em nossa memória, em nosso coração, muito especialmente na memória coletiva, aqueles seres que perderam sua vida nesta praça.
A vida deles é semente de mudança; que não sejam esquecidos, eles estão em nossa memória, estão em nosso coração.
Hoje, aqui, fiquemos com essa memória de paz.
Agora estamos tomando suas razões, seus passos, para continuar gerando consciência no planeta.
Agradecemos por essa missão.
Que tenhamos esse amor para rodear cada um de nós.

Por todos os caminhos, a caravana regressou ao seu ponto de partida, Tlatelolco e sua noite de sangue. Na partida e no regresso, Tlatelolco é "o outro nós".
Inlakech.

ARGENTINA
HISTÓRIAS PARALELAS

Rua na Villa 31, próximo à Casa Rosada, em Buenos Aires.

CRIAR VALE A PENA?

Minha glória é viver livre
como o pássaro no céu,
não me aninho em chão cruel
onde há tanto que penar.
Ninguém há de alcançar
quando eu revoo ao léu.
José Hernández

"Sair da terra e estar agarrado na terra", diz o ensinamento citado por gerações na família de Inés Sanguinetti. O autor, Juan Pablo de la Torre, tetravô de Inés, foi um dos gaúchos de Los Infernales Colorados de Güemes, em um grande momento da independência argentina: lideradas pelo herói Martín Miguel de Güemes no norte do país, a partir de Salta, as *montoneras* peleavam sobre cavalos ou em corpo a corpo, infernais contra aqueles que enfrentavam, e assim resistiram ao colonialismo espanhol.

Inés faz jus a essa tradição familiar e, adulta, peleia como bailarina, coreógrafa e ativista social. Sai da terra estando agarrada à terra. Essa é sua pulsão, e ninguém a alcança quando "revoa ao léu". Na juventude estudou sociologia durante a ditadura militar. Também dança, tanto na forma de ginástica olímpica, como na de dança contemporânea, após se especializar com Martha Clarke, nos Estados Unidos, e com o grupo Pilobolus Dance Theatre, composto por bailarinos ex-ginastas como ela. Movimento, força e sombras, eis a arte que ela gosta. Mas Inés é *sapo de otro pozo* (literalmente "sapo de outro poço", que equivale a "peixe fora da água"), por isso regressou à Argentina, por ser "agarrada à terra". Voltando ao seu país, formou o Núcleo de Dança Contemporânea Ponchos Rojos, conforme a vestimenta dos gaúchos *salteños*, apresentando-se nos teatros que almejou, com os espetáculos que desejou, nos festivais a que aspirou. E corre o mundo.

"Minha vida foi um privilégio, por ter tido contato com tanta gente talentosa. Por haver criado coisas lindas, viajado. Ser bailarina é como sair de uma caixa mágica, permitindo que as pessoas sintam coisas, se emocionem" – já na maturidade, avó, é assim que Inés fala de seu passado. Nascida em Mar del Plata, em família conservadora, cujo avô militar foi um dos grandes impulsionadores da indústria pesada argentina, toda a vida de Inés foi direcionada para o sucesso e o equilíbrio. Pai engenheiro e matemático, de orientação peronista, mirava a Argentina industrial, enquanto a mãe, de tradicional família de Salta, representava a Argentina agropecuária. Pai peronista e mãe antiperonista, essa era a *grieta* (fenda) que Inés estava acostumada a atravessar e

Um dos cartazes espalhados pela fundação Crear Vale la Pena, em Buenos Aires.

×es todo
fruta de la Pasión×

La verdad es que no hacían falta muchos conocimientos
para que nosotros nos maravillásemos, …

Sin pronunciar palabras, quienquiera que entienda.
Es el inmenso interés por conocerte,
y por conocer ese interés hace que el habla sea así

por onde se equilibrava. Como organizador da vida familiar, o esporte. Vários irmãos de Inés chegaram à seleção nacional de rúgbi, esporte bastante prestigiado pela elite argentina; a carreira dela como ginasta e depois como bailarina também avançava, recebendo excelentes críticas. Mas a Inés incomodava "seguir em torno do próprio umbigo"; é quando ela decide, junto com amigos, fundar a instituição Crear Vale la Pena.

> *O que faço agora está no mesmo tom, abrindo a potência imaginativa das comunidades e estudantes, é isso que torna os processos de transformação mais sustentáveis. Todos queremos ser importantes, mas isso não é o que importa. O importante é fazer parte de algo muito importante.*

É o que diz Inés, certa de que criar com muito mais gente vale muito mais a pena. Principalmente se essas pessoas estiverem despossuídas de oportunidades. Passados vinte anos, poder-se-ia dizer que a história da fundação Crear Vale la Pena é uma

> *história de lealdades entre pessoas de contextos de pobreza e pessoas de contextos de oportunidades. A vontade original do Crear é uma aliança de pessoas de dentro e de fora das villas, dispostas a abrir seus mundos para a construção de uma rede social comum, para a criação de um capital social comum.*

Em 2002, cinco anos após a inauguração da Crear, Inés deixa de bailar profissionalmente e, desde então, dedica-se de corpo e alma, com pés, coração, mãos e cabeça, à sua coreografia coletiva.

A intenção com a Crear Vale la Pena foi a de atuar com populações em bairros populares e *villas* (favelas): La Cava, San Caetano e Sauce, no entorno do elegante município de San Isidro, na Grande Buenos Aires. Atravessaram o espelho, procurando pensar o mundo a partir de outro lugar. Era tempo de aguda crise social na Argentina, em que o modelo neoliberal estava ruindo. Da noite para o dia, depósitos bancários desapareceram e o desemprego foi às alturas, atingindo entre 30% e 40% da força de trabalho. Se antes da crise a instituição atendia uma média de 150 crianças e jovens, a partir de 2002 tiveram que atender mais de oitocentos. E dar conta dessa quantidade com praticamente os mesmos recursos e estrutura. Deram conta. A crise do início do milênio foi um período de profunda mudança na forma de pensar do povo argentino, foi quando o grupo de fundadores da Crear compreendeu que, toda vez que uma pessoa estivesse privada de exercer seus direitos culturais, a pobreza estaria aumentando, assim como a cidadania estaria morrendo. A partir dessa época, Inés passou a utilizar seus contatos internacionais para angariar recursos e promover turnês pela Europa e América do Norte. Também afluíram artistas e amigos, voluntários se apresentando para ministrar aulas, oficinas e organizar eventos de apoio. Agora seriam jovens artistas das *villas* que subiriam aos palcos.

Tomás Cutler, ator de comédia *stand up*, apresenta seus espetáculos em um bairro de classe média alta, Palermo, em Buenos Aires, fazendo muito sucesso. Às quartas-feiras dá aula de improvisação na Crear Vale la Pena, por ter decidido dedicar um dia por semana a um trabalho livre, sem necessidade de remuneração, só com ajuda de custo. Chama esse dia de "tempo dele", que doa para a coletividade, para o bem comum. Está há quatro anos na Crear, a contribuição dele é uma forma de economia da dádiva, assim ofertada:

> *A improvisação envolve capacidade de escuta, aceitação e superação. Todos temos problemas, mas claro que é diferente fazer piada sobre um automóvel quebrado ou sobre uma chuva de balas [de revólver]. Mas, com humor, podemos mudar a realidade do dia a dia. Jovens que antes tinham vergonha de contar sua realidade superaram isso com a improvisação. Também incentivo que saiam da* villa, *eles não gostam muito, pois se sentem mirados, discriminados, mas sempre os levo ao teatro em Palermo.*

Nessas aulas, além de aprender a escutar, entender, aceitar e superar realidades, os jovens vão formando vínculos e criando grupos de pertencimento, em que eles se agarram. No processo ganham força e potência, até terem condições de *hackear* o sistema, como Tomás deseja. O improviso tem esse sentido, de mudar realidades, alterando pontos de vista e sempre a partir do humor. À medida que avançam no processo de improvisação, vão se sentindo seguros a darem passos para além dos limites que lhes são impostos pela vida. E se superam.

Para a Crear Vale la Pena, "os jovens não são perigosos, eles estão em perigo". Cabe compreendê-los e auxiliá-los a superar seus perigos e medos. Ao longo de vinte anos, em processos de educação pelas artes, produção e circulação artísticas, a fundação Crear foi mudando a vida de milhares de pessoas, modificando padrões, pontos de vista, e, com essa modificação, estabelecendo novos vínculos de convivência e maneiras de ser. No caso das *villas*, oferecendo condições para que os jovens pudessem romper ciclos de pobreza e de desagregação pessoal. A gente da Crear tem a profunda convicção de que riqueza e felicidade são possíveis para todos, a partir da beleza e da criação. Buscam transformar lugares de desesperança em lugares de esperança, lugares de indiferença em lugares de solidariedade e companheirismo. Nessa perspectiva, a ação que eles desenvolvem é puramente política, não em sentido partidário, mas como organizadora do movimento e da emoção nas comunidades em que atuam. Uma "política da estética", ou uma nova estética do fazer político, não relacionada ao poder, e sim à potência. Toda a estrutura organizacional da Crear leva em conta esse entendimento, fazendo com que administrem tempo, espaço e pessoas, em procedimentos éticos e em lógicas comuns da apropriação de sentidos.

Em seus processos de criação coletiva, buscam fortalecer o capital simbólico das comunidades, fazendo a criatividade nutrir a capacidade de transformar. Cada nova coreografia é realizada como uma obra comum, como se fosse um jogo, em que cada pessoa dá sua sugestão e vai encontrando seu espaço a partir do seu próprio movimento. Seria um "encorporamento", ao empoderar o próprio corpo a partir dos próprios movimentos. Muito na linha de Pina Bausch, em termos éticos e estéticos, pois "dançar é uma forma de amar". Pela dança, buscam entrar em um mundo com mais luz, mesmo que para entrar nesse mundo seja necessário abrir a porta mais escura.

Uma menina, Romina, aos 9 anos de idade começa a frequentar a Crear.

Moradora de La Cava, uma *villa* construída abaixo do nível das ruas, por isso o nome, Romina se sentia bem-vinda no espaço da Crear e sempre voltava, inclusive porque não a agradava permanecer em casa. Era uma menina que "não se gostava", que sentia falta de amparo. Ela percebia que os outros notavam que ela não estava bem, mas, calada, não se abria. Não odiava os homens e as pessoas, apenas desejava que ficassem distantes, por isso se mantinha em silêncio. Tinha na Crear o seu refúgio. Aos 16 anos, teve a oportunidade de participar de sua primeira turnê internacional: Alemanha. E estas são as palavras da menina, agora mulher:

> *Éramos adolescentes alvoroçados. Não me imaginava nem fora da* villa, *ainda mais fora da Argentina. Estamos muito acostumados a nos sentir vítimas, e isso até nos acomoda, como se nunca pudéssemos sair dessa situação. Me sentir fazendo parte de algo, me apresentar em teatros, ver gente de pé, nos aplaudindo, mudou a minha vida.*

Desde 2015, Romina Sosa é diretora do centro cultural da Crear, professora de dança e responsável por acompanhar outros jovens nas turnês que realizam pela Argentina e fora do país. Também é ativista social, atuando nas causas do bairro e em movimentos feministas.

> *Há que ser valente para enfrentar os medos e as mudanças. É preciso querer, desejar, planejar. E a dança nos faz aprender isso tudo, nos dá uma outra relação com nosso corpo, deixa uma consciência. Quando estou bailando, eu bailo por consciência, em processos coletivos.*

A dança de Romina é de um absoluto vigor, expressiva. Casou-se há poucos anos e tem uma filha. O marido, ferreiro naval, não compreende tudo o que

Romina Sosa, diretora do centro cultural da fundação Crear Vale la Pena, em Buenos Aires.

ela faz, mas é entusiasta e a acompanha, de modo que tomam as decisões juntos, o que garante apoio quando Romina precisa se ausentar para as apresentações, incluindo viagens em turnê.

Em passos rápidos de dança, a bailarina e ativista comunitária Romina Sosa se despede: "*Esta soy yo!*".

Tamara Zakowicz também frequenta a Crear desde pequena, e atualmente trabalha como assistente de educação:

> *Temos fome de criação, toda essa energia que vai fervendo dentro de nós. Há noites em que desperto pensando em como me comunicar com as pessoas. Não podemos esperar que as coisas aconteçam, tem muita coisa errada, muita injustiça que precisa ser mudada já. Na villa que moramos houve nove assassinatos em seis meses. Não podemos ser um mundo paralelo, nem aqui na Crear, precisamos chegar a todos os lugares, e a arte é o poder que temos.*

Com essa clareza, as duas amigas, Romina e Tamara, colegas de trabalho, organizaram uma marcha pela paz, com muita música e dança, apontando horizontes para sua comunidade. Colocaram sementes na terra; muitas sementes.

"Mas as pessoas também precisam querer. Temos muitos amigos que preferiram o caminho das gangues e agora estão presos, alguns jurados de morte. Sei que estou me expondo, mas se ninguém semear não há colheita", complementa

Entrada do centro cultural Crear Vale la Pena.

Romina, que segue vivendo na *villa*. Tamara, por sua vez, se mudou de Villa La Cava com o namorado. Para manter o pequeno apartamento, o casal tem dois empregos cada um; ela, na fundação Crear e como camareira. "Não quero mais escutar tiros à noite", justifica. Como se fosse necessário justificar-se. Mesmo tendo saído da *villa* ela segue comprometida com seu povo. É uma moça articulada, ao falar parece madura, aparentando mais idade do que realmente tem, mas mirando seu rosto se percebe que é uma menina. Foi no "tecido acrobático" que Tamara encontrou o seu caminho, agora ela deseja ser professora de ioga. Será.

Observar as duas é ter a convicção de que criar vale a pena. Elas nasceram em um ambiente injusto, iníquo, duro; carregam histórias tristes. E mais tristes porque comuns. De família imigrante, com origem no Chile, em Iquique, a mãe de Romina, ainda pequena, veio morar na Argentina com a mãe e irmãos, sem o pai. Ele, em realidade, foi a razão da migração da família, pois abusava da mãe de Romina, que, a partir da mudança para a *villa*, teve que cuidar dos irmãos mais novos, sempre com muita responsabilidade e trabalho, desde muito jovem. Ao se casar, ela seria novamente maltratada, então pelo marido. Por diversas vezes, criança bem pequena, Romina assistiu à mãe apanhar do marido. E a história daquelas mulheres se repete no abuso. Romina, a filha, foi violentada aos 7 anos de idade pelo tio. A mãe, quando soube o que o irmão fizera, quase o matou. Tentou suicídio várias vezes, passando por diversas internações, agravando ainda mais o desamparo da filha. Com o tempo a mãe enlouqueceu.

O que teria sido daquela menina, Romina, de Villa La Cava, que, aos 9 anos de idade, calada, triste, não se gostava, odiava o mundo e não confiava em ninguém, se não tivesse encontrado um lugar como a fundação Crear?

A vida é o que é, mas também pode ser algo diferente. "A arte e a dança salvaram minha vida. E eu escolhi mudar a minha vida. Agora cuido de minha mãe, que está melhor e menos violenta", diz a menina Romina Sosa, mãe, bailarina e professora. O ciclo de vida daquelas mulheres foi rompido pela energia, pela luz e pela potência da arte e da beleza. Mas, para tanto, foi necessário que aquela garota descobrisse a luz que irradia e, ao ser iluminada e ao iluminar, pudesse encontrar sentido em sua vida. Também houve o fluxo e o cruzamento de caminhos, dando sentido a vidas antes tão distintas.

> *Viajar é outra coisa, ir para o outro lado do mundo, conhecer culturas diferentes, idiomas, gente criativa. E eu sou grata por ter tido todas essas oportunidades. Mas ir para a Villa La Cava, que está a dois quilômetros de minha casa, mirar seus abismos, mirar desde as bordas, abismos sociais e pessoais, cruzar a fronteira, isso é muito mais que um giro pelo mundo. Eu fui convidada a cruzar essa fronteira e descobri que há mundos que podemos mudar. É uma mudança em pequenos*

> *mundos, que se juntam com outros mundos e que, em caminhos cruzados, podem mudar o mundo.*

Palavras de Inés Sanguinetti, a bailarina que "ninguém consegue alcançar quando revoa ao léu".

Nada mais é dito. Elas dançam.

ABRAÇADOR

Silvia Bove assim se apresenta:

> *Sou artista plástica e sonhadora, gosto de criar objetos brandos, em que o espectador se transforma em cocriador. Tive uma infância muito lúdica e exploratória dos sentidos, há momentos em minha vida que tenho registrados como um filme, que ficaram em mim como fonte sensitiva de experimentação.*

Ela define suas criações artísticas como *objetos blandos*, obras de arte que não têm uma forma específica, nem animal nem humana, e que apelam aos sentidos, como um convite para que as pessoas experimentem infinitas formas da "não forma", como se estivessem navegando no espaço, ou nos sonhos. São obras de arte para a sensorialidade, de modo a produzirem uma experiência afetiva nas pessoas, permitindo que elas apalpem, brinquem, joguem com as obras, em uma verdadeira vibração sensorial. Seria um jogo entre o ascendente e o descendente, de um lado a busca pela vida, pela síntese e pelo inefável, de outro, a materialidade, o tátil. Um jogo da vida.

Os "objetos brandos" de Silvia Bove têm nome e história:

Fusiformes, os bonecos abraçadores: formas volumosas, macias, cheias de braços, capazes de abrigar a alma em caso de medo ou solidão. Ou, simplesmente, para aplacar o desejo de a pessoa se sentir abraçada.

Panquecas vegetarianas: círculos do tamanho de uma pizza, com buracos que podem ser atravessados por minhocas maleáveis, coloridas, macias, moldáveis.

Atrapaniños: peixes voadores que se movem com o vento, compondo danças no ar, peixes em tecido, voando conforme o movimento.

Jogos livres: cilindros, aros, círculos e todas as formas e não formas, coloridas, divertidas, maleáveis, se entrelaçam. Um jogo sem palavras ou preconceitos, sem regras, um jogo apenas para que as pessoas mergulhem na brincadeira.

Cubos rodantes: estrutura para se "deixar levar", em um vaivém giratório que envolve a pessoa entre duas estruturas, como um recheio de sanduíche.

A artista plástica Silvia Bove segura *atrapaniño*, um de seus *objetos blandos*.

São muitos os *objetos blandos*, e múltiplas as suas possibilidades, composições e estruturas. A ideia é que os objetos se modifiquem pela invenção de quem se apropria deles, uma "cocriação", em que a artista está disposta a perder o controle da obra, que passa a ter diferentes usos, formas e sentidos, de acordo com a imaginação de quem a usa. Mas sempre mantendo o acolhimento, o abraço e a sensibilidade, fazendo com que corpo e criatividade apurem as sensações e a própria capacidade de sentir. Os *objetos blandos* seriam um "nadar em um mundo de cores infinitas, em que o sensorial atravessa o corpo", conforme define Silvia. E, o mais importante, que o jogo seja jogado por muitas pessoas, de maneira prazerosa, estabelecendo relações com os outros.

O que Silvia usa como inspiração são lembranças de infância, coisas antigas, rituais ancestrais, tudo feito em tecido, tramas, com muitas cores, espumas. Há referência aos quipos utilizados no Império Inca, para controle contábil e escrita matemática, ao ábaco, igualmente utilizado para cálculo. São jogos que jamais podem estar desligados do ambiente e da memória comunitária;

ao contrário, nutrem-se dessa memória, sobretudo de imagens da infância, em processos ingênuos e afetivos. A ideia é convidar as pessoas a fazerem tramas e se (re)envolverem a partir de uma arte onírica, intangível, de suspensão do corpo e dos sentidos. Uma arte que se move ao vento, em instantes mágicos.

Oscar Wilde, no prefácio de *O retrato de Dorian Gray*, causou espanto nos leitores ao afirmar que "toda arte é completamente inútil". É essa "inutilidade" que torna a arte tão essencial, tão humana, isso porque expressa uma comunicação sensível entre criador e apreciador/participante, não utilitarista, despida do objetivo de extrair proveito ou vantagem imediata. A inutilidade assegura à arte uma dignidade própria, única, transcendente. Ou, como escreveu Julio Cortázar: "Só pela obra de arte podemos sair de nós mesmos, saber o que vê outrem de seu universo que não é o nosso, cujas paisagens nos seriam tão estranhas como as porventura existentes na lua". Pela arte se afinam os ouvidos, os olhares, os falares e os sentidos. É com esse ouvido mais fino, que escuta, com esse olho mais nítido, que descortina, com essa boca mais precisa, que pronuncia, que os sentidos revelam consciência e lucidez. E anunciam os segredos mais escondidos, desconhecidos até mesmo de quem os guarda no fundo d'alma e sobre eles coloca uma pedra. A arte é tão inútil quanto um abraço, é isso que torna a arte e o abraço tão necessários e imprescindíveis.

O abraçador, de Silvia Bove, é para abraçar. Abraçar Inés, Mugica, Romina, Juan, Tamara, a moça, e toda a gente boa e generosa que está no mundo para sanar o mundo. Abraçar toda a gente que segue à espera de um abraço, um acolhimento, uma palavra, um sentido. Um abraçador é para cruzar histórias.

Para visitar o ateliê de Silvia é preciso atravessar o deserto, tendo os Andes à frente. Há também que se atravessar toda a cidade de Mendoza. Cidade que é oásis, sombreada por álamos, com suas ruas e praças imersas no verde ao redor da secura. Isso acontece porque a cidade de Mendoza manteve o conhecimento dos povos originários que habitavam a região, os *huarpes*, que desenvolveram um sistema de canais de irrigação, conhecido como acéquias, um original e ancestral sistema de irrigação urbana. São mais de quinhentos quilômetros dessas canaletas, em que a água vai sendo distribuída no nível das raízes, umedecendo árvores frondosas e verdejando o ambiente. No caminho também passei por um bairro, Casa Grande, igualmente arborizado, que chamou minha atenção pelos nomes das ruas.

No bairro Casa Grande, as ruas levam nomes de virtudes: Honra, Solidariedade, Generosidade, Amor, Compaixão, Amizade. Por trás dessas virtudes aparentes, o bairro esconde uma abominação; durante quase um século aquela área urbanizada foi vinhedo, uma fazenda de médio porte, de propriedade da família Cerutti, que habitava uma bela casa no lugar, a Casa Grande. Eu vi a Casa Grande fechada e me interessei por conhecer o livro da neta dos donos do vinhedo (intuição de quem viaja procurando histórias por aí). Segundo o livro

Casita robada, de María Josefina Cerutti, a Casa Grande "está desfeita. As oliveiras que plantou Victorio estão caídas. A piscina é uma ruína. A cozinha tem teto destroçado. O banheiro grande, como dizíamos quando éramos pequenos, está inutilizável. E o pátio, devastado". Após o lançamento do livro, que conta a história familiar da autora, ela revela como foi seu processo de escrever: "Triste e comovente. Em alguns momentos sentia que voltava à minha infância, que me encontrava com Victorio. Conversava com minha avó. Mas, ao final, e agora que este livro é uma garrafa lançada ao mar, creio que passei um período de tormentas muito transformadoras". Ao atravessar aquele bairro com nomes de virtudes a designar as ruas, creio que uma dessas garrafas chegou à minha mão.

Os Cerutti formavam uma família de vinicultores, de origem italiana e bastante ilustrada. Na Casa Grande, em meio ao vinhedo, mantinham uma grande biblioteca, sempre aberta à comunidade de Chacras de Coria, e as festas comunitárias também eram realizadas na propriedade da família. Uma bonita fazenda vinícola, em lugar agradável, em meio a vizinhança unida, quase todos de origem italiana, vivendo no local havia pelo menos três gerações, ao pé dos Andes.

A Argentina estava sob ditadura. Era madrugada de 12 de janeiro de 1977 quando o dono da fazenda, com 75 anos de idade, e o irmão dele foram sequestrados. Não era uma família de militantes políticos, apenas vinicultores de mente arejada, democrática, nada além disso. Nem foram sequestrados por razão política. O motivo eram as terras, que valiam muito caso fossem loteadas para formar um bairro. O bairro das ruas com nomes virtuosos.

Os dois irmãos sequestrados foram levados de Mendoza para a Escola de Mecânica da Armada (Esma), local sob o comando direto de Emilio Massera, um dos integrantes do triunvirato militar que governou o país pós-golpe de Estado. Na Esma, não se sabe por quantos dias, ou por quantas torturas, o velho Cerutti foi obrigado a assinar um documento transferindo a propriedade para prepostos do ditador Massera. No período em que durou a ditadura militar argentina, o regime provocou a morte de 30 mil pessoas. Na Esma foram torturadas 5 mil pessoas; dessas, 3 mil nunca regressaram. Entre aqueles cujos corpos jamais foram encontrados, provavelmente por terem sido jogados de avião sobre o rio da Prata – prática frequente –, estavam Victorio Cerutti e o irmão.

Na Esma funcionava o maior centro de detenção clandestino da ditadura, promovendo tortura e assassinato de presos políticos, e também de pessoas a serem extorquidas, como no caso dos donos da vinícola. Essa escola militar situava-se a poucas quadras da igreja de San Patricio, em que foram assassinados os padres palotinos conhecidos como "os cinco padres mártires". Esses padres foram assassinados em razão de denunciarem as torturas e, sobretudo, devido a um sermão do padre Alfredo Kelly, de origem irlandesa, que denunciou integrantes do regime militar, vários deles frequentadores daquela paróquia, de fazer fortuna ao adquirir propriedades dos desaparecidos. Pelo visto, uma

▸ Na região de Mendoza, casa da família Cerutti, cujo patriarca foi torturado e morto na Escola de Mecânica da Armada (Esma), com o objetivo de expropriar sua vinícola para fazer um condomínio.

▸ Apresentação de dança *gaucha* no centro cultural Chacras para Todos, em Mendoza.

prática frequente. A partir desse episódio, um padre, Juan Enrique Gutiérrez, decide se tornar *cura villero*; sobre ele contarei no capítulo seguinte, apenas registrando que entre as cidades de Mendoza e Buenos Aires há uma distância de mil quilômetros, e as realidades entre uma *villa miseria* (favela) e uma vinícola são tão diferentes como a água e o vinho. Mesmo assim essas histórias paralelas se unem.

Afora o roubo promovido por agentes de Estado, o abuso da tortura e os assassinatos, afora a tragédia familiar que os agentes do regime promoveram, fazendo que a família precisasse se exilar em diáspora, afora o desaparecimento do patriarca da família Cerutti, afora todos os horrores e crimes cometidos, chama atenção o requinte de cinismo e perversidade. Os autores desse crime hediondo, ladrões e assassinos vulgares, agentes de uma ditadura vil, após terem se apossado das terras e realizado o loteamento, além de matar e roubar, escarneceram da memória do velho Cerutti. As ruas resultantes daquele crime hediondo foram batizadas com nomes de virtudes.

Crimes de um Estado Leviatã, de abuso de autoridade absoluto, só são possíveis quando há cumplicidade de agentes do Estado, particularmente dos órgãos de investigação e justiça. Na cidade de Mendoza, o Poder Judiciário foi cúmplice. Quatro juízes deram aval legal e asseguraram impunidade ao terrorismo de Estado. Sem esse suporte, muitos dos crimes, como sequestros, extorsões, torturas e assassinatos, não teriam atingido a dimensão que atingiram; muito menos o escárnio. Juízes que seguiram impunes por décadas após o final da ditadura e continuaram na magistratura. Em 2017, após um longo e amplo processo, a Justiça argentina condena os quatro juízes infames à prisão perpétua, por terem agido como partícipes primários de crimes de lesa-humanidade. Um deles foi condenado por haver dado guarida a 84 casos de sequestro, 38 torturas e 33 homicídios. Após a sentença, o representante do Movimento Ecumênico pelos Direitos Humanos de Mendoza, Pablo Salinas, fez a seguinte declaração:

> *Entramos na história com uma sentença exemplar em nível internacional. Acredito que depois do julgamento dos juízes do nazismo não há outro antecedente no mundo. Os juízes condenados disseram aos repressores: "Sequestrem, apropriem-se de crianças, que nós cobriremos suas costas sem investigar e arquivando denúncias".*

Com essa decisão, a sociedade argentina galgou mais um degrau na busca por verdade, justiça e reparação. E subiu mais um degrau em seu processo civilizador. O nome dos juízes? Melhor relegá-los ao lixo da história.

Chego ao local de destino.

Chacras para Todos, uma rede cultural, um círculo de cultura viva comunitária. Eles se apresentam:

> *Quem somos? Somos um projeto artístico, comunitário e independente que, através da arte, propõe um espaço de integração e reflexão acerca da comunidade que queremos. Trabalhamos em Chacras de Coria, província de Mendoza, promovendo a identidade, a diversidade e a memória coletiva de nossa comunidade.*

A sede está em edifício que foi cinema, depois supermercado, até se tornar prédio abandonado. Entulhos, sujeira, ratos e baratas ocupando um cinema que um dia reuniu a comunidade. Artistas decidiram ocupá-lo, Silvia Bove à frente. Entraram, limparam, tiraram toneladas de entulho, arrumaram o palco, adequaram o espaço. E ocuparam com arte. Teatro, dança, rádio comunitária, música, orquestra de *sikuris*. Acolhem, abraçam, integram. *Mendocinos*, gente de fora, povos originários, imigrantes, bolivianos, chilenos; crianças, jovens, adultos, idosos. Para todos, um Centro Cultural aconteceu e acontece. Tudo em comunidade.

Espetáculo do dia: *De muros a pontes*. Um elenco com dezenas de participantes, no palco e atrás do palco. A peça propõe a seguinte reflexão: *O que nos leva a nos encerrar atrás dos muros?* Há muitos condomínios fechados em Chacras de Coria, município na região metropolitana de Mendoza. Eles respondem: "Muros de 'incomunicação', de medo; muros construídos socialmente, por sua vez, muros internos que nos separam uns dos outros, nos dividem, nos encerram". E perguntam em seguida: "O que nos leva a fechar nossos bairros e rodeá-los com muros?". "Segurança é a primeira resposta que escutamos", eles mesmos respondem, seguindo com a reflexão:

> *Como elenco de teatro comunitário, dizemos firmemente que a contraface da insegurança é a transformação social, o desenvolvimento cultural, o trabalho, a valorização e o respeito pelas diferenças e a inclusão. Nosso modo de fazê-lo é através da construção com o "outro", transformando-nos em* nosotros. *Não é contra ninguém, e sim a favor de todos. Propomos construir pontes que permitam nos conhecermos, nos encontrarmos e, em definitivo, sermos felizes em nossa terra, que sempre tem dado frutos aos que semearam sonhos.*

A peça de teatro termina com uma *murga*[1], um desfile teatral-carnavalesco, que a plateia é convidada a acompanhar.

---

[1] Ritmo musical da cultura popular presente em países de língua espanhola, semelhante ao Carnaval. *Murga de los colores*: Carnaval colorido.

Murga de los colores
Que los muros se hagan puentes,
Depende de los presentes,
Salimos de nuestras jaulas, y sentimos diferentes.
Que no seamos tan duros,
Que abramos nuestras mentes
Transformando nuestros muros,
En puentes entre la gente.
Y si para vivir debemos consumir
Como una vela encendida
Que no nos volvamos un incendio sin medida
Momento a momento, día a día,
Con solo extender una mano
Somos dueños de cambiar nuestra rotina[2].

Na frente do cinema/teatro/centro cultural, uma praça. Atravessando em diagonal, a Casa Grande, fechada, abandonada, com a pintura envelhecida. Uma casa marcada pelas cicatrizes urdidas no tear do tempo. Uma casa a contar a história de um país, a casa dos Cerutti.

Na praça, entre o centro cultural Chacras para Todos e a Casa Grande, um desenho riscado no chão, com giz. Um vaivém.

Atrapaniños. Cubos gigantes que rodam. Um se deixar levar. Aparecem os cilindros, os aros, os círculos, os quadrados e losangos. As cores, vivas, diversas, divertidas, em todos os matizes. As formas e as não formas, flexíveis, elásticas e macias. Encontram-se cores e formas. Se entrelaçam. Os cilindros, os buracos e as minhocas de pano atravessando os buracos. As novas formas, maleáveis, coloridas, dóceis, brincalhonas. As pedrinhas, os pulos, os saltos, as casas, os números. Peixes voadores aparecem ao vento. Danças no ar. Movimento. *Atrapaniños.*

Rayuela. Jogo de amarelinha. Saltam uma casa. Pulam outra. Voltam duas. A pedrinha cai fora do lugar. Um jogo sem palavras, sem *prejuicio*, sem preconceito. As regras. Lembrança, esquecimento, memória. A menina esquece de pegar a pedrinha de volta. Fora do jogo. Outra vem. Os saltos. Cubos rodantes. As cores. Peixes voadores. Fim do jogo. Jogo de amarelinha. *Rayuela.*

---

[2] Que os muros se façam pontes,/Depende dos presentes,/Sairmos de nossas jaulas, e nos sentirmos diferentes./Que não sejamos tão duros e difíceis/ Abramos nossas mentes/Transformando nossos muros,/Em pontes entre a gente./E se, para viver, devemos consumir/Como uma vela acesa,/Que não a transformemos em um incêndio sem medida/Momento a momento, dia a dia,/Basta estender a mão/Para sermos capazes de mudar nossa rotina.

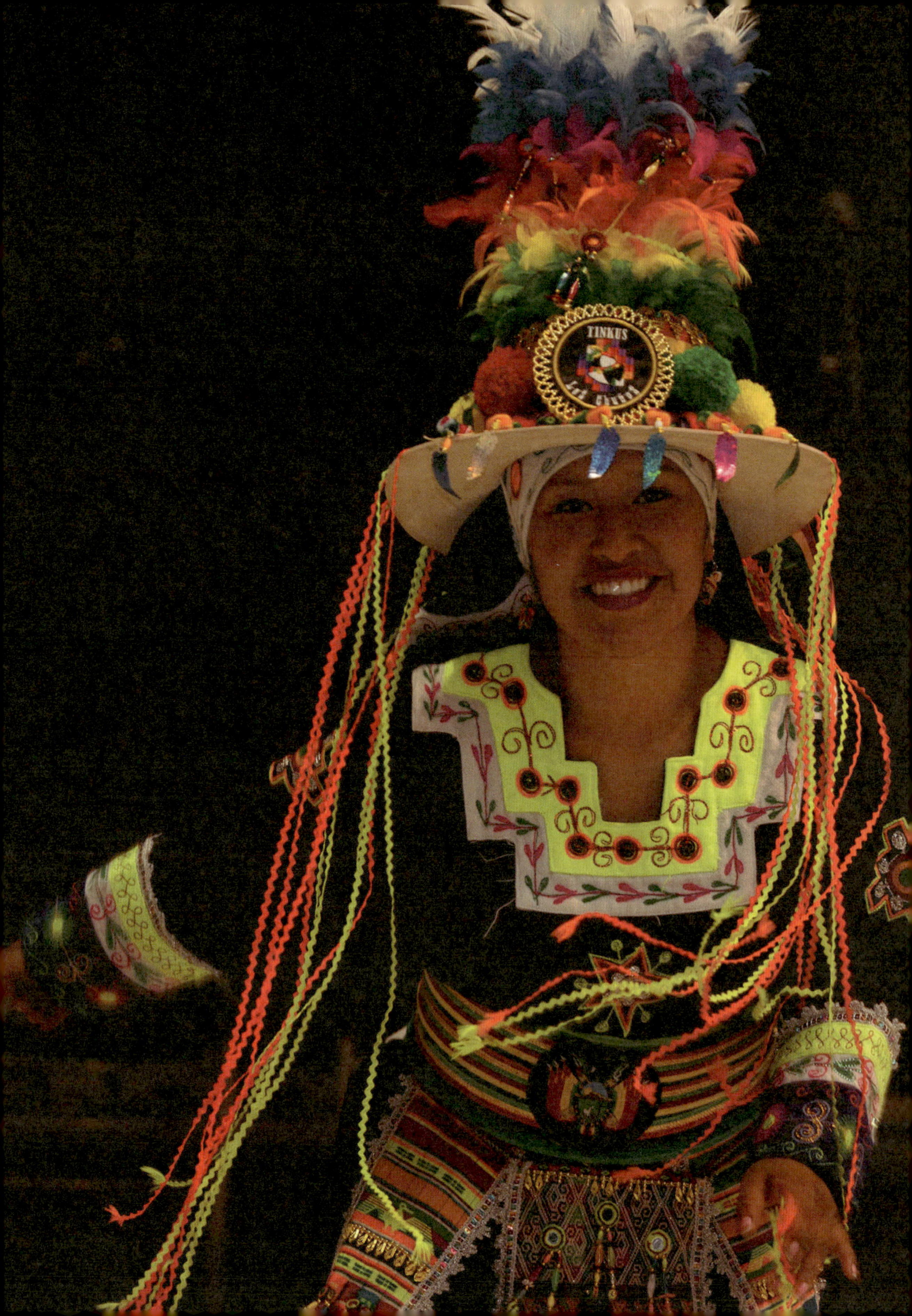
TINKUS

Os bonecos estão lá para abraçar, macios, cheios de braços, volumosos, coloridos. Abrigos para a alma fazendo a pessoa se sentir abraçada. Abraçadores.

Quanto vale um abraço?

Acolhimento. Movimento. Ida e volta. Na praça.

Abraçando a praça, as acéquias a irrigar os álamos.

VILLEROS

Agora, mais que nunca, precisamos estar unidos junto ao povo.
Padre Carlos Mugica, ao sair para a última missa que celebraria

Padre Mugica era jesuíta e fazia parte dos *curas villeros*, movimento de sacerdotes da Igreja católica que, nos anos 1960, decidem morar nas *villas*. Devido a sua radical opção pelos pobres, foi assassinado pelo movimento de extrema direita Triple A (Aliança Anticomunista Argentina), que o fuzilou logo após a celebração de uma missa, em 11 de maio de 1974, conforme a Justiça argentina veio a comprovar, em 2012. Ele era pároco na Villa 31.

Para os integrantes do movimento de *curas villeros* (padres das favelas), somente vivendo com o povo, e nas mesmas condições de vida do povo, seria possível compreender a cultura e as necessidades dos pobres. Em 2014, o padre José María Di Paola explicou:

> *Nossa experiência é que, enquanto visitávamos as* villas, *nossa compreensão sobre essa realidade estava muito distorcida, um conhecimento mediado por preconceitos, teorias e pela (des)informação que publicavam nos grandes meios de comunicação. Ao decidirmos viver com eles, esse conhecimento foi dando lugar a outro, mais direto, apenas mediado pela luz da fé.*

Na atualidade há poucos *curas villeros*, contados em algumas dezenas, isso porque voltaram a ser estimulados após a nomeação de Jorge Bergoglio como arcebispo em Buenos Aires, em 1997, que reverteu o processo de afastamento que estava acontecendo. Mas, nos anos 1960-70, até a implantação da ditadura militar argentina, em 1976, aproximadamente quinhentos sacerdotes (quase 10% dos sacerdotes católicos em atividade) haviam optado por viver nas *villas*. Ficaram conhecidos como Curas Terceromundistas, Padres do Terceiro Mundo, devido à preferência por uma teologia descolonizadora e com a clara opção de se colocar ao lado dos oprimidos.

Mulher boliviana dança com trajes típicos de Cochabamba no centro cultural Chacras para Todos, em Mendoza.

Área de lazer da Villa 31. Ao fundo, grande viaduto construído no meio da favela portenha.

As *villas* são fruto da chamada Década Infame, que prevaleceu na Argentina entre 1932 e 1943, resultado de um golpe de Estado. A crise dos mercados em 1929, com o *crash* na Bolsa de Nova York, abalou todo o mundo, afetando duramente a Argentina em razão de seu modelo agroexportador, que a deixava totalmente à mercê do mercado externo. Em meio à crise, desemprego e migração interna, foram surgindo as *villas de emergencia*, com assentamentos informais e moradias precárias. Desde então, a história da urbanização no país, sobretudo em Buenos Aires, intercala períodos de tentativa de erradicação das *villas miseria* e sua reinstalação, com a particularidade de que esses assentamentos precários sempre retornam ao mesmo lugar. Um movimento sanfona, que cresce ou decresce, a depender da intensidade das crises econômicas. No pós-crise neoliberal, as *villas* aumentaram em tamanho e quantidade; nos anos recentes, com a retomada daquelas políticas neoliberais, as *villas miseria* estão alcançando níveis nunca antes imaginados. Isso em um país antes reconhecido como tipicamente de classe média.

Entre os Curas Terceromundistas, Juan Enrique Gutiérrez, que conta seu processo: "Estudando filosofia por cinco anos, perdi a razão. Estudando teologia por seis anos, perdi a fé. Reaprendi tudo na *villa*. E sigo aprendendo". Juan

Enrique diz isso com a humildade e a coragem de quem não teme assumir a própria história. De origem de classe média e posição política conservadora, Juan, quando entrou para o seminário, era o oposto do que seriam os *curas villeros*, taxados por ele como uma infiltração marxista e peronista na Igreja. Nos duros anos da ditadura militar, ainda no seminário, foi revendo sua posição, que se consolidaria após o assassinato dos "cinco padres mártires", os padres palotinos, da igreja de San Patricio. Dois dos assassinados eram seminaristas e amigos de Juan. Ordenado padre, Juan pede para se fixar no mesmo bairro e na mesma favela em que havia atuado Carlos Mugica, o *cura de los pobres*, o padre dos pobres. Ele vai ser pároco na Villa 31.

Como jovem padre, Juan decide cruzar a cidade por seus abismos e extremos sociais. Logo um aspecto lhe chama atenção: o fato de que as *villas*, apesar de terem nome, eram sempre marcadas por um número, despersonalizando-as, com um sentido de transitoriedade, mesmo existindo há décadas em um mesmo lugar, em um constante refazer. Em 1978, a Argentina estava sob ditadura militar e havia sediado o Mundial de Futebol. Por estar localizada na entrada dos bairros nobres de Buenos Aires, o governo quase erradicou a Villa 31, aproveitando-se da construção de um viaduto que atravessaria a área. A construção implicaria na demolição da capela construída por padre Mugica, amado pelo povo, que resistiu, impedindo que a memória do padre fosse apagada. Mesmo sendo uma ditadura, os militares tiveram que recuar, fazendo uma pequena alteração no traçado da via expressa. E a capela foi preservada, apesar de lindeira ao viaduto. Ainda assim, em um só dia, mil casas foram demolidas, rasgando todo o tecido social e dividindo a Villa 31 em duas. Isso aconteceu antes de Juan chegar ao lugar, em 1981, quando o povo estava a cerzir sua vida comunitária. Ele constata, anos depois:

> *Ao heroísmo, é fundamental agregar o ingrediente da criatividade. O fato de que em outras épocas (anos 1970 e posteriores) se tentou buscar soluções a partir de diferentes âmbitos (ideológico, religioso, político) e muito foi cerceado ou caiu no esquecimento não quer dizer que está tudo perdido. Nesses momentos é quando se exige ser ainda mais criativo, com a experiência e a criatividade das pessoas, com base em suas necessidades e projetos. Nesse sentido, a resposta do pobre é mais ágil, mais espontânea, mais criativa e mais concreta e, fundamentalmente, mais prudente e verdadeiramente arriscada, pois lá está em jogo sua subsistência.*

Era tempo de descoberta, de contato com lutadores históricos das *villas*, gente que amparava seus vizinhos, que acolhia novos migrantes, vindos de países como Paraguai e Bolívia, e sem preconceitos, pois todos haviam passado pela mesma situação. Os tempos também eram outros, e os *curas villeros* foram diminuindo, pela repressão que sofreram e pela falta de amparo na hierarquia da Igreja. "Se houvesse um Bergoglio em minha época, talvez eu não tivesse deixado o sacerdócio!", diz Juan, que segue em compromisso com o movimento dos *villeros* na Argentina, sendo uma referência nacional, mas que deixou de ser padre.

Em suas mais de três décadas junto ao povo das favelas da Argentina, Juan enfrentou repressões policiais, bombas, desocupações, desrespeito. Viu, viveu e resistiu às iniquidades. "É incrível que, a dez minutos do Congresso Nacional, pelas causas que sejam, muitos não têm o que comer, falta-lhes teto e vestuário", diz ele, com a mesma indignação do primeiro dia em que chegou à Villa 31. Para descrever como é viver em uma *villa*, ele passa a palavra a Marcia, uma moradora que o auxiliara nas atividades da paróquia em outra *villa*, a 15, conhecida como Cidade Oculta, que foi tema do longa-metragem *Elefante branco*. Diz Marcia:

> *Vivemos em um bairro de gente humilde, a* villa de emergencia *número 15, impropriamente chamada de Cidade Oculta, que agora volta a chamar-se Villa 15 – bairro General Belgrano, tirando-lhe o aspecto marginal explorado pela imprensa sensacionalista. Tem aproximadamente 15 mil habitantes, com alta população infantil. Suas casas (que cada um constrói como pode) são por vezes de ladrilho de canto, outras de chapa de zinco, ou madeira, ou papelão, sempre estreitas e precárias. Muitas vezes, nos dias de chuva, inundam, já que não há escoamento e o piso de terra se transforma em barro. Por serem casas pequenas e apertadas, há muita superlotação e promiscuidade. Temos graves problemas ambientais: instalações elétricas precárias; instalações de água que não cumprem os requisitos para que seja potável; esgoto a céu aberto. É grande a quantidade de lixo esparramado pela* villa, *e tudo isso faz com que apareçam micróbios, insetos e roedores, que causam enfermidades diversas. Vive-se em um marco de marginalização em todos os níveis, trabalho, educação, saúde, segurança. Há a marginalização que os meios de comunicação também reproduzem, aumentando o preconceito. Minha conclusão é de que há uma marginalização total, em todos os aspectos, que está entranhada na pele de toda a sociedade. Mas nem tudo é mau. Há muita gente que, com muito esforço, conseguiu garantir melhores condições de vida para suas famílias. Gente que trabalha, que garante estudo para os filhos, que dá à família e à comunidade um sentido que Deus manda, é solidária, tem fé e quer construir um bairro melhor.*

Essa gente solidária, que tem fé e quer construir uma vida melhor, além de necessitar receber apoio, também tem muito a oferecer. Engana-se quem pensa que, ao chegar a uma *villa*, a uma favela ou a qualquer outro ambiente considerado "carente", só vai encontrar carências, faltas, ausências. Ao contrário, é exatamente em meio à carência que brota a potência, isso porque escassez gera força. Essas populações necessitam de apoio e estão abertas a receber ajuda, mas sempre em via de mão dupla, pois quem recebe também oferece e acolhe.

Uma moça, aos 21 anos de idade, começa a frequentar a *villa*.

Aquele não era o lugar dela, pois vivia em um apartamento no elegante bairro de Palermo. Mas, como se sentia útil e bem-vinda, voltava sempre, inclusive porque não lhe agradava o contato com a própria família. Essa moça "não se gostava", também sentia falta de amparo e percebia que outros notavam que ela não estava bem. Calada, não se abria; não odiava os homens e as pessoas, apenas desejava que ficassem distantes, por isso se mantinha em silêncio. Tinha na *villa* o seu refúgio. Antes, havia participado de um retiro espiritual, com outros jovens universitários como ela, que queriam compreender a realidade do mundo. Convidados por *curas villeros*, foram atuar na favela. No início, realizando uma espécie de recenseamento, casa por casa, todos os sábados; com o tempo, promovendo atividades de formação para os jovens, ministrando oficinas de artes, futebol, inglês, computação. Foram dois anos de trabalho contínuo, todos os sábados e também em noites de semana. Ela intercalava a atividade voluntária com o trabalho em um escritório de advocacia e a faculdade. Certo dia, uma prima, também voluntária, lhe diz: "Eu quero viver na *villa!*". A moça responde: "Vamos!".

A moça interrompe a faculdade, deixa o emprego, aluga o apartamento em que morava, que havia herdado do pai. Junto com a prima e outros amigos que tomaram a mesma decisão, foram morar na favela. Como jovens leigos, realizam o mesmo caminho que um dia tomaram Mugica, Juan Enrique Gutiérrez e tantos outros sacerdotes terceiro-mundistas. A época era outra, mais próxima da virada do milênio. Todos com origem na classe média e alta, não tinham a exata noção do que seria viver em um lugar como aquele, mas se "jogaram no abismo" e foram aprender com o povo.

"Naqueles tempos não tínhamos nada em termos materiais, vivíamos em uma casinha na *villa*, com dinheiro apenas para o essencial. Mas foram os momentos mais livres e felizes da minha vida", diz a moça. Passadas duas décadas, aqueles amigos seguem juntos, cada qual em seu caminho, mas sempre envolvidos em projetos sociais ou políticos. Pelas bordas, foram aprendendo. A moça, depois que saiu da favela, foi trabalhar com captação de recursos para projetos sociais. Certa feita, em viagem para captação de financiamento no Reino Unido, conheceu uma sobrinha de Carlos Mugica e ficou sabendo que havia morado na mesma rua do *cura villero*, que também nascera em família abastada. Ela se recorda que, ao regressar da Europa, prestou contas ao arcebispo Bergoglio sobre as captações e contatos realizados, e ele lhe respondeu sorrindo: "Siga adiante!". Apenas sinais que ela guarda na memória.

Passados anos de quando a moça decidiu morar em uma *villa*, observá-la é ter a convicção de que o "Encontro" tem uma força sanadora, que é inigualável, e que aproxima os diferentes. Essa moça provém de família tradicional argentina, com descendência direta de Güemes, o herói da independência. Ao longo de dois séculos de história familiar, muitos de seus antepassados e parentes foram ministros de Estado, generais, almirantes e houve até um presidente da República. Ter origem em um ambiente abastado e de classe alta, todavia, não a tornou mais protegida que a moça Romina, a menina da Villa La Cava. Ambas precisavam encontrar o seu lugar de refúgio. A vida as aproximou em histórias paralelas.

A história dessa moça, que decidiu viver na Villa 31, também é triste e dura. Mais triste e dura porque comum. Aos 5 anos de idade, ficou órfã de pai e mãe, mortos em um acidente de automóvel. Ela e a irmã mais velha estavam no automóvel, junto com uma irmã menor, que faleceu. Sobraram apenas as duas. A família decidiu que as meninas deveriam morar com uma tia, esposa de um militar de alta patente. Era tempo de ditadura militar. Tempos sombrios e de desumanização, em que muita coisa horrorosa aconteceu. Inclusive abusos de crianças órfãs por aqueles que diziam defender a família, a moral e a ordem. Por anos as duas irmãs foram abusadas pelo tio. Conseguem se livrar da situação quando crescem um pouco mais, indo morar com os avós. Somente muitos anos depois, e após muita terapia, a história é revelada para a família, que ficara tão menor e tão pouco acolhedora, inclusive porque decidiu acobertar o escândalo. Gritos entre quatro paredes foram impedidos de serem ouvidos.

O que teria sido daquela moça, com 21 anos de idade, calada, triste, que não se gostava, que odiava o mundo e não confiava em ninguém, caso não tivesse encontrado um lugar que a acolhesse, como a *villa*?

A vida é o que é, mas também pode ser algo diferente.

"O trabalho com os *villeros*, ter morado em uma *villa*, salvou minha vida. E eu escolhi mudar a minha vida. Agora me dedico a projetos sociais e à cultura do encontro", diz a moça, hoje mulher, que segue por aí, em algum canto esquecido do mundo.

Paralelas sempre se encontram no infinito. No caso dessas duas mulheres, a menina de La Cava e a moça que foi viver na *villa*, o encontro entre elas está acontecendo somente por estas linhas, pelas histórias que me confiaram, uma revelando o próprio nome e rosto, a outra preferindo ser chamada de moça. Ou não, quem sabe ainda se encontrem. Por caminhos diferentes, em formatos diferentes, as histórias de ambas se cruzam.

É assim também com bilhões de outras histórias paralelas, em caminhos infinitos. Inés, Mugica, Juan, Tamara, Romina, a moça, Silvia, e toda a gente boa e generosa que está no mundo para sanar o mundo. Todos têm suas histórias cruzadas. Os que vieram de longe, os que estão bem perto; os que não conseguem auxiliar os que estão mais perto, mas que, ainda assim, seguem a ajudar outros que nem conhecem; os que estão longe e que, de repente, surgem para ajudar aqueles que outros não puderam auxiliar, mesmo estando próximos.

São muitos os caminhos. Um dia essas histórias vão se encontrar. Haverá um sinal. Só não sabemos quando ou por qual caminho. Apenas sabemos que, pelos caminhos que andamos, já estamos atravessando o abismo.

ARGENTINA

Somos todos semelhantes à imagem que os outros têm de nós.
Jorge Luis Borges

Escrever sobre a Argentina é falar sobre *nosotros*, sobre o claro e o escuro, os extremos, o diverso. As geleiras e os desertos, os pampas e as montanhas. As montanhas das sete cores, em arco-íris. As montanhas nevadas. La Puna. O céu todo azul. O tempo nublado e a umidade, o rio que é mar. A secura. Buenos Aires e a densidade populacional, reunindo todo um país em uma só mancha urbana. O vazio de gente, as estradas sem fim e os horizontes a perder de vista. As demais cidades a reinarem soberanas: Rosario, Santa Fé, Córdoba, Resistencia, San Antonio de Los Cobres, Jujuy, Mendoza, Salta, Rivadavia. Gaúchos, crioulos, indígenas, espanhóis. Imigrantes, os que vieram de tão longe e há mais tempo, e os que chegam de tão perto, no tempo presente. As sombras. As luzes. A obscuridade. Os cafés e as confeitarias, as conversas, os encontros. As livrarias. A cultura de vizinhança, os empreendimentos de família, o comunitário, a educação. A Argentina abraçou a cultura viva comunitária. Articula, milita, luta. Faz suas marchas épicas. Cria, recria, se encontra, abraça. Quer verdade, justiça e reparação. É consonância e dissonância, consenso e dissenso. Na Argentina nos tornamos semelhantes. Na Argentina as histórias paralelas se encontram.

NÃO TE RENDAS!
ARGENTINA, URUGUAI E CHILE

Região de La Puna, na Argentina.

Não te rendas, ainda é tempo
De se ter objetivos e começar de novo.
Mario Benedetti

VIZINHOS

"Muitos em Buenos Aires falam de La Boca como se falassem de outra cidade, não de um bairro que está a dois passos da Grande Praça", registra o historiador da arte José Ceppi, sob o pseudônimo Aníbal Latino, no livro *Argentinos y europeos: cuadros sudamericanos*, de 1888. La Boca, bairro portuário habitado por imigrantes e trabalhadores das docas que moravam em *conventillos*, cortiços a lembrarem quartos de conventos, daí o apelido – também uma referência ao convés dos navios em que os imigrantes atravessavam o Atlântico, amontoados. Moradias em sobrado, com paredes de zinco, em que diversas famílias compartilhavam cozinha, banheiro e pátio central. La Boca, o bairro das lutas sociais, dos direitos trabalhistas, da eleição do primeiro deputado assumidamente socialista na América do Sul. Do time de futebol Boca Juniors, do estádio La Bombonera. Do tango. Da arte. Da comunidade.

Foi Benito Quinquela Martín quem melhor retratou a vida cotidiana de La Boca e sua gente. Artista autodidata, havendo trabalhado como carregador de carvão no porto, reproduziu a rudeza e o vigor da vida cotidiana em suas telas impressionistas. Depois de fazer sucesso pelo mundo, torna-se grande benemérito do bairro que inspirou sua arte, no qual foi deixado como órfão. Inaugura escolas e hospitais. Entre todas as suas obras, de arte e benemerência, a mais linda e *hermosa* foi o incentivo para que os vizinhos transformassem suas casas, os *conventillos*, em obras de arte. Surge El Caminito. Ao final dos anos 1950, El Caminito ganha cores, como obra pública, tornando-se um dos mais emblemáticos pontos de referência de Buenos Aires. Registra Benito Quinquela Martín:

> *Um belo dia me ocorreu converter esse cortiço em uma rua alegre. Consegui que fossem pintadas com cores todas as casas de alvenaria, ou de madeira ou zinco, que limitam por seus fundos com esse estreito caminho. E o velho cortiço se transformou em uma alegre e formosa rua, com o nome da famosa canção, e nela se instalou um verdadeiro museu de arte.*

Desde então, o espírito de obra coletiva de vizinhos está presente entre os moradores do bairro de La Boca.

Trinta anos depois de El Caminito, no mesmo bairro surge Catalinas Sur, um teatro de vizinhos. Adhemar Bianchi, diretor de teatro e fundador do grupo, assim o sintetiza:

> *Nosso teatro comunitário não é mais que a continuidade de um tempo histórico, político e social dos sonhos coletivos e populares dos anos 1960-70. Um teatro comprometido com sua gente e para sua gente; militante, político, de barricada, panfletário, ingênuo, didático, como se queira chamar. Sempre há alguém que lhe põe o título, para classificar, e sempre nós, como faz o povo, gambeteando [driblando], amagando [simulando, enganando] para um lado e saindo para o outro, para continuar. Esse seguir nosso sempre foi com outros, nunca a sós, acreditando no grupal, na construção coletiva, na memória e na identidade territorial, desempoeirando e mesclando estilos e linguagens, sem pudor pela mestiçagem. Quando nos perguntamos para que fazemos o que fazemos, com quem, para quem, como; em nossa resposta nunca aparece o ego pessoal, a necessidade de exibição, e sim uma necessidade de comunicação com esse coletivo, que em outros tempos chamávamos "povo", sem ruborizar e sem duvidar.*

Adhemar Bianchi é uruguaio e vive na Argentina desde 1973, quando precisou exilar-se, por causa do estado de sítio em seu país. Ele trouxe na bagagem sua experiência de teatro com grandes grupos. Em Montevidéu, trabalhava no Sindicato dos Bancários, dirigindo até oitenta pessoas ao mesmo tempo, todos amadores, e também trazia a experiência com teatro em escolas públicas e bairros, no grupo El Circular, que unia artes cênicas a futebol e música. Poucos anos após se instalar em Buenos Aires, novo golpe militar, que dura até 1983. Com o fim da ditadura argentina, Adhemar coloca sua arte a serviço do processo de recuperação da enfermidade social provocada pelos regimes autoritários, em seu país de origem e em seu país de adoção. Era necessário dar resposta àquele momento histórico, o que foi feito recuperando os sentidos do espaço público, e escutando histórias.

Foi em uma praça que os vizinhos buscaram juntar pessoas para fazer teatro, no meio de um conjunto de moradias populares, Catalinas Sur, no bairro de La Boca. Para eles, a praça funcionaria como um *conventillo*, com as famílias se encontrando no pátio comum, para se integrarem entre vizinhos. Realizavam encontros em roda, abastecidos com mate e escutando histórias de vizinhos, que após compartilhadas eram incorporadas na dramaturgia do teatro. Encontros de memória, identidade e celebração, acontecidos à noite, após o trabalho, embaixo de árvores, em bancos de jardim, iluminados pelo luar e pelas luzes da praça. Apresentando identidade de bairro, a partir de histórias de vida, conceberam o primeiro espetáculo: *Venimos de muy lejos* (Viemos de longe). Eles começavam a peça de teatro contando por que vieram, o que trouxeram e o que queriam aqueles imigrantes:

> *Viemos da Europa, da fome e da guerra...*
> *Deixamos nossa casa, deixamos nossa terra.*
> *Trouxemos a tristeza, trouxemos a alegria.*
> *Viemos à Argentina, queremos lavorar, queremos trabalhar.*
> *Viemos de longe, com muito sacrifício*
> *[...]*
> *Trazemos a esperança, queremos lavorar, queremos trabalhar.*

Através de vivências e coleta de relatos, o Catalinas Sur recupera informações sobre a vida de toda uma comunidade, com lembranças afetivas de imigrantes e histórias repassadas para filhos e netos, recompondo a memória platina, da Argentina e do Uruguai, como em um quebra-cabeças.

Adhemar adentrou a história do bairro de La Boca, saltando entre vizinhos, com o espírito da gente de seu país de origem: "Entrar no mundo saltando os vizinhos". Uruguaios, um povo obcecado pelo "afora". Um país entre os gigantes Brasil e Argentina, em que o "afora" é base de referência para se olhar "adentro". Um país fronteira, "dos homens que desceram dos barcos". Ao mesmo tempo ensimesmado, em que o lema é "andar sozinho", um país aberto, zona de intercâmbio, o "afora" e o "adentro". O ir e vir do "ser fronteira". Essa característica ambígua, peculiar a todas as zonas de fronteira (o ensimesmar e o abrir-se), compôs o imaginário do "ser uruguaio", um povo que é território e também diáspora.

Nas palavras do personagem Miguel, no livro *Quem de nós*, do poeta Benedetti, os uruguaios seguem entrando no mundo: "Mas existe verdadeiramente outro rumo? Na verdade, só existe a direção que tomamos. O que poderia ter sido já não conta".

O uruguaio Adhemar Bianchi, tomou sua direção: "Somos vizinhos, somos atores, e nosso ofício sempre é atuar. É fantasia, é puro conto, e nos negamos a não contar. É um lugar, é uma história, que sempre supera a realidade e nos negamos a não 'ser' mais". Seu destino seria desinvisibilizar as comunidades, mais especificamente, a comunidade de La Boca, vizinha, do outro lado do rio da Prata.

Ao colocar em curso a desinvisibilização comunitária, o teatro de vizinhos Catalinas Sur promove um processo inverso de construção da memória, fortificando vínculos comunitários, reconstruindo histórias e ressignificando relações. Todos os espetáculos acontecem em instalações próprias, no bairro de La Boca. Antes de conquistarem a sede, era na praça que realizavam os

Cena do espetáculo *El fulgor argentino*, no teatro Catalinas Sur, no bairro de La Boca, em Buenos Aires.

Intervenção artística ao fim do espetáculo *El fulgor argentino*.

ensaios e as apresentações. Em 1997 conseguem um galpão desativado, que fora fábrica de tintas, e o transformam em teatro, primeiro por aluguel, depois como sede própria. Naquela época montaram o espetáculo *El fulgor argentino*, que conta a história do país a partir de um cabaré. Cem anos de memória coletiva, iniciando em 1930, passando pela crise da virada do milênio e toda a derrocada de um modelo econômico e social baseado na apologia da competição, das ganâncias e do individualismo, e se projetando no futuro, até 2030. Uma história vivida e um futuro sonhado. Mais de uma centena de atores em cena, orquestra com dez músicos, bonecos. A cada ritmo de música a definir o baile, um momento da história. Esse espetáculo fez tanto sucesso que, com a bilheteria, conseguiram adquirir a sede e sustentar a manutenção. *El fulgor argentino* segue em cartaz até o presente.

Todas as obras teatrais são criação coletiva, não havendo um "autor" único. Todos os participantes-atores contribuem com suas memórias e sugestões narrativas. O mesmo acontece com os atores, pois não há titulares exclusivos de personagens, havendo para cada personagem um mínimo de três atores, que se revezam em dias de apresentação. Isso resulta em espetáculos com mais de uma centena de pessoas em cena, com idade variando entre 7 e 90 anos, totalizando três centenas de artistas no elenco. Passados mais de trinta anos de quando começaram a se reunir na praça, é possível dizer que gerações de famílias se envolveram no processo criativo, e outras milhares de famílias foram espectadoras. Em sendo todos da comunidade, entrecruzam-se atores e plateia.

Catalinas Sur transformou-se em uma referência de teatro comunitário, não apenas na Argentina como em toda a América Latina. Em Buenos Aires, as apresentações são regulares, de quinta-feira a domingo, com grande afluência de público externo, que lota as sessões. À noite, antes do início das sessões e no encerramento, a frente do teatro fica tomada pelo público, que aproveita para comer empanadas, beber algo e jantar; tudo ao redor de uma tenda comunitária. Combinando bilheteria com preços acessíveis, venda de comida, bebida e serviços, eles conseguem garantir a independência de suas atividades, com relativa estabilidade financeira. Além do corpo estável de atores (centenas), mantêm orquestra e teatro de marionetes, e fazem apresentações de *murga* (ritmo carnavalesco) e de candombe (dança e música afro-uruguaia) no Carnaval e em cortejos de rua. E viajam por aí. O problema é conseguir fazer com que todos viajem, sobretudo em turnês internacionais. Como um teatro de vizinhos que compartem tudo, o lema deles é: "Ou viajamos com todo o elenco ou não viajamos". Assim viajam juntos, saindo do bairro ou não.

São "sobreviventes da utopia", como Stella Giaquinto se refere ao grupo, ela mesma atriz uruguaia que também teve que se exilar em Buenos Aires, atravessando o rio da Prata. Encontrando o Catalinas Sur, ela também se quedou afora e adentro. No afora e no adentro, tantos outros atores permanecem "guardados" em bairros quaisquer, até se descobrirem como artistas. Para Stella e seus demais colegas artistas, contados às centenas, fazer teatro em comunidade, com a comunidade e para a comunidade não significa abdicar do apuro estético, ao contrário. Foi assim que o Catalinas Sur conquistou os mais prestigiosos prêmios de teatro da Argentina.

Ao longo de mais de trinta anos, o grupo desenvolveu estilo e metodologia próprios, que refletem não somente uma filosofia e um compromisso social como uma estética mágica, envolvente, épica, brechtiana, ao estilo *plateño* (platino). A maioria dos atores e músicos mantém suas profissões e afazeres outros, mas, quando no palco, eles se jogam no teatro como amadores, no sentido de amar. À noite, são artistas que se movem pelo prazer, pelo interesse, pela alegria em produzir e participar de uma criação coletiva. Fazem do teatro comunitário, conforme Adhemar Bianchi define,

> um ponto de partida inestimável para tomar consciência de como essa sociedade necessita voltar a juntar-se para apoderar-se do espaço público, pois o que construímos – que há trinta anos parecia uma utopia

Cena do espetáculo *El fulgor argentino*, que conta a história do país a partir de um cabaré, no teatro comunitário Catalina Sur, em La Boca.

> *– tem uma base tão sólida e uma potência tal, que seguirá vivendo e resistindo nos embates daqueles que creem que o Eu nunca poderá estar acima do* Nosotros.

Em espanhol, o pronome pessoal "nós" soa ainda mais forte, pois expressa o encontro do "nós" com "outros", *nosotros*. Essa é a clareza que o Catalina Sur expressa, que torna a festa sempre mais memorável, porque quando os vizinhos são chamados a participar, mesmo que do outro lado do rio, a festa torna-se mais animada e bonita. O Uruguai, pequeno país-fronteira entre gigantes, espalha utopia, seja adentro, seja afora. É o que realizam Adhemar, Stella e tantos outros uruguaios, pondo-se a caminhar na busca de um horizonte que nunca se alcança. Caminhando para esse horizonte, em uma utopia tranquila, muitos no mundo se colocam em movimento e não se rendem. Não se rendem porque "ainda é tempo de se ter objetivos e começar de novo". Na pequenez se fazem grandes e enterram seus medos, soltam o lastro, retomam o voo[1].

A ESTRANHA MORTE DE NICOLASA QUINTREMÁN

O corpo dela foi encontrado flutuando em um prato de água. Por 18 anos Nicolasa Quintremán resistiu, impedindo que inundassem as terras do povo mapuche, tentando evitar que as águas do rio Bío-Bío fossem represadas para formar o lago artificial Ralco. *"Ralco"*, em mapuche, significa "prato de água" e foi o nome escolhido para designar a represa e a hidrelétrica construídas pela empresa espanhola de energia Endesa sobre as terras de 4 mil pessoas da etnia mapuche-pehuenche, no centro-sul do Chile.

De 1997, quando se iniciaram as escavações, até 24 de dezembro de 2013, com o afogamento de Nicolasa, a Ñaña (anciã, sábia, guia) sempre defendeu o território sagrado de seu povo: "Esta terra sagrada ninguém pode violar, por isso nunca, nunca vou me cansar de lutar, porque fazer o lago Ralco é matar o rio e, com ele, sua gente". *La* Ñaña, a avó do povo pehuenche, guardiã da sabedoria ancestral do alto rio Bío-Bío, nunca se rendeu. Resistiu ao lado dos seus, mesmo que desalojados para terras inapropriadas para o cultivo, sem água, com carência de alimentos. Resistia em meio à decepção, mesmo quando alguns se rendiam.

Em 2004, quando a represa já era fato, os mapuches tiveram que assistir à inundação do cemitério ancestral de Quepuca Ralco. Dois anos depois,

---

[1] Referência a versos do poema anônimo "Não te rendas", frequentemente atribuído ao uruguaio Mario Benedetti.

enfrentaram as mais violentas inundações, resultando na morte de oito pessoas. Parte dos mapuches-pehuenches acabou cedendo às pressões do governo e da empresa de energia, aceitando a realocação para um terreno que, embora maior, era inadequado às culturas que estavam acostumados a plantar, devido à altitude elevada. Como alternativa lhes foram oferecidas a agricultura intensiva e modernas técnicas de fertilização do solo, o que resultou em outro desastre ambiental, com a desertificação e morte dos animais no inverno, devido ao frio intenso e à neve.

Nicolasa era uma mulher pequena, anciã, com mais de 70 anos, sempre vestindo as cores de seu povo. Se fazia grande em sua resistência pacífica. Ela e sua irmã, Berta, foram declaradas terroristas pelo Estado chileno, tudo porque não aceitavam um desenvolvimento que destrói. Resistiam cultivando plantas medicinais, conversando com as plantas. Plantas vivas, assim como o rio, também vivo, dotado de inteligência e habitado por seres. "Ninguém vende seu pai e sua mãe", diziam as irmãs, filhas da Terra, que jamais venderam os seus pais. Foram anos de resistência dura, tenaz, enfrentamentos com a polícia, prisões, encontros com presidentes, conferências internacionais, discursos no Congresso. Mesmo assim, tiveram seus territórios inundados e seus direitos ancestrais violados.

O povo mapuche habita o território conhecido como Wallmapu, terra circundante, tendo por eixo a cordilheira andina. De um lado, o centro-sul do Chile, conhecido como zona da Araucânia, por causa das árvores de araucária, de outro, o sudoeste da Argentina e parte da Patagônia. Em tempos pré-hispânicos, as terras de Wallmapu iam do Pacífico ao Atlântico, na parte sul do Cone Sul. Exemplo único na história da ocupação espanhola, os mapuches jamais se renderam, em uma resistência que durou séculos, sem nunca terem sido vencidos. Após a independência do Chile, os mapuches seguem lutando pelo direito à sua autonomia e ao seu território.

Um povo que carrega a Terra no próprio nome. "Mapu" (Terra), "che" (ser), "Ser da Terra", é o que dá sentido à existência dos mapuches. E Terra é tanto espaço físico como espiritual, assegurado pela *newén*, a energia vital, presente em todos os seres, animais, vegetais, minerais, visíveis e invisíveis. Quando um ser é afastado da *newén*, é a própria vida que sucumbe. Para os mapuches, sem o equilíbrio nas relações da vida não há perpetuidade, daí o sentido de reciprocidade em todas as relações, fazendo com que o bem e o mal interajam e se complementem. Eles conversam ao som da Terra, *mapudungun*, que é como designam o próprio idioma. Ao som da Terra conversam com os demais seres. Conversando com os demais seres eles praticam o *küme mogen*, o bem viver.

Represar o rio Bío-Bío e interromper seu curso, mais que o dano ambiental no território, de consequência gravíssima, mais que alijar um povo de suas terras ancestrais, também significa levar a alma do rio, expropriar a *newén*, estraçalhando a própria existência. Como em todas as relações da vida há reciprocidade, interromper o equilíbrio do rio representa o mesmo que um assassinato, barrando a perpetuidade da vida. As irmãs não se renderam porque a vida é continuar a viagem e perseguir os sonhos, mesmo que para isso precisem "destravar o tempo, correr os escombros e destampar o céu"[2].

Aos 72 anos de idade, Nicolasa Quintremán foi encontrada morta, em 2013, flutuando no lago da represa que arrancou a *newén* do rio Bío-Bío. Morte acidental ou atentado, não se sabe. Sabe-se das conversas que ela mantinha com as águas, sabe-se também que, dessa morte estranha, das decepções e resistências em leveza, nasceu uma flor. Nicolasa não se rendeu.

Sabe-se também que:

> Wente wigkul ta zugullelayafuy
> Kiñe wegan pvchike mvpv vñvm
> Ka gengeael zitu kintuel pu ge
> Pegekenoel chi vi nentukunum
> Kimfalpeyvm ta chi kvrvf[3]
> *(Elicura Chihuailaf, poeta mapuche)*

OS BONS VIZINHOS

O bom vizinho olha além dos acidentes externos e percebe as qualidades internas que fazem dos homens seres humanos e, portanto, irmãos.
Martin Luther King

É bom ter vizinhos em alta conta, poder contemplar a pessoa que está próxima, seus pensamentos e atitudes. Olhar com respeito a quem nos cerca faz com que nos espelhemos e nos disponhamos a melhorar. Também refletimos sobre nós, nos infelicitando por não termos a sorte e a virtude de quem admiramos. Em um misto de inveja, desejo de possuir o que é do outro e desprendimento e altruísmo, em que a felicidade advém de observar a boa conduta do outro, sempre procuramos bons vizinhos. Nem sempre os encontramos, mas, quando os encontramos, há que cultivá-los.

---

[2] Trecho do poema anônimo "Não te rendas". Tradução do autor.
[3] De cima se pode ver um abismo/Através das asas de pequenos pássaros/E ser o dono dos olhos que alcançam/A canção invisível que decifra/Os sinais do vento. [Tradução feita pelo autor com base em uma versão em espanhol.]

Na parte sul da América do Sul, encontramos dois bons vizinhos. Contemporâneos entre si e ao mesmo tempo vivendo em momentos diferentes. Dois presidentes de países, por isso, além de pessoas admiráveis, tornaram admiráveis aqueles que os escolheram. Salvador Allende e "Pepe" Mujica. Um foi presidente do Chile, outro do Uruguai, colegas e vizinhos em tempos diferentes, separados pela pampa e pela cordilheira. Unidos em propósito, força, coragem e idealismo.

Salvador Allende, ícone de quem nunca se rendeu, transformando sua morte em ato de resistência. Em seu último discurso, proferido no Palacio de La Moneda, em 11 de setembro de 1973, ele se despede com um brado de esperança:

> *Trabalhadores de minha pátria, tenho fé no Chile e em seu destino. Superarão outros homens este momento cinza e amargo em que a traição pretende se impor. Sigam sabendo que, muito mais cedo do que tarde, se abrirão as grandes alamedas por onde passará o homem livre para construir uma sociedade melhor.*

Médico e socialista, entregou sua vida à causa dos pobres. Mesmo quando acuado, cercado no palácio presidencial, sofrendo bombardeios e ataques em tanques de guerra, ele não se rendeu. Tinha a alternativa de fugir, em resgate oferecido pelo Movimiento de Izquierda Revolucionaria (MIR), ou a opção de deixar o país com a família, em segurança, oferecida pelos militares. Ele não se rendeu. Como um bravo, combateu dignamente as tropas que cercavam o palácio, junto com uma pequena guarda de voluntários. Ainda existia fogo em sua alma. Allende, com capacete de mineiro e um fuzil AK-47 nas mãos, provou que ainda havia vida em seus sonhos, mesmo que para isso tivesse que tirar a própria vida.

O Chile da Unidade Popular, entre 1970 e 1973, foi desestabilizado a partir de um contínuo e planejado boicote, orientado pelo Departamento de Estado dos Estados Unidos. Greves empresariais, desaparecimento de produtos essenciais e mercado negro, "pautas bomba" no Congresso, difamações e mentiras difundidas pela imprensa, conspirações militares, sedição e ações terroristas organizadas pelo grupo de extrema direita Pátria e Liberdade. Em seu último discurso, dirigindo-se à juventude, desnudou todo aquele processo de desestabilização econômica e social:

> *àqueles que cantaram e entregaram a alegria e seu espírito de luta. Me dirijo ao homem do Chile, ao operário, ao camponês, ao intelectual, àqueles que serão perseguidos, porque em nosso país o fascismo já está há muitas horas presente; nos atentados terroristas, explodindo pontes,*

cortando vias férreas, destruindo oleodutos e gasodutos, frente ao silêncio daqueles que teriam a obrigação de tomar providências.

Mas era tarde para conter o golpe. O resto é história conhecida.

O fim das liberdades civis, as torturas e assassinatos, o horror econômico e o desprezo aos pobres, as traficâncias, os roubos e corrupções. Sobre esses maus vizinhos não nos interessa debruçar, não neste capítulo, nem neste livro. Aqui escrevo sobre bons vizinhos, daqueles que sentem, pensam e agem em um mesmo sentido, o sentido da justiça, porque "não basta que todos sejam iguais perante a lei. É preciso que a lei seja igual perante todos", conforme pregava Salvador Allende.

Allende vive, como bom vizinho e como boa referência. Colocado no caminho da história, pagou com a vida a lealdade ao povo. Um digno bom vizinho, desses que se deseja ter por perto.

José Mujica, Pepe, o presidente da vida simples e da revolução tranquila. Um presidente do sul, que leva ao imaginário de milhões de pessoas aquilo que deveria ser o normal na política. Serve, e não se serve – como presidente, viveu no mesmo padrão da maioria das pessoas. Para ele, ser presidente do Uruguai era como um emprego qualquer, "tomo banho e vou trabalhar". O fato de viver com simplicidade e decência, e por isso ter chamado a atenção do mundo, foi o melhor demonstrativo da loucura do mundo, conforme a pergunta de Pepe: "O que é que chama a atenção mundial? Que vivo com pouco, em uma casa simples, que ando em um carrinho velho, essas são as notícias? Então esse mundo está louco, porque o normal surpreende".

Levando uma vida cheia de sentido e amado por vizinhos de seu país e vizinhos de todo mundo, Pepe nos ensina que, "se você não consegue ser feliz com poucas coisas, não conseguirá ser feliz com muitas coisas". Segundo o cineasta sérvio Emir Kusturica, que produziu um documentário sobre a vida de Pepe Mujica[4], o ex-presidente uruguaio é como um herói da Antiguidade, que tem a coragem de realizar aquilo que as pessoas gostariam de fazer, mas não fazem. Kusturica aponta que a grande qualidade de Pepe está em, durante toda a vida, haver permanecido homem: "Neste furioso capitalismo liberal em que tudo se torna mercadoria, esse homem não queria ser mercadoria, e permaneceu homem, aceitando com religiosidade que não é preciso esbanjar tempo, mas viver a vida". Vivendo sem luxos, o ex-guerrilheiro tupamaro Pepe Mujica leva uma vida suprema.

---

[4] EL PEPE, una vida suprema. Emir Kusturica. Argentina, Sérvia e Uruguai: K S Films; Oriental Films, 2018. 74min, legendado, colorido.

"Escolhi a vida que tenho. Não sou pobre, simplesmente tenho poucos compromissos econômicos. A preocupação com o dinheiro leva a vida embora. Devemos nos dedicar mais a afetos. A liberdade está dentro de nossa cabeça", diz ele. Como homem livre, o vizinho Pepe oferece um sonho de liberdade para os demais vizinhos.

Ter sido um presidente gentil e doce, desapegado do poder, entretanto, não torna Mujica menos radical, ao contrário. Como guerrilheiro, ele enfrentou 14 anos de prisão, só tendo sido libertado ao final da ditadura civil-militar, em 1985. Na guerrilha participou de assaltos, sequestros e da tomada da cidade de Pando, em 1969, a trinta quilômetros da capital, Montevidéu. Também foi deputado, senador, ministro. A radicalidade dele está em sempre ter se mantido fiel a seu povo, à sua gente. Falando sobre o sentido da ação política, ele aconselha: "Há gente que adora o dinheiro e se mete na política. Mas, se adora tanto o dinheiro, que se meta no comércio, na indústria, que faça o que queira, não é pecado. Mas, na política, é para servir às pessoas".

Com bagagem leve, Pepe Mujica tem uma vida sóbria, evitando assim que lhe roubem a liberdade. Foram muitas as leis aprovadas em seu governo, todas bastante avançadas, mas o seu maior legado é seu modo de vida, sua compreensão sobre o mundo. O *sentirpensaragir*, o sentir com o coração, o pensar com a cabeça, o agir com as mãos, tudo em um mesmo sentido, coerente e harmônico. Mujica, o presidente que se negou a ser coisa.

Ainda que o frio queime,
Ainda que o medo morda,
Ainda que o sol se esconda
E o vento se cale,
Ainda existe fogo na tua alma.
Ainda existe vida nos teus sonhos[5].

---

5   Trecho final do poema anônimo "Não te rendas". Tradução do autor.

DE BRAÇOS ABERTOS
BRASIL

Chocalhos indígenas feitos de cabaça.

A ESPERANÇA DA TERRA

*Aquilo que seu povo chama de recursos naturais
o nosso povo chama de nossos parentes.*
Oren Lyons, guardião da fé do povo onondaga

De norte a sul deste vasto continente chamado América, centenas, milhares de culturas compartem um ponto de vista comum: somos filhos da terra, a terra é nossa mãe, e todos os seres que a habitam, das águas e pedras aos vegetais e animais, são nossos parentes. Seja com os onondagas, no nordeste dos Estados Unidos, seja com os tupinambás, no nordeste do Brasil.

> *A cultura é o modo de viver de um povo, o modo de fazer, de se adaptar ao ambiente. É na cultura que também se expressa a relação com o sobrenatural, através da crença e dos rituais próprios. Nós tupinambás temos o Porancin [ritual com cantos e danças sagradas]; nossa forma de celebrar a vida, a natureza, os antepassados, e de fortalecermos, com a nossa união, a defesa de nossos direitos e dos direitos de nossa mãe, a Terra*[1].

Tupinambá significa povo em pé, ou povo mais perto de Tupã, a manifestação de Deus na forma de trovão. Por habitarem a costa brasileira, os tupinambás foram o primeiro povo a tomar contato com os europeus; após um século de ocupação colonial, foram quase exterminados. Mas nunca deixaram o seu lugar e sempre resistiram, até recuperarem, paulatinamente, um pouco da terra que foi arrancada de seus antepassados. "Somos raiz que ninguém via, mas um dia brotou de novo", diz a cacica Maria D'Ajuda, da aldeia Dois Irmãos. Em Olivença, no sul da Bahia, ao lado da cidade de Ilhéus, em zona cacaueira, vivem 6.300 tupinambás; ali, desde 2002, tem sede a rede Thydêwá, de articulação entre povos indígenas do Nordeste e promoção de diálogo intercultural.

Thydêwá, "esperança da terra" em idioma tupi. Essa rede nasceu a partir das lutas indígenas desencadeadas durante as comemorações dos quinhentos anos de colonização portuguesa no Brasil, na virada do milênio, no processo de retomada de terras pelos indígenas. Inspiradas pela fala do pajé Júlio Suirá, "Quem desrespeita o índio é quem não o conhece", a rede de articulação indígena procurou diminuir o preconceito, somando saberes entre povos indígenas e não indígenas. Como primeira campanha: "O índio quer respeito!". O índio

---

[1] Jaborandy Yandé, cacique tupinambá.

na visão dos índios, falando em sua própria voz, produzindo dezenas de livros, narrados sempre na primeira pessoa, por intelectuais, mestres e escritores indígenas. "Foi com a cultura que nós trabalhamos e nós vencemos. O que nós queríamos era a terra e, graças a Deus, estamos com ela na mão. A cultura que traz a força, a força para a luta do índio. A cultura traz o respeito, traz a união."[2]

Por mais de uma década, a Thydêwá segue tecendo uma ampla rede de povos originários no Nordeste do Brasil, sistematizando uma tecnologia sociocultural com forte interface na cultura colaborativa e tecnologias da informação. Recordo de quando foi apresentada a primeira proposta de ponto de cultura com o portal Índios On-Line, isso em 2004. Para editar os livros, os indígenas se apropriavam de tecnologias digitais, aprendendo a utilizar câmeras fotográficas, filmadoras de vídeo, celulares, gravadores de áudio, edição de imagem e som, internet. Sendo um dos primeiros pontos de cultura do Brasil, viabilizaram uma aliança interétnica, com sete diferentes povos. E se empoderaram. Potyra Tê Tupinambá relata como transcorreu essa luta, iniciada com o ponto de cultura:

> *Nós, do povo tupinambá, estamos em um processo de retomada de nosso território tradicional. Estamos fazendo por nossa própria conta, risco e autodeterminação. Já que o Estado brasileiro não vem cumprindo com seu dever de demarcar, nós retomamos e demarcamos. Em outubro de 2009, fizemos uma série de retomadas na região de nosso território conhecida como Santana. Nessas retomadas fizemos um trabalho forte de ciberativismo, com publicações diárias no portal Índios On-Line. Queríamos mostrar ao mundo o que estava acontecendo, documentando tudo em forma de vídeos e fotos; provar que as áreas estavam abandonadas pelos fazendeiros, as roças estavam cheias de mato e que, depois de retomadas por nós, os fazendeiros puderam retirar seus bens, e agimos de forma pacífica. Queríamos mostrar as famílias indígenas plantando seus alimentos, limpando a roça, devolvendo vida às áreas abandonadas.*

Gilberto Pataxó se recorda da primeira vez em que ouviu a palavra internet:

> *Imaginei que seria mais uma palavra estrangeira, algo complicadíssimo. Navegar na internet? Não fazia nem ideia do que seria isso. Então, felizmente, eu e meu irmão conhecemos o [portal] Índios On-Line. Parei um pouco para refletir e pude descobrir um novo instrumento de trabalho, algo que não ia ajudar apenas uma aldeia, um grupo, mas todo*

[2] José Miguel de França, pajé quiriri.

> *o povo pataxó, ou melhor, todos os povos indígenas. Foi algo que nos abriu os olhos, ouvidos, todos os nossos sentidos, e facilitou nossos passos.*

A rede foi crescendo e abrindo novas frentes, gravando uma série de CDs, *Cantando as culturas indígenas*, com mestres cantadores de toré, toantes e poracé. Com o tempo foram ganhando reconhecimento nacional e internacional, com diversos prêmios. Desse reconhecimento conseguiram incluir seus materiais educativos nas escolas públicas, estabelecendo parceria com a rede Índio Educa, incorporando a colaboração de todo o Brasil com professores, alunos e o público em geral, em que os próprios indígenas respondem questões sobre a história, cultura e saberes dos povos indígenas. No portal na internet, perguntados sobre o que é ser índio hoje, Alex Macuxi e Araci Tupinambá respondem:

> *No Brasil, somos hoje em torno de 305 etnias indígenas, falantes de 274 línguas. De acordo com o Instituto Brasileiro de Geografia e Estatística (Censo 2012), a população indígena é estimada em 896.900 indivíduos. A realidade indígena nos dias atuais é bem diferente do passado, da mesma forma que os tataranetos dos portugueses que chegaram com suas caravelas neste solo não se vestem hoje da mesma maneira que seus avós. Nós, povos indígenas, possuímos vestimentas tradicionais próprias e grafismos com os quais fazemos pinturas corporais, mas nossa nudez ou não nudez não define ser indígena ou não indígena. Toda cultura é dinâmica, está sempre em constante movimento.*

De forma frequente, o debate sobre apropriação tecnológica e povos tradicionais resvala em uma série de preconceitos e temores, mesmo quando bem-intencionado. Há o receio de que o acesso às tecnologias de informação possa levar à desorganização social e desorientação cultural das comunidades. Esses efeitos podem acontecer em processos de cima para baixo, impositivos, que desconsideram a condição protagonista das populações dessas comunidades e povos. Isso ocorre em processos unidirecionais e verticais, tornando os povos indígenas meros receptores de informação. É o que ocorre no processo de globalização uniforme, e não somente com povos tradicionais.

Exatamente por isso, foi necessário se contrapor e se antecipar, instituindo um processo inverso, de apropriação tecnológica ressignificante, implantado desde a raiz de histórias coletivas. A experiência com a Thydêwá e a rede Índios On-Line é um demonstrativo de como foi possível estabelecer uma metodologia que incorpora múltiplos saberes em diálogo interétnico, sem aniquilação cultural, e sim assegurando potência às culturas tradicionais. E essa não foi a única experiência relevante no Brasil; há também a rede de cineastas indígenas, com o Vídeo nas Aldeias, a Rede Mocambos, para povos quilombolas e

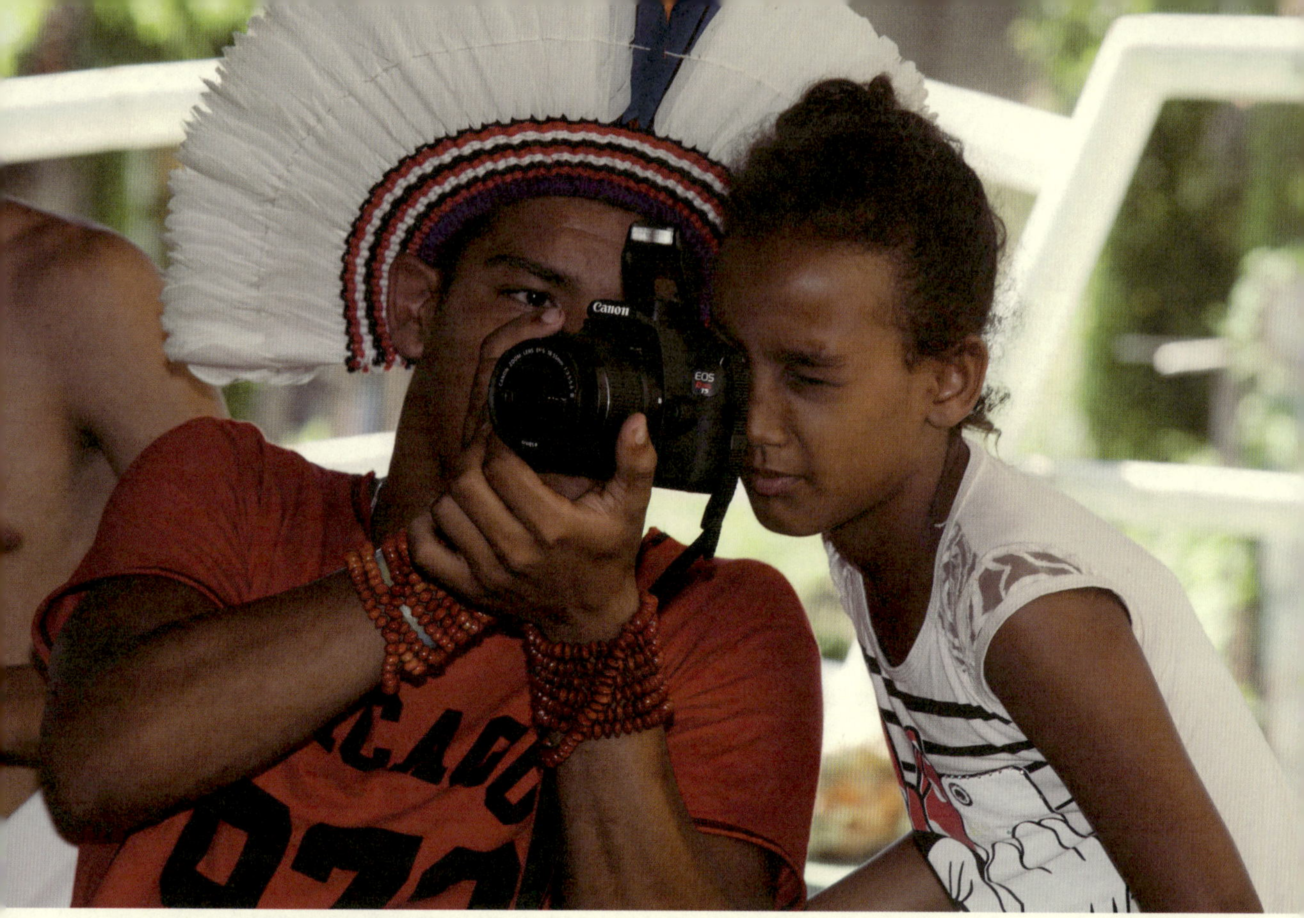
Canon

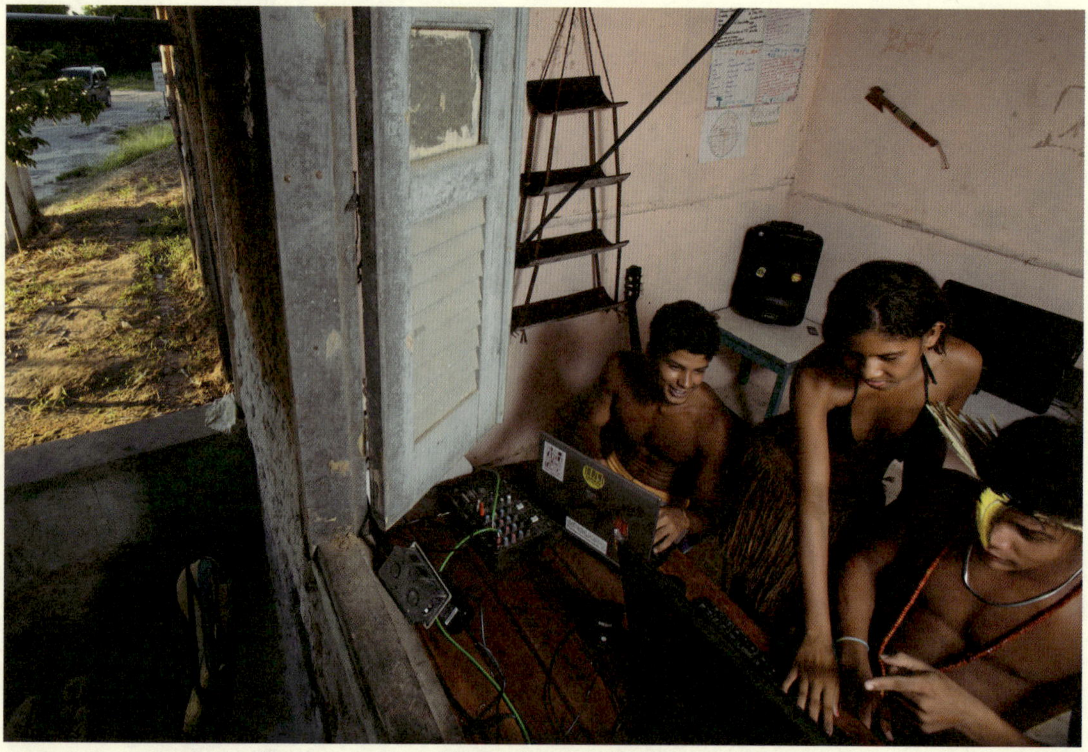

tradicionais, e todo um conjunto de experiências que foram potencializadas, sobretudo, pelo programa Cultura Viva e pelos pontos de cultura. O objetivo foi oferecer um processo de apropriação tecnológica que fizesse sentido para populações tradicionais, tornando a tecnologia um meio de protagonismo e autonomia para esses povos e sabedorias.

TC Silva, da Casa de Cultura Tainã, idealizador da Rede Mocambos, explica que

> *para populações tradicionais, não importa apenas o acesso ao território, mas o controle sobre o território. O mesmo se aplica na relação com a tecnologia, que é também território, pois extensão da cultura. E a comunicação que uma comunidade necessita será alcançada se ela tiver a memória de seus ancestrais preservada como um valor, e isso está ligado ao território. Alguém que abandona seu território comunitário perde suas referências, sua relação com a natureza, sua vizinhança, sua família, não trabalha mais com o que é seu, enfraquece, fica doente. Por isso, pensar no uso adequado da tecnologia é o mesmo que pensar sobre a relação com o território. Território livre, trabalho livre, tecnologia livre.*

Fernando de Oliveira, do Ponto de Cultura Caiçaras, no litoral sul do estado de São Paulo, complementa:

> *Não adianta brigarmos apenas para ter acesso à internet sem pensar nas formas de uso, é preciso entender a questão filosófica da tecnologia, que é liberdade para criarmos nossa própria tecnologia da informação, criar nossos próprios conteúdos e deixar acessível para todo mundo.*

Quando a expressão de diferentes identidades, ancestralidades, projetos de futuro e interfaces é estabelecida, ocorre a promoção de uma educação para o reconhecimento do "outro", com forte sentido emancipador. Isso porque acompanhada do empoderamento de direitos, da construção de processos coletivos de autorreconhecimento e do protagonismo sociocultural. Todo processo colonizador é uma forma de imposição cultural e tecnológica, a começar pelo idioma, que teve que ser absorvido pelos povos originários. Tecnologias contemporâneas, como o suporte do audiovisual e das tecnologias da informação, carregam características que as aproximam da cultura dos povos ancestrais, pois são baseadas na oralidade como meio de sedimentação da memória.

Essa característica comum, entre tecnologias de informação e plataformas audiovisuais e culturas ágrafas, não baseadas na escrita, faz com que a apropriação tecnológica pelos povos indígenas e tradicionais seja muito mais natural, potencializando lutas culturais e sociais desses povos. A jovem "índia on-line" Irembé Potiguara fala sobre o significado do processo "etnomidialivrista" desencadeado com o projeto Celulares Indígenas:

> *Acredito que, para as sociedades não indígenas, as matérias sobre nós só chamam a atenção quando referenciam algum conflito com a política, invasão de terra ou qualquer outro fato em que eles possam inverter o ocorrido, nos colocando como vilões da história. Na maioria das vezes, distorcem tanto os fatos que acabamos tachados de invasores, quando na verdade só estamos recuperando o que tomaram de nós. A rede Índios On-Line nos traz a possibilidade de sermos repórteres dentro de nossas comunidades e mostrar o que verdadeiramente acontece.*

Com a distribuição de celulares para agentes jovens nas aldeias, que se tornam repórteres e narradores das lutas e do cotidiano de seus povos, no curto período de um ano, a rede Índios On-Line conseguiu alcançar 2 milhões de visitas ao sítio eletrônico, com 15 mil comentários e 25 etnias, de todas as regiões do Brasil, conectadas e interagindo com suas histórias e relatos. Na visão de Nhenety Kariri-Xocó:

> *Registrar, reformar, restaurar, [isso] não é suficiente para preservar a cultura viva, mas praticá-la é garantir a sua sobrevivência. A forma para manter um patrimônio cultural vivo é continuar a praticar um costume, confeccionar um produto com aquele estilo próprio do povo, fazer circular um conhecimento, não importa o meio. Porque patrimônio é o ser humano ativo em sua cultura, atuante no dia a dia.*

Com esse pensamento lúcido e corajoso, a Thydêwá foi promovendo o encontro entre índios e não índios, em um processo de valorização da cultura de paz e do respeito cultural. Conforme Nhenety, o desenvolvimento não

> *se refere só à matéria, esquecendo o social, o cultural, o ambiental e o espiritual; os políticos e os cientistas só enxergam dos pontos de vista econômico e tecnológico. Desenvolvimento mesmo só ocorre quando é completo; quando deixa de ser uma luta pela sobrevivência, como a nossa, e passa a ser viver em verdade, harmonia e alegria.*

Sebastián Gerlic, argentino, que há vinte anos decidiu viver com os povos indígenas do Brasil, casando-se com Maria Pankararu, liderança indígena, é pai de Toyane Pankararu, que significa "estrela que brilha mais alto", em idioma iatê, dos fulniô. Ele é desses homens a fazer pontes, por isso imprescindível. Foi

Sebastián, encontrando-se com os tupinambás no Monte Pascoal – a primeira porção de terra a ser avistada pelos colonizadores –, quem propôs um processo inverso, decolonial e generoso na troca de saberes. Conforme ele descreve:

> *Na Thydêwá temos várias linhas de abordagens. O caminho que trilhamos é a consciência planetária nas comunidades indígenas, fortalecendo a culturas deles, com cidadania e sustentabilidade, mas sempre com a preocupação de agir no local e pensar no global, no geral, construindo pontes, vínculos para promoção da paz, e compartilhando a diversidade como patrimônio da humanidade. Não só com os indígenas, mas na relação com toda a humanidade, pontes entre os indígenas e a sociedade em geral. Utilizamos as tecnologias da informação para aproximar as pessoas.*

O sul da Bahia é uma das regiões do Brasil em que há mais conflitos entre fazendeiros e povos indígenas, com histórico de massacres, incêndio de aldeias inteiras, perseguições e assassinatos de lideranças. No meio dessa situação tensa, a mais tensa é com o povo pataxó-hã-hã-hãe. Inclusive pelo trauma por que passaram ao final do século XX, quando o cacique Galdino, que havia ido à Brasília para negociar com o governo federal representando seu povo na luta por retomada de terras, foi queimado vivo por jovens de classe alta da capital federal, jovens que fizeram isso por troça, na madrugada, e que praticamente não cumpriram pena por serem de famílias influentes. Antes de morrer, no hospital, ele contou à enfermeira o que acontecera:

> *Fui ao hotel [o hotel da Fundação Nacional do Índio, que acolhe indígenas quando em Brasília], mas a porta estava fechada. Então deitei na parada do ônibus para esperar o dia clarear. Um carro parou. Senti que jogaram um líquido frio em meu corpo. Quando levantei com o susto da frieza, os jovens riscaram o fósforo para eu pegar fogo. Várias pessoas tentaram me apagar. As pessoas tomaram a placa do carro e me trouxeram para cá. Nós viemos a Brasília para defender nossos direitos.*

Para tornar a história ainda mais trágica, era 19 de abril, o Dia do Índio.

No início do século XXI, o ambiente nos três municípios habitados pelos pataxó-hã-hã-hãe era de guerra. Foi por iniciativa da Thydêwá que conseguiram estabelecer um diálogo intercultural pela paz, por meio da pactuação com prefeitos, promotores de justiça, caciques e pajés. Da guerra que se avistava, plantaram mudas de árvores em áreas desflorestadas e realizaram debates nas escolas, sistematizando uma tecnologia de paz e convivência interétnica, transformada no projeto Índio Quer Paz, que ganhou vários prêmios de direitos humanos. E assim seguem, com todas as dificuldades, construindo pontes, promovendo o encontro, como um corpo coletivo tribal.

Certa feita, o cacique Otávio Nindé, que instruiu Nhenety Kariri-Xocó nos segredos da sabedoria ancestral, descreveu o que seria uma comunidade: "Nós somos um corpo só. A comunidade vive como se fosse um índio gigante". Como um índio gigante, a comunidade dos povos indígenas se aproxima do Ser Superior e da Mãe Terra. Por isso entende que "cada povo tem sua árvore cultural; juntando todas elas, forma-se a 'Grande Floresta da Terra', onde as tribos vivem em paz". Conversando com Nhenety, percebo que talvez seja por esse motivo que Sebastián, meu amigo argentino, tenha decidido deixar a carreira de publicitário em Buenos Aires para viver com eles. Ele queria ser parte de "um índio gigante", ou árvore da "grande floresta da terra". Sebastián continua com

> *o sonho da conscientização planetária. Acho que ainda o ser humano está muito longe de entender como somos parte de um todo, como somos integrantes da natureza, como somos uma "partezinha", mas*

> *muito importante, que cada um tem seu papel e sua missão para desempenhar. Tento ao menos fazer isso, pelo menos cutucar, chamar a atenção, fazer a pessoa refletir sobre a sua posição e seu valor na vida.*

Foram dois dias de encontro e conversas. Ao final, a toré.

Em tom avermelhado, a Lua cheia iluminava o Atlântico. Atiã Pankararu conduziria a cerimônia. Acenderam a fogueira e jogaram ervas sagradas da floresta. A maioria estava pintada com tauá, o barro branco da Mãe Terra. Nos colocamos em círculo, em volta da fogueira. Os não índios foram instruídos sobre os "passos", a representar vários animais, pisando no chão com os pés descalços, para sentir a energia da Terra. Atiã toma a palavra: "Agradecemos, primeiramente, a Deus Tupã e aos nossos 'Encantados', que nos ensinam a respeitar e também pedem para a gente se unir cada vez mais, para podermos ter o nosso espaço livre, que é a nossa Mãe Terra". Todos ficam de joelhos, mantendo o círculo e fazendo uma oração em voz baixa (é um "Pai-Nosso"). Levantamo-nos. Começaram os cânticos ao som do chocalho e do estalar dos gravetos verdes, como em uma única composição musical. A fogueira lançava faíscas ao vento, e a luz de sua flama se misturava ao luar. Dançamos para nossos parentes e para nossa mãe, a Terra, que é o maior de todos os projetos.

Madrugada alta, uma última pergunta a Nhenety Kariri-Xocó. Na cultura de vocês tem Cristo?

> *Tem professor, mas não com esse nome. Cristo é para os cristãos. Para nós índios Deus é índio. No começo do mundo, Deus se apresentou à tribo como um índio, falando em nossa língua, pintando como nós, cantando e dançando a toré. Deus ensinou a caçar, a pescar e a plantar. O conhecimento da natureza está em nossa cultura. Para as tribos indígenas, Deus é o Índio Supremo. Na Europa, ele foi identificado como Homem Branco, usando cabelos louros. Na África, Deus é Negro, mora no deserto do Saara, toma banho no rio Nilo. Deus é como um de nós.*

Precisamos nos conhecer melhor. Ao nos conhecer, respeitamo-nos em nossas singularidades. Ao nos respeitar, encontramo-nos na troca entre iguais, cada qual aprendendo com o outro. Os índios são nós. Nós somos os índios. Ao chegar a Pindorama, a esquadra de Cabral foi recebida com música e dança. De braços abertos. Sabemos como os portugueses retribuíram aquela recepção festiva de modo inverso. É chegado o momento de abrir os braços, como naquele primeiro gesto do povo tupinambá, e retribuir de outra forma. De braços abertos nos reconectaremos com a esperança da Terra.

POMBAS URBANAS

O pensamento é para voar, e o conhecimento é para doar.
Lino Rojas

"Eles não sabem bem o que querem, mas a única coisa que querem é fazer teatro", foi o que percebeu, no final do século XX, Lino Rojas, diretor de teatro que veio morar no Brasil nos anos 1970, exilado por causa da deposição do governo popular em seu país, o Peru. Em 2004, aquele grupo de jovens que só queria fazer teatro encontra um galpão de armazém abandonado, em que só havia paredes. *Ninguém podia entrar nele não*, porque no galpão *não tinha chão*, só entulhos de lixo, toneladas. *Não tinha teto, não tinha nada*, só a estrutura metálica amarrando as paredes, erguidas em blocos de concreto, altas, elevadas, com 12 metros de altura. Um galpão grande, com 1,6 mil metros quadrados, abandonado, no centro de um bairro que é cidade, a Cidade Tiradentes, localizada a mais de quarenta quilômetros do Centro de São Paulo, no fundo da zona Leste. Trezentas mil pessoas vivendo em um bantustão. Duas horas para ir e duas horas para voltar, quando o trânsito estava bom. Nos horários de pico, com gente para fora da porta do ônibus. Não havia empregos, mal havia escolas, não tinha hospital, não tinha parque, não tinha lojas, não tinha teatro. Só moradia popular, em casas e apartamentos apertados. O galpão seria uma *casa muito engraçada*.

"Voem com a imaginação!", disse Lino. Adriano, Juliana, Paulo e Marcelo adentram o galpão. Não havia nada, só as paredes. Eles imaginaram a biblioteca, o pátio para as aulas de circo e convivência, o lugar para o cineclube, as salas de ensaio, o refeitório, as salas de administração, a sala para reuniões, a sala para as cooperativas culturais, o proscênio, o teatro Ventre de Lona, o palco, a plateia, as luzes, as cortinas. Imaginaram também uma praça na frente do galpão abandonado. Seria uma casa *feita com muito esmero*, como na canção de Vinicius de Moraes.

O milênio estava começando, e eles queriam imaginar o futuro, conforme Lino Rojas lhes dizia:

> Esses cem anos que ficaram para trás nos fizeram ver guerras, ver crescer o ódio, a mentira, a covardia, a desgraça, a miséria, a desumanização. Nesses cem anos que se passaram, faltou sabedoria, reflexão nas próprias tarefas, na construção das ideias. Os olhares são de tristeza e, quando surge o brilho neles, com certeza são lágrimas, interesse ou ganância.

Daquela imaginação desejada, muita coisa foi acontecendo.

Aula de circo no *foyer* do teatro Ventre de Lona, no Pombas Urbanas.

Aqueles jovens adolescentes, filhos da periferia da zona Leste de São Paulo, haviam ingressado em cursos livres de teatro, cujo professor era Lino Rojas. Na primeira chamada, há trinta anos, oitocentos jovens se inscreveram; destes, cem foram selecionados e vinte se mantiveram unidos. Formaram a trupe de teatro Pombas Urbanas. Isso em 1989, na Oficina Cultural Luiz Gonzaga, em São Miguel Paulista. Como primeiro espetáculo teatral, *Os tronconenses*, um povo imaginário, em referência aos brasileiros, cujo nome do país tem origem em um tronco de árvore, o pau-brasil, com sua cor vermelha de brasa. Era um espetáculo que falava sobre a loucura em um mundo de adultos, pelo ponto de vista dos adolescentes. Com o tempo, foram se estruturando e ganhando maturidade artística, até transferirem o grupo para o lado oposto da cidade, na zona Oeste. Queriam ganhar reconhecimento no centro artístico de São Paulo e, para isso, deslocavam-se de trem, por uma hora e meia de viagem, na ida e na volta, todos os dias. Preparados por um diretor de teatro que carregava a herança andina, os jovens do Pombas Urbanas encontraram uma forte identidade latino-americana, e também mundial. Com o tempo o grupo foi ganhando reconhecimento, e a venda dos espetáculos permitiu certa autonomia financeira, que lhes possibilitou alugar uma casa no bairro de classe média Perdizes, em que todos moravam juntos. Mas aquela não era a "casa" deles.

Um dos jovens convida os demais para conhecerem o galpão abandonado em Cidade Tiradentes. Quando chegaram ao galpão, já estavam juntos havia 13 anos. Foi uma volta à periferia, ainda mais distante que o bairro de origem. Enquanto imaginavam o centro cultural, ao qual deram o nome de Arte em Construção, foram realizando montagens teatrais com as histórias do povo de Cidade Tiradentes.

Histórias de barro e estrelas, um espetáculo que falava de quando Cidade Tiradentes era um lugar de montanhas, todo coberto por Mata Atlântica, cheio de nascentes. Chegam as madeireiras e olarias. E os prédios da Cohab, cooperativa habitacional para moradias populares, todas iguais, apertadas, em uma construção sem fim. E que a visão do céu estrelado, visto daquelas montanhas, ia sumindo à medida que a iluminação substituía as árvores. Junto ao ofício de atores, retiraram cinco toneladas de entulho com as próprias mãos.

Em 2004 lançamos o programa Cultura Viva, pelo Ministério da Cultura, e o primeiro edital para seleção de pontos de cultura. Eles se inscreveram e foram selecionados. Lino Rojas escreve:

> *Estamos vivendo um tempo de inclusão. Tempo de incluir e de integrar a educação, a arte, o lazer, o esporte, o folclore, nossas raízes culturais e o conhecimento que se forma fora das escolas, nas ruas. À população é chegada a hora de incluirmos tudo isso nos lugares onde ela está, onde ela já habita e se encontra com sua cultura, seus costumes, onde se manifesta e expressa sua noção de vida.*

E a casa imaginada como centro cultural foi sendo feita com muito esmero. Cada cachê por apresentação artística, cada recurso que conseguiam, as transferências governamentais para o ponto de cultura, tudo foi transformado em telhas, fiação elétrica, tintas, instalações hidráulicas. E jovens chegando. E livros, e cadeiras, palco e cortina, iluminação.

Quando iniciaram as oficinas artísticas previstas pelo ponto de cultura, as mães levaram os filhos, todos muito bem arrumados, como se estivessem preparados para a primeira comunhão. Pela primeira vez um grupo de atores havia chegado àquele bairro distante. "Para mudar a realidade", pensavam as mães, com razão. Das oficinas de arte começaram a realizar *performances* artísticas nas praças e ruas, apresentações de teatro em escolas e associações comunitárias, até serem convidados como jurados em concursos de dança e beleza. Surge a primeira oportunidade para viajarem para fora do Brasil, Medellín, na Colômbia, convidados por Jorge Blandón, da Casa Amarela. Depois outro convite, e mais outro. E o galpão virou casa, ganhou vida. Em média, com a realização de vinte oficinas culturais simultâneas e ao menos trezentos participantes no total. O grupo consegue poltronas usadas de um antigo cinema desativado, tecidos de outros lugares, madeiras de demolição e refletores de iluminação. E jovens chegando. E mais livros para a biblioteca. E mais voluntários. E convites para apresentações. Bolsas para agentes jovens da cultura viva. E prêmios

Instalação de placa solar no telhado do ponto de cultura Pombas Urbanas, no bairro paulistano de Cidade Tiradentes.

do Ministério da Cultura. E articulações em rede. E interações estéticas com artistas. E novas e ousadas montagens teatrais.

Quixote, um espetáculo em que grupos de teatro comunitário de 13 diferentes países prepararam cada qual uma cena. Latino-americanos, enviando seus Quixotes, Sanchos Panças e diretores teatrais. Treze nacionalidades, em um só espetáculo a ser apresentado no Congresso Ibero-Americano de Cultura, cujo tema foi "Arte e Transformação Social". Lembro-me de quando Marcelo e Adriano apresentaram a proposta para mim, de forma tímida, achando que não seria aprovada. Uma aventura, trazer dezenas de artistas, de grupos até então desconhecidos, de teatro comunitário em 13 diferentes países. A produção do espetáculo teria que acontecer em 15 dias de imersão em São Paulo, mais precisamente no galpão Arte em Construção, do ponto de cultura Pombas Urbanas, em Cidade Tiradentes, no extremo leste da cidade de São Paulo. *Dom Quixote de la Mancha: o cavaleiro da triste figura*, em montagem latino-americana, com diferentes miradas, de diferentes povos e culturas. Aceitei a proposta e a realizamos. O custo deve ter sido de uns US$ 200 mil à época, em 2009. Uma montagem teatral para duas apresentações apenas, no Sesc Pompeia, durante o Congresso Ibero-Americano de Cultura, em São Paulo. Ministros reunidos, agentes governamentais, estudiosos da cultura, e a obra que fora montada em um galpão imaginado, que ganhou forma e virou teatro, como imaginados foram os demais grupos de teatro comunitário escondidos pelos rincões desta nossa vasta América Latina.

Dessa imaginação nasceu a Rede Latino-Americana de Teatro em Comunidade, também um festival anual de teatro estudantil em São Paulo, sempre com a presença de grupos de outras cidades e estados do Brasil, além de outros países. E novos grupos artísticos incubados pela cooperativa Pombas Urbanas. E apresentações, encontros e novas imaginações.

Deixei a função de secretário da Cidadania Cultural em 2010, mas sigo visitando o Pombas Urbanas e, a cada vez, me surpreendo. As novas instalações, desde uma simples sala, a biblioteca com cada vez mais livros, bem arrumada, bem cuidada e cheia de gente. Crianças jogando xadrez. Jovens que chegaram crianças e que agora trabalham na gestão do centro cultural ou como artistas e professores, como Natali, Ricardo, a bibliotecária comunitária Néia, vizinha que foi se achegando e que sempre me recebe com sorriso e entusiasmo, contando histórias novas (obrigado pelas histórias e sorrisos, Cleodionéia Oliveira!). O teatro Ventre de Lona, que ganhou forma, com palco, plateia, iluminação e cenotecnia, as varas de contrapeso, as cortinas, os camarins. Na última vez em que estive no Pombas, eles estavam instalando placas de energia solar no telhado, fruto de um edital de que participaram. Com a gente do bairro, estavam realizando oficinas para ensinar a construir e manter placas solares, também cursos de permacultura e construção em adobe. O terreno em frente ganhou forma de praça, com árvores, brinquedos para crianças e um futuro teatro de arena. São amigos, são irmãos, meus e de todos os teatros em comunidade na grande Mátria Grande, Abya Yala.

E Lino Rojas?

O ator, dramaturgo e diretor de teatro que saiu do Peru para exilar-se no Brasil. Professor de teatro na Universidade de São Paulo, que nos anos 1990 decide dedicar sua vida à formação artística e cidadã de jovens nas periferias da grande cidade que o acolheu.

E Lino?

O homem que convidou os jovens a voar com a imaginação.

Lembro-me de Lino por dois encontros, não mais que isso. Em 2002, preparando atores do Pombas para se apresentarem nas piscinas públicas de São Paulo. À época eu trabalhava como diretor de Promoções Esportivas, Lazer e Recreação na cidade de São Paulo, havendo contratado Pombas Urbanas (e muitos outros grupos) para dois programas que idealizara, o Recreio nas Férias (atividades de artes e recreação para crianças e jovens na cidade de São Paulo, 200 mil participantes, em média) e o Viva São Paulo no Verão (de ocupação de piscinas públicas, até então desativadas, umas setenta piscinas, com arte e recreação). Personagens fantásticos, com roupas de animais, cujo palco era a piscina. Também recordo da vez em que ele me procurou, após eu ter apresentado as ideias do programa Cultura Viva, na periferia de São Paulo, mal havia lançado o edital para seleção dos primeiros pontos de cultura. Ele pergunta se, para pensar no Cultura Viva e nos pontos de cultura, eu havia lido *Encontros com homens notáveis*, de George Gurdjieff. Respondi que não. Ele disse que eu deveria ler, porque havia convergência entre as ideias que eu apresentava e as ideias de Gurdjieff. Comprei o livro em um sebo, li e o guardo, como presente de Lino. Gurdjieff escreve sobre os diversos eus que povoam nosso psiquismo. Para encontrar esses diversos eus, ele não se limita à palavra, buscando sabedoria nas danças e músicas sagradas do Oriente, e faz uma visita à "fábrica humana", que deve ser percebida em todos os seus centros de energia – intelectual, emocional, instintivo e motor. Encontrando os diversos eus, segundo ele, é possível harmonizar os diversos aspectos do ser e as suas linguagens – das mãos, do coração e da mente –, que poderão seguir em um sentido pleno, não mais como seres adormecidos e alienados. Foi a última vez em que encontrei Lino.

Lino Rojas desapareceu poucos dias após aquele encontro.

À época os jovens do Pombas Urbanas pediram a minha ajuda para tentar localizá-lo. De Brasília busquei ativar as polícias, mas não havia pistas. Lino havia desaparecido. O corpo dele foi localizado meses depois; ele havia sido enterrado como indigente, após a polícia paulista encontrar seu corpo carbonizado em um matagal, sem documentos. Mais alguns meses de investigação e soube-se que o assassinato acontecera por ele ter sido levado a uma emboscada, quando tentava comprar um televisor usado, de tela grande, para iniciar um cineclube no centro cultural que estavam imaginando. Havia também o boato de que, pelo fato de o grupo de teatro estar erguendo um grande centro cultural, eles teriam muito dinheiro.

"Depois da partida de Lino pensamos em desistir", diz Adriano Mauriz, que chegou menino ao Pombas Urbanas.

> *Aprendemos tudo com Lino, ele chegava a uma apresentação de teatro de rua e conseguia observar todo o espaço, as pessoas. Quando ele viu a Natali, logo foi dizendo: "Essa menina precisa de espaço, vejam como ela levanta o braço". No Peru, ele havia mantido encontros com Neruda e Eugenio Barba. Encontrando-nos em São Miguel Paulista, ele nos introduziu a esse mundo.*

Complementa-o Juliana Flory, a atriz que toca harmônica: "Entramos em depressão. Pensamos em terminar com o grupo e interromper o sonho do centro cultural. Mas aí apareceu uma mãe de aluno, dizendo que entendia o que estávamos passando e que a melhor maneira de honrarmos a memória do Lino seria continuarmos a sua obra", recorda Marcelo Palmares, outro que chegou menino e voou como uma pomba.

A despeito da morte trágica, Lino segue vivo. Durante toda a sua vida distribuiu conhecimento e estimulou as pessoas a voar. O voo delas é o sopro de vida de Lino. Foi esse conhecimento distribuído que permitiu àqueles jovens, da extrema periferia da cidade de São Paulo, a possibilidade de voar em pensamentos e ações.

Voem, Pombas, voem!

E que de seus bicos de pomba sejam lançados conhecimentos e imaginações.

Voem, Pombas, voem!

GRIÔ

Lá nos sertões da África, entre aldeias distantes, caminham mulheres e homens aprendendo e ensinando os saberes daquele povo. São griôs. Quando os griôs chegam nas aldeias, as crianças, os jovens, os pais, as mães e os avós se sentam na roda. Está aberto o ritual do contador de histórias!
Palavras de chegada do velho griô nas comunidades
de Lençóis e de todo o Brasil

É uma longa história. Que passa de um para outro, de avô para neto, de trisavô para avô, de tetravô para bisavô.

A história dos griôs. Em idioma bambara, do Mali, na África subsaariana, a palavra é *djeli*, que significa "sangue que circula". Para cada um dos idiomas da África, do noroeste ao sul do Saara, há uma palavra específica para designar os caminhantes cantadores, sobretudo na região outrora conhecida como Império Mandinga, atravessada por um rio em forma de arco, o Níger, que começa nas montanhas de Serra Leoa, em direção ao interior, até alcançar o Saara e fazer uma curva no sentido do oceano, desaguando no golfo da Guiné. Banhados pelo rio-arco, surgem os griôs, que condensam em um homem, ou mulher, a memória viva de todo um povo, na condição de músicos, contadores de histórias, poetas, genealogistas, encantadores. No século XX, estudantes africanos, de diversas nações, decidiram unificar uma palavra para expressar toda a importância e significado dessas pessoas que são verdadeiras bibliotecas vivas, fazendo surgir o termo "*griot*", em francês, que também carrega uma história.

Por se tratar de cultura de transmissão pela oralidade, há poucos registros escritos, e as versões variam. Diversas fontes sugerem que *griot* é um afrancesamento, ocorrido no século XX, da palavra portuguesa "criado", utilizada durante o holocausto da escravização. Todavia, estudos recentes, sobretudo no arquipélago de Cabo Verde, indicam que a origem continua no idioma português, mas

Umbigada no quilombo do Remanso, em Lençóis (BA).

na palavra "gritadores". Os mercadores de escravizados designavam por gritadores os mestres das sabedorias ancestrais, que, ao adentrar o ambiente em que os escravizados aguardavam o embarque para os navios negreiros, gritavam para que aqueles não esquecessem suas origens. O grito dos gritadores atravessou o Atlântico e está a indicar o início de uma roda ou atividade artística de ancestralidade africana, como a entrada de uma escola de samba na avenida.

Foi no Forte de Cacheu, na Guiné-Bissau, de onde se estima que 1 milhão de escravizados tenham saído em três séculos, que os escravizadores portugueses tomaram contato com os "gritadores". Eram homens altos, cheios de colares e tecidos, com cabelos emplumados, segurando seus instrumentos musicais, a *kora*, o balafom, falando em idiomas estranhos aos europeus. E que gritavam e gritavam. Considerados feiticeiros, eram temidos pelos traficantes negreiros. Assim, os "gritadores" podiam ir ao porto e cantar e contar histórias para o povo acorrentado sem serem incomodados.

Procurando tornar o tráfico negreiro mais eficaz, os portugueses, que nos séculos XVIII e XIX eram também conhecidos como brasileiros, tinham por prática misturar povos de diversas regiões e idiomas, muitas vezes inimigos entre si, evitando vínculos, solidariedade e entendimento entre os cativos. Também os deixavam acorrentados por semanas, até meses, ao relento, sob a chuva intensa da costa da Guiné, aguardando o momento do embarque. Era nesse ambiente que os "gritadores" adentravam, rememorando histórias da ancestralidade. De Cacheu, os escravizados eram transferidos para as ilhas de Cabo Verde, de onde nasce o tronco linguístico do idioma crioulo, que se espalha por todas as Américas em diversas ramificações, por misturado que é. De Cabo Verde aguardavam o embarque para as terras desconhecidas, metade deles morreria durante a navegação.

Foi a presença dos "gritadores" que permitiu àqueles povos, despossuídos de todos os bens materiais, portando trapos apenas, refazer suas culturas no além-mar, porque guardadas em suas memórias. De "gritadores", "*griot*", em francês. Abrasileirando, "griô". Esse grito que preserva histórias, modos de ser e fundamentos recriados é reproduzido e está presente também no grito do *soul* e do *blues*, entre outros gritos a ecoarem a liberdade ancestral.

Segundo Luis Kinugawa, do Instituto África Viva,

> *para falar sobre griot é necessário citar o Mandén, também conhecido como Império Mandinga, ou Império do Mali. O Império foi unificado por Sundiata Keita, em 1235; seu território compreende, além do Mali, os atuais países, Guiné, Guiné-Bissau, Senegal, Gâmbia, Serra Leoa, Libéria, Costa do Marfim e Burkina Fasso.*

Talvez poucas pessoas saibam (eu próprio só vim a saber ao pesquisar para este livro), mas a história expressa no musical e desenho animado *O rei leão* é uma história real. Ela é baseada na formação do Império do Mali, cujo primeiro rei, Sundiata, era conhecido como o "Menino Leão", uma criança que havia nascido com deficiência física e deformações na face. O pai era um rei, Naré Fa Maghan, que foi assassinado pelo irmão, Sumaoro Kante, rei do povo sosso. O príncipe foi salvo porque não parecia constituir uma ameaça por suas aparentes incapacitações, podendo viver no exílio, em Gana. Sob o reinado de Sumaoro, a região padece de fomes e guerras. Contam os griôs que, no exílio, Sundiata se transforma num poderoso mago, conseguindo curar suas enfermidades. Nesse tempo ele aprende a caçar, a lutar e recitar histórias ancestrais. Ele volta para reconquistar o trono do pai e, no caminho, vai reconstruindo a genealogia de cada um dos povos daquela região. Contador de histórias, ele ganha a confiança desses povos, conseguindo reunir arqueiros, soldados e caçadores, até poder medir forças com Sumaoro, na batalha de Kirina. Àquela época vigorava o código da palavra sagrada, havendo um ritual a preceder as batalhas.

Sundiata e Sumaoro, acompanhados pelos respectivos exércitos, se encontram para a declaração de guerra.

Grita Sumaoro:

— Eu sou o inhame selvagem das rochas! Ninguém me fará sair do Mali!

Sundiata responde com outro grito:

— Tenho em meu acampamento sete ferreiros que o despedaçarão. Inhame, eu te comerei!

— Eu sou o musgo venenoso que faz vomitar os valentes! — replica Sumaoro com outro grito.

Novo grito de Sundiata:

— Eu sou o galo voraz! O veneno não me preocupa.

— Cuidado, Sundiata, eu sou carvão em brasa e queimarás o pé! — responde Sumaoro, em tom ameaçador.

— Pois eu sou a chuva que apaga o fogo! — grita o Menino Leão.

Histórias como essa são contadas pelos griôs do Mali até os dias atuais. O Menino Leão vence a batalha e é aclamando Mansa, o rei dos reis, o imperador. Surge, em 1235, o Império do Mandén, terra próspera e rica, cultivando inhame, favas e algodão, controlando as minas de ouro em Gana e o comércio entre o Saara e a África das florestas. Florescem os ofícios e as cidades, entre as quais a primeira cidade universitária do mundo, Tombuctu e sua magnífica biblioteca, a maior do mundo medieval, que ainda preserva 20 mil manuscritos antigos. Sundiata Keita governou o Mandén entre 1235 e 1255. Foi no reinado dele que surgiu uma das primeiras Constituições do mundo (A Carta Magna da Inglaterra é de 1215), a Carta do Mandinga.

A Carta do Mandinga ficou mais conhecida como Kurukan Fuga, por este ser o nome dado a uma grande pedra, em forma de laje, sobre a savana (e está na cena final na animação de *O rei leão*). Na carta ficou estabelecido que, abaixo dos reis, estaria o clã dos *djelis* (griôs). Segundo Luis Kinugawa, atualizando extratos da Constituição de Kurukan Fuga,

> *eles são os porta-vozes, mestres da arte da fala e oratória, servos da verdade, responsáveis pela circulação de todas as informações e comunicados dentro e fora do Império, conhecedores de toda a genealogia dos grandes reis, da população das aldeias e regiões a que pertencem, declamando as histórias locais, fazendo honrarias aos líderes e chefes de aldeias. Os* djelis *também são juízes de paz, mediam conflitos, aconselham os reis e a população, são mestres de cerimônia de um povo que tanto preza pelo respeito e pela educação, em que se considera que a palavra tem poder de materializar as ideias, por isso todos devem prestar muita atenção ao que se fala e como se fala.*

Falar sobre griôs é se referir ao sagrado da palavra. Para os povos de idioma mandinga, a palavra sagrada deve vir acompanhada da sonoridade e da música, "que tem o poder de fazer o instrumento falar". A maneira própria de cantar dos *djeli* é conhecida como *djeliá*, que, de acordo com Kinugawa, é

> *onde se esticam notas agudas "Soriôoooo", chamando atenção, projetando a voz para que todos escutem com clareza; geralmente há outro djeli que responde afirmativamente "Naaaamu" a cada frase, sentença, fortalecendo ainda mais o contraponto musical e deixando a oratória dinâmica e hipnótica. Do samba aos repentes, dos blues ao rap, da capoeira ao tambor de crioula e batuque de umbigada, há uma semente e uma herança dos mandinga.*

A música "Emoriô", de Gilberto Gil e João Donato, segue essa maneira de cantar:

> Ê-emoriô
> Ê-emoriô
> Emoripaô
> Emoriô deve ser
> Uma palavra nagô
> Uma palavra de amor
> Um paladar
> Emoriô deve ser
> Alguma coisa de lá
> O Sol, a Lua, o céu
> Pra Oxalá.

A Carta do Mandinga, a Kurukan Fuga, de 1235, é considerada a primeira carta constitucional a prever a defesa dos direitos humanos de uma forma ampla, protegendo atividades profissionais e a integridade dos súditos, assegurando liberdades e divisão de poderes na gestão do Império. Ela não chega a proibir a escravidão, mas impõe indenização por danos sofridos aos escravizados por guerras ou dívidas, bem como proíbe maus-tratos. Em 2009 é declarada Patrimônio Cultural Intangível da Humanidade pela Unesco. O seu conteúdo foi preservado pela tradição oral dos griôs.

Cavando mais na história, encontrei outra carta, mais simples e direta, de 1222, o Juramento ao Mandén, também conhecida como Carta dos Caçadores. Esse juramento tem que ser feito até os dias atuais por todos aqueles que se tornam *djeli*, griôs. A Carta dos Caçadores é o mais antigo documento do mundo a abolir, de forma explícita e em todos seus matizes, a escravidão. Pela beleza e força desse juramento ancestral, apresento seus sete artigos, pois a palavra tem o poder de materializar ideias:

Carta dos Caçadores – Juramento ao Mandén

Os caçadores declaram:
1 – Toda vida é uma vida; é verdade que uma vida aparece antes da existência de outra, mas uma vida não é mais "antiga", mais respeitável que outra, assim como uma vida não é superior a outra vida.
2 – Cada vida sendo uma vida, todo prejuízo causado a uma vida necessita de reparação; que ninguém incrimine seu vizinho gratuitamente, que ninguém prejudique seu próximo, que ninguém torture seu semelhante.
3 – Cada um cuide de seu próximo, que cada um venere seus pais, que cada um eduque seus filhos, que cada um sustente as necessidades dos membros de sua família.
4 – Cada um cuide do país dos seus pais, sobretudo o povo, porque cada país, cada terra que vê o povo desaparecer de sua superfície tornar-se-ia saudosa imediatamente.
5 – A fome não é coisa boa, a escravidão tampouco. Não há pior calamidade que essas coisas neste mundo. Enquanto tivermos a aljava e o arco, a fome não matará ninguém no Mandén; se, por acaso, a fome vier a enfurecer, a guerra nunca mais destruirá as aldeias para capturar escravos; ninguém mais porá um cabresto na boca do seu semelhante para vendê-lo, ninguém será mais espancado ou executado por ser filho do escravo.
6 – A essência da escravidão está hoje extinta. "De um muro a outro", de uma fronteira à outra do Mandén. As incursões com capturas estão extintas a partir de hoje no Mandén. Os tormentos nascidos desses horrores se acabam a partir de hoje no Mandén; que provocação esse tormento!
7 – Os Ancestrais nos dizem que: "O homem como indivíduo, feito de ossos e carne, medula e nervos, pele coberta de pelos e cabelos, se alimenta com comidas e bebidas, mas sua alma, seu espírito, vive de três coisas: ver o que ele quiser ver, dizer o que ele quiser dizer, fazer

> *o que ele quiser fazer. Se apenas uma dessas coisa viesse a faltar na alma humana, ela sofreria e certamente se consumiria".*
>
> *Os caçadores declaram: "Cada um dispõe de sua pessoa, cada um é livre a agir, cada um dispõe dos frutos de seu trabalho".*
>
> *Assim é o juramento ao Mandén, destinado aos ouvidos do mundo inteiro.*

Os griôs, que atravessaram o Atlântico em holocausto, são depositários desse Juramento ao Mandén, ou Carta dos Caçadores. A Revolta dos Malês, levante acontecido em 1835 na Bahia, que assustou os senhores de escravizados de todo o Brasil, recebeu essa denominação porque os revoltosos eram originários do Mandén, ou Mali, a terra do Rei Leão. Luísa Mahin, mãe de Luís Gama, o escravizado que se torna advogado para libertar escravizados, foi uma das lideranças desse movimento acontecido na Bahia; foi uma rainha leoa. São memórias ancestrais, perdidas no tempo, recuperadas nos pequenos gestos, nas cantorias, nas brincadeiras, nas histórias de avós.

A Ação Griô do programa Cultura Viva, recriada em uma época que o Brasil pretendia se cultivar colhendo a sabedoria entre os muitos povos que o habitam. Essa foi uma política pública, de Estado, iniciada em 2005. Foi a partir de um ponto de cultura, na Chapada Diamantina, em Lençóis, no interior do estado da Bahia, que tomei contato, pela primeira vez, com as histórias de griôs. Desse contato surgiu a Ação Griô Nacional, ampliada para o conjunto dos saberes tradicionais, transmitidos pela oralidade, não somente em matriz africana como ameríndia, cabocla, imigrante. Como impulsores, um casal, a educadora Lillian Pacheco e Márcio Caires.

"Seja honesto, disponível e corajoso". Com essas palavras, o mestre *djeli* Mory Diabaté conclui a iniciação de Márcio Caires como "Velho Griô". Velho Griô, a entidade, o personagem da Ação Griô que Márcio e Lillian escolheram para levar de volta ao Brasil os ensinamentos ancestrais da arte da palavra, da música e da história. Era 2006, Diabaté tinha 77 anos de idade. Na década de 1960, logo após a independência do Mali, havia liderado a mobilização nacional pela preservação e valorização da sabedoria griô, tendo sido o grande tocador nacional de *kora*. A Márcio ele ensinou como deve se comportar um griô e as qualidades que deve carregar:

> *Quando vê uma coisa boa deve dizer; quando vir o mal, tenha a coragem de denunciar; tenha conhecimentos sólidos e domine os saberes misteriosos e de proteção; seja fiel a seu mestre e esteja disponível para sua comunidade; tenha habilidade na mediação de conflitos; conheça o poder da palavra, da comunicação e do silêncio.*

A partir deste encontro acontecido na África, Márcio pôde seguir em iniciação com os demais mestres griôs na aldeia Toumoudala, na região de Kita, no Mali. Ele volta ao Brasil como griô-aprendiz, pois griô-mestre só quando dominar, primordialmente, a sabedoria de cura, após iniciação espiritual. Essa é a etapa dos *domas*, os mestres dos mistérios da vida e da cura. Mas essa seria outra longa história. Fiquemos nos griôs.

No Mali, Márcio conheceu várias histórias, entre elas a de um juiz de direito que também era griô e que exemplifica como esse modo de sentir, pensar e agir está presente na África contemporânea. Após várias sessões tentando resolver um conflito de terras entre famílias, sem solução à vista,

> *o juiz pediu permissão aos seus ancestrais e aos mais velhos, que o haviam iniciado como griô. Diante dos representantes das famílias em conflito, retirou a túnica preta de juiz e deixou aparecer as roupas coloridas de griô, que vestia por baixo. "Agora não sou juiz, sou o djeli", disse o juiz. Em seguida começou a contar a história de vida das duas famílias, a traçar a genealogia de várias gerações, a relatar as suas lutas e glórias, as mediações de casamentos, as mortes, a história da mãe, da avó, das bisavós, até que reconstruiu a ancestralidade das duas famílias. Com isso conseguiu que cada um dos presentes reconhecesse sua identidade, sua ancestralidade e a importância de serem generosos e solidários entre si. Os representantes das duas famílias levantaram-se e eles mesmos apresentaram várias propostas para a resolução do conflito, aceitas por ambos. Agradeceram ao juiz griô e se retiraram, nunca mais voltando ao problema. Em seguida, o juiz griô procurou seu griô-mestre para ofertar a* woro, *a semente que simboliza o reconhecimento.*

Essa história não se passou em alguma aldeia esquecida do Saara, com um griô da comunidade, mas com um juiz de direito, com formação acadêmica e função pública de Estado.

Trazendo na bagagem aprendizados como esse, Márcio volta para o Brasil. Mas antes oferta a *woro*, como semente, em cantoria, em agradecimento ao seu mestre, Diabaté. Uma *woro* em português, porque cultura é encontro:

> *Meu senhor dono da casa, Deus lhe dê uma boa tarde*
> *Deus lhe dê uma boa tarde*
> *Boa tarde lhe dê Deus e alegremente cantando*
> *E alegremente cantando*
> *Passarim quando "avoou", nos ares bateu as asas*
> *Nos ares bateu as asas*

> *Foi voando e foi dizendo, viva o dono desta casa*
> *Viva o dono desta casa.*

Lençóis, Bahia, 2017.
Lillian Pacheco se apresenta:

> *Em nome dos meus ancestrais, peço a bênção à minha vó Teté, neta de índia caçada no mato da Chapada Diamantina, guerreira que pariu vinte filhos em sua casa, com parteiras tradicionais de sua comunidade tradicional, a noventa quilômetros de Lençóis. Sou Lillian Pacheco, moro na Chapada Diamantina, busco ser uma pensadora, escritora, aprendiz, interiorana de ancestralidade indígena e negra. Busco ser uma mulher cheia de esperança na família e na comunidade, livre do mal-estar do fundamentalismo religioso, do consumo e dos preconceitos de raça e gênero. Busco uma luta revolucionária e comunitária, que se organiza como movimento afetivo, cultural e político de protagonismo, libertação e reinvenção do corpo e do povo.*

Lillian, esposa de Márcio, é a formuladora do conceito e da pedagogia griô, a reinvenção da roda da vida.

A pedagogia griô caminha em espiral, surge fora da academia e dos grandes centros. Seu método foi aprender "tomando café no pé do fogão, comendo beiju e dando boas risadas ao fazer ciência com a alegria e o afeto do povo brasileiro". Um aprendizado em caminhada, pelos pontos de cultura, quintais, roças, com foco no mundo socialmente excluído, no meio do povo. Nesse contexto, a pedagogia griô precisa ser compreendida como uma educação comunitária, com ênfase nas culturas tradicionais de transmissão oral, em interface com a educação de Paulo Freire, dialógica e popular, biocêntrica, em psicologia comunitária e produção partilhada do conhecimento. O ambiente para a difusão dessa pedagogia tem sido, entre outros, o da cultura viva comunitária.

Segundo Lillian Pacheco,

> *a pedagogia griô é uma pedagogia da vivência de rituais afetivos e culturais que facilitam o diálogo entre as idades, a escola e a comunidade, grupos étnico-raciais, tradição e contemporaneidade, interagindo e mediando saberes ancestrais de tradição oral e as ciências formais, por meio do reconhecimento do lugar social, político e econômico dos mestres griôs na educação, para a elaboração do conhecimento e de um projeto de vida que tem como foco a expressão da identidade, o vínculo com a ancestralidade e a celebração da vida. Na pedagogia griô,*

*os facilitadores das vivências e rituais afetivos e culturais são os griôs-
-aprendizes e os educadores griôs.*

Escrever sobre a Ação Griô e seus vinte anos de caminhada é uma longa história. Em Lençóis, município com 8 mil habitantes, empoderaram-se cem jovens na elaboração e realização de projetos de vida, assumindo espaços em conselhos de políticas públicas, como dos direitos da criança e do adolescente, quilombolas, educação, turismo; esses jovens desde o início também começaram a ocupar cargos públicos e a atuar em grupos culturais e associações comunitárias, a maioria deles com formação universitária. São jovens que desenvolveram suas habilidades culturais assumindo a produção de obras artísticas nas áreas de música, teatro, cinema. Foram mais de cem CDs, livros e filmes, idealizados e realizados pelos jovens, nos últimos dez anos. Isso em uma cidade com 8 mil habitantes. E virão mais. Em 2017, havia 240 crianças e adolescentes em atividade, fortalecendo sua identidade cultural e compartilhando novas pedagogias.

    A caminhada e a pedagogia griô foram muito além da Chapada Diamantina, no estado da Bahia. Já formaram 10 mil educadores, griôs e mestres da cultura tradicional, articulados em rede, em um sistema de articulação de cursos de pedagogia griô pelo Brasil, em várias universidades públicas, entre as mais respeitadas do país. Realizaram incontáveis encontros para trocas de experiências, edição nacional de livros, CDs, filmes e vídeos, contados às dezenas. E jogos pedagógicos para trilhas griô. Teses, monografias e trabalhos de pesquisa acadêmica foram realizados a partir da pedagogia griô. E a proposta para a Lei Griô, em tramitação – infelizmente, lenta – no Congresso Nacional. Recordo o refrão da música que foi composta para a defesa da Lei Griô:

> *Quem semeia amor só vai colher a paz.*
> *Vamos, meu povo, aprovar a Lei Griô.*

Reconhecidos como mestres griôs, tendo recebido bolsa no valor de um salário mínimo por mês, houve 750 griôs e griôs-aprendizes no Brasil, e seiscentas instituições de educação trabalhando com a pedagogia, envolvendo, de alguma forma, mais de 120 mil estudantes do ensino fundamental. Nos tempos atuais, eles seguem, mas sem o recebimento da bolsa pelo Estado brasileiro.

    É uma história de amor que envolve muita gente. E que começou como uma história de amor entre uma mulher e um homem, Lillian Pacheco, analista de computação, e Márcio Caires, consultor de administração em uma grande empresa de auditoria. Filhos da Chapada Diamantina, filhos do Brasil, que um dia resolveram fazer a caminhada de volta ao seu lugar, reinventando a roda da vida. Tiraram as vestes de analistas de grandes empresas, calçaram sandálias e seguiram por aí, caminhando na trilha dos griôs e mestres da sabedoria ancestral.

Quem quiser conhecer mais dessa história deve visitar uma trilha griô. Procure um mestre da cultura tradicional, ouça suas histórias, sinta o silêncio, abrace, caminhe junto. No quilombo do Remanso, a vinte quilômetros do centro de Lençóis, há uma trilha assim. Lá há muita sabedoria para quem quiser compartilhar. Na trilha, a pessoa poderá aprender o segredo das ervas que curam, as ervas aromáticas, e também a fazer farinha de mandioca, o pão do Brasil, a cuidar do apiário, a pescar, a conversar com os pássaros.

Nessas terras, de gente que foi tirada à força de suas terras originais, há um povo de braços abertos, pronto para abraçar quem queira ser abraçado. Há um povo que abraça, mas que também precisa ser abraçado. É imprescindível, é indispensável que esse abraço aconteça. E que do abraço germine um país como nunca se viu.

O POVO BRASILEIRO

Sinto saudade do Brasil.

Sinto saudade do povo que se formou do encontro entre povos. Sinto saudade de nossas raízes, sinto saudade de nossas flores e nossos frutos, sinto saudade do nosso futuro sonhado.

Brasileiros, quem somos?

Somos o único país a levar o nome de uma árvore, pau-brasil, a árvore do pau em brasa, da cor vermelha. Somos pataxós, somos tupinambás, somos guaranis, jês e tupis. Somos portugueses à solta, aqueles que depois de alcançar as falésias, no último limite de terra do continente euro-asiático, decidiram se atirar ao mar sem fim. Somos os africanos escravizados em holocausto. Somos os imigrantes, os que fugiram da fome na Europa, no Oriente Médio e no Japão. O Brasil abriga a maior população negra fora da África, um grupo que formaria hoje o segundo país africano mais populoso, atrás apenas da Nigéria. No Brasil vivem 25 milhões de descendentes de italianos. Há mais descendentes de libaneses vivendo no Brasil do que no Líbano. A maior cidade com população de origem japonesa vivendo fora do Japão é São Paulo. Há mil povos no Brasil.

Somos mescla, somos mestiços.

Somos acolhedores, somos solidários, somos criativos, somos alegres, somos solares.

Mas, se somos tudo isso, por qual motivo somos tão brutos e nos maltratamos tanto?

Por que se desmata tanto, por que se transformam rios vivos em esgoto, por que tanto veneno na comida?

Por que tantos horrores, por que tanta matança?

Por que se matou – e se mata – tantos indígenas?

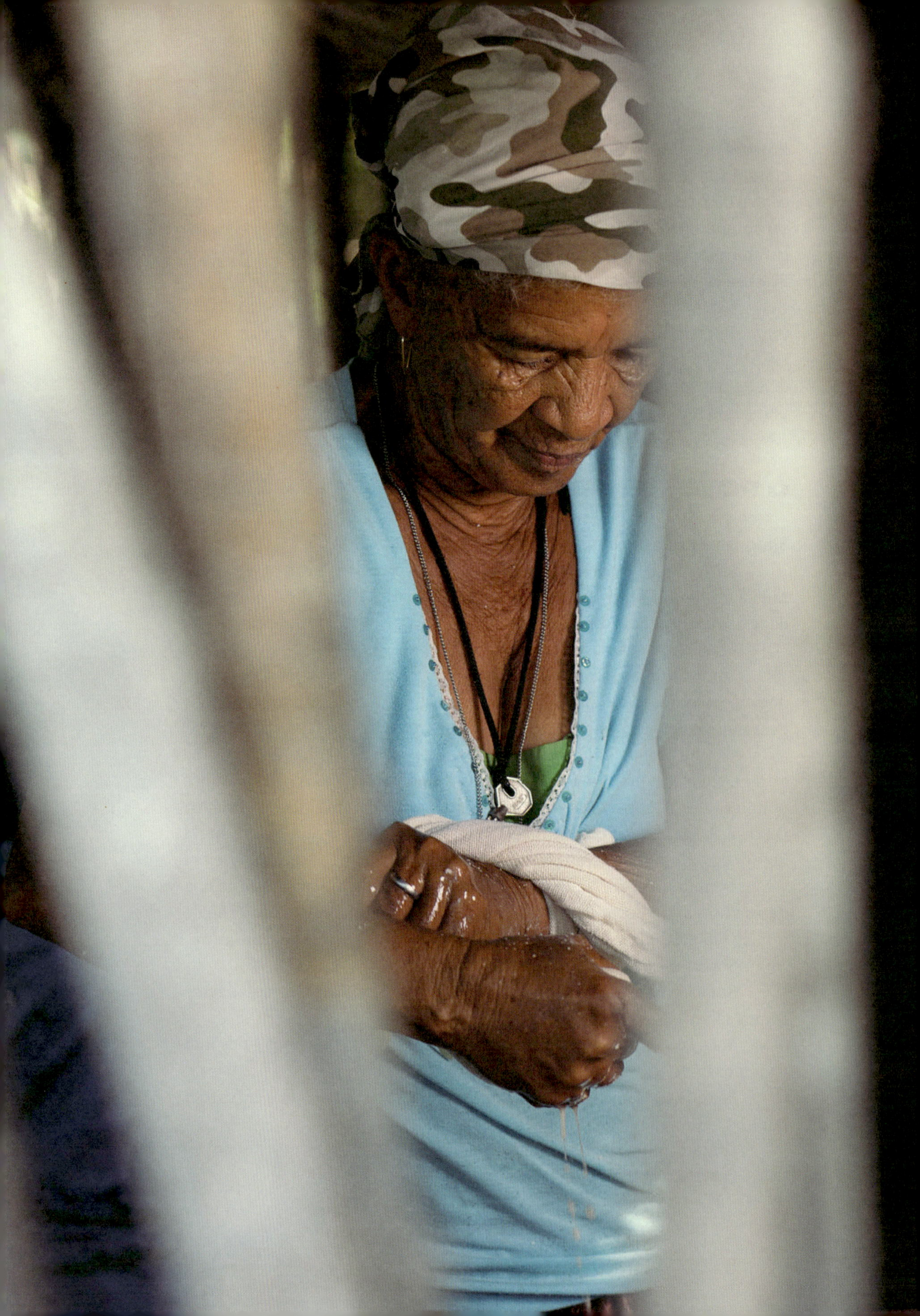

Eles nos receberam tão bem. "Eles" não, porque "eles" somos nós.

No início do século XVI eram 5 milhões habitando as terras de Pindorama. Passados cem anos a maioria havia sido dizimada por ação das entradas e bandeiras, por fome, abate, escravização e pela disseminação de doenças. Povos roubados e arrancados de suas terras, que haviam recebido a esquadra de Cabral com dança e cantoria.

O que se fez com nossos irmãos africanos?

Em séculos passados, os traficantes de escravizados eram também chamados de brasileiros. Seis milhões de escravizados, arrancados de suas terras, transportados em tumbeiros, aprisionados em martírio.

O Brasil se fez sob o signo do roubo de terra e da matança de indígenas; do sequestro e da escravização de africanos. Um povo que se habituou a naturalizar horrores. Pelourinho, tronco, gargalheira, vira-mundo, açoites. Torturas, injustiças e humilhações fizeram e fazem parte de nosso cotidiano.

E os imigrantes desrespeitados, enganados, deportados.

Os operários explorados.

Os camponeses sem terra.

O povo sem teto.

Os caboclos amordaçados, chacinados.

Cabanos, Contestado, Caldeirão.

Canudos, o arraial que resistiu até a morte: "Eram quatro apenas; um velho, dois homens feitos e uma criança, na frente dos quais rugiam raivosamente cinco mil soldados" (final de *Os Sertões*, de Euclides da Cunha).

Canudos não se rendeu.

Palmares não se rendeu. O quilombo acolhedor, em torno do qual brancos pobres, indígenas e mestiços se juntaram sob a liderança de Dandara e Zumbi, em resistência ao escravismo colonial.

Não nos renderemos!

Também somos irmã Dorothy Stang, que entregou a vida em defesa da floresta. Somos Chico Mendes. Somos Marielle Franco. Somos os camponeses assassinados, somos os ambientalistas assassinados, somos os indígenas assassinados, somos os jovens negros, pobres e periféricos, igualmente assassinados, amordaçados, desprezados.

Também somos os que assassinaram irmã Dorothy. Somos os que assassinaram Chico Mendes e Marielle Franco. Somos os que assassinam os camponeses, somos os que assassinam os ambientalistas, somos os que assassinam os indígenas, somos os que desprezam, amordaçam e assassinam os jovens da periferia.

Somos os que maltratam e os que bem tratam.

Somos maldade e somos bondade.

Somos afeto e somos horror.

Somos iniquidade e equidade. Iniquidade, na relação entre os que mandam, a minoria, e os que obedecem, a maioria. Equidade, na solidariedade entre os "despossuídos", os "de baixo".

Somos egoísmo e somos solidariedade.

Somos indiferença e somos amor.

Somos ódio.

Somos coragem.

Esses somos nós.

Sinto saudade do "progresso autossustentado", como previu Darcy Ribeiro, nosso querido antropólogo, em *O povo brasileiro*:

> Estamos nos construindo na luta para florescer amanhã como uma nova civilização, mestiça e tropical, orgulhosa de si mesma. Mais alegre, porque mais sofrida. Melhor, porque incorpora em si mais humanidades. Mais generosa, porque aberta à convivência com todas as culturas e porque assentada na mais bela e luminosa província da Terra.

Sinto saudade do Brasil.

Rezadeira quilombola prepara xarope no fogão a lenha.

Sinto saudade de nosso primeiro encontro entre povos. Está escrito, está na Carta de Caminha, foi a 22 de abril de 1500. É deste Brasil que sinto saudade:

> *Além do rio, andavam muitos deles, dançando e folgando, uns diante dos outros, sem se tomarem pelas mãos. E faziam-no bem. Passou-se então, além do rio, Diogo Dias, almoxarife que foi de Sacavém, que é homem gracioso e de prazer [homem de circo]; e levou consigo um gaiteiro nosso com sua gaita. E meteu-se com eles a dançar, tomando-os pelas mãos; e eles folgavam e riam, e andavam com ele muito bem ao som da gaita. Depois de dançarem, fez-lhes ali, andando no chão, muitas voltas ligeiras, e salto real, de que eles se espantavam e riam e folgavam muito.*

Tenho esperança no Brasil.
    Conheço seu povo, meu povo.
    (Será que conheço?)
    Tenho esperança porque a esperança da terra vai além da Thydêwá; há o Vídeo nas Aldeias, os cineastas indígenas, o cacique Aritana, meu amigo

Travessia de rio no minipantanal de Marimbus, em Lençóis (BA).

acolhedor, fazendo ressurgir o idioma iaualapiti, fazendo o seu povo ressurgir do tronco do quarup. Tenho esperança no Brasil porque as Pombas Urbanas voam; em Cidade Tiradentes, no Pirambu, na Restinga, em Simões Filho, no Parque Itajaí, no Capão Redondo, em Nova Iguaçu.

Tenho esperança no Brasil porque os griôs caminham, cavucam nossa memória escondida e cantam com afeto; são Meninas de Sinhá, são Bola de Meia, são Nina, são Tainã.

São quilombos, são mocambos, são aldeias, são favelas, são vilas.

São fábricas, das poucas que restam.

São agroecologia, são agroflorestas, são agricultura familiar.

São economia popular, da reciprocidade, da dádiva.

São jovens que se recusam a ser coisa.

São invenção brasileira. Tenho esperança no Brasil porque, quando desaparece a esperança, "uma flor rasga o asfalto".

Tenho esperança no Brasil de baixo, escondido, humilhado, explorado. É esse Brasil que precisa se encontrar e descobrir a força que tem.

São tantas as flores que brotam do asfalto. O Brasil do *software* livre, da cultura digital, da generosidade intelectual, da energia distribuída; da economia solidária, do trabalho compartilhado, do mutirão, do *motirô*. As mulheres, as valentes mulheres que são mãe e pai, as valentes mulheres que enfrentam a vida e são chefes de família; as mulheres do ativismo, do feminismo, do trabalho, da esperança, do compromisso e companheirismo.

Tenho esperança no Brasil pelo devir. Pelo que ainda vamos conhecer de nós mesmos, pelo que estamos a desesconder, pelo que ainda vamos descobrir. Pelos homens, pelas mulheres, por quem é gente no gênero que for. Pelos velhos, pelas crianças, pelos adultos, pelos que estão a nascer. Por esses, tenho esperança.

Há água, há florestas, há jandaias, papagaios e periquitos, e onças, e jaguares, e macacos. São muitas as águas, são muitas as florestas, são muitas as aves, e as onças, e os macacos, e os jaguares. E as orquídeas e os buritis. E os jacarés, e o boto, e o pirarucu, e o dourado. E as veredas e igarapés. E o tamanduá-bandeira correndo em desespero, com os braços abertos e os pelos em brasa, fugindo de uma floresta que arde nas chamas da destruição[3]. Essa nossa terra já foi conhecida como Terra dos Papagaios, a terra das aves que falam.

Tenho esperança no Brasil porque fazemos parte da "América do Sul/América do Sol/América do Sal", conforme Oswald de Andrade demonstrou com sua poesia antropófaga, em que "alegria é a prova dos nove".

---

[3] Referência à famosa foto de Araquém Alcântara. [N.E.]

Tenho esperança no Brasil porque somos América Latina; e saberemos nos encontrar como irmãos.

Tenho esperança no Brasil porque entre nós e a África há um rio chamado Atlântico, um continente se encaixando em outro; e saberemos nos encontrar como irmãos.

Tenho esperança no Brasil porque na Europa também brota a esperança; e na América do Norte há quem resiste; e no Oriente Médio há quem ensaia outra forma de convivência e paz, mesmo que surgida de escombros. Os nossos irmãos asiáticos, os povos do Pacífico, do Himalaia, dos desertos. Saberemos nos encontrar.

Brasil, a visão do paraíso, como os primeiros viajantes sentiam.

Brasil, país do futuro, como Stefan Zweig previu.

Brasil, país dos contrastes, como Roger Bastide percebeu.

Brasil, o país das reformas de base – que não aconteceram. Brasil, o país da pedagogia do oprimido, de Paulo Freire, do combate ao analfabetismo – que não aconteceu. Brasil, o país da bossa nova, de João Gilberto, do cinema novo, da cultura e da arte que brotam das nossas entranhas – e que teima em interromper. O país do combate à fome, de Josué de Castro a Lula da Silva – e a fome volta. O país do Sistema Único de Saúde – mas faltam médicos nos locais onde o povo mais precisa. O país que por vezes se esforça e tenta reduzir desigualdades, mas no qual exclusões e violências insistem em nos marcar.

Brasil, o país da invenção democrática, em que a democracia se desfaz.

Brasil, um país que desaconteceu.

Um país à espera de saber quem é.

Um país para acontecer novamente.

No Brasil aprendemos a odiar e a amar, a ser irmãos e a desfazer a irmandade.

Se aprendemos e desaprendemos, teremos que reaprender.

Se acontecemos e desacontecemos, teremos que reacontecer.

Com coragem, com alegria, diversos, inventivos, criativos, brasileiros.

Sinto saudade do Brasil do futuro.

Do vir a ser Brasil, que precisa voltar.

Sinto saudade da esperança que o Brasil inspira em mim. Em nós. *En nosotros.*

EPÍLOGO

QUIXOTES

*Que é loucura: ser cavaleiro andante
ou segui-lo como escudeiro?*
Carlos Drummond de Andrade

Eddy Ramos Ludeña e Lis Pérez Quispe formam um casal. São educadores e pais de dois filhos, uma menina e um menino. Residem no município de Santa Rosa, a duas horas do centro de Lima, em zona desértica e montanhosa, eles cuidam da Biblioteca Comunitária Don Quijote y su Manchita, criada em 2007 pela Asociación Pueblo Grande, em referência ao ideal da Pátria Grande latino-americana. Os familiares deles, quase todos, migraram para os Estados Unidos, mas o casal se mantém firme na defesa do bairro em que nasceram, vivendo em comunidade.

Seguindo o sonho impossível até alcançar a estrela inatingível, conforme os sonhos loucos do cavaleiro andante, *El ingenioso hidalgo Don Quijote de la Mancha*[1], eles distribuem imaginação. São dezenas de crianças que se achegam

---

1   Desta parte em diante, os excertos em itálico são todos extraídos do livro *Dom Quixote*, de Miguel de Cervantes.

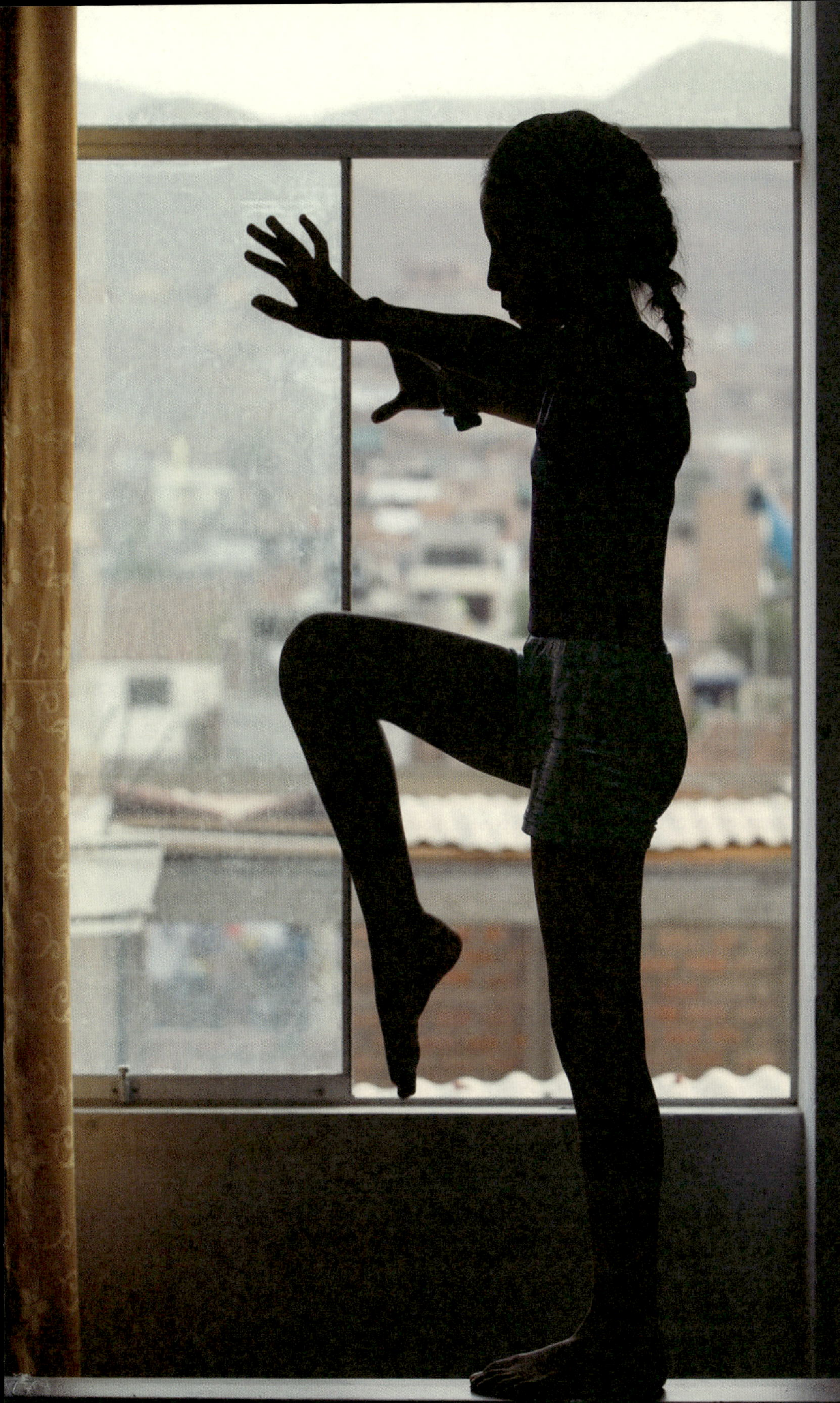

Fachada da biblioteca comunitária Don Quijote y su Manchita, em Santa Rosa, no Peru.

à biblioteca, todos os dias, para ouvir e contar histórias, bem como para dançar, cantar e tocar instrumentos musicais. A biblioteca é sustentada com contribuição dos pais das crianças, doações de amigos que vivem no exterior e pagam o salário de dois professores (US$ 100 para cada um), parcerias e receita com a venda de lindas esculturas em metal reciclado de Sancho Pança e Dom Quixote. Compartilhando o *sueño del Pueblo Grande*, começam a fazer intercâmbio com outros países. Quando os visitei, pediram para que eu fosse portador de uma escultura, *Quijote*, a ser entregue à biblioteca El Limonar, nas montanhas da Colômbia, em Medellín.

Atravessando Medellín por teleférico, avistando a cidade ao fundo, alcanço El Limonar e sou recebido por Yéssica Peña, bibliotecária. Na entrada da biblioteca, uma frase na parede: "Criticar o outro é evitar entender a própria realidade". Mais outra: "Limpe o ambiente, limpe a mente". O que há na biblioteca? Letras ao ar, literalmente, criando ambiente para encontros e diálogo com escritores, salas vivas para leitura, teatro, eventos, galeria de arte, horta, ofícios campestres, robótica, encontros de pessoas com dependência química, encontros com moradores para narrarem suas histórias de vida, reconhecimento do território.

No fundo da biblioteca passa um rio, e os leitores já estão recuperando a mata ciliar. Tudo isso a partir de uma biblioteca popular em bairro distante do centro de Medellín, quase zona rural. Antes zona de conflito, habitada por *desplazados*, pessoas desalojadas pela guerra civil, expulsas de suas terras, vítimas de militares, do narcotráfico, terratenentes e guerrilheiros. Gente que encontrou naqueles cerros um espaço para a autoconstrução de sua moradia e vida. Unindo todos, uma biblioteca.

Foi no centro da biblioteca El Limonar que decidiram colocar o *Quijote*, o presente enviado pelas crianças do deserto ao pé dos Andes, na periferia de Lima. Tanto as crianças de uma biblioteca como as da outra fiéis escudeiras do "cavaleiro da triste figura".

O que une as duas bibliotecas, o casal Eddy e Lis, a bibliotecária de El Limonar e as crianças?

A sensação mais grata: a boa consciência.

O que os move?

O esforço para serem melhores sem serem perfeitos, e, sobretudo, a disposição para fazer o bem e combater a injustiça, onde quer que ela esteja.

Quixotescos, se unem pelas palavras de Cervantes, e se movem. Por quê?

Porque todos são filhos da experiência, a mãe de todas as ciências.

Unem-se sem nunca haverem se encontrado presencialmente. Unem-se nos sonhos e leituras; e conversas e cartas, e mensagens eletrônicas e videoconferências, que se tornaram possíveis graças à tecnologia que chegou a ambas as bibliotecas.

Movem-se como se moveram grupos de teatro comunitário da América Latina, mais de uma dezena deles, para se encontrar na Cidade Tiradentes, na periferia de São Paulo, a duas horas do centro da cidade, na sede do ponto de cultura Pombas Urbanas, para montar um sonho louco: *El Quijote*. A adaptação dramatúrgica foi de Santiago García, do teatro de La Candelaria, em Bogotá. O local da apresentação, o centro cultural do Sesc Pompeia, em São Paulo, no II Congresso Ibero-Americano de Cultura.

Da coxia escura do teatro adentram Dom Quixote e Sancho. Este com seu asno e "El caballero" em seu Rocinante. Na cena atravessam um rio, em que há uma barca.

Começa o espetáculo.

Obra teatral preparada previamente em nove países, cada qual com sua cena, cada qual com seu Sancho Pança e seu Quixote, Dulcineias e Rocinantes. Quase uma centena de atores, diretores teatrais e músicos, em processo quixotesco, sonhador, cada qual ofertando o melhor de si e de seu país. Quixotes e Sanchos Panças com o modo de vestir e caminhar próprio de cada lugar, mostrando o país de onde vieram. As cores da Guatemala; uma Sancho Pança indígena, mulher mapuche do sul do Chile; outra mulher Quixote, guerrilheira de

Fachada da biblioteca comunitária Don Quijote y su Manchita.

El Salvador; um Quixote cego a enfrentar leões, mexicano; Quixotes andinos, Rocinantes como lhamas do Peru e da Bolívia; Quixote caribenho de Cuba; nordestino do Brasil; gaúcho da Argentina.

Uma montagem teatral que poderia resultar desencontrada, por cada país haver montado sua própria cena, sendo que a maioria desses grupos teatrais jamais havia se encontrado. Na articulação das diversidades culturais, uma mescla entre músicas, formas e sentidos foi revelando a magia da arte do encontro. O diverso se tornou uno. Uno porque latino-americano, o continente que se entende em idiomas irmãos e fronteiras que se cruzam. Havia diálogos em espanhol e português, e a barreira idiomática se desfez. Quixotes e Sanchos se cruzando no palco, juntos, indestrutíveis, em cenas de esperança. Razão, coração, afeto, irmandade e imaginação sem fronteiras. Onze cenas.

Marcando a passagem entre uma cena e outra, a fusão entre personagens. Cada qual levando um Quixote adentro, um Sancho também.

Na cena final, uma mistura entre idiomas, sotaques, cores e bandeiras. Tornaram-se Quixote. A plateia também. Tornaram-se Sancho. A plateia também. E todos lutam juntos na cena final, *contra três gigantes: o medo, a injustiça e a ignorância.*

CONTINENTE

Há golpes na vida tão fortes... Eu nem sei!
César Vallejo

No princípio eram todas as terras, Pangeia, e os humanos ainda não habitavam o planeta. Placas rígidas de rocha sólida foram deslizando sobre o núcleo da Terra. Mantas de pedra, entre 15 e 200 quilômetros de profundidade e milhões de quilômetros quadrados de superfície, se movendo lentamente, entre mares e lavas. Foram formados os continentes.

Vivemos em um planeta vivo, que nunca parou, nem no mundo, nem no *inframundo*. As placas seguiram deslizando. Até que a placa Sul-Americana se encontrou com a placa de Nazca. Do choque das placas surgiu a cordilheira, com suas montanhas e vulcões, seus platôs, lagos e estepes. Um movimento contínuo, constante. Da força de um lado, 20 milímetros de movimento por ano; de outro, 71 milímetros. Como rochas que são, rolam em um movimento firme e forte, "abrem sulcos escuros no rosto mais selvagem e no lombo mais forte"[2].

Viajar pelos Andes, atravessar suas montanhas e desertos, tocar o céu e a terra, conversar com geleiras e lagos, sentir seus seres, escutar sua gente, é um exercício que sulca profundamente o rosto.

Quando jovens de Cusco decidem fazer arte com vigor, juntando todas as referências que lhes caiam bem, eles estão estabelecendo esse diálogo da complementaridade e do movimento. Dos outros cantos do continente, outros jovens começam da mesma forma, sem preconceitos, com coragem, abertos ao mundo. Esses jovens são o "Sim" que não nega o "Não". Eles são "Não" quando rompem com a colonialidade. Eles são "Sim" quando afirmam mentalidades em fluxo. Seguem em movimento, promovendo uma reaproximação fina com outros modos de vida, de partilha do "sensível" e das sabedorias ancestrais e comunitárias, como base para a invenção.

Nessas minhas andanças, do México ao Chile, do Atlântico ao Pacífico, atravessando a América Central, com seus vulcões e memórias, seguindo da selva ao deserto, das planícies às montanhas, das metrópoles às aldeias e *pueblos*, pude observar originais laboratórios de reinvenção da vida social, da política, da economia e da relação dos humanos que se reencontram com a natureza. É o que pretendi compartilhar neste livro. São movimentos ainda fora do radar dos cânones da economia, da política, também da academia e das universidades, e até de correntes artísticas. Há alguns nichos acadêmicos e artísticos que

[2] Trecho do poema "Os arautos negros", de César Vallejo.

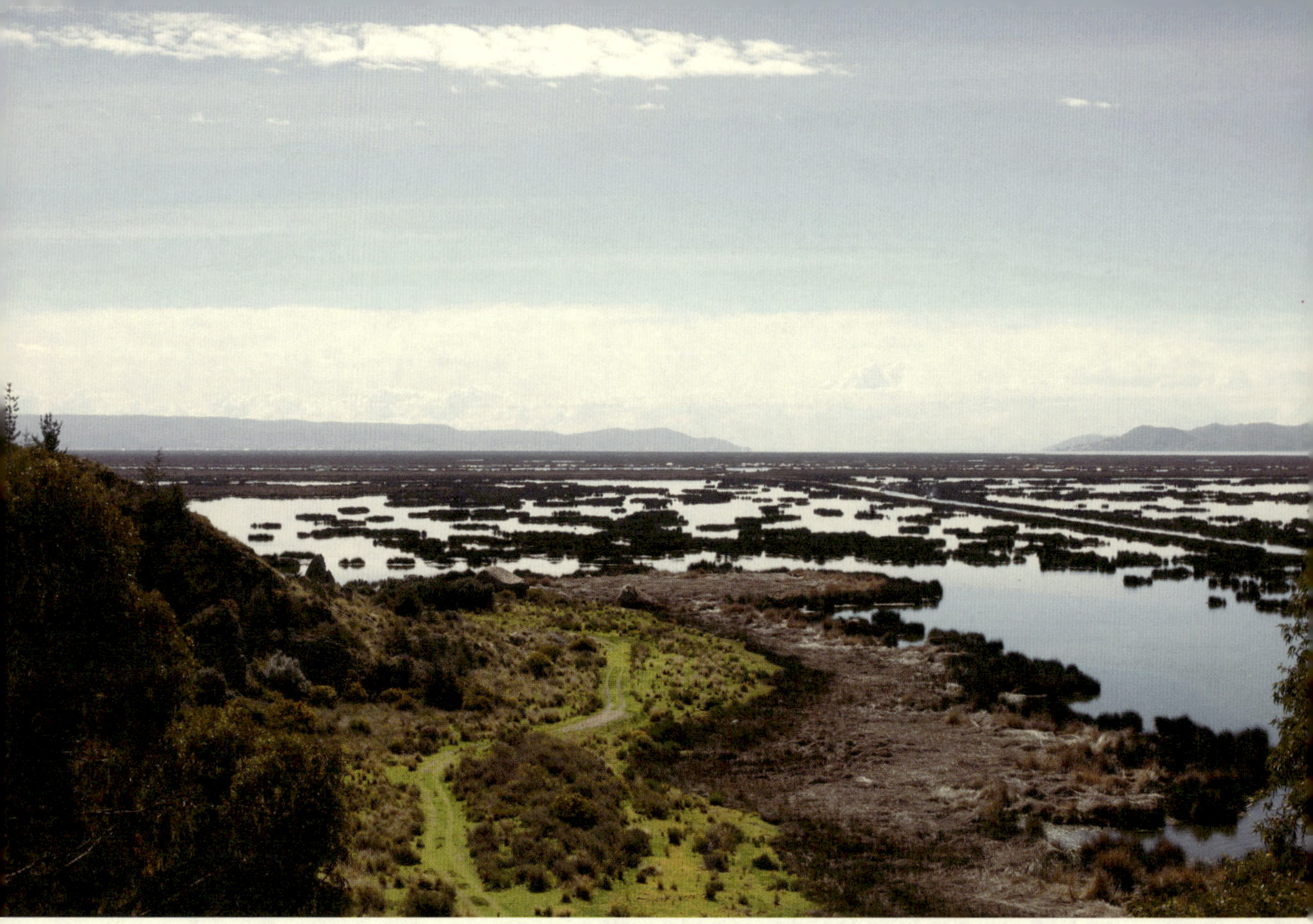

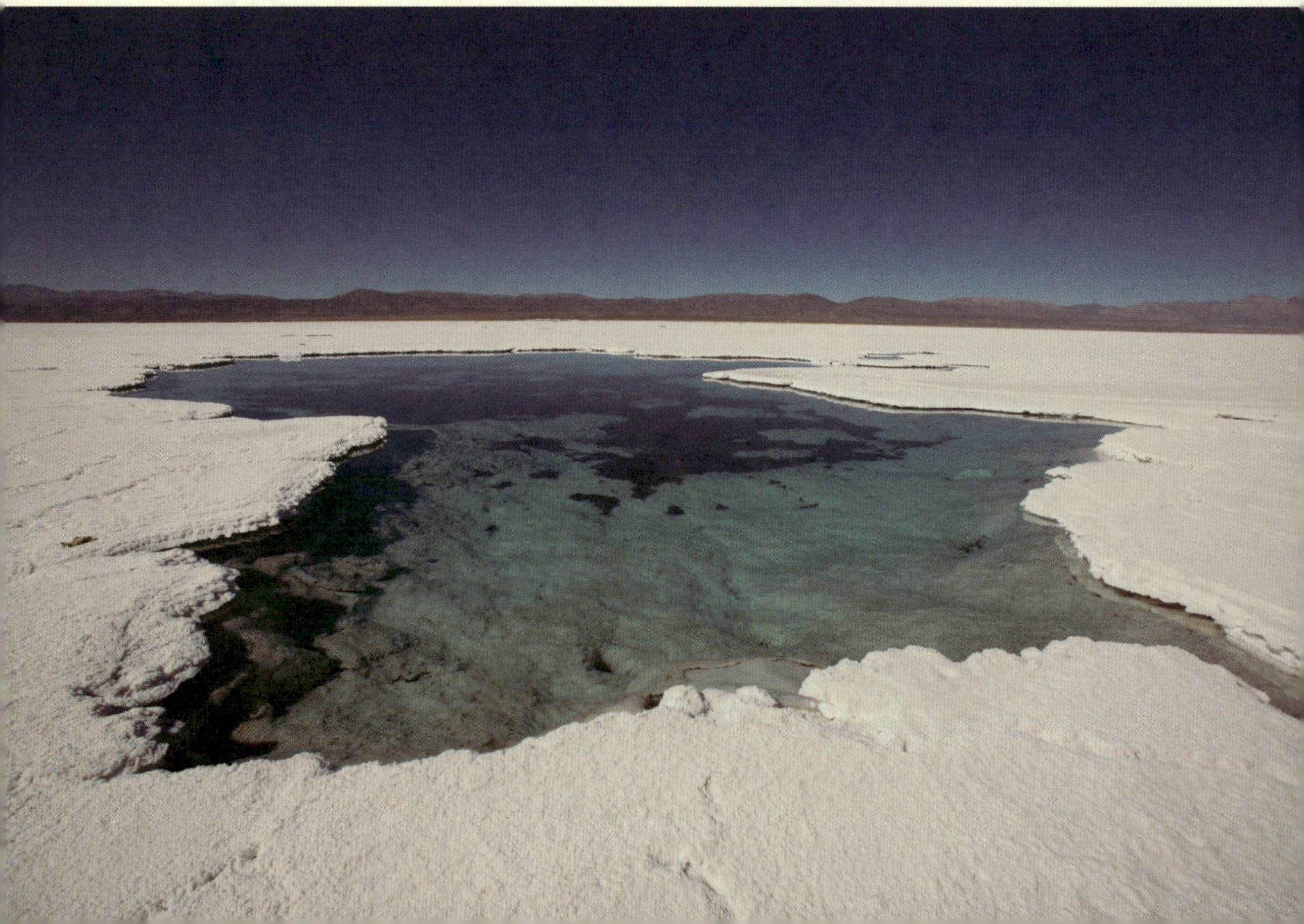

Lago Titicaca, na fronteira do Peru com a Bolívia.

já perceberam essa movimentação, mas ainda são poucos e insuficientemente reconhecidos; no pensamento acadêmico latino-americano a colonialidade foi, e é, muito eficaz.

Dos movimentos milimétricos das placas continentais brotou a cordilheira, magnífica, soberana, como se fosse uma espinha dorsal do planeta, ligando o sul ao norte, se dividindo em forquilha, de um lado seguindo até a Mesoamérica, de outro adentrando no oceano, formando as ilhas do Caribe. Dos movimentos das culturas ancestrais, da cultura viva comunitária, dos recantos mais escondidos e desprezados deste nosso imenso continente, também brotará a Cordilheira do Encontro a unir os povos. Eu sei, eu vi, eu senti e vivi. São movimentos fortes, precisos, milimétricos, sensíveis. Não importa o tempo que leve, eles estão em fluxo contínuo e um dia brotarão, assim como brota a cordilheira.

PARADERO

Espelho-d'água nas Salinas Grandes.

Este livro chega ao fim em uma história que não tem fim. Uma pausa para reflexão, para descanso e meditação. Um *paradero*, um lugar de parada para retomar os caminhos com energia renovada. São tantos os caminhos, são tantos os caminhantes, há que ter *paraderos* a acolhê-los; também para mim, que quis parar em um *paradero* entre a selva e a montanha, no meio do sertão. E observar os que caminham por todos os caminhos. São andantes, navegantes, sonhadores. Corajosos, amorosos, gente que se junta com sua gente, entrelaça-se, se abraça.

Este livro é uma história de abraços reais, muito reais. E de histórias imaginadas, belissimamente imaginadas por muita gente que faz e acontece. Reais e imaginadas em sonhos impossíveis que se fazem possíveis. Em estrelas inatingíveis que se tornam atingíveis. Histórias de coragem, alegria e destemor. Histórias de cavaleiras e cavaleiros andantes, *ao sol, ao frio, de noite ou de dia*. Histórias para conhecer amigos e inimigos, *em suas próprias pessoas e em todo transe e ocasião*. Histórias que vêm de longe e atravessam o tempo, histórias de bem perto, que nos foram negadas e escondidas, ou que nós mesmos escondemos de nós.

Foram muitas as viagens, dezenas, centenas. Desde 2004 não paro de viajar, primeiro como agente de Estado brasileiro, principalmente pelos rincões deste meu país continente; após 2010, andando por aí, como caminhante sem governo, atendendo a convites de quem me chama, por este nosso vasto continente, agora mais amplo, com mais povos e países. Também histórias de antes, dessas que entram em nossa memória sem nem sabermos como chegaram. Histórias urdidas no tempo. O Tempo, a quarta dimensão de um ponto. Passado, presente e futuro em uma só história comum. Comum porque *quando se sonha sozinho é apenas sonho, e quando se sonha junto é o começo da realidade.*

Enquanto Alberto sai a *caravanar* pela América Latina, partindo do México, Inés regressa à América Latina e, pela dança, demonstra que "criar vale a pena". Anos depois de Alberto, Iván sai pela América do Sul, a *caravanar*, de Copacabana, no lago Titicaca, a Copacabana, às margens do Atlântico. Quando Lino Rojas escapa da ditadura no Peru para enfrentar outra ditadura no Brasil, ele faz como Adhemar, que escapa da ditadura no Uruguai para, pouco depois, enfrentar outra ditadura na Argentina. Julio deixa o País Basco para fazer educação popular em El Salvador, em plena guerra civil; é o mesmo movimento que faz Sebastián, ao deixar a Argentina e se unir aos povos indígenas do Brasil, criando a rede Índios On-Line. E César permanece no Peru, em Villa El Salvador, fazendo arte com justiça, sob a proteção de Vichama, o deus da Justiça. Há os que vêm, os que vão, os que voltam.

São muitos os movimentos.

A Medellín violentada só se superou e se reinventou porque houve quem ficou, houve quem foi e houve quem retornou. Fernando, os Jorges, Sandra, Jairo, Miriam, Julia e Doryan, Chucho, o querido, valente e carinhoso Chucho, guardado na memória e no coração. Ao mesmo tempo que Olga e Wolf apresentavam sua visão inclusiva, Claudia experimentava o perdão e a inclusão, e se fez livre com o Caracol. O casal Lillian e Márcio decidia deixar a carreira de analistas em empresa multinacional para voltar à sua terra, no sertão da Bahia, com pés no chão, e assim reencontrar a sua história, que vem lá dos sertões da África, com os griôs. Enquanto isso, a Guatemala começava a mudar pela arte e pelo lúdico, pelos corações, mentes e mãos do casal Julia e Doryan, que decidiram sair de Medellín para fazer a Caja Lúdica na América Central. A Bolívia se descolonizava com Compa e Wayna Tambo. E o Brasil se desescondia com a cultura viva. Ao pé dos Andes, Silvia construía seus abraçadores e, nos pampas, Emilia inventava o abraço comunitário. Também é a história de um papa que é Quixote e seus leais Sanchos Panças, José e Quique. E de *curas villeros*, que caminharam com o povo, como Juan Enrique, Jon Cortina, de religiosos que viveram e morreram pelo povo, como Rutilio Grande, Carlos Mugica e San Romero de las Américas.

São muitas as histórias, muitas as gentes, são as cirandas do Brasil, as rodas, os círculos, os pontos, as *peñas*. São histórias do quadrado que se arredonda. São *tarumbas*, são loucuras. São teias, caravanas, congressos. São encontros. São memórias. Histórias de feiura e histórias de beleza, histórias de um povo que vai se fazendo protagonista. São histórias de Quixotes.

É a história da cultura viva que se encontra com a comunitária, que se encontra com a ancestral, que se encontra com a cultura do encontro, que se projeta ao futuro. E de latino-americano.

São histórias de encontros. Encontros com grupos de cultura viva comunitária da América Latina, com gestores públicos, com estudiosos da cultura popular, com ativistas, sonhadores. Encontros de amor e potência formando uma nova cultura política.

É também a história de um reencontro pelos caminhos do amor. Minha companheira Silvana Bragatto, que desde 2011 me acompanha em viagens por aí, atravessando montanhas, rios, selvas, favelas e todos os lugares loucos, reais e imaginados. Foi ela quem organizou as viagens que possibilitaram este livro, em 2017, do México à Argentina, permitindo que eu pudesse me deter mais densamente na escuta e na escrita. Com amor e capacidade de engenheira, sabendo construir moinhos, "pois não se pode impedir o vento", Silvana apareceu em minha vida quando estudante, ela de engenharia, eu, de história. A vida nos levou por outros caminhos, a vida fez com que nos reencontrássemos.

São as histórias expressas em imagens, as fotos de Mário, meu irmão. Suas luzes e sombras, os retratos, as paisagens, os ângulos e olhares. Há, igualmente, as histórias de meu avô, o carinho de minha avó, o encontro com o pai que me adotou, e com quem atravessei os Andes, as histórias que compartilhei à distância com minha mãe – por vezes me via escrevendo para ela, só para ela. São memórias que estão nas entrelinhas, isso porque também somos o que a nossa ancestralidade faz de nós.

Um livro que é fruto da aproximação com o conceito da cultura do encontro, apresentado pelo papa Francisco; dos momentos em que pudemos estar juntos e do programa que ele oferta ao mundo, Scholas Occurrentes, as Escolas do Encontro.

Os amigos e amigas que fui fazendo por aí, que ajudaram nas viagens, nas recepções, nos contatos, nas histórias entregues em confiança, e que espero ter honrado. Histórias de toda uma vida, reflexões, sonhos comuns, quixotescos, por isso tão reais. Cada passagem que está no livro aconteceu e acontece, são histórias vivas. Essas histórias vivas também permitiram que eu escrevesse uma história do futuro, do futuro que "já é", porque imaginado e colocado em movimento.

Ao futuro, às minhas filhas Mariana e Carolina, aos netos Beatriz e Pedro e aos que ainda estiverem por vir, dedico estas páginas; em nome delas e deles rendo minha homenagem a todos que abraçam e abraçarão a cultura do encontro. Também dedico esta obra aos Quixotes e Sanchos Panças que não conhecemos, aos que andam por aí, aos que não perdem a coragem, porque, *quem perde os bens perde muito; quem perde um amigo perde mais; mas quem perde a coragem, perde tudo.*

Primeiramente este livro foi publicado em edição de mesa, como livro de arte, com outro título, *Cultura a unir os povos: a arte do encontro*. Os exemplares dessa edição única foram todos doados a bibliotecas e entidades comunitárias espalhadas pelo Brasil e pela América Latina; houve lançamentos no Memorial da América Latina, em São Paulo, e em Castelgandolfo, no Vaticano, com o papa Francisco recebendo um exemplar, em 2018. Essa realização só foi possível graças à Lei Rouanet e aos patrocinadores do Instituto Olga Kos, permitindo que os meios para viagem e edição fossem viabilizados. A Olga, a Wolf e a todos os que permitiram essa realização, minha gratidão. Mas esta edição é um novo livro, totalmente revisto e ampliado, com mais capítulos e formato para leitura, aprofundando histórias e reflexões, que, igualmente, foram amadurecidas. Às Edições Sesc, que acolheram a ideia e agora lançam esta edição, a primeira em circulação ampla, meu profundo agradecimento pela confiança e pelo apoio.

Um livro que é carta. Uma carta escrita *por todos os caminhos* e para todos os caminhantes, a partir da mirada e do fazer de culturas comunitárias e ancestrais da América Latina. Um presente ecoando o passado, o ancestral. Uma carta ao passado, ao visceral, em busca de luz e força para a reinvenção do futuro. Uma carta ao presente, para aqueles que, cotidianamente, com criatividade e afeto, estão mudando o mundo a partir de suas comunidades. Uma carta ao futuro, aos nossos frutos, que receberão nossas heranças até se transformarem novamente em semente a lançarem futuro para os seus frutos. Passado, presente e futuro como dimensões de um só tempo que se funde. É essa possibilidade de o tempo se fundir em várias dimensões que permite que nos reinventemos, sempre. Apenas com os povos indígenas, depois de décadas como historiador, é que pude perceber plenamente o sentido dessa coexistência dos tempos. Humanos, de diversos tempos e lugares, compartimos dores e alegrias, desencantos e esperanças, somos iguais e somos diferentes, singulares e diversos. Nós somos o que fazemos de nós, mas também somos o que permitimos que os outros façam de nós. Somos raiz, tronco, galhos, flores e frutos; também somos caule e seiva, somos o nosso passado e também aquilo que sonhamos, que projetamos para o futuro e que, ao ser lançado ao futuro, já é.

Por todos os caminhos é um livro para aqueles que decidiram que não é mais possível que os acontecimentos nos transformem em "coisa". Ao menos para aqueles que desejam experimentar a sensação de não ser coisa, lançando-se pelos caminhos do mundo. Este vasto mundo de tantos caminhos, caminhos que nos levem à revolta, como nos versos de Carlos Drummond de Andrade em "Nosso tempo": "são tão fortes as coisas, mas eu não sou as coisas, e me revolto".

Um livro-carta que é um chamado à revolta. A revolta da lucidez. A lucidez da decisão de buscar adquirir a capacidade de desembaçar o olhar e desentupir os ouvidos. Encontrando beleza e potência naquilo que, aparentemente, menos as apresenta. E dessas energias se nutrir de forças para uma revolta consciente, emancipadora. Somos inteiros quando nossa identidade se encontra com a identidade do outro; do contrário, seremos sempre pessoas partidas. Tornamo-nos uno quando interagimos com a identidade do outro, não assumindo a identidade do outro ou suprimindo a própria, mas encontrando-a; o uno é um ser plural, porque a singularidade está contida no múltiplo, formando partes de um mesmo ser. Meu desejo com este livro é que reencontremos o desejo de nos unir. Só assim saberemos que não estamos sós e poderemos confiar *no tempo, que costuma dar doces saídas a muitas amargas dificuldades* – Cervantes novamente.

Confiantes e cheios de sentido, teremos coragem para nos encontrar com os demais seres que compartem a nossa Casa Comum. Não apenas os humanos, os animais e seus sentidos, os vegetais e suas cores e perfumes, as pedras e seus segredos, o ar e seus espectros, as águas e suas inteligências líquidas, o cosmo e suas gravidades. Somos poeira do universo, por isso estamos unidos aos demais seres do planeta, unidos pela criação, unidos à criação, unidos ao cosmo.

Neste livro decidi começar expondo a ideia principal, fazendo um convite à imaginação: somos filhos da mesma criação e habitamos a mesma Casa Comum, somos produto e vetor do que fazemos de nós, por isso agentes do nosso presente, passado e futuro. É chegado o momento de cultivar melhor a nossa juventude: agentes jovens da comunidade, em aprendizagem-serviço realizado em ambientes acolhedores, comunitários, de amorosidade, coragem e luz. De todos os dons que recebemos dos céus, a liberdade é o mais precioso, *com ela não podem igualar-se os tesouros que a terra encerra, nem que o mar cobre; pela liberdade, assim como pela honra, se pode e deve aventurar a vida, e, pelo contrário, o cativeiro é o maior mal que pode vir aos homens*, imaginou Cervantes. A mensagem da carta é para que, como sociedade, criemos meios para que os jovens descubram e realizem os seus dons. E, a partir do dom descoberto, nos façamos a seguinte pergunta: Se foram os humanos que criaram os sistemas históricos, se fomos nós que criamos o mercado e o Estado, as igrejas, o sistema educacional, por qual motivo nos deixamos dominar por esses sistemas e por que não conseguimos colocar esses sistemas a serviço da vida, e não mais a vida a serviço dos sistemas?

Essa é a hipótese do livro. Este mundo está organizado de forma infame e injusta e caminha para uma infâmia maior, para o holocausto em uma vida pós-humana. Precisamos deter essa marcha insensata. Nela, o futuro transforma-se em coisa morta, para que cada vez menos pessoas acumulem mais e mais. Mas há outros caminhos. Basta de um mundo da acumulação concentrada e infinita e do descarte. Basta de um mundo da exploração. De humanos que descartam demais humanos, inclusive; de humanos sobrepondo-se a outros seres; de humanos pisoteando o planeta vivo, tornando-o morto. Chega de mal-estar e descaminhos. É possível barrar essa marcha. É necessário. É urgente.

Procurei apresentar as respostas na segunda parte do livro, a partir de exemplos práticos. Por isso a preocupação com a narrativa, com contextos puxando o fio da história, os fatos, os rostos, as ações. São criações reais, que estão acontecendo agora. Busquei uma descrição densa, que não fosse enfadonha, por isso o recurso à poética e à forma literária, levando em conta os ensinamentos de Hannah Arendt sobre escrever, sobretudo quando ela diz: "Nenhuma filosofia, nenhuma análise, nenhum aforismo, por mais profundos que sejam, podem se comparar em intensidade e riqueza de sentido a uma história contada adequadamente"[3]. Cada frase, cada palavra, foi escolhida para fazer jus à confiança que essas pessoas extraordinárias – e comuns – depositaram em mim. Procurei honrá-las, mostrando o que fizeram, o que fazem e como fazem, preferencialmente em suas próprias vozes. Mas também me coloquei na condição de um observador atento, de um escritor que busca sentidos para além do aparente. Sobre essa tentativa, caberá ao leitor avaliar se fui feliz ou não. Tenham certeza que tentei.

O extraordinário nessas histórias é que elas podem e devem ser comuns. São comuns em muitas tantas outras histórias escondidas, nem tantas quanto necessário, mas não tão poucas a ponto de seguirem invisibilizadas. É necessário olhar mais para essas experiências. São experiências ricas, cheias de sentido, de gente que conseguiu se assenhorar do dom da liberdade, do dom da coragem, do dom da generosidade e da lucidez. Histórias em que o *sentirpensaragir* é possível. É possível se negar a ser coisa, por mais tentações e obstáculos que possam nos levar a desistir, ter medo, nos corromper, nos acomodar, nos conformar. As narrativas que espero ter conseguido honrar são histórias de quem não se conforma, de quem não se acomoda, de quem não se corrompe, de quem não tem medo, de quem não desiste. São histórias de loucura. São histórias de loucura porque *mudar o mundo, meu amigo Sancho, não é loucura, não é utopia, é justiça!*.

---

[3] Hannah Arendt, *Homens em tempos sombrios*, São Paulo: Companhia das Letras, 2008, p. 30.

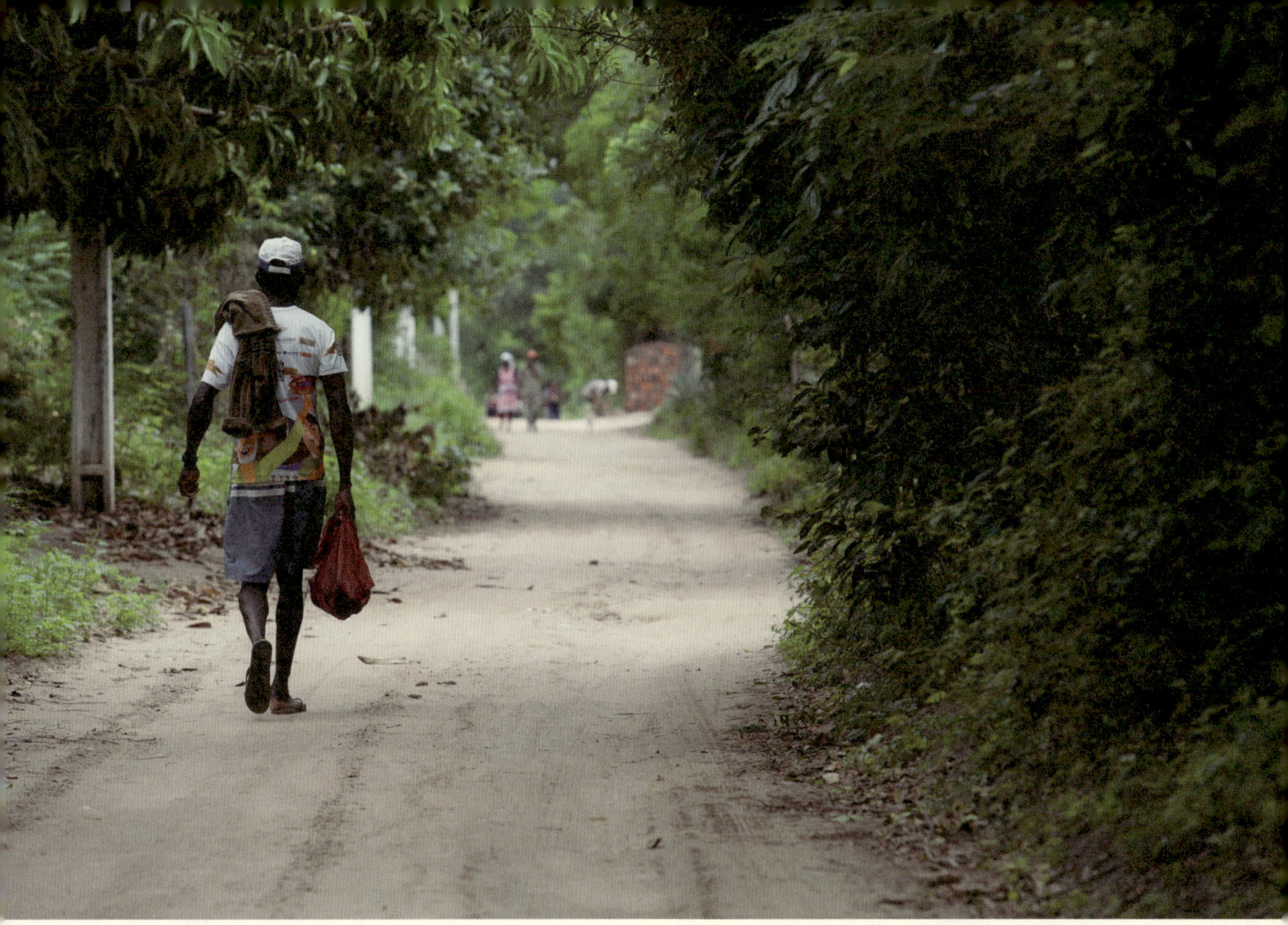

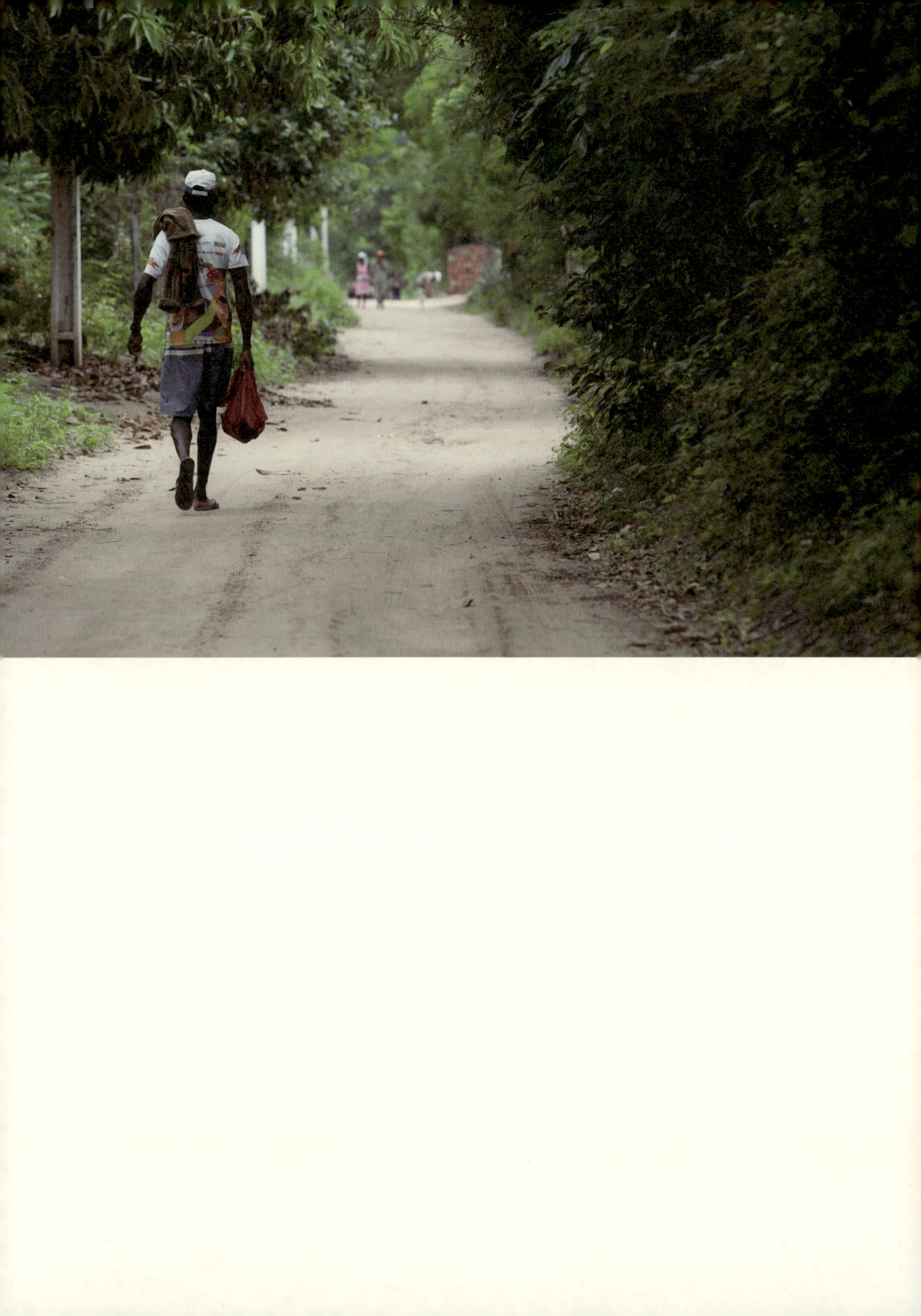

BIBLIOGRAFIA

ACOSTA, Alberto. *O bem viver*. São Paulo: Autonomia Literária; Elefante, 2016.

Agendas Territoriales de las Mujeres de Medellín: catálogo. Medellín: Corporación Con-Vivamos, 2016.

AGURCÍA FASQUELLE, Ricardo. *Copán reino del sol / Kingdom of the Sun*. Tegucigalpa: Transamérica, 2007.

AMAYA, Rufina et al. *Luciérnagas en El Mozote*. San Salvador: Museo de la Palabra y la Imagen, 1996.

ARELLANO HOFFMANN, Carmen; URTON, Gary (ed.). *Atando cabos*. Lima: Museo Nacional de Arqueología, Antropología e Historia del Perú, 2011.

ARENDT, Hannah. *A condição humana*. Rio de Janeiro: Forense Universitária, 2007.

_____. *Homens em tempos sombrios*. São Paulo: Companhia das Letras, 2008.

BAIRON, Sérgio. *Texturas sonoras*. São Paulo: Hacker, 2005.

BAUMAN, Zygmunt. *Ensaios sobre o conceito de cultura*. Rio de Janeiro: Zahar, 2012.

_____. *Modernidade líquida*. Rio de Janeiro: Zahar, 2001.

BENJAMIN, Walter. "O narrador". Em: *Magia e técnica, arte e política : ensaios sobre literatura e história da cultura*. (Obras Escolhidas, v. 1.) São Paulo: Brasiliense, 1985.

BIANCHI, Adhemar; TALENTO, Ricardo. *Pasado y presente de un mundo posible – del teatro independiente al comunitário*. Buenos Aires: Leviatán, 2014.

BOURDIEU, Pierre. *A distinção: crítica social do julgamento*. São Paulo; Porto Alegre: Edusp: 2007.

_____. *A economia das trocas simbólicas*. São Paulo: Perspectiva, 2001.

BUEZO, Carina. *Ni pies, ni cabeza: brújula para construir espacios de bienestar en las aulas*. El Alto: Fundación Compa, 2014.

CATÁLOGO ROJO. Cidade da Guatemala: Escuela de los Niños Pintores Frida Kahlo, 2007.

CERUTTI, María Josefina. *Casita robada: el secuestro, la desaparición y el saqueo millonario que el almirante Massera cometió contra la familia Cerutti*. Buenos Aires, Sudamericana, 2016.

COLEGIO PUKLLASUNCHIS. *Una experiencia intercultural en ciudad*. Cusco: Asociación Pukllasunchis, 2009.

CORTINA, Jon. *Caminar con el pueblo, entrevista*. San Salvador: Ediciones Populares, 2009.

CUERDA FIRME: circo para transformar. Santiago: Fundación Chile, 2016.

CUSCO'S CATHEDRAL and the church of the society of Jesus. Cusco: Kuskin, 2016.

DAVIS, Wade. *Los guardianes de la sabiduría ancestral*. Medellín: Sílaba, 2015.

DEBORD, Guy. *A sociedade do espetáculo*. Rio de Janeiro: Contraponto, 1997.

DEWEY, John. *Arte como experiência*. São Paulo: Martins Fontes, 2010.

DISCURSOS POLITICOS DE MUJERES EN EL PROCESO CONSTITUYENTE. La Paz: Colectivo Cabildeo, 2007.

DUMAZEDIER, Joffre. *Lazer e cultura popular*. São Paulo: Perspectiva, 2001.

EAGLETON, Terry. *A ideia de cultura*. São Paulo: Editora Unesp, 2003.

_____. *Ideologia*. São Paulo: Boitempo; Editora Unesp, 1997.

ELIAS, Norbert. *Os alemães – a luta pelo poder e a evolução do habitus nos séculos XIX e XX*. Rio de Janeiro: Zahar, 1996.

_____. *O processo civilizador*. Rio de Janeiro: Zahar, 1990, v. I e II.

ESPINOSA (SPINOZA), Baruch de. *Ética*. Belo Horizonte: Autêntica, 2009.

FREUD, Sigmund. *O mal-estar da civilização, novas conferências introdutórias e outros textos (1930-1936)*. São Paulo: Companhia das Letras, 2010.

FROMM, Erich. *A arte de amar*. Belo Horizonte: Itatiaia, 1961.

_____. Erich. *Ter ou ser?* Rio de Janeiro: Zahar, 1977.

GALEANO, Eduardo. *As veias abertas da América Latina*. Porto Alegre: L&PM, 2016.

GIDDENS, Anthony. *As consequências da modernidade*. São Paulo: Editora Unesp, 1991.

_____. *Modernidade e identidade*. Rio de Janeiro: Jorge Zahar Editor, 2002.

GLEICK, James. *Caos: a criação de uma nova ciência*. Rio de Janeiro: Campus, 1987.

GOVERNO DE VERA CRUZ. *Centro de las Artes Indígenas: el esplendor de los artistas*. Xalapa: Unesco, 2012.

GURDJIEFF, G. I. *Encontros com homens notáveis*. São Paulo: Pensamento, 1993.

GUTIÉRREZ, Juan. *La fuerza histórica de los villeros, testimonio*. Buenos Aires: Jorge Baudino Ediciones, 1999.

HABERMAS, Jürgen. *Consciência moral e agir comunicativo*. Rio de Janeiro: Tempo Brasileiro, 1989.

HOBSBAWM, Eric; RANGER, Terence (org.). *A invenção das tradições*. Rio de Janeiro: Paz e Terra, 1984.

HUIZINGA, Johan. *Homo ludens: o jogo como elemento da cultura*. São Paulo: Perspectiva, 2001.

LOPES, Nei. *Dicionário da antiguidade africana*. Rio de Janeiro: Civilização Brasileira, 2011.

LÖWY, Michael. *O marxismo na América Latina: uma antologia de 1909 aos dias atuais*. São Paulo: Fundação Perseu Abramo, 1999.

MARAVÍ ARANDA, Javier. *Obras de teatro escolar*. Lima: Lluvia, 2016.

MARTÍN-BARÓ, Ignacio. *Acción e ideología: psicologia social desde Centroamérica*. San Salvador: UCA, 2005.

_____ (org.). *Psicología social de la guerra*. San Salvador: UCA, 2000.

MEDINA, Javier; BRUNHART, Pedro. *El futuro será la reciprocidad con elementos del capitalismo: aplicación del vivir bien a la economía*. La Paz: Circulo Achocalla, 2012.

Memorias del coloquio: arte, gobernabilidad y democracia. La Paz: Quatro Hermanos, 2012.

MOLINA, Celia. *La celebración: 1983-2013, treinta años del Grupo de Teatro Catalinas Sur*. Buenos Aires: Editorial Universitaria de Buenos Aires, 2017.

MONGE, Julio; MELGUIZO, Jorge (org.). *Cultura viva comunitaria: convivencia para el bien común*. San Salvador: [s.n.], 2015.

NARANJO, Javier (org.). *Casa de las estrellas: el universo contado por los niños*. El Retiro: Biblioteca y Centro Comunitario Rural Laboratorio del Espíritu, 2013.

_____. *Los niños piensan la paz: proyecto de lectura y escritura de la subgerencia cultural del Banco de la República*. Bogotá: Banco de la República, 2015.

NELSON Mandela: a biografia. [S.l.:] Lebooks, 2019.

NOGALES, Ivan. *La descolonización del cuerpo: arte que se hace abrazo*. El Alto: Teatro Trono; Fundación Compa, 2012.

OLAECHEA, Carmen; ENGELI, Georg. *Arte y transformación social: saberes y prácticas de Crear Vale la Pena*. Buenos Aires: Crear Vale la Pena, 2008.

PACHECO, Lillian. *A lenda do Pai Inácio ou Kokumo?* Lençóis: Edição Grãos de Luz e Griô, 2016.

_____. *Pedagogia griô, a reinvenção da roda da vida*. Lençóis: Edição Grãos de Luz e Griô, 2006.

_____; CAIRES, Márcio (org.). *Nação Griô: o parto mítico da identidade do povo brasileiro*. Lençóis: Edição Grãos de Luz e Griô, 2008.

POMER, Leon. *América, história, delírios e outras magias*. São Paulo: Brasiliense, 1980.

POPOL VUH: libro sagrado de los mayas. Traduzido para o espanhol por Víctor Montejo. Cidade do México: Artes de México, 1999.

PRADO JÚNIOR, Caio. *A revolução brasileira*. São Paulo: Brasiliense, 1977.

PRIGOGINE, Ilya. *O fim das certezas: tempo e caos, as leis da natureza*. São Paulo: Editora Unesp, 1996.

PROYECTO GULLIVER. *La paz es oro silencioso*. Medellín: Corporación de Arte y Poesía Prometeo, 2015.

PUNTOS DE CULTURA DE LA REGIÓN DE CUSCO. Catálogo. Lima: Ministerio de Cultura del Perú, 2015.

PUZZOLO, Norberto. *Fotos*. Rosario: Ediciones Castagnino + Macro, 2013.

RETOS Y OPORTUNIDADES de la cultura ciudadana en Medellín. Medellín: Alcaldia de Medellín, 2015.

RIBEIRO, Darcy. *O povo brasileiro: a formação e o sentido do Brasil*. 1. ed. digital. São Paulo: Global, 2014.

ROSA UCEDA, Carmen. *Pachacamac: Santuario Arqueológico*. Lima: Ministerio de Cultura del Perú, 2010.

SAFATLE, Vladimir. *O circuito dos afetos*. São Paulo: Cosac Naify, 2015.

SANTO AGOSTINHO. *Confissões*. São Paulo: Nova Cultural, 1999.

SEN, Amartya. *Identidade e violência*. São Paulo: Itaú Cultural e Iluminuras, 2015.

SEVCENKO, Nicolau. *Orfeu extático na metrópole: São Paulo, sociedade e cultura nos frementes anos 20*. São Paulo: Companhia das Letras, 1992.

SPINOZA. *Tratado breve*. Madri: Alianza, 1990.

_____. *Tratado teológico-político*. Madri: Alianza, 2003.

THOMPSON, E. P. *Costumes em comum, estudos sobre a cultura popular tradicional*. São Paulo: Companhia das Letras, 1998.

THYDÊWÁ. Vários livros: *Arco digital, uma rede para aprender a pescar; Memória da Mãe Terra; Índio na visão dos índios: pataxó-hã-hã-hãe; Índio na visão dos índios: nós tupinambá; Índio na visão dos índios: pataxó do prado; Rede Indígena Solidária de Arte e Artesanato; Cultura viva, esperança da Terra*. Ilhéus: Thydêwá, 2006-14.

TURINO, Célio. *Na trilha de Macunaíma: ócio e trabalho na cidade*. São Paulo: Edições Sesc; Editora Senac, 2005.

_____. *Ponto de cultura: o Brasil de baixo para cima*. São Paulo: Anita Garibaldi, 2009.

TURNER, Victor. *Floresta de símbolos: aspectos do ritual Ndembu*. Niterói: EdUFF, 2005.

TUTU, Desmond. *No future without forgiveness*. Nova York: Doubleday, 1999.

VÁRIOS. *Huehuecoyotl: raíces al viento, 30 años de historia de una ecoaldea*. Santo Domingo Ocotitlán: Huehuecoyotl, 2012.

VIGOTSKI, L. S. *A formação social da mente: o desenvolvimento dos processos psicológicos superiores*. São Paulo: Martins Fontes, 2003.

_____. *Psicologia da arte*. São Paulo: Martins Fontes, 1999.

WILLIAMS, Raymond. *Cultura*. Rio de Janeiro: Paz e Terra, 1992.

_____. *Palavras-chave*. São Paulo: Boitempo, 2007.

ZALETA, Leonardo. *Tajín: misterio y belleza*. México: Leonardo Zaleta, 2011.

AGRADECIMENTOS

Encontrar as histórias apresentadas neste livro não teria sido possível sem a preciosa ajuda de tanta gente anônima e dedicada, desde as comunidades que nos receberam até as pessoas que tornaram possível chegar a essas comunidades.

Agradeço: à comunidade de Huehuecoyotl, que nos hospedou; à Salomón Bazbaz, que nos apresentou ao povo totonaca, e aos totonacas, pela bela recepção que nos deram; ao TNT e a Julio Monge, que organizou a recepção em El Salvador e a viagem a Copán; ao povo da Caja Lúdica, que nos recepcionou na Guatemala e nos colocou em contato com histórias do Belize; à prefeitura de Medellín, em particular à Secretaria de Cultura Cidadã, e aos queridos amigos na cidade, que nos levaram aos lugares e histórias mais escondidos; ao Ministério da Cultura do Peru, em especial à Estefania Jesús Lay Guerra, que preparou um incrível roteiro de viagens e contatos; aos sempre amigos de Compa e Wayna Tambo, da Bolívia; à Inés Sanguinetti e à equipe do Crear Vale la Pena, à Stella Giaquinto, do Catalinas Sur, e à Silvia Bove, do Chacras para Todos, amigas de sonhos e batalhas; ao escritório do Scholas Occurrentes em Buenos Aires e, particularmente, à Damiana Lanusse, que organizou tudo com muito esmero; ao Sebastián, da Thydêwá; à Lillian e ao Márcio do Grãos de Luz; às Pombas Urbanas, com Marcelo, Juliana e Adriano. Agradeço à Olga e ao Wolf Kos por confiarem na proposta do livro e à equipe do Instituto Olga Kos de Inclusão Social; ao Francesco, por fazer o *design* gráfico para a edição de mesa; e agora, por este belo livro, aos revisores, aos tradutores e aos gráficos que realizaram a impressão, aos patrocinadores e à lei de incentivo à cultura, que possibilitaram o livro de arte que agora resulta neste novo livro. Ao Mário Miranda, fotógrafo com olhar especial, traduzindo ideias em imagens. Às Edições Sesc e à sua equipe editorial, pelo competente e detalhado trabalho.

E, sobretudo, a todas e todos que confiaram a mim suas histórias inspiradoras e extraordinárias, as quais espero ter honrado nas palavras expressas nesta obra. Há que falar também da minha companheira Silvana Bragatto, pois sem ela o livro não teria acontecido; foi Silvana quem me estimulou, planejando e organizando todas as viagens, me acompanhando, dando conselhos, compartilhando ideias, sugerindo ênfases, ajudando na escolha das fotos, revendo todo o texto, capítulo a capítulo e em leitura final; é ela quem me dá paz e me ajuda a encontrar meu lugar no mundo. Por tudo isso, lhe agradeço.

A produção deste livro possibilitou a realização de uma densa cartografia sociocultural, com 14 mil fotografias e registros documentais, em dez países e 33 entidades culturais de base comunitária. A estas entidades, nosso agradecimento:

MÉXICO
- Huehuecoyotl – Ecovila da Paz: Tepoztlán, estado de Morelos
- Centro das Artes Indígenas do povo totonaca: Tajín, estado de Vera Cruz

EL SALVADOR
- Tiempos Nuevos Teatro (TNT): Los Ranchos, departamento de Chalatenango
- Museo de la Palabra y la Imagen (Mupi): San Salvador

HONDURAS
- Copán – cidade arqueológica do povo maia

GUATEMALA
- Caja Lúdica: Cidade de Guatemala
- Escola Frida Kahlo para ninõs y niñas pintores: Cidade da Guatemala
- La Asociación de Estudios y Proyectos de Esfuerzo Popular – Eprodep: Quetzal
- EducArte: Antigua

BELIZE
- Caracol – desenvolvimento da comunidade juvenil: Arenal

COLÔMBIA – MEDELLÍN
- Corporación Cultural Nuestra Gente
- Corporación Cultural Barrio Comparsa
- Corporación Cultural Canchimalos
- Fundación Ratón de Biblioteca
- Biblioteca El Limonar

PERU – LIMA E CUSCO
- La Tarumba
- Vichama Teatro
- 5 minutos 5
- Biblioteca Comunitaria Don Quijote y su manchita
- Centro Cultural Waytay
- Colegio Pukllasunchis
- Waynakuna Tikarisunchis Paqarimpaq

BOLÍVIA – EL ALTO
- Fundación Compa
- Fundación Wayna Tambo

ARGENTINA
- Fundación Crear Vale la Pena: San Isidro, grande Buenos Aires
- Grupo de Teatro Catalinas Sur: La Boca, Buenos Aires
- Fundação Pontifícia Scholas Occurrentes: Buenos Aires
- Orquesta-Escuela de Chascomús: Chascomús, província de Buenos Aires
- Centro Cultural Chacras de Coria: cidade de Mendoza, província de Mendoza
- Grupo de Jovens de San Antonio de los Cobres: La Puna

BRASIL
- Instituto Olga Kos de Inclusão Cultural: São Paulo
- Instituto Pombas Urbanas: Cidade Tiradentes, São Paulo
- Thydêwá – Índios On-Line: Olivença, Bahia
- Grãos de Luz e Griô: Lençóis, Chapada Diamantina, Bahia

QUEM É O AUTOR

Célio Turino, latino-americano nascido no Brasil, criado em Campinas (SP). É escritor, conferencista e historiador formado pela Unicamp, com pós-graduação em administração cultural pela PUC-SP e mestrado em história e cidades pela Unicamp. Desde 2018, realiza doutorado em diversidade e outras legitimidades pela USP. Em Campinas, entre outras funções na carreira pública, foi secretário de Cultura e Turismo (1990-2), quando idealizou e instalou 13 casas de cultura na periferia. Entre 2001 e 2004, foi diretor de Promoções Esportivas e Lazer da prefeitura de São Paulo. A seguir, no Ministério da Cultura, assumiu a Secretaria de Programas e Projetos Culturais, depois renomeada Secretaria de Cidadania Cultural, onde formulou o programa Cultura Viva e implementou 3.500 pontos de cultura em 1.100 municípios.

  É autor de *Na trilha de Macunaíma: ócio e trabalho na cidade* (Edições Sesc e Editora Senac, 2005) e *Ponto de cultura: o Brasil de baixo para cima* (Anita Garibaldi, 2009). Tem dedicado a vida a pensar e realizar políticas públicas em larga escala, atraído pelas ideias da cultura do encontro e do cultivo de sociedades e civilizações.

QUEM É O FOTÓGRAFO

Memórias de um fotógrafo. Quando Mário Miranda completou 8 anos, ganhou de seu irmão mais velho (o autor deste livro, Célio) uma máquina fotográfica. Com certa intimidade, sem saber o motivo, o menino pegou a máquina, abriu e colocou o filme. Foi quando o fotógrafo Mário Miranda fez a primeira foto de família, com sua própria câmera. Naquele momento, disse para si mesmo: quero ser fotógrafo!

Quase 38 anos depois, na primeira viagem para registro de imagens para este livro, Mário compreendeu o que se passara com ele. Quando, junto com o irmão, visitou o Centro Indígena Totonaca, no estado de Vera Cruz, no México, um ancião explicou que a humanidade fica enferma quando as pessoas não conseguem exercer seus talentos, seu dom. Tudo fez sentido. Enquanto estudante de jornalismo, Mário abriu uma loja de fotografia, que foi obrigado a fechar nove meses depois, saindo então de Campinas para abrir uma pousada numa praia do Nordeste, depois uma pizzaria. Cinco anos mais tarde, voltou para sua cidade e concluiu a faculdade de jornalismo. Reconciliou-se com seu dom. Desde então, Mário Miranda passou por jornais, agências de fotografia e revistas, trabalhando como *freelancer* e também com fotografia corporativa.

FONTES	Andada Pro e Versus
PAPEL	Pólen Soft 80 g/m²
	Supremo Duo Design 300 g/m²
IMPRESSÃO	Gráfica e editora Pifferprint
DATA	novembro 2020

MISTO
Papel produzido a partir
de fontes responsáveis
FSC® C044162
www.fsc.org